東協印度台商機

2013年東協暨印度投資環境與市場調查

作者◎台灣區電機電子工業同業公會

台灣區電機電子工業同業公會

東協印度台商機─2013年東協暨印度投資環境與市場調查

執 行 委 員 名 單

理　事　長◆焦佑鈞

研 究 顧 問◆許士軍

計畫主持人◆呂鴻德

執 行 委 員◆吳明機、沈榮津、林錦章、邱一徹、張俊福

　　　　　　許介立、郭台強、陳文義、陳信宏、陳清祥

　　　　　　陳慧君、游文光、游瑞德、黃日燦、黃兆仁

　　　　　　詹文男、趙永全、歐正明、蔡豐賜、鄭富雄

　　　　　　蘇孟宗（依姓氏筆劃排序）

研 究 人 員◆吳長廷、吳家珮、吳穗泉、李仁傑、汪育正、林怡余

　　　　　　莊文綺、陳至柔、劉鴻儀、賴力蓮、謝慧臻、簡妤珊

研 究 助 理◆吳雅雯、林妤濃

〈理事長序〉

TEEMA10＋I調查報告‧建構台商全球佈局第二曲線

　　當世界各國政府與產業界致力於提振經濟成長之際，新興市場國家如東協十國與印度，受全球景氣影響的衝擊反而較不明顯，卻處處充滿商機，在實體經濟數據交出亮眼成績，領先邁出復甦腳步。2013《TEEMA10+I調查報告》出版書名為《東協印度台商機》，希冀為台灣及台商探尋與掌握東協暨印度市場崛起的新商機，再創台商全球佈局的第二曲線。

　　電電公會自2009年首次對外發布《TEEMA10+1投資環境與風險調查報告》，針對東協十國暨印度進行調研，協助台商瞭解東協暨印度的總體投資環境與風險，作為台商擬定投資佈局之參考依據。有鑑於東協暨印度已成為全球企業必爭之地，為提供台商更準確完整的市場資訊，2013《TEEMA10+I調查報告》除分析東協暨印度各國最具優勢紅利及最適產業佈局城市外，亦將重點內容由「投資環境與風險評估」轉變為「投資環境與市場潛力」，主要乃是關注未來市場發展潛力，此外，研究範疇亦從2009年的45個城市、2011年的52個城市擴增至2013年的54個城市。

　　Peter Drucker曾言：「在變動劇烈時代下，我們無法駕馭變革，只能走在變革之前，視變革為機會」。東協暨印度11國家隨著時代巨輪帶動環境變遷之際，台商唯有走在前頭、掌握脈動才能再造成長曲線，為此，2013《TEEMA10+I調查報告》提出台商佈局東協暨印度七大典範移轉，分別為：(1)從「外銷導向」到「內需導向」轉移；(2)從「新興市場」到「白地市場」轉向；(3)從「單一市場」到「區域市場」轉進；(4)從「單打獨鬥」到「策略聯盟」轉合；(5)從「消耗性資源」到「可持續資源」轉升；(6)從「大眾消費」到「清真消費」轉變及(7)從「代工製造」到「自創品牌」轉型，希冀台商找到佈局東協暨印度最適營運模式與投資佈局策略，以創造最佳經營績效，重塑成長第二曲線。

　　2013《TEEMA10+I調查報告》得以順利完成，在此感謝經濟部駐外單位的協助、執行委員聚精會神參與每一次審查會議給予寶貴建議、許士軍研究顧問及呂鴻德教授所帶領研究團隊的投入，另外，協助填答相關問卷、提供投資環境與風險資訊的台商朋友，更是居功厥偉，本人再度致上誠摯的感謝。

台灣區電機電子工業同業公會理事長

〈推薦序〉

TEEMA指引台商佈局‧進軍東協11國擘商機

　　當全球走過金融危機的濃霧，世界各國紛紛邁向復甦的道路，其中東協暨印度市場的表現最為亮眼、逆勢超前，各國際機構對東協暨印度的經濟預測更是領先世界，國際貨幣基金組織（IMF）更於2013年1月21日預測指出：「東協五國GDP總和將於2014年超越亞洲四小龍，成為亮眼的亞洲經濟成長新引擎」。在歐美國家不確定因素衝擊之下，倚靠區域市場內人口結構與貿易動能，快速發展的東協暨印度市場，成為吸引企業紛紛搶進佈局的最佳練兵之地。有鑑於東協暨印度全球經濟地位日益高漲，台灣區電機電子工業同業公會自2009、2011發布《TEEMA 10+1調查報告》後，2013年三度針對東協暨印度11國家54個調查城市進行評估，發布2013《TEEMA 10+I調查報告》。

　　在「微利時代」企業如何降低成本變得非常重要，當中國大陸逐步調漲工資時，台商營運成本即隨之增加，此時就是考驗台商對於危機的應變能力，產能不降低的前提考量下，企業則需另闢一條生存之路，以本人所創設的環隆科技為例，2012年環隆科技將生產基地移至越南，就是相中越南相對低廉的生產成本，成功替環隆科技帶來新成長動能。此外，東協經濟體的成立促使區域市場內的經貿交流，儼然成為龐大的內需市場，也因為有基礎建設不足與廣大人口紅利的誘因下，環隆科技亦與印尼當地業者合作，在印尼建廠搶攻尚未普及的通訊與光纖產品商機。東協暨印度市場存在多樣投資誘因，諸如2013《TEEMA 10+I調查報告》所歸納的勞動人口、內需成長、改革開放、地理區位、基礎建設、引資政策、經商成本、天然資源、知識素質、清真食品等十大紅利，台商可以根據企業自身的發展優勢與利基市場，找出最適佈局模式，進行投資地點之轉移。

　　東協暨印度在全球經貿地位影響力日漸擴大，2013《TEEMA 10+I調查報告》亦與時俱進，不斷地擴大研究範疇與領域，除希冀能為台商企業提供更詳實完整與更具參考價值的資訊，亦希望作為政府擬定經貿政策之參考，將報告價值充分發揮，使台商能在佈局東協暨印度新興市場中找到最佳定位。

台灣區電機電子工業同業公會
國際事務委員會主任委員

〈推薦序〉
推動台商區域經濟板塊布局新戰略

全球經貿環境瞬息萬變，美國金融風暴與歐債危機使全球經濟板塊發生轉移，新興市場逐漸崛起。依據IMF資料，預估2016年新興經濟體GDP比重將超過世界經濟的一半，其中，亞洲新興經濟體之GDP比重即占全球經濟的30.2%，市場潛力相當大。依財政部統計，2012年台灣貿易夥伴前3名為中國大陸、東協十國及日本，印度排名第19。觀察近年台灣對外貿易變化，可發現東協十國及印度對台灣貿易關係逐年緊密，而美國、歐盟則是逐年下滑，可見東協及印度地位快速崛起，發展潛力不容小覷。

台灣位居亞太經貿樞紐，極具有發展潛力，因此，行政院積極推動「自由經濟示範區」，第一階段以既有的「五海一空」自由貿易港區「境內關外」為核心，透過前店後廠模式，結合臨近縣市各類園區，於北中南地區同步推動，待示範區特別法通過後，即可開展第二階段推動工作。藉由示範區的推動，有效融合台灣製造的品質與台灣位處東亞優良區位，推動台商搶先布局日益茁壯的東協經濟板塊，一方面搶占新興市場商機，一方面促使貿易伙伴多元化，分散出口風險。

此外，隨著全球經濟中心轉移東亞，台灣將積極推動區域經濟合作，包括積極爭取加入「跨太平洋夥伴協定」（TPP: Trans-Pacific Partnership）、東協國家推動之「區域全面經濟夥伴關係」（RCEP: Regional Comprehensive Economic Partnership），希冀發揮台灣地理區位優勢，將台灣打造為亞太經貿樞紐中心，以提升台商布局東協暨印度市場競爭力。

感謝台灣區電機電子工業同業公會以前瞻視野、宏觀思維，集結產、官、學、研的結晶，預應掌握東協暨印度之經濟發展與脈動，持續對東協暨印度的投資環境進行系統性的調查與剖析，並將研究成果加以擴散與分享，十分期盼台灣區電機電子工業同業公會所發布之《2013年東協暨印度投資環境與市場調查》能引領台商布局東協暨印度新藍海。

行政院院長　江宜樺

〈推薦序〉

以經貿外交再造台灣國際競爭力

近年來亞太地區在全球經貿的重要性日益提升，隨該地區新興市場崛起與經貿整合的快速發展，政府也將加速推動經貿自由化政策。不久前宣布的「自由經濟示範區」，藉法規鬆綁及市場開放，有助於強化與國際接軌，改善國內投資環境及提升產業競爭力。同時政府也積極與我國主要貿易夥伴洽簽經濟合作協定，並推動參與「跨太平洋夥伴協定」（TPP）以及「區域全面經濟夥伴協定」（RCEP），以加速融入區域經貿整合，作為我國永續發展的重要基礎。

「經貿外交」是「活路外交」的重要內涵。外交部已將推動「經貿外交」列為工作要項，並請駐外館處同仁積極招商引資及蒐集全球政府採購商機，全力協助台商拓展海外市場。此外，外交部多年來賡續辦理各項海外商展及籌組貿易訪問團，協助國內業者拓銷邦交國及新興國家市場，以行銷台灣優質品牌，宣揚經貿實力，並促進產業合作。

對外貿易向為我國經濟命脈，其中又以電機電子產業的出口為最。「台灣區電機電子工業同業公會」長年配合政府政策，協助我業者轉型升級、積極拓展新興應用領域，朝汽車電子與雲端運算產業開發新商機，並利用ICT產品及技術建立智慧經貿園區及智慧城市，可謂我國企業得以維持高競爭力的重要推手，在此由衷表達感謝及敬意。未來外交部期盼與貴公會繼續加強合作關係，為我國業者爭取經貿利益，並藉由推動經貿外交，持續提升台灣的國際競爭力。

外交部部長　林永樂

〈推薦序〉

以「品牌台灣」開拓東協印度新藍海・再創台商新商機

　　為因應全球經濟動能逐漸由已開發國家市場移轉至新興市場，且考量新興市場以民生產品為消費大宗的消費特性，故經濟部自2010年起推動「優質平價新興市場推動方案」，鎖定新興市場脫貧入小康的「新興中產消費族群」，以協助台商業者拓銷新興市場。「優質平價方案」主要從「創新研發」、「生產設計」、「市場需求」及「國際行銷」等4個策略方向著手，建構「創新研發」、「環境培育塑造」與「國際行銷整合」三大平台，並選定中國大陸、印度、印尼、越南及菲律賓等五個新興市場作為台商瞄準的目標市場，期許藉由「平價奢華、質高不貴」的訴求為台商企業強化新興市場競爭力。

　　「優質平價方案」5個新興市場中，其中中國大陸的市場投資環境與風險評估從，從2000年開始電電公會即出版專書進行調查，而印度、印尼、越南及菲律賓4國皆在電電公會此次所執行的2013《TEEMA10+I調查報告》評估之列，顯示東協印度其發展潛力有目共睹，尤其是雙印人口逾14億，為本次東協暨印度調查11個國家中人口最多的兩個市場，加之與日俱增的中產階級，使雙印的平價奢華商機無限，為「優質平價方案」中最受矚目的兩個市場。

　　台灣製造（Made in Taiwan；MIT）在國際上儼然已成為產品品質精良的保證，但面對競爭國際化及產業高值化的全球發展趨勢，品牌價值、品牌知名度、品牌忠誠度已成為企業綜合實力的展現，因此如何讓「台灣製造」走向「品牌台灣」（Brand in Taiwan；BIT），為台灣產品創造更高的附加價值，東協暨印度無疑是「品牌台灣」最佳的練兵場和進軍國際市場的跳板。以「品牌台灣」開拓東協暨印度市場新藍海已成為本部推動「優質平價方案」的策略重心。

　　2013《TEEMA10+I調查報告》從投資環境與市場潛力角度剖析，與本部推動輔導台商拓展新興市場的諸多政策相互輝映，特此感謝電電公會協助政府精準剖析東協暨印度各國的政經環境及市場潛力，並提供台商前瞻性的策略建言，希冀藉由本部經貿政策及《TEEMA10+I調查報告》所提供的相關資訊所形成的投資綜效，成為指引台商進入東協印度市場這一片新藍海的燈塔。

經濟部部長　張家祝

〈推薦序〉

洞察機先·為佈局東協**11**國的策略新思維

這本《東協暨印度投資環境與市場調查》，乃是自2009年開始由電電公會所推出系列報告的第三冊（前一冊在2011年出版，兩年一冊）。隨著這段時間世界經濟情勢的發展，如本報告所指出，本報告所包括的地區在世界經濟舞台上所扮演的角色，已由邊陲地位而愈來愈受注目，有被譽為「成長新星」，甚至有帶動世界今後經濟成長的「火車頭」之期許。由此可見，這一系列報告之推出，可說洞察機先，為我國企業在這重要地區拓展商機提供所需要的基本資訊。

有關這類投資環境與市場基本資訊之價值，並非由資訊本身之內容或深淺程度所能決定，而在於它對於使用者之價值，也就是能否滿足使用者之資訊需求，一如今日產品之價值不在於產品本身。

從使用者立場，市場資訊之價值取決兩層因素：一是使用者對於決策上所仰賴資訊之認知與使用能力，再則是所獲得資訊與所面臨之決策問題之相關性。舉例言之，數十年前，台商提著一個007行李箱，帶著自己的樣品或型錄，走遍海外單打獨鬥，秉著無比勇氣和毅力，尋找買主。在那階段，徒有相關資訊，似乎也發揮不了多大作用。但到今日，台商開拓海外商機已深深認識這類資訊的價值和其重要性，但是隨著本身所從事產業性質不同，以及經營模式或面臨的具體問題的特殊性，使得所需要的資訊五花八門，很難靠一本報告就能滿足。

站在研究者立場，在著手此一工作前，必須對於所要蒐集與提供的資訊如何能配合與滿足業者的需要，要先找到適當的定位。有關這一點，如何滿足業者對於資訊的需要，基本上有不同作法，如以交通工具為喻，可有公共汽車、計程車或私人汽車三種模式。其間差異，大致言之，公共汽車不可能將乘客送達其目的地，但收費最為低廉；私人汽車則可隨車主所欲到達所有道路可通的目的地，但所需負擔成本及費用最為昂貴；而計程車之功能與代價則介於二者之間。同樣道理，應用到市場資訊服務上有如交通工具，必須在滿足業者個別需要之吻合度以及所需費用之間取得折衷。

以此為喻，本項調查報告基本上乃屬於公共汽車性質，企圖無償地滿足最大多數使用者之共同與基本資訊需要，但是在這種基本定位下，有關資訊內容之提供，仍然像對於公車路線之設計，儘管不可能配合不同乘客之個別需要，仍儘可能接近多數乘客的需求。

　　在這種認識下，本項報告之內容，基本上乃根據三力二度標準分別就相關各地區進行排名。做為一種最基本但可供持續性比較的市場資訊，此種排名，應用到國家與城市兩個分析單位上，希望能兼顧使用者不同層次之決策需要。

　　如果將此一排名視為「量的」資訊，在本次報告中，則所嘗試者，為對於初級資訊進行「質的」加值。大致言之，包括有以下幾方向：

◆除靜態之橫切面狀況之呈現外，更重視不同地區與城市之動態性發展趨勢及其特殊性因素。

◆利用上述靜態與一般性，動態與特殊性兩方面資訊，進而提供業者一般性策略選擇之建議。

◆基於我國企業屬於中小企業為主的特性，某些拓展海外市場或從事投資作為上，發現有某些共同性之問題，有賴政府之支持與協助。本報告亦嘗試對於這些問題予以歸納。在這方面，本報告希望扮演一種平台與管道的角色，做為反映業者需要與建言，以供政府參考與採用。

◆由於在審查過程中，有委員建議包括有關參考文獻與投資成本要素之資料，因此也納入在本報告第六篇中，希望對於使用者提供資訊延伸利用之效果。

元智大學講座教授暨校聘教授　許士軍

〈推薦序〉

專注新興崛起動力・聚焦未來市場商機

全球歷經金融海嘯、歐債危機衝擊下，使得全球經貿版圖快速變遷，從過去的「西潮」（West Waves）演進成為今日的「東望」（Look East），以中國大陸為首的金磚四國崛起，市場經濟表現驚豔，新興勢力持續影響全球，然新興經濟組織更由早期的展望五國、新鑽11國、靈貓六國到近期的高成長八國、維他命十國，可發現東協暨印度市場已成為各國投資關注的新亮點。於此同時，中國大陸台商面臨工資、原料雙漲現象，企業獲利下滑，從微利變為無利，紛紛轉移至低成本國家佈局，台商因而產生從「中國唯一」到「中國加一」的投資思維轉變。

根據Pan Asia Partners椿進社長（2013）指出：「至2050年全球GDP將成長5倍，其中，80%的GDP成長產生在新興國家」，可見新興市場已成為全球經濟復甦引擎，企業不能只看現在的「市場占有率」，而要看未來的「機會佔有率」。中國大陸改革開放之際，台商透過縝密佈局搶佔先機，然時代推移下，若台商仍維持慣性經營策略，秉持賺快錢、賺容易錢的思維，換言之，「舒服到忘了轉型升級」，此或將使台商企業陷入經營困境。面對東協暨印度新興勢力崛起，台商若能深思熟慮、謀定後動，深入瞭解東協暨印度市場發展的機會與威脅，掌握新興市場發展契機，進行在地化管理，勾勒未來藍圖，降低投資風險，必能使企業可持續發展。

2013《TEEMA10+I調查報告》付梓之際，感謝台灣區電機電子工會同業公會焦佑鈞理事長的肯定及支持，將此重責大任託付於後學及中原大學研究團隊，深信學術與實務整合綜效，能夠為公會會員提供東協暨印度市場即時及詳實的市場資訊，避免台商在佈局之際，耗時費事的蒐集相關訊息，也降低台商投資嘗試錯誤成本。感謝恩師許士軍教授在研究方法論上給予清晰框架，讓後學重溫求學時候研讀研究方法論的情景與記憶。一本可靠且具影響力的報告，絕非一人之作，而是團隊結晶，感謝審查委員的殫精竭慮，惠賜寶貴意見，感謝電電工作同仁的協調溝通，讓報告付梓編排過程得以順利完滿，更感謝台商企業朋友惠賜寶貴卓見，讓報告能夠忠實反映東協暨印度投資現勢。最終希冀2013《TEEMA10+I調查報告》能成為台商逐鹿東協暨印度的投資寶典，是所至盼！

計畫主持人　呂鴻德

東協暨印度
投資環境與市場調查
｜目錄｜

第 1 篇 ｜佈局新版圖 全球經貿版圖推移與東協印度雙崛起

第 2 篇 ｜台商新商機 全球價值鏈整合台商新佈局

第 3 篇 ｜城市新排名 2013 TEEMA10＋I綜合城市競爭力剖析

CONTENTS

第 **4** 篇 市場新情勢 | 東協印度四大市場投資商機與風險

第 **5** 篇 策略新轉移 | **2013 TEEMA10＋I 報告結論與建言**

第 **6** 篇 資訊新掃描 | **2013 TEEMA10＋I 54個城市資訊揭露**

1 佈局新版圖

全球經貿版圖推移與
東協印度雙崛起

第 1 章

TEEMA10＋I
時代新定位

台灣區電機電子工業同業公會（Taiwan Electrical and Electronic Manufacturers' Association；TEEMA）自 2000 年以來，以「城市競爭力」、「投資環境力」、「投資風險度」、「台商推薦度」之兩力兩度評估模式，進行中國大陸投資環境與風險調查與評估，並從 2002 年開始將《中國大陸投資環境與風險調查報告》編纂成書公開發行，以擴大研究之成果，至 2012 年已出版 11 本書籍。然而隨著中國大陸投資環境驟變，勞動成本上升、環保意識提高、缺工缺電困境等，使得台商經營環境更加困難，因而思索轉移至成本更為低廉的國家投資。於此同時，東協及印度擁抱著優越的地理區位、成本優勢、人口紅利等有利條件，成為世界各國爭先搶進投資的新興市場。根據「東南亞國家協會－印度紀念峰會」會議（2012）指出：「將印度及東協的夥伴關係提升至戰略夥伴關係，並極力推動東協和印度在安全、政治、經濟及社會文化等全面的合作」，由此可知，印度與東協國家的關係更為緊密，對彼此的經濟合作有更深層面的加溫，會議更進一步指出：「2015 年爭取實現印度與東協的貿易額，由 2012 年的 700 億美元提升至 1,000 億美元的規模，且在 2022 年達成 2,000 億美元」，顯示印度與東協合作關係更為緊密後，在龐大發展優勢下，將帶來可觀的投資利多。而電電公會亦看到此一發展趨勢，於 2009 年首次發表《TEEMA10+1 調查報告》希冀能提供東協暨印度更全面投資資訊，讓台商能夠分散風險，並搶佔新興市場崛起之商機。

一、2013 TEEMA10＋I 調查報告三大新定位

經過 2009 年及 2011 年的《TEEMA10+1 調查報告》後，為更明確定位

調查報告之範疇，特在 2013《TEEMA10+I 調查報告》出版前，做出三大定位轉移，欲提供台商更即時與詳實的調查內容，以作台商在投資佈局東協暨印度等 11 國之參考。茲將 2013《TEEMA10+I 調查報告》三大新定位分述如下：

定位一：由 TEEMA10 + 1 轉變為 TEEMA10 + I

《TEEMA10+1 調查報告》係於 2009 年首度出版以東協十國與印度為研究主體的報告，以作為電電公會從 2000 年進行的《中國大陸投資環境與風險調查》報告之延伸，而 TEEMA10+1 所代表的是東協十國加上印度，有別於一般所言的東協 10+1 代表東協十國加上中國大陸。為避免台商企業閱讀產生混淆，2013 年特將《TEEMA10+1 調查報告》更改為《TEEMA10+I 調查報告》，其中的「I」即為印度（India）的英文單字之字首。

定位二：東南亞暨印度投資環境與風險轉變為東協暨印度投資環境與市場潛力

台灣區電機電子工業同業公會自 2009 年首度發表《東南亞暨印度投資環境與風險調查報告》（當時簡稱：TEEMA10+1 調查報告）、2011 年二度發表《東南亞暨印度投資環境與風險調查報告》，協助台商了解東協暨印度 11 國的投資環境及投資風險，以利企業佈局投資。然由於東南亞並非只有東協十國而已，因此為更加明確研究範疇，2013 年特將過去命名的《東南亞暨印度投資環境與風險調查》更名為《東協暨印度投資環境與市場調查》，除確定研究範疇為東協十國暨印度外，亦考慮東協暨印度挾帶著人口紅利、內需紅利、資源紅利等諸多優勢，未來發展潛力無窮，亦將報告研究重點從「投資環境與風險調查」轉向著重「投資環境與市場潛力」，提供更即時與豐富的資訊給台商參考，希冀台商能掌握此一發展契機，率先搶佔市場商機，產生首動利益。

定位三：關注成長市場與新興市場投資環境與市場潛力

新興市場及成長市場的崛起，將極大改變全球的經貿版圖。然而，隨著金磚五國、東協十國暨印度等新興市場的崛起，全球貿易與投資的重心亦在轉移，正從傳統的歐美發達市場轉向新興市場及成長市場調整。根據 ING 新興市場資深策略分析師 Bakkum（2013）表示：「新興經濟體 GDP 占全球 GDP 比重達 36.34%，仍維持正向成長，意味新興市場具有龐大發展潛力」。顯示成長市場是未來投資佈局的重點。因此，2013《TEEMA10+I 調查報告》內容定位為關注成長市場與新興市場投資環境與市場潛力，以利讀者更能清楚了解。

二、國際媒體對東協暨印度地位提升之論述

回顧 2012 年，環伺著歐債危機風險的不確定性及全球大環境低迷的情況

下，先進國家經濟陷入嚴重衰退，新興市場如金磚四國成長亦趨於緩慢。然而，在此氛圍籠罩下，東協及印度等各國不但未被世界經濟拖垮，還能夠維持穩定增速，吸引全球資金流入，成為世人目光焦點。此一現象是否表示東協及印度國家於全球經濟地位有所改變，茲將國際媒體對於東協暨印度國家評述說明如下：

❶ 日經新聞（Nikkei）：2013年1月21日報導指出，印尼、泰國、菲律賓、馬來西亞及越南等「東協主要五國」，2013年名目GDP將超越「亞洲四小龍」的南韓、新加坡、香港及台灣。相較東協主要五國合計超過5.2億人口數，東協的爆炸性成長，將成為帶領世界經濟的火車頭，未來20年將成為全球消費市場成長最快的地區。

❷ 美聯社（Associated Press）：2012年11月19日報導指出，2013年起東南亞國家區域全面經濟夥伴協定（Regional Com-prehensive Economic Partnership；RCEP）開始推動，此協定涵蓋東協與中、日、韓等亞太16國，將來可望成為世界貿易組織（WTO）以外的最大自由貿易區。該協定可減輕東亞國家對傳統歐美出口市場依賴，並提振亞洲開發中國家間之貿易流通。此外，美聯社引述東協秘書長Surin Pitsuwan（2012）於金邊東協第21屆高峰會所述：「RCEP的成功將進一步強化全球經濟重心從西方轉移至亞洲」。

❸ 華爾街日報（The Wall Street Journal）：2012年12月17日報導指出，歐盟與新加坡完成自由貿易協定談判。根據協定內容，新加坡將對自歐盟進口貨物給予免稅待遇，歐盟從新加坡進口的所有貨物也將在5年內取消關稅。並進一步表示，此舉是歐盟打開東南亞市場大門的鑰匙，將推動歐盟出口商的增長，該項協議可望能帶動歐盟與其他東南亞國家達成類似貿易協定。

❹ 英國金融時報（Financial Times）：2013年1月23日報導指出，東南亞地區國家儲蓄率為全球最高、信用卡使用量持續增加；在商業銀行業務方面，家族控股企業為進行業務擴張，急需資金。顯示東南亞地區擁有成為世界銀行家目光所在的條件。此外，更進一步表示，儘管長期以來，東南亞與中國大陸和印度相比稍顯失色，但歷經此次金融風暴後顯示，該地區對經濟衰退表現出較強的適應性，且由於東南亞國家中產階層的興起，以及地區內部貿易的發展，東南亞可望成為世界經濟成長新星。

❺ 路透社（Reuters）：2012年7月12日報導指出，由於中產階級人數的擴大、政府基礎建設支出、財政管理改善等原因，東南亞地區經濟成長相對穩定。該現象引起全球投資人關注，東南亞股市與債市的長線投資人數已於2012年超越短線投資人數，使東南亞如今更像是一個避風港，而不再是風險投資地，

顯示投資者對東南亞地區信心漸增，且看好該地區長期成長。

❻ 遠見雜誌：2012 年 10 月 8 日指出，擁有天然資源、勞動力、消費能力等優勢，東協已坐上「東亞整合」的駕駛座，戰略經濟地位不可忽視。並指出，世界各國企業已發現東協國家成長潛力，以及其日漸壯大的中產階級消費族群，紛紛藉由設點、併購方式，進入東協市場搶占商機。未來東南亞可望成為帶動亞洲經濟成長的火車頭。

❼ 紐約時報（New York Times）：2012 年 12 月 31 日報導指出，中國大陸過去一直是亞洲投資最熱的地區，但現在其收益高峰已過。許多投資者已經開始看向更遠的地方，如越南和印尼等東協國家。此外，像柬埔寨、孟加拉這樣的國家，現在則剛開始進入投資者的視野。由此可知，東南亞國家已成為世界投資者的新焦點。

綜上所述，東協及印度國家由於內部貿易穩定流通、中產階級消費成長、天然條件、政策改善等原因，經濟成長相對穩定，已成為吸引全球資金的投資地。此外，其他新興市場的成長漸緩及 RCEP 協議的產生，東協及印度國家於世界經濟之影響力擴增，可望成為帶動世界經濟發展的新勢力。

三、國際研究機構對東協暨印度地位提升之論述

承接國際媒體論述，2013 年全球經濟探底回溫，東南亞國家人口帶動消費和投資，形成龐大內需市場，種種條件使得該地區成為世界研究機構關注焦點。不同於 90 年代末期亞洲金融風暴，東協國家這次挾帶著更成熟的市場結構、更完整的政策規劃，再度站上世界的舞台。以下茲將國際研究機構對於東協及印度國家之評述說明如下：

❶ 環球透視（IHS Global Insight）：環球透視（2012）表示：「過去 10 年亞洲經濟主要由中國大陸與印度帶動，但東協 GDP 總和從 2000 年的 6,000 億美元成長到 2012 年的 2.3 兆美元，已超越印度，未來東協國家不可小覷」。此外，預估未來 20 年東協 GDP 可於 2020 年增至 4.7 兆美元，超越日本，2030 年更可逼近 10 兆美元大關。

❷ 經濟合作暨發展組織（OECD）：OECD 於 2012 年 11 月 18 日表示，隨著全球經濟回穩，東協各國的經濟將逐漸復甦，預估東協各國自 2013 年起 5 年平均經濟成長將回復到 2000 年至 2007 年金融危機前的水準。OECD 開發中心研究主任 Mario Pezzini 進一步指出：「若能夠在經濟政策上進行結構性的改革來提高生產力，並降低東協各國間經濟差距，則能穩定東協區內發展，使

東協所有人民享受到經濟的成果」。

❸ 亞洲開發銀行（Asia Development Bank）：亞洲開發銀行在 2012 年 12 月 7 日發布《亞洲發展展望》表示，東南亞經濟體已成為亞洲發展中國家的一大亮點，若無東南亞經濟體的貢獻，2012 年亞洲的經濟增長有限。此外，亞洲開發銀行經濟學家李昌鏞進一步（2012）指出：「2013 年歐洲債務問題和經濟疲軟仍持續影響亞洲發展中國家，但東南亞國家可望帶動包括香港、韓國和台灣在內的其他東亞經濟體發展」。

❹ 世界銀行（World Bank）：世界銀行於 2013 年 1 月 15 日發布《2013 年全球經濟展望》表示，全球資金正在流入東南亞，原因除了東南亞內需強勁，吸引投資人前往外，更因為多數東亞開發中經濟體都具備經常帳盈餘或僅有些微赤字、外匯儲備相對國際債務而言較高等良好條件，使能經受全球經濟困境的衝擊，投資該地區亦可望有較低風險。

❺ 普華永道（PricewaterhouseCoopers）：普華永道（2012）發布《東南亞虎再次怒吼：這次是真的》表示，東南亞國家近年再度崛起，並成為全球經濟增長引擎，投資者不應錯過該地區復甦過程中出現的機遇。普華永道經濟學家 Harry Broadman 並（2012）指出：「相較 1998 年亞洲金融風暴時東南亞國家過快的經濟增長、高比例公共債務及不佳政策，如今的東南亞已經成為『充滿機會的成熟環境』」。

❻ 美國彭博資訊公司（Bloomberg）：彭博資訊公司在 2013 年 1 月 10 日表示， 2012 年泰國、菲律賓外資買超平均逾 25 億美元，印尼也有 17 億美元流入，合計東協三雄外資買超金額達 67.6 億美元。並指出，隨著中、日、韓、印度、澳、紐 6 國加入 RCEP 自由貿易協定，未來東協加 6 將成為涵蓋人口約 30 億，GDP 近 20 兆美元，占全球 GDP 超過 3 成的自由貿易區。東南亞國家全球經濟地位正在轉變。

❼ 國際貨幣基金組織（IMF）：IMF 於 2013 年 1 月 23 日發布《世界經濟展望》表示，預估從 2012 年至 2017 年，東協投資占 GDP 比重不僅將維持在 30% 以上，更將連年成長。顯示東協除內需強勁，投資成長也不容小覷。此外，並指出東南亞地區企業獲利也將同步成長，基本工資上漲未能削弱其競爭優勢，長期趨勢處於向上態勢。

綜上所述，東協及印度國家已具全球企業投資條件，具備高速發展動能，隨著全球經濟衰退烏雲漸散，可望步入高速成長階段，成為經濟體新星。希冀未來東協及印度國家能成為亞洲之領頭羊，帶領亞洲衝出成長減緩危機，並將其影響力擴及全球，帶動全球經濟成長。

四、各國領袖出訪東協國家

在全球經濟環境受到歐洲債務危機、美國財政懸崖等金融問題所擾之際，進而影響到市場供需，並影響經貿環境的運作，然而，各國欲振興自身經濟發展，領袖紛紛出訪東協國家，以尋求合作契機，為國家帶來一股經濟暖流，以改善當今嚴寒的現況。茲就將其各國領袖出訪東協國家分述如下：

1. 美國總統 Obama

在伊拉克及阿富汗戰爭後，對美國財務造成龐大的負擔，然而，2008 年金融海嘯、2012 年財政懸崖危機，更是讓美國政府陷入更深層危機。對此，美國總統 Obama 先生正努力尋求改善美國經濟現狀之藥方，重新調整美國安全承諾與經濟，根據 Obama 先生（2013）表示：「我們正在努力對付財務預算問題，也得多多為此祈禱」，由此可知，當前美國政府正極力的調整財務問題，以穩定財政運作。然而，為促進經營貿易活動，美國總統 Obama 先生在連任後，選擇到泰國、緬甸及柬埔寨出訪，根據泰國朱拉隆功大學政治學者 Panitan（2013）表示：「美國向世界傳達一個重要訊息就是『重回東南亞』，欲增加在東南亞的貿易活動，將與泰國總理 Yingluck 共同宣布泰國加入 TPP（The Trans-Pacific Partnership）談判」，從而道出，總統歐巴馬先生正努力於美國對外貿易關係，Panitan（2013）並更進一步指出：「美國選定策略夥伴參與新的結盟，傳達此區域重要的訊息，就是新的夥伴關係已經形成」，由此可知，美國政府在對外貿易的用心，且也透露出對東協國家潛力及優勢的重視，未來將更穩固其經貿合作關係。

2. 中國大陸前總理溫家寶

在過去 10 年中國大陸經濟高速成長，帶給全世界為之驚豔的亮眼佳績，但隨著全球經濟環境劇變的狀況一再發生，如金融海嘯、歐債危機問題等全球性金融災害，都使中國大陸經濟受到牽連，然而，中國大陸為穩定經濟，早在 2011 年前總理溫家寶先生出訪東協國家的馬來西亞及印尼，並於 2012 年出訪泰國及柬埔寨，藉由密切的往來關係來穩定經濟發展，減少全球經濟環境的衝擊。根據中國大陸前總理溫家寶先生參加「東協十加一」高峰會（2012）表示：「東亞合作發展成果豐碩，但是也面臨挑戰，在目前世界經濟復甦趨緩、東亞經濟向下滑落的情況下，各國應加強協調共體時艱，是唯一明確的選擇」，由此道出，東亞正面臨全球經濟環境的紛擾，各國應互助合作度過困境，與此同時，其亦（2012）表示：「將提出一系列新的倡議，並與各方增進互信，以凝聚共識，推動東亞合作繼續穩定的發展」，由此可知，中國大陸積極的與東協國家保持良

好的合作關係，共同應對且降低全球經濟環境帶來的衝擊。

3. 日本首相安倍晉三

在長期深受通貨緊縮與人口老化困擾的日本，在 2012 年又因東海領土問題與中國大陸關係深陷緊張，日本企業在中國大陸經營因而陷入危機，因此，對日本經濟更是雪上加霜；然而，在新首相安倍晉三先生就任後，為改善日本當今經濟萎靡的現況，正積極推動經濟政策以活絡日本經濟，並出訪東協國家鞏固關係，訪問目標為越南、泰國及印尼。根據日本首相安倍晉三先生（2013）表示：「當前亞太地區的策略環境產生重大變化，日本有必要和東協諸國強化關係，於著眼區域和平安定之際，同時謀求促進日本成長」，從而道出，安倍晉三先生將透過與東協國家的穩定關係，進而提振日本經濟的成長。依據印尼總統 Susilo 先生（2013）指出：「印尼與日本於 2007 年安倍晉三首次擔任日本首相期間，簽署經濟夥伴協議，於各方面合作皆有大幅進展，未來將加強貿易、投資、農業、基礎建設等領域合作」，由此可知，安倍晉三先生透過此次的訪問，為日本經貿開出一條康莊大道。根據 IMF（2013）預估：「印尼、泰國、菲律賓、越南及馬來西亞等五個東協國家之經濟規模，預計將在 2014 年前會超越亞洲四小龍，這將足以與日本進行有利的互助合作」，由此可知，東協國家的崛起，將更助長日本與東協國家合作的動機。

綜觀以上可知，在各國領袖爭相前訪東協各國之際，除透露出東協保有經濟貿易的潛力，更為全球經濟與政治地位添增一股競爭的火藥味，以尋求及鞏固其外交各方面之合作關係，透過密切的合作關係，穩固彼此經貿活動之活絡，帶動經濟發展。除此之外，東協崛起受到全球的重視後，經濟發展也吸引各界的目光，對全球經濟成長貢獻日逾漸增，其經濟實力地位越來越受重視，未來影響力將指日可待。

綜合本章內容顯示，東南亞國家協會（ASEAN）及印度在全球金融風暴衝擊下，相較於其他國家，東協暨印度國家擁有較穩定的經濟成長，並且國際媒體與國際研究機構紛紛指出東協國家及印度發展潛力巨大，經濟發展持續加溫，吸引龐大的外資進入東協國家及印度，逐漸成為影響全球經濟的一個新亮點，此外，在成熟國家經濟發展低迷下，美國及日本領袖紛紛訪問東協國家，洽談經濟合作項目，為各自國家端上有利的政策，以改善各自國家的經濟現況；而中國大陸為鞏固東南亞經濟合作關係，前總理溫家寶也出訪洽談，以持續加持中國大陸經濟活動的力道。由上可知，東協國家及印度在國際情勢及自由貿易協定影響，經濟發展潛力無窮，未來將成為足以影響全球經濟的一顆耀眼之星。

第 *2* 章

世界經濟版圖
變遷趨勢

全球經濟環境在 2008 年發生全球金融風暴之後，隨即又爆發 2011 年歐洲債務危機、2012 年美國財政懸崖困境等全球性金融災害，也致使以往保持亮眼穩定的經濟成長資優生，如今經濟環境劇變轉為惡劣低迷，使全球經濟發展不確定性因素風險增加。根據末日博士 Nouriel Roubini（2013）表示：「全球經濟的基本面向，處於不樂觀，依然有風險存在，2013 年全球經濟成長率將維持在 3% 左右」，由此可知，雖然 2012 年已走出歐元區危機及美國財政懸崖最困難階段，但經濟環境仍餘悸猶存。然而，在全球經濟陷入困境後，世界經濟板塊不斷在變化，已從成熟市場轉向新興市場，更從新興市場邁向新興亞洲市場的趨勢變化，根據智庫馬來西亞經濟研究院（MIER）於 2013 年 1 月 17 發布《2013 年經濟展望報告》指出：「東協帶領全球經濟景氣復甦」，由此可知，東協十國面臨全球經濟動盪低迷之際，能保有強勁的力道帶動全球經濟成長，可見世界經濟焦點原在新興市場國家，已經悄悄聚焦新興亞洲市場國家，未來發展潛力將指日可期。根據國際貨幣基金組織（IMF）（2013）預測：「2013 年東協主要五國印尼、泰國、菲律賓、馬來西亞、越南的名目 GDP 將達 2.436 兆美元，首次超越亞洲四小龍的 2.408 兆美元」，從而道出，東協經濟實力將是指日可期，漸漸影響全球。

一、世界經濟成長率預測

2012 年為世界經濟紛擾的一年，飽受 2008 年金融海嘯後遺症摧殘，如歐洲國家債務危機、美國財政懸崖困境等金融災害，展望 2013 年世界各地經濟成

長面面觀，各地所處的情況均不相同。茲就將其劃分為全球經濟成長率預測、經濟體經濟成長率預測及東協暨印度經濟成長率預測，分別敘述如下：

1. 全球經濟成長率預測

❶ 聯合國（UN）：聯合國（2012）發布《2013年世界經濟形勢與展望》報告，此報告指出世界經濟成長率於2013年可能會持續保持低迷情勢，其全球經濟成長率預測為2.4%，並在之後的兩年中全球經濟可能面臨陷入再度衰退的風險。由上顯示，聯合國對未來全球經濟成長深受金融危機所擾，仍然保持悲觀看待。

❷ 世界銀行（WB）：世界銀行（2013）發布《2013年全球經濟展望》指出，受金融危機處於困境，世界經濟仍在繼續掙扎，雖然發展中經濟體依舊為全球經濟成長的主要動力，但已出現減速，全球經濟環境成長依然衰弱，預測為2.4%。顯示出全球經濟成長率仍受到歐債危機、美國財政懸崖等不確定性因素困擾著。

❸ 國際貨幣基金組織（IMF）：國際貨幣基金組織（2013）公布《2013年世界經濟展望更新》預測，全球經濟成長率預測為3.5%，壓迫全球經濟活動的困擾因素將此消散，因此加快全球經濟成長，且如危機風險未改變、金融狀況持續改善，全球經濟成長將可能比預期還強。由此可知，國際貨幣基金組織對2013年經濟成長率，保持樂觀態度。

❹ 經濟學人智庫（EIU）：經濟學人智庫（2013）在《2013年全球展望》報告指出，2013年的經濟成長率預測為3.3%，但是經濟復甦的情勢仍為疲弱，許多國家仍然受過去金融危機的影響，在財政緊縮及經濟衰退下，如歐元區及中國大陸經濟成長放緩等，仍潛藏風險。由上可知，經濟學人智庫展望2013年仍保持保守的態度。

❺ 經濟合作暨發展組織（OECD）：OECD（2012）底公布《2013年經濟展望》指出，全球經濟成長率預測為3.4%，全球經濟成長仍呈現放緩狀態，持續受到歐元區債務危機的環伺，風險仍不能排除。由此可知，全球經濟成長仍受到歐債危機的影響，悲觀依舊。

❻ 德意志銀行（Deutsche Bank）：德意志銀行（2013）發布《2013年全球展望》報告指出，2013年經濟成長率預測為3.2%，進一步道出後危機時代的黎明。由此可知，在2013年全球經濟成長仍是充滿危機風險，也因歐元區及美國債務等風險的問題懸而未決，仍處不確定性。

❼ 花旗銀行（Citi Bank）：花旗銀行（2012）發布《花旗全球經濟展望暨策略》指出，2013年經濟成長率預測為2.1%，全球經濟壟罩在歐洲持續不

景氣，以及日本經濟衰退影響。由上顯示，全球經濟成長率受到主要經濟體需求端的萎靡，導致整體經濟不景氣，以致於展望 2013 年仍持悲觀態度。

❽摩根斯坦利（Morgan Stanley）：摩根史坦利（2012）公布《全球宏觀分析：2013 年全球展望》報告指出，全球經濟停留在過渡階段，經濟環境仍處於模糊區域，可能持續延長新的經濟衰退，對 2013 年經濟成長率預測為3.1%。由上得知，全球經濟危機仍續，且危機將可能持續延燒。

❾美林證券（Merrill Lynch）：美林證券（2012）發布《2013 年全球展望》研究報告指出，未來全球市場前景仍處於不確定性，將呈現痛苦與漫長的狀況，美國財政懸崖仍懸而未決，因此 2013 年全球經濟成長率預測為 3.2%。從而得知，全球經濟成長受到第一大經濟體美國市場的財政問題仍未解決，而造成市場恐慌，2013 年仍是一大挑戰。

❿惠譽國際信評機構（Fitch Ratings）：惠譽（2012）發布《2013-2014年全球經濟數據展望》報告指出，由於歐洲國家及日本的經濟萎縮，以及在新興市場國家的經濟成長放緩落於預期，全球經濟成長展望因而削減為 2.4%。由此可知，全球經濟成長受到主要經濟體影響，導致成長衰退。

表 2-1．2013 年全球經濟成長率預測

發布預測機構	時間	報告	預測值
❶ 聯合國（UN）	2012/12/18	《2013 年世界經濟形勢與展望》	2.4%
❷ 世界銀行（WB）	2013/01/15	《2013 年全球經濟展望》	2.4%
❸ 國際貨幣基金組織（IMF）	2013/01/23	《2013 年世界經濟展望更新》	3.5%
❹ 經濟學人智庫（EIU）	2013/01/23	《2013 年全球展望》	3.3%
❺ 經濟合作暨發展組織（OECD）	2012/11/27	《2013 年經濟展望》	3.4%
❻ 德意志銀行（Deutsche Bank）	2013/01/15	《2013 年全球展望》	3.2%
❼ 花旗銀行 （Citi Bank）	2012/11/26	《花旗全球經濟展望暨策略》	2.1%
❽ 摩根斯坦利（Morgan Stanley）	2012/11/19	《全球宏觀分析：2013 年全球展望》	3.1%
❾ 美林證券（Merrill Lynch）	2012/12/11	《2013 年全球展望》	3.2%
❿ 惠譽國際信評（Fitch Ratings）	2012/12/06	《2013-14 年全球經濟數據展望》	2.4%

資料來源：各研究機構、本研究整理

2. 經濟體經濟成長率預測

❶聯合國（UN）：聯合國（2013）發表《2013 年世界經濟形勢與展望》（World Economic Situation and Prospects 2013）研究報告指出，歐元區經濟情勢仍不樂觀處於衰退，經濟成長預測為 0.3%，而在已開發國家受到歐元區的經濟波動影響，經濟成長預測也僅有 1.1%，在開發中國家、轉型經濟體

與拉丁美洲及加勒比海地區，經濟成長率分別預測為 5.1%、3.6%、3.9%。由此可知，2013 年全球主要經濟體仍受歐元區的債務問題牽連。

❷ 世界銀行（WB）：世界銀行（2012）公布《2013 年東亞及太平洋經濟年中報告》（Semi-annual East Asia and Pacific Economic 2013）指出，僅管全球經濟環境受到歐元區及美國財政懸崖所困擾，呈現低迷不景氣之形勢，但東亞與太平洋地區由中國大陸領軍帶動下，其東亞暨太平洋地區的經濟成長率預測將達 7.9%，顯示東亞地區國家於嶄新的 2013 年仍保持穩健。

❸ 國際貨幣基金組織（IMF）：IMF（2013）發布《世界經濟展望》（World Economic Outlook）研究報告，指出發達國家及歐元區的經濟成長率分別預測為 1.4% 與 -0.2%，由於美國財政懸崖後續問題及歐元區經濟持續低迷等影響所致；而在新興經濟體及發展中國家與東協五國方面，經濟成長率預測為 5.5%，在逆勢經濟情勢下，表現穩定。

❹ 經濟合作暨發展組織（OECD）：OECD（2012）發表《2013 年經濟展望》（Economic Outlook 2013）報告中指出，歐元區的經濟成長率預測為 -0.1%，其區域風險猶存，成為全球經濟成長最大的威脅，經濟表現不樂觀。由此可知，歐元區的表現仍是全球經濟成長重要的關鍵，持續影響著全球經濟。

❺ 亞洲開發銀行（ADB）：ADB（2012）發布《亞洲經濟觀察報告》（Asia Economic Monitor）指出，歐元區經濟情勢仍表現低迷，其經濟成長率預測為 0.2%，而在東協五國方面，相較於歐元區表現亮眼，其經濟成長率預測為 5.8%，可知歐洲國家經濟由於債務問題不穩定，相較之下東協五國成為發展中的閃耀之星。

❻ 歐洲委員會（European Commission）：在 2012 年 11 月 7 日，歐洲委員會公布歐元區經濟成長率預測為 0.1%，而歐盟經濟成長率則預測為 0.4%，其原因為歐洲債務危機持續延燒，仍未脫離險境，經濟環境不滿風險危機，對此脫離困境仍在觀望。

❼ 經濟學人智庫（EIU）：EIU（2013）發表《2013 年全球展望》報告中指出，歐元區的經濟成長率預測為 -0.2%，仍因歐元區風險未退，持續困擾經濟活動，而東歐仍保有 2.6%。在拉丁美洲及中東北非分別預測為 3.6%、3.4%，而在東南亞國協部分則保有高成長率，預測為 5.3%，屬較為穩定地區。

❽ 美國美林證券（Merrill Lynch）：美林證券（2012）發布《2013 年全球展望》研究報告指出，新興國家的經濟成長率預測為 5.2%，在經濟環境充滿不確定性仍維持較高水準的表現。

表 2-2 · 2013 年主要經濟體經濟成長率預測

發布預測研究機構		時間	主要經濟體	預測
❶ 聯合國（UN）		2013/01/17	歐元區	0.3%
			拉丁美洲及加勒比海地區	3.9%
			開發中國家	5.1%
			轉型經濟體	3.6%
			已開發國家	1.1%
❷ 世界銀行（WB）		2013/01/15	東亞暨太平洋地區	7.9%
❸ 國際貨幣基金組織（IMF）		2013/01/23	發達國家	1.4%
			新興經濟體及發展中國家	5.5%
			歐元區	- 0.2%
			歐盟	0.2%
			亞洲四小龍	3.2%
			東協五國	5.5%
❹ 經濟合作暨發展組織（OECD）		2012/11/27	歐元區	- 0.1%
❺ 亞洲開發銀行（ADB）		2012/12/07	東協五國	5.8%
			歐元區	0.2%
❻ 歐洲委員會（European Commission）		2012/11/07	歐元區	0.1%
			歐盟	0.4%
❼ 經濟學人智庫（EIU）		2013/01/23	歐元區	- 0.2%
			中東北非	3.4%
			拉丁美洲	3.6%
			東歐	2.6%
			東南亞國協	5.3%
❽ 美國美林證券（Merrill Lynch）		2012/12/11	新興國家	5.2%

資料來源：各研究機構、本研究整理

3. 東協暨印度經濟成長率預測

❶ 世界銀行（WB）：根據世界銀行（2013）發布《2013 年全球經濟展望》報告顯示，在東協暨印度的經濟成長率呈現一片看好跡象，其經濟成長率預測均在5%以上。柬埔寨在開放的經濟政策，走向市場經濟，帶動經濟活動運作，經濟成長率預測為 6.7%。寮國在中國大陸與越南改革開放後，見賢思齊邁向改革，加入高速發展的國家行列，經濟成長預測為 7.5%。

❷ 國際貨幣基金組織（IMF）：國際貨幣基金組織（2013）發布《2013 年世界經濟展望更新》研究報告指出，東協國家在經濟成長有亮眼的表現，其中以寮國、柬埔寨、印尼及泰國表現最為突出，其經濟成長率預測均落在6%以上，分別預測為 7.8%、6.7%、6.3%、6.0%，由此顯示，在全球經濟不景氣的狀況下，將是未來帶動經濟發展的區域。

❸ 亞洲開發銀行（ADB）：亞洲開發銀行（2012）發表《亞洲經濟觀察

報告》中指出，經濟成長率預測以印度及印尼較為突出，分別預測為 6.7% 與 6.6%，而在越南、泰國及菲律賓方面，經濟成長率預測均落在 5% 以上，分別預測為 5.7%、5.0%、5.0%，在金融危機環伺情況下，仍有穩定的表現。

❹ 聯合國（UN）：聯合國（2013）發表《2013 年世界經濟形勢與展望》報告指出，柬埔寨、印度及印尼的經濟成長率預測均在 6% 以上，漸漸道出其市場潛力無窮，在經濟政策的輔佐及市場紅利的帶動之下，在嶄新的 2013 年表現將指日可期。

❺ 經濟合作與發展組織（OECD）：經濟合作與發展組織發布（2012）《2013 年經濟展望》報告指出，東協主要國家的經濟成長率印度及印尼，分別預測為 5.9% 及 6.3%，在美國財政懸崖及歐洲債務危機的影響全球經濟環境下，市場充斥不安因素，東協國家則處於較穩定的情勢，利於投資發展。

表 2-3 · 2013 年東協暨印度經濟成長率預測

經濟體		WB	IMF	ADB	UN	OECD
汶　萊		-	1.5%	-	1.6%	-
柬埔寨		6.7%	6.7%	-	6.0%	-
印　尼		6.3%	6.3%	6.6%	6.2%	6.3%
寮　國		7.5%	7.8%	-	-	-
馬來西亞		5.0%	4.7%	4.8%	4.4%	-
緬　甸		6.5%	6.0%	6.5%	6.0%	-
菲律賓		6.2%	4.8%	5.0%	5.4%	-
新加坡		-	2.9%	3.8%	2.5%	-
泰　國		5.0%	6.0%	5.0%	4.6%	-
越　南		5.5%	5.9%	5.7%	5.7%	-
印　度		6.1%	5.9%	6.7%	6.1%	5.9%

資料來源：各研究機構、本研究整理

　　綜上得知，面對嶄新的 2013 年經濟成長，各機構呈現看好的樂觀態度，但在歐元區仍存不安定因子，其風險未退，持續對全球經濟帶來影響，但各機構也指出 2013 年下半年將會趨於穩定成長，而在東協暨印度方面，則一片看好其經濟發展，將比 2012 年的經濟更趨於穩定。

二、全球經濟版圖遷移

從工業革命後，帶動工業發展與開發中國家的形成，然而，因經濟景氣循環與金融危機頻傳之下，為創造出更亮眼的經濟表現，世界經濟板塊不斷在轉變，經濟熱流不斷流向世界各地交替著，從已開發中國家轉向發展中國家、發展中國家又轉向新興市場國家，持續變遷。

1. **七大工業國組織（G7）**：在 1975 年成立，由於當時接連發生「美元危機」、「石油危機」等經濟危機，使得主要資本主義國家的經濟形勢惡化，而致使成立其組織，討論當時受到全球性的金融災害該如何改善，以重振西方經濟，可知 G7 為工業發展後，為世界經濟板塊的第一個重點。

2. **歐洲聯盟（EU）**：早在 1950 年代創始成立，其主要宗旨是為促進和平，追求公民富裕的生活品質，並且實現社會經濟可以持續性的發展，以確保基本的價值觀，進而達到增強與國際的合作。由此可知，歐洲在地理區域為較為破碎的國家劃分，藉此聯盟成立後，透過合作更促進經濟活動的熱絡。

3. **亞洲四小龍**：地處東亞及東南亞的國家，於 1970 年代至 1990 年代經濟高速的成長，利用西方已開發國家向發展中國家轉移勞動密集產業的機會，提供豐富的勞動力與便宜人力成本，吸引可觀的外資及技術進駐投資，創造令世界驚豔的高經濟成長。

4. **金磚國家（BRICs）**：在 2001 年，由美國高盛（Goldman Sachs）所提出，先由巴西、俄羅斯、印度及中國大陸組成，後續擴編南非而成現今的金磚國家，其為全球主要的新興市場國家，國土面積佔世界總領土面積的 26%，人口佔世界總人口的 42%，GDP 佔世界總量的 14.6%，由此可知，金磚國家影響力甚大。

5. **新鑽 11 國（Next-11）**：美國高盛（Goldman Sachs）繼 2001 年提出金磚國家概念後，再次首創的投資新概念 Next-11，吸引全球投資市場眼球的投資新焦點，全球經濟重心因而向亞洲轉移。高盛進而道出 Next-11 的新興市場經濟潛力僅遜於金磚國家，可知其經濟市場潛力無窮，為全球經濟投資亮點。

6. **展望五國（VISTA）**：由經濟學人（The Economist）提出，以越南、印尼、南非、土耳其及阿根廷組成，被認定為最有潛力的新興國家，被認為在未來幾十年內，將會有高速的經濟發展，引起世界矚目，且經濟規模再以美元計算下，展望五國預計可擴大達 28 倍，可知經濟表現將指日可待。

7. 新興經濟體 11 國（E11）：由博鰲亞洲論壇在 2010 年提出，由中國大陸、阿根廷、巴西、印度、印尼、韓國、墨西哥、俄羅斯、沙烏地阿拉伯、南非及土耳其等國組成，根據論壇（2012）發表《新興經濟體發展 2012 年度報告》指出：「新興 11 國將領跑全球」，由此可知，新興 11 國將持續保持較高的經濟成長。

8. 靈貓六國（CIVETS）：於 2010 年由匯豐銀行（HSBC）所提出，由哥倫比亞、印尼、越南、埃及、土耳其及南非組成，係以新興市場、年輕人口及天然資源的三大概念，對此未來經濟前景相當看好，從而可知，在其新興市場的條件及資源加持之下，添增外資的投資動機。

9. 維他命十國（VITAMIN）：是由日本學者大前研一於 2012 年提出，維他命十國將取代現有的金磚國家，成為下一個階段吸引全球資金的成長市場，由此道出，開發中國家彼此的貿易和投資增加，將是維他命十國經濟快速起飛的重要關鍵來源，且各國天然資源條件的加持，也是經濟發展驅動力之一。

10. 新貴市場（LVMC）：由摩根資產管理（J.P. Morgan Asset Management）在 2012 年提出，以寮國、越南、緬甸及柬埔寨等 4 國組成，根據 IMF（2012）指出，LVMC 在未來幾年將是全球成長最快速的地區之一，從而得知，雖然新貴市場國家經濟尚未有亮眼成績，但密切與東協其他國家聯繫，未來表現指日可期。

綜上觀察得知，在全球知名研究機構所提出的市場名稱，可了解其提出的用意，道出國家擁有的市場經濟發展條件，及未來經濟發展的潛力。然而，在瞬息萬變的全球市場中，可發現世界經濟板塊不斷的在變化，經濟發展重心已悄悄的從西方國家轉向東方世界。

三、全球經濟版圖變化趨勢剖析

在瞬息萬變的全球經濟市場，無時無刻都在轉動改變，經濟活水往低處流，朝向低成本及高獲利地區發展，在當今成熟國家市場低迷現象持續延燒，經濟發展活水也從成熟市場轉移至新興市場趨勢，然而，歐美經濟狀況委靡之際，經濟焦點更從新興市場聚焦於新興亞洲。茲將其經濟趨勢分述如下：

趨勢一：從西潮到東望

從 2008 年由美國次貸危機爆發出全球性的金融海嘯，接連著 2010 年歐洲債務危機燎火延燒全球各國，致使西方國家經濟情勢呈現一片低迷之狀，至今金融災害後遺症仍持續影響著全球市場。根據 UN（2013）指出，在 2013 年

歐元區經濟成長率為 0.3%，已開發國家為 1.1%，如美國及加拿大等國，可知美歐在嶄新 2013 年的經濟發展尚存風險，經濟環境仍讓投資者餘悸猶存，對此美國與歐洲等國經濟需要政策與時間的調整，以育養良好經濟體質。然而，在受美歐金融災害影響，造成世界各國一片哀嚎之際，此時東方國家如旋風似的急速崛起，挑起全球經濟成長的大樑，注入新一波經濟活水入渠，根據 IMF（2013）指出，2013 年東協五國經濟成長率為 5.5%，亞洲四小龍經濟成長率為 3.2%，在全球受到西方國家經濟情勢影響之下，東亞各國仍保持有穩定的經濟成長水準。此外，根據《中國 CEO：20 位外商執行長談中國市場》（2006）一書指出，在聯合利華（Unilever）、可口可樂（Coca-Cola）、西門子（Siemens）等跨國際企業，在未來企業發展均積極鎖定中國大陸，並進一步論說：「除了中國大陸還是中國大陸」，從而道出，以往的經濟重心所謂的「西潮」（West wave）已轉向由跨國 CEO 所說的「東望」（Look East）。而根據《世界向東方移動：國家參與金融投資的時代來臨，下一波經濟趨勢大解密：政治角力 X 能源供需》（2011）一書更以「亞洲崛起」及「中印大車拚」等趨勢，道出世界經濟重心將由西方轉向東方。綜上可知，受到全球金融風暴衝擊，以往西方挺拔的巨人正一步一步邁向衰老，東方沉睡的巨人正著實成長茁壯。

趨勢二：成熟市場到新興市場

2008 年美國次級房貸引發金融海嘯、2011 年醞釀已久的歐洲債務危機，這些風暴都影響各國的經濟活動，市場結構也因而轉變，逐漸從成熟市場轉向新興市場。WB 早在 2011 年指出，於 2025 年前，在新興國家的經濟成長將可維持 4.7%，遠高於已開發國家 2.3% 的經濟成長率，並進一步提出巴西、中國大陸、印尼、印度、韓國及俄羅斯，將在 2025 年貢獻一半的全球經濟成長率。由此可知，透過國際貿易的轉向投資，讓新興市場國家變得更加富有，也加快新興市場國家的發展。然而，根據中國大國家信息中心和中國社會科學院（2012）發布的《2013 年中國與世界經濟發展報告》綠皮書報告指出：「新興市場及發展中的經濟體，將持續引領成為世界經濟成長的動力和來源」。由此道出，在全球景氣持續不穩及低迷的態勢下，新興市場與發展中的經濟體將是未來經濟發展的動能。且綠皮書進一步提出，受到國際金融災害和債務問題影響，將來世界各國會更注意結構調整及經濟成長，於新興市場和發展中經濟體將刺激內需，以利促進國際收支平衡，達到持續性發展，並成為世界經濟成長的動力。由此顯示，國際經濟局勢將持續面臨不利因素，在發達國家缺乏新的經濟成長點，以及歐洲債務危機的影響，而在新興市場方面則經濟發展趨於較穩定，已成為全球經濟成

長的重點。

趨勢三：新興歐洲到新興亞洲市場

在全球經濟情勢仍存風險危機之際，新興歐洲市場全球性金融災害的後遺症，致使風險仍存，危機也持續惶恐市場信心，受到經濟環境動亂影響之下，經濟成長率產生波動。在2013年1月16日，世界銀行（WB）指出：「因歐債危機持續加深，調降11個新興歐洲國家2013年的經濟成長預測，從原本的2.5%降至1.3%」，由此可知，2013年歐洲債務危機風險仍存在影響，原本新興歐洲市場為引領歐洲經濟發展，而今卻因債務風險頻傳，影響經濟活動。然而，隨著東南亞國家經濟的崛起，全球經濟焦點正由新興市場轉向新興亞洲國家，如印尼、泰國、越南等國，根據Intel東南亞總經理Uday Marty（2012）表示：「Intel公司2012年第三季與2011年第三季衰退5.5%，但2012年印尼的營收可望達到20%以上，且印尼消費者擁有電腦少，市場擁有成長的潛力」，由此可知，世界500強的Intel公司已經進入東南亞國家佈局，看中龐大的市場潛力及人口紅利等特點，可知東南亞國家已成為大型企業進駐的經濟區域。並且根據Google東南亞董事總經理Julian Persaud（2012）指出：「不要以『菲律賓是10年前的英國』這樣的觀察角度來看待東南亞，而是要以全新的基礎看待」，由此可知，現在東南亞國家與10多年前發生亞洲金融風暴的時候，已不能相提並論。在當前國際經濟情勢不安因素仍多的現象下，東南亞國家經濟相對穩定，將成為新的全球經濟焦點。

趨勢四：從成長市場到白地市場

經過金融海嘯及歐洲債務危機的金融災害，世界各國開始思考該如何振興國家經濟發展，紛紛在政策上下足苦工，協助產業技術轉型，以期能發展出新的產業經營模式，開創新經濟發展之契機。根據OECD（2012）指出：「目前新興市場國家的經濟成長速度整體放緩，印度的經濟成長指數先行走向下坡，成長明顯漸弱，俄羅斯也隨而步入之，增長不再」，由此可知，以往高速成長已帶動全球經濟成長的新興市場國家，亮眼成績似乎好景已不再，受全球景氣影響，悄悄步向雲霄飛車下坡路段。然而，各國以振興經濟為目的，均端出利多政策輔佐或與他國合作，以有利產業發展創新，尋找市場白地。根據經濟部長施顏祥（2012）表示，台灣與美國關係緊密且複雜，因此，推動台美產業合作，除了於經貿及研發外，將以更寬廣的視野考慮製造業及服務業之平衡，期許可以加速產業結構發展的目標，由此可知，台灣為海島型出口國家，面對全球經濟頹靡，為改善台灣此經濟現況，與美國產業合作，訂定出產業推升合作方案，以期能為

產業發展帶來新契機,此舉不限於台灣,當前在世界各國均是如此,積極的改善經濟現況。

綜觀上述趨勢轉變得知,當前全球經濟環境受到全球性的金融災害影響,使其經濟環境充滿不確定性因素,為經濟活動帶來龐大的風險威脅,也因而使投資轉向,從成熟市場逐漸轉向新興市場及新興亞洲市場,對此新興市場及新興亞洲擁有巨大的市場潛力,如人口紅利、龐大消費力等利多,吸引大型企業前至投資佈局,全球經濟重心也從西方國家轉向東方國家,且各國在全球經濟影響使然,也積極地為產業結構尋找新出路,以穩固經濟在全球的競爭力。

綜合本章內容敘述,可知 2013 年經濟成長大部分區域將會比 2012 年來得良好,但經營風險仍存在,企業在投資佈局之際,應謹慎觀察之。然而,在各機構經濟成長預測將緩慢復甦之際,在東協暨印度部分,其經濟成長將為全球經濟的閃亮之星,其經濟實力日漸雄厚,在東南亞國家協會的建立與自由貿易協定的優惠措施,促進經濟發展動能高漲,因此使其區域漸漸形成一股足以影響全球經濟成長的力量,成為各國爭相投資的重點區域。

第 3 章

東協與印度成長雙引擎

根據國際諮詢機構 IHS 環球透視（IHS Global Insight）（2012）表示：「過往亞洲經濟主要由中國大陸與印度拉動，然而，東協 GDP 總合已從 2000 年的 6,000 億美元成長至 2012 年的 2.3 兆美元，已超越印度，預至 2020 年將成長達至 4.7 兆美元」，顯示，東協快速成長茁壯，在亞洲經濟體中，力抗中國大陸與印度，其經貿地位不容忽視。加上，2013 年 2 月 4 日，世界四大會計師事務所之一的資誠會計事務所（Price Waterhouse Coopers；PWC）發布《2050 年的世界》（The World in 2050）報告表示：「今後 40 年，巴西、俄羅斯、印度、中國大陸、印尼、墨西哥和土耳其七大新興經濟體的經濟成長快速，將會大幅超越七國集團（G7）國家（法國、德國、義大利、日本、英國、美國和加拿大）」，道出，東協與印度未來將成為在全球經貿舞台重要的雙引擎。茲就歸納出東協暨印度國家亮點，藉此了解東協暨印度新勢力崛起因素以致成為全球關注之焦點。

一、東協成長新亮點

東協發揮成長潛力，在全球經濟環境不景氣下，一枝獨秀穩定成長，以下透過各個層面剖析，整理出東協七大亮點敘述如下：

亮點一：【消費者信心上升效應（CCI）】

根據國際市調公司尼爾森（Nielsen）（2012）公布 2012 年第 4 季《全球消費者信心指數》報告顯示：「全球前十大消費信心強國，亞洲佔 7 席，其中 4 席為東協國家」，加上，如表 3-1 所示可見，東協十國之印尼、菲律賓及

泰國消費者信心指數排名逐季成長至前 5 名，凸顯東協國家消費實力逐漸茁壯，內需商機將隨之蓬勃。此外，根據經濟合作與發展組織（Organization for Economic Co-operation and Development；OECD）（2012）公布《2013 年東南亞經濟展望》報告表示：「預估 2013 至 2017 年東協十國平均 GDP 成長率將達 5.5%，回到金融風暴前之水準，而民間消費和投資等內需成長將是重要的成長引擎」，上述可知，東協國家強勁的內需力量將是經濟成長主要動力，巨大的消費潛力促使吸睛全球企業，勢必成為兵家必爭之地。

表 3-1 · 2012 年全球消費者信心指數報告

排名	Q1	Q2	Q3	Q4
01	印　度	印　尼	印　度	印　度
02	印　尼	印　度	印　尼	菲律賓
03	沙烏地阿拉伯	菲律賓	菲律賓	印　尼
04	巴　西	沙烏地阿拉伯	阿拉伯聯合大公國	泰　國
05	中國大陸	馬來西亞	沙烏地阿拉伯	阿拉伯聯合大公國
06	菲律賓	阿拉伯聯合大公國	泰　國	沙烏地阿拉伯
07	香　港	巴　西	巴　西	巴　西
08	阿拉伯聯合大公國	中國大陸	中國大陸	中國大陸
09	馬來西亞	香　港	馬來西亞	馬來西亞
10	泰　國	泰　國	瑞　士	挪　威

資料來源：AC尼爾森公司（ACNielsen）（2012）《全球消費者信心指數》
註：Q1指第一季；Q2指第二季；Q3指第三季；Q4指第四季

亮點二：【年齡中位數年輕效應（PMA）】

東協國家具豐沛年輕勞動人口，根據美國中央情報局（Central Intelligence Agency；CIA）2012 年統計資料如表 3-2 所示，除新加坡和泰國年齡中位數超過 30 歲外，其餘東協 9 國皆在 30 歲以內。此外，美林證券（Merrill Lynch）（2012）指出：「2020 年，中國大陸、日本與韓國的年齡中位數將分別為 37.6 歲、48.5 歲和 43.4 歲，然而，菲律賓和馬來西亞則為 23.9 歲和 28.4 歲」，而日本第三大貿易公司伊藤忠商事株式會社首席經濟學家丸山義正（2012）亦表示：「人口紅利在日本和韓國已不復存在，而中國大陸將消失，唯目前仍存在於東協，且將會持續一段時間」，凸顯出未來亞洲經濟體中，東協地區之開發中國家將具有年輕勞動力之競爭優勢，而此人口紅利優勢將吸引企業進入投資。

表 3-2 · 2012 年東協十國年齡中位數一覽表

國　家	年齡中位數	國　家	年齡中位數
寮　國	21.4	越　南	28.2
菲律賓	23.1	印　尼	28.5
柬埔寨	23.3	汶　萊	28.7
馬來西亞	27.1	泰　國	34.7
緬　甸	27.2	新加坡	33.5

資料來源：美國中央情報局（CIA）（2012）

亮點三：【外人投資持續流入效應】

根據世界銀行（WB）2007 年至 2011 年統計資料彙整如表 3-3 所示，可看出 2007 至 2011 年，東協十國外商直接投資總額成長至 1,146.3 億美元。即使遭遇 2008 年金融風暴影響，東協外資投入大幅下跌約 50%，然而，卻能在 1、2 年後甚至超越 2007 年之水準。受到歐美市場影響較小的東協國家，備受外資青睞。摩根東協基金會經理人黃寶麗（2013）表示：「東協國家除了龐大內需市場外，未來 2 至 3 年將積極推動基礎建設，將成為進一步推升東協經濟成長的動力，有助於吸引更多外資挹注東協」，上述可知，東協未來發展樂觀其成，且將持續吸引更多外資注入。

表 3-3 · 2007 至 2011 年東協十國外人直接投資淨流入一覽表

國　家	2007	2008	2009	2010	2011
❶汶　萊	2.5	2.2	3.2	6.2	12.0
❷柬埔寨	8.6	8.1	5.3	7.8	9.0
❸印　尼	69.2	93.1	48.7	137.7	181.5
❹寮　國	3.2	2.2	3.1	2.7	3.1
❺馬來西亞	90.7	75.7	1.1	91.6	120.0
❻緬　甸	7.0	8.6	10.7	9.0	10.0
❼菲律賓	32.4	14.3	27.1	16.3	18.6
❽新加坡	469.2	117.9	244.1	486.3	640.0
❾泰　國	113.2	85.3	48.5	91.0	77.8
❿越　南	67.0	95.7	76.0	80.0	74.3
總　計	863.0	503.1	467.8	928.6	1146.3

資料來源：世界銀行（WB）、本研究整理
註：單位為億美元

亮點四：【佔全球 GDP 比重上升效應】

在全球環境不穩定下，東協國家異軍突起，根據聯合國統計司（UN）統計資料，整理 2007 年至 2011 年東協十國 GDP 數據如表 3-4 所示，印證 5 年來

東協 GDP 穩健成長，此外，其佔全球 GDP 比重亦持續上升。根據美國經濟諮詢機構 IHS 環球透視公司（IHS Global Insight）首席亞太經濟學家畢斯瓦斯 Rajiv Biswas（2012）指出：「雖然亞洲經濟在過去 10 年主要為中國大陸與印度主導，然而，東協十國 GDP 總額已超越印度，甚至可能在 16 年內超前日本，並預期在 2020 年增至 4 兆 7,000 億美元，2030 年逼近 10 兆美元」，開發中的東協國家經濟發展正在醞釀初期，未來經濟潛力無窮，勢必成為帶動亞洲經濟成長的重要引擎。

表 3-4 · 2007 至 2011 年東協十國 GDP 與佔全球 GDP 比重一覽表

時間	2007		2008		2009		2010		2011	
經濟體	GDP	佔全球 GDP	GDP	佔全球 GDP	GDP	佔全球 GDP	GDP	佔全球 GDP	GDP	佔全球 GDP
印　尼	0.43	0.77%	0.51	0.83%	0.54	0.93%	0.71	1.11%	0.85	1.21%
泰　國	0.26	0.47%	0.29	0.47%	0.28	0.48%	0.34	0.54%	0.37	0.53%
馬來西亞	0.19	0.35%	0.23	0.38%	0.20	0.35%	0.25	0.39%	0.29	0.41%
新加坡	0.18	0.32%	0.19	0.31%	0.19	0.32%	0.23	0.36%	0.26	0.37%
菲律賓	0.15	0.27%	0.17	0.28%	0.17	0.29%	0.20	0.31%	0.23	0.32%
越　南	0.07	0.13%	0.09	0.15%	0.10	0.17%	0.11	0.17%	0.12	0.18%
緬　甸	0.02	0.03%	0.03	0.04%	0.03	0.06%	0.04	0.07%	0.06	0.08%
柬埔寨	0.01	0.02%	0.01	0.02%	0.01	0.02%	0.01	0.02%	0.01	0.02%
汶　萊	0.01	0.02%	0.01	0.02%	0.01	0.02%	0.01	0.02%	0.02	0.02%
寮　國	0.00	0.00%	0.01	0.01%	0.01	0.01%	0.01	0.01%	0.01	0.01%
全　球	56.00	2.38%	61.38	2.51%	58.19	2.65%	63.58	3.00%	70.20	3.15%

資料來源：聯合國統計司（United Nations Statistics）、本研究整理
註：單位為兆美元、%

亮點五：【對外貿易逐年攀升效應】

東協十國與許多國家簽訂自由貿易協定，使其具關稅優惠的優勢，加上東協國家擁有人口紅利與龐大內需，吸引許多外企前往進駐，促使東協對外貿易總額逐年上升。下表 3-5 為整理世界貿易組織（WTO）2002 至 2011 年統計之東協對外貿易總額，顯示東協國家 10 年來對外貿易總額成長近 3 倍，其中，新加坡、泰國及馬來西亞為十國裡對外貿易總額最高之前 3 名。加上，2013 年東協與亞太 16 國將展開自由貿易協定談判，稱為東協區域全面經濟夥伴關係（Regional Com-prehensive Economic Partnership；RECP），預計 2015 年完成，一旦完成，將成為全球最大自由貿易區，為東協在全球經貿地位加分。IHS 環球透視亞太首席經濟學家 Rajiv Biswas（2012）表示：「RECP 的倡議，可提升亞洲開發中國家間之貿易活動，亦可減低對歐美市場的依賴」，

由此可知，東協與其他亞太夥伴國家貿易活動將更加頻繁，壯大亞洲經濟實力。

表 3-5 · 2002 至 2011 年東協十國對外貿易總額一覽表

國　　家	2002	2003	2004	2005	2006	2007	2008	2009	2010	2011
❶汶　　萊	52.58	57.48	64.79	77.40	93.12	97.69	128.91	96.49	113.66	153.83
❷柬 埔 寨	42.41	46.78	59.91	70.19	84.63	95.27	112.16	100.26	119.34	162.50
❸印　　尼	975.06	1,063.04	1,256.44	1,627.21	1,841.77	2,111.14	2,671.44	2,134.32	2,933.97	3,774.68
❹寮　　國	7.48	7.97	10.76	14.35	19.42	19.90	24.95	25.14	38.06	51.00
❺馬來西亞	1,739.27	1,880.05	2,317.94	2,556.05	2,918.28	3,231.93	3,564.12	2,812.65	3,632.34	4,146.51
❻緬　　甸	53.94	45.74	45.76	38.13	71.53	96.50	112.25	111.03	135.56	173.30
❼菲 律 賓	763.00	788.07	857.83	907.42	1,014.88	1,084.62	1,094.98	843.14	1,099.64	1,119.98
❽新 加 坡	2,999.59	3,696.03	4,642.10	5,347.99	6,391.48	7,057.33	8,204.30	6,473.86	8,317.99	9,608.63
❾泰　　國	1,327.53	1,561.48	1,906.58	2,291.14	2,584.95	2,938.33	3,570.03	2,861.31	3,782.35	4,573.20
❿越　　南	364.52	454.05	584.54	692.03	848.41	1,112.43	1,433.99	1,270.45	1,570.76	1,075.81
總　　計	8,325.38	9,600.69	11,746.65	13,621.91	15,868.47	17,845.14	20,917.13	16,728.65	21,743.67	24,839.44

資料來源：世界貿易組織（WTO）、本研究整理

註：單位為億美元

亮點六：【資本市場持續成長效應】

東協在各方面表現亮眼，包括股市和基金，湧進大量熱錢。下表 3-6 為東協暨印度股價成長率，由此可知，泰國、菲律賓及越南一年股價成長率為東協 10 國最高。寮國一年成長率之所以高達 56.63%，主因為寮國證交所於 2011 年成立，剛開始會呈一窩蜂的投資熱潮，造成股價波動大，因此一年成長率不足以代表真實股價成長情況。2013 年 1 月 17 日，美林證券（Merrill Lynch）表示：「看好東協國家內需成長力道，預估 2013 年泰國、馬來西亞、菲律賓及印尼等企業獲利成長率皆達雙位數，東協穩定的企業獲利能力將能支持股市持續走強」，可望東協資本市場成績將在全球股市中持續保持亮眼。另外，印尼、新加坡、泰國、馬來西亞、菲律賓、越南、寮國等 7 個股票交易所於 2012 年完成組成東協交易所（ASEAN Exchanges）整合計畫，投資者只要開通一個帳戶及能在東協 7 個國家交易所進行買賣交易，在便利且節省交易成本下，將吸引更多海外投資者加入。

表 3-6 · 2003 至 2012 年東協七國股票交易所股價變化一覽表

股票交易市場	2013年2月7日 收盤指數	1年 成長率	3年 成長率	5年 成長率	10年 成長率
泰國 SET 綜合指數	1,499.80	36.21%	116.92%	89.09%	295.78%
印尼雅加達綜合指數	4,503.15	13.85%	78.77%	70.63%	1,041.11%
菲律賓綜合指數	6,459.99	35.83%	126.22%	100.42%	520.06%
馬來西亞綜合指數	1,619.57	5.25%	29.78%	14.38%	144.93%
新加坡海峽時報指數	3,261.77	10.28%	21.55%	11.25%	153.75%
越南證交所指數	490.62	22.32%	-0.49%	-42.93%	184.62%
寮國證交所指數	1,424.28	56.63%	–	–	–

資料來源：鉅亨網、本研究整理

註：【1】汶萊、緬甸尚未成立股票交易市場，柬埔寨甫於2012年4月成立，因此，此三個國家相關資料暫不列入上表中。

　　【2】寮國甫於2011年1月11日成立，故無3年、5年及10年成長率數值。

亮點七：【中產階級人口快速成長效應】

東協十國擁有 6 億以上人口，加上中產階級不斷成長，帶來龐大消費潛力及充沛勞動力，造就東協整體經濟成長穩健。根據法國里昂證券（CLSA Asia-Pacific Markets）主題研究部主管 Amar Gill（2012）指出：「未來 5 年內，東協國家將產生超過 5,000 萬人，且可支配所得超過 3,000 美元的新興中產階級；其中，70% 的年齡位於 30 至 45 歲，有助於推升東協內需市場」，東協中產階級及可支配所得的快速成長，意味強大消費力量，將促使各國企業紛紛搶進。東協國家中，未來中產階級人數以全球人口第四大國印尼最為搶眼，根據日本貿易振興機構（Japan External Trade Organization；JETRO）（2013）表示：「2015 年將有 3,000 萬印尼人成為中產階級（年度可支配所得落在 1.5 萬至 3.5 萬美元間），比 2009 年大幅成長 6 倍」，強勁的內需力量將是東協經濟成長主要動力，亦為其帶來巨大的商機。

二、印度成長新亮點

歐美衰退促使經濟成長重心轉往亞洲經濟體，而亞洲經濟體成長最快速的兩大國家，其中之一為印度。印度總理 Manmohan Singh 先生於 2012 年 9 月表示：「印度近期推行的經濟改革政策將改善印度的經商環境並吸引更多投資者，進而恢復印度的經濟發展亦促進經濟成長」。茲就印度整體環境，整理出印度八大亮點敘述如下：

亮點一：【開放多品牌零售效應】

印度總理 Manmohan Singh 先生於 2012 年 9 月 14 日宣布：「對外開

放大型零售商進入當地投資零售業，並放寬 FDI 在多品牌零售業持股最多可至
51%」，開放當地零售市場，將刺激更多跨國零售業者進駐。根據印度調查公
司 CRISIL Research（2012）表示：「印度對外開放外資投資大型零售業的
政策，將使印度的零售市場在未來 5 年內具備吸引外資投資 25 億至 30 億美元
的潛力」，加上，全球最大零售業 Walmart（2012）亦指出：「印度開放多品
牌零售的政策將能更直接接觸到消費者，並且有利降低當地產品價格」。印度開
放品牌零售後，使得更多全球零售商能以更多股權進駐印度，勢必成為各國業者
兵家必爭之地。

亮點二：【製造業競爭力指標效應】

根據勤業眾信（Deloitte）與美國競爭力委員會聯合（2013）發布《2013
全球製造業競爭力指數》報告指出：「在全球 38 個國家製造業競爭力排名中，
印度為第四名，5 年後將成為全球製造業第二大最具競爭力的國家」。該報告亦
指出：「印度在科學、技術和研究領域的人才儲備方面相當豐富，亦是勞工成本
最低的國家之一」。此外，印度駐華大使蘇傑生（2013）表示：「印度政府計
畫至 2022 年將製造業占 GDP 比重從 16% 提升至 22%」，上述可知，印度具
有相當水準技能和低廉勞動成本之優勢，加上政府推行政策下，將有利印度在全
球製造業中維持其競爭地位，未來製造業前景充滿無數商機。

表 3-7 · 2013 年全球製造業競爭力指數排名

2013 年			未來 5 年		
排名	國家	指數評分	排名	國家	指數評分
01	中國大陸	10.00	01	中國大陸	10.00
02	德 國	7.98	02	印 度	8.49
03	美 國	7.84	03	巴 西	7.49
04	印 度	7.65	04	德 國	7.82
05	南 韓	7.59	05	美 國	7.69
06	台 灣	7.57	06	南 韓	7.63
07	加拿大	7.24	07	台 灣	7.18
08	巴 西	7.13	08	加拿大	6.99
09	新加坡	6.64	09	新加坡	6.64
10	日 本	6.60	10	越 南	6.50
11	泰 國	6.21	11	印 尼	6.49
12	墨西哥	6.17	12	日 本	6.46
13	馬來西亞	5.94	13	墨西哥	6.38
14	波 蘭	5.87	14	馬來西亞	6.31
15	英 國	5.81	15	泰 國	6.24

表 3-7 · 2013 年全球製造業競爭力指數排名（續）

2013 年			未來 5 年		
排名	國家	指數評分	排名	國家	指數評分
16	澳大利亞	5.75	16	土耳其	5.99
17	印尼	5.75	17	澳大利亞	5.73
18	越南	5.73	18	波蘭	5.69
19	捷克	5.71	19	英國	5.59
20	土耳其	5.61	20	瑞士	5.42

資料來源：勤業眾信（Deloitte）與美國競爭力委員會《2013全球製造業競爭力指數》

亮點三：【創新效率指數效應】

根據歐洲工商管理學院（INSEAD）與世界知識產權組織（WIPO）在 2012 年 7 月 3 日發布《2012 年全球創新指數（GII）》報告指出： 主要評估全球 141 個國家對創新投入轉化為創新產出的能力排名，即創新產出佔創新投入的比例，印度位居全球第二名」，顯見印度創新能力表現亮眼。此外，根據智庫波士頓諮詢集團（BCG）於 2013 年 1 月 11 日發布《2012 年最創新公司：領先行業現狀》報告指出：「新興市場的企業高階主管更加重視創新，印度有 90% 企業將創新作為 2012 年的首要任務，乃因過去對於創新投入不夠，因此更願意投入創新」。顯示，印度逐漸企業重視創新，將致力投入以提升創新能力，加強整體的創新環境。

表 3-8 · 2012 年全球創新指數排名

排名	國家	排名	國家
01	中國大陸	06	巴拉圭
02	印度	07	塞爾維亞
03	摩爾多瓦共和國	08	愛沙尼亞
04	馬耳他	09	荷蘭
05	瑞士	10	斯里蘭卡

資料來源：歐洲工商管理學院（INSEAD），《2012年全球創新指數（GII）》

亮點四：【內需市場消費潛力龐大效應】

印度 GVK 集團副董事長 Sanjay Reddy（2012）表示：「印度目前中產階級大約有 1.5 億，總人口約 12 億，2020 年大約有 6 億人會成為中產階級。中產階級消費市場到 2020 年會增加到 4 萬億美元」。加上，渣打國際商業銀行總經理康暉杰（2012）亦表示：「印度擁有龐大的人口，佔印度人口比重最高的 15 至 25 歲之年輕族群，未來將成為全球主要的中產階級之一，並帶動印度龐大內需與強勁的消費力」。綜上可知，印度的中產階級崛起和年輕消費者

增加，勇於嘗試新品牌與商品，將能帶動強大消費力。此外，商業發展研究院（2012）指出：「年齡位在 20 至 35 歲的印度消費者，受到現代流行與環境變化的影響，消費偏好將介於不違背傳統規範亦能滿足提升自我形象」，印度消費者逐漸轉向注重產品質量和流行等的消費需求也將成為外企投資的亮點。

亮點五：【消費者信心指數效應】

根據 AC 尼爾森公司（ACNielsen）（2012）發布《全球消費者信心指數排名》（Global Consumer Confidence Report）顯示：「印度於第二季位居全球第二、第四季居全球第一」，顯示印度民眾對經濟前景、收入水準及收入預期感到信心，並具有強烈消費意願。此外，彭博商業週刊（Bloomberg Businessweek）（2012）報導指出：「預估 2010 年至 2020 年中國大陸與印度消費者將支出約 64 兆美元，其中，印度人於 2020 年消費支出將達 22.5 兆元」，印度消費實力成長、消費者信心表現良好，加上中產階級崛起促使內需高速起飛之趨勢下，可望成為印度經濟成長的原動力。

亮點六：【服務外包中心基地效應】

2013 年 1 月 11 日，全球軟件服務外包諮詢公司 Tholons 發布《2013 年全球前 100 名外包目的地排名》（Top 100 Outsourcing Destinations Report）報告指出：「2013 年全球百大服務外包基地城市中，印度則有 6 城市位於前 10 名，分別為（1）班加羅爾；（2）孟買；（4）德里；（5）清奈；（6）海德拉巴；（7）浦那」，顯示印度於國際外包服務之長年耕耘，使印度佔據全球巨大外包市場。其中，金融、法律和醫療領域，2012 年研究分析外包服務佔全球業務流程外包總值 90%；2012 年全球軟體外包市場份額達 58%。上述皆可看出，印度於全球外包市場之經驗、產業成熟度、技術等優勢難以撼動。

表 3-9 · 2013 年全球十大服務外包中心基地排行

排名	2010 國家城市		2012 國家城市		2013 國家城市	
01	印　　度	班加羅爾	印　　度	班加羅爾	印　　度	班加羅爾
02	印　　度	孟　　買	印　　度	孟　　買	印　　度	孟　　買
03	印　　度	德　　里	印　　度	德　　里	菲 律 賓	馬 尼 拉
04	菲 律 賓	馬 尼 拉	菲 律 賓	馬 尼 拉	印　　度	德　　里
05	印　　度	清　　奈	印　　度	清　　奈	印　　度	清　　奈
06	印　　度	海德拉巴	印　　度	海德拉巴	印　　度	海德拉巴
07	菲 律 賓	宿 霧 市	印　　度	浦　　那	印　　度	浦　　那
08	愛 爾 蘭	都 柏 林	愛 爾 蘭	都 柏 林	菲 律 賓	宿 霧 市
09	印　　度	浦　　那	菲 律 賓	宿 霧 市	愛 爾 蘭	都 柏 林
10	中國大陸	上　　海	波　　蘭	克拉科夫	波　　蘭	克拉科夫

資料來源：Tholons《2013年全球前100名外包目的地排名》

註：2011年報告無排名

亮點七：【雲端技術潛力無窮效應】

根據根據顧能公司（Gartner, Inc.）（2012）表示：「2012 年全球公共雲服務市場預計成長 19.6%，達到 1090 億美元，其中，雲服務市場成長速度最快前 3 名來自新興市場，分別為印度、印尼和中國大陸」，加上，Google Trends（2012）資料亦顯示：「印度為『雲端運算』關鍵字搜尋次數全球第一」，顯見雲端科技在印度蓬勃發展，對於印度，雲端科技不僅是 IT 運算技術，更是加快完善印度網路服務。根據國際數據資訊公司 IDC（2012）《2011-2016 年印度雲端市場概覽》（India Cloud Market Overview 2011-2016）報告指出：「2012 年印度雲端市場產值約可達 9.1 億美元，預估 2013 年至 2015 年成長率約 50%」，由此可知，印度未來雲端市場潛能無限，可望成熟 IT 基礎設施及技術整合，進入雲端環境，為印度創造全球「商用雲」產業亮點。

亮點八：【高科技與管理人才輩出效應】

根據印度《托拉斯報（Press Trust of India）》（2012）報導指出：「2012 年印度有 4 家 IT 業務外包公司列世界前 10」，其中，位於班加羅爾之印孚瑟斯（Infosy）公司居首，由此可知，印度擁有大量高素質高科技人才。此外，印度亦為培育高科技人才之搖籃，根據《印度今日（India Today）》（2012）排名顯示：「印度大學排名前 10 名有 7 所理工相關大學」，由此可知，印度政府耕高科技人才庫，耘全球 IT 產業中心之志遠大。此外，印度之所以能建立全球 IT 服務外包中心，擁有具創新精神、整體思維之管理人才功不可沒。根據英國《金融時報》（Financial Times）《2012 全球 MBA 排行榜》（Global MBA Ranking 2012）（2012）調查結果顯示，印度管理學院、印度商學院皆列位全球 MBA 前 20 名，反映出印度社會具有重視經營人才、管理教育之風氣，未來可望結合高科技與管理人才之資源優勢，打造印度產業起飛之綜效。

表 3-10 · 2012 年全球商學院 MBA 排行

排名	大學	國家	排名	大學	國家
01	史丹佛大學商學院	美國	11	印度管理學院	印度
02	哈佛大學商學院	美國	12	芝加哥大學布斯商學院	美國
03	華頓商學院	美國	13	洛桑管理學院	瑞士
04	倫敦大學商學院	英國	14	加州大學柏克萊校 Haas 商學院	美國
05	哥倫比亞大學商學院	美國	15	杜克大學福庫商學院	美國
06	歐洲工商管理學院	法國／新加坡	16	西北大學凱洛格商學院	美國

表 3-10 · 2012 年全球商學院 MBA 排行（續）

排名	大學	國家	排名	大學	國家
07	麻省理工斯隆商學院	美 國	17	紐約大學斯特恩商學院	美 國
08	西班牙企業學院	西班牙	18	巴黎高等商學院	法 國
09	西班牙 IESE 商學院	西班牙	19	達特茅斯大學塔克商學院	美 國
10	香港科技大學工商管理學院	香 港	20	印度商學院	印 度

資料來源：英國《金融時報》（Financial Times）

表 3-11 · 2012 年印度大學排名

排名	學校名稱	排名	學校名稱
01	印度理工學院馬德拉斯分校	06	尼赫魯科技大學
02	安娜大學	07	博拉理工學院
03	印度理工學院孟買分校	08	印度理工學院德里分校
04	印度理工學院坎普爾分校	09	孟買大學
05	印度特許財經大學	10	印度科學理工學院

資料來源：《印度今日》（India Today）

第4章

東協與印度全球排行榜

回顧2012年，歐債危機帶來的信心重挫蔓延全球，導致全球景氣持續下探，然而，東協及印度國家擁內部貿易穩定流通、中產階級消費成長、政策改善等優勢，在2012年大環境不佳情況下表現穩健，獲得世界矚目，成為全球企業之下一個重點開發區域。根據資誠會計事務所（PricewaterhouseCoopers；PwC）（2012）發布《東南亞虎再次怒吼：這次是真的》（The Southeast Asian tigers roar again: this time for real）報告內容指出：「雖然東南亞國家多元文化促使前往經商充滿複雜性與難度，但東南亞擁有豐沛的人才資源與消費市場競爭優勢，經濟、政治與投資優惠政策將營造出充滿機遇的商業環境，未來將崛起並成為全球經濟成長引擎」，顯示著東協暨印度國家於全球經貿地位正悄然轉變。有鑑於此，茲歸納三大構面，分別為國家競爭力、投資吸引力及投資環境力，並於各構面列出國際機構評比，以了解東協暨印度在全球舞台之表現，表4-1為三大構面與各構面所屬國際機構評比彙整表。

表4-1 · 全球國際機構評比 TEEMA10＋I排名一覽表

三大構面	國際機構評比
❶國家競爭力	❖ ASEAN-BAC 東協國家競爭力排名 ❖ PwC 2050 年的世界 ❖ Grant Thornton 全球動力指數
❷投資吸引力	❖ PwC 全球企業 CEO 願投資之十大市場 ❖ A.T. Kearney 全球最具吸引力零售市場 ❖ EC Harris 全球基建投資指數 ❖ UNCTAD 世界投資報告
❸投資環境力	❖ HF 全球經濟自由度指數 ❖ WEF 全球貿易促進報告 ❖ WB 全球營商環境 ❖ Deloitte 全球製造業競爭力指數 ❖ Ernst & Young 新興市場經濟軟實力指數

一、國家競爭力排名

國家競爭力排名意指國家經濟體與其他全球經濟體之經濟表現比較排名，茲就東協商務諮詢委員會（ASEAN-BAC）、英國智庫經濟和商業研究中心（Centre for Economics and Business Research；CEBR）、資誠會計事務所（PwC）及致同會計師事務所（Grant Thornton）四大機構評比與國家競爭力相關之排名如下：

1. 東協商務諮詢委員會：【東協國家競爭力】

2012 年 11 月 27 日，東協商務諮詢委員會（The ASEAN Business Advisory Council；ASEAN-BAC）公布《東協國家競爭力》調查，在東協的 88% 企業在未來 3 年準備在區域內進行投資，投資東協國家的排名順序，如表 4-2 所示，排名順序依序為：(1) 印尼；(2) 越南；(3) 新加坡；(4) 泰國；(5) 馬來西亞；(6) 菲律賓；(7) 寮國；(8) 柬埔寨；(9) 緬甸；(10) 汶萊。此外，根據亞洲銀行（Asian Development Bank；ADB）於 2013 年 2 月 19 日指出：「印尼因國內貸款增加，使其 2014 年投資將成長 25% 至 30%」。顯示出，印尼為 10 個東協國家中，最受企業界投資的青睞與意願。

表 4-2 · 2012 年東協國家競爭力排行一覽表

排名	國家	企業願投資百分比	排名	國家	企業願投資百分比
01	印　尼	50%	06	菲律賓	27%
02	越　南	46%	07	寮　國	26%
03	新加坡	43%	08	柬埔寨	26%
04	泰　國	42%	09	緬　甸	25%
05	馬來西亞	42%	10	汶　萊	17%

資料來源：東協商務諮詢委員會（ASEAN-BAC）《東協國家競爭力》

2. 資誠會計事務所：【2050 年的世界】

資誠會計事務所（PricewaterhouseCoopers；PwC）（2013）公布《2050 年的世界》（World in 2050）報告，其中，公布 2011 年與預估 2030 年、2050 年之全球前 20 大經濟體，表 4-3 整理 3 年前 10 大經濟體與未列入前 10 大之東南亞國家。由表 4-3 可知，印度在不論在 2011 年、2030 年或 2050 年皆排名全球前 3 名，而另一東協國家印尼預測將由 2011 年排名的第 16 名上升至第八名，越南則預測 2050 年擠進前 20 大。從下表可知，印度 GDP 以約 2.5 倍的速度成長，又根據英國首相 David Cameron（2013）

指出：「印度崛起將是 21 世紀的重要事件，在 2030 年前，印度將成為全球第三大的經濟體」，深表要與印度建立良好的夥伴關係。由此可知，英國首相 David Cameron 先生預測印度將在 2030 年成為全球前 3 大經濟體，與此份報告不謀而合，倚靠豐富的市場紅利及潛在經濟表現，印度未來經濟實力表現將是指日可期。

表 4-3 · 2011 年、2030 年及 2050 年全球經濟體排行一覽表

2011			2030			2050		
排名	國家	GDP（兆美元）	排名	國家	GDP（兆美元）	排名	國家	GDP（兆美元）
01	美　國	15.09	01	中國大陸	30.63	01	中國大陸	53.85
02	中國大陸	11.34	02	美　國	23.37	02	美　國	37.99
03	印　度	4.53	03	印　度	13.71	03	印　度	34.70
04	日　本	4.38	04	日　本	5.84	04	巴　西	8.82
05	德　國	3.22	05	巴　西	5.30	05	日　本	8.06
06	俄羅斯	3.03	06	俄羅斯	4.68	06	俄羅斯	8.03
07	巴　西	2.30	07	德　國	4.11	07	墨西哥	7.40
08	法　國	2.30	08	墨西哥	3.66	08	印　尼	6.34
09	英　國	2.28	09	英　國	3.49	09	德　國	5.82
10	義大利	1.97	10	法　國	3.42	10	法　國	5.71
16	印　尼	1.13	11	印　尼	2.91	19	越　南	2.71

資料來源：資誠全球聯盟組織（PwC）《2050年的世界》

註：表列排名前10名國家與位列前20名之東協國家

3. 經濟學人智庫與致同會計師事務所：【全球動力指數】

2012 年 10 月 9 日，致同會計師事務所（Grant Thornton）公布與經濟學人智庫（Economist Intelligence Unit；EIU）共同制定《全球動力指數》（Global dynamism Index；GDI）排名，此排名針對全球 50 個經濟體進行評估。其中，「動力」意指能夠從 2008 至 2009 年經濟衰退後，未來有能力快速成長的經濟體，排名整理如表 4-4 所示。致同會計師事務所香港主管合夥人林敬義（2012）表示：「新加坡擁有完善的法治體系、專精的研發能力，此外，也擁有地理位置優越、金融管制良好等優勢」。顯示，新加坡被認為是全球最具經濟成長動力的國家。另外，馬來西亞排名為 23 名，越南為 33 名，印度為 40 名，印尼為 41 名，菲律賓為 46 名。其中，馬來西亞位居東南亞第 2，致同會計師事務所（Grant Thornton）的股東 Datuk NK Jasani（2012）表示：「馬來西亞雖然排名在新加坡之後，但在融資環境、商業經營環境、以及經濟和成長方面都具有良好的評級」，顯示，馬來西亞擁有不斷成長的商業環境前景。

表 4-4 · 2012 年全球動力指數排名一覽表

排名	國家	指數評分	排名	國家	指數評分
01	新加坡	72.1	09	德　國	64.8
02	芬　蘭	70.5	10	美　國	64.1
03	瑞　典	69.6	23	馬來西亞	58.9
04	以色列	69.3	33	越　南	54.5
05	奧地利	66.1	40	印　度	50.7
06	澳　洲	65.6	40	印　尼	50.7
07	瑞　士	65.1	46	菲律賓	47.6
08	南　韓	64.9			

資料來源：經濟學人（EIU）與致同會計師事務所（Grant Thornton）《全球動力指數》

註：表列排名前10名國家及位列前50名之東協國家

二、投資吸引力排名

投資吸引力排名意指具有吸引外企前往投資潛力，茲就資誠會計事務所（PwC）、科爾尼顧問公司（A.T. Kearney）、克力思（EC Harris）及聯合國貿易發委會（United Nations Conference on Trade and Development；UNCTAD）四大機構評比與投資吸引力相關之排名如下：

1. 資誠會計事務所：【全球企業 CEO 願投資之十大市場】

2013 年 1 月 23 日，資誠會計事務所（PricewaterhouseCoopers；PwC）公布《第 16 屆全球執行長調查》（16th Annual Global CEO Survey）報告，其中調查全球企業 CEO 未來願投資之十大市場，該調查涵蓋全球 68 國 1,330 名企業 CEO 進行問卷調查，排名結果如表 4-5 所呈現，其中，中國大陸、美國、巴西於 2013、2014 年皆位居前 3；東協暨印度國家中，2013 年印度居第四名，2014 年印度、印尼分居第五名、第七名。除此之外，印尼更於 2014 年首度進入排名，該報告指出：「印尼市場成長相當快速，預測未來 3 年，印尼實質 GDP 成長率將以每年 6.2% 的速度成長，此外，預測印尼購買力平價指數將於 2050 年超越德國、法國與英國」。印尼市場的快速成長，將為印尼經濟發展帶來廣大的效益。

表 4-5 · 2013 年全球企業 CEO 未來投資十大市場排行一覽表

排名	2013 年願意投資市場	2014 年願意投資市場
01	中國大陸	中國大陸
02	美　國	美　國
03	巴　西	巴　西
04	印　度	德　國

表 4-5 · 2013 年全球企業 CEO 未來投資十大市場排行一覽表（續）

排名	2013 年願意投資市場	2014 年願意投資市場
05	德　　國	印　　度
06	俄 羅 斯	俄 羅 斯
07	英　　國	印　　尼
08	法　　國	英　　國
09	日　　本	日　　本
10	澳　　洲	加 拿 大

資料來源：資誠全球聯盟組織（PwC）《第16屆全球執行長調查》

2. 科爾尼顧問公司：【全球零售發展指數】

科爾尼顧問公司（A.T. Kearney）公布（2012）《2012 全球零售發展指數》（The 2012 A.T. Kearney Global Retail Development Index），總計共有印度、馬來西亞、印尼及菲律賓等 4 個東協暨印度國家進入該份報告前 30 名，其中印度表現最佳者。此外，根據經濟學人（EIU）（2012）發布《2022 年全球零售發展前瞻報告》（Retail 2022）指出：「預計 2022 年，中國大陸、印度、俄羅斯、巴西將佔據全球六大零售市場之四席」，看好印度零售市場之主因為，印度具有龐大人口市場，優越市場條件受全球零售商青睞，加上，印度在 2012 年宣布放寬外人投資單一零售業品牌相關法規，允許外資直接投資，促使帶來龐大磁吸效應，不斷吸引世界各地知名零售品牌投資。

表 4-6 · 2012 年全球零售發展指數一覽表

2012 排名	2011 排名	國 家	2012 零售發展指數	2012 排名	2011 排名	國 家	2012 零售發展指數
01	01	巴　　西	73.8	08	-	阿　　曼	58.9
02	02	智　　利	65.3	09	-	蒙　　古	58.5
03	06	中國大陸	63.8	10	07	祕　　魯	57.4
04	03	烏 拉 圭	63.1	11	19	馬來西亞	57.1
05	04	印　　度	60.8	16	15	印　　尼	52.7
06	-	喬 治 亞	60.6	29	16	菲 律 賓	43.4
07	08	阿拉伯聯合大公國	60.6				

資料來源：柯爾尼顧問公司（A.T. Kearney）《2012全球零售發展指數》
註：表列排行前10名國家與位列前30名之東協國家

3. 克力思：【全球基建投資指數】

2012 年 12 月 12 日，國際建築諮詢公司克力思（EC Harris）公布《全球基建投資指數報告》（Global Infrastructure Investment Index），報告

內容針對全球 40 個國家基礎建設投資吸引力進行排名，其中，參考經商容易度、稅率、人均 GDP、政府政策、現有基建質量和融資難易度等各項因素。東協國家排名分別位居：（1）新加坡；（7）馬來西亞；（21）印度；（26）印尼；（31）菲律賓。報告指出，新加坡得益於成熟營商環境、高度透明化政治環境及完善司法體系，令國際投資者感到信心，獨佔全球 40 個國家之鰲頭。

表 4-7 · 2012 年全球基建投資指數排名一覽表

排名	國家	排名	國家
01	新 加 坡	08	荷　蘭
02	卡　達	09	澳　洲
03	加 拿 大	10	智　利
04	阿拉伯聯合大公國	21	印　度
05	瑞　典	26	印　尼
06	挪　威	31	菲 律 賓
07	馬來西亞		

資料來源：克力思（EC Harris）《全球基建投資指數報告》
註：上表僅列排行前10名國家與位列入前40名之東協國家與印度排名

4. 聯合國貿易發展委員會：【世界投資報告】

聯合國貿易發展委員會（United Nations Conference on Trade and Development；UNCTAD）（2012）發布《2012 年世界投資報告》（World Investment Report 2012），報告內容針對未來 3 年最具投資吸引力經濟體進行排名，評分指標包含投資政策、投資開放程度、投資便利程度等。報告指出，印度內需市場誘因巨大，於 3 年之報告皆居前 3；印尼則因消費內需、基礎建設等原因，排名逐年進步；泰國、越南、馬來西亞等國則居前 20 名。對此，報告進一步指出，東南亞與南亞國家多處於外國直接投資快速成長階段，未來於世界經濟之影響力可望與日俱增。

表 4-8 · 未來 3 年最具投資吸引力經濟體排名一覽表

排名	2010 至 2012	排名	2011 至 2013	排名	2012 至 2014
01	中國大陸	01	中國大陸	01	中國大陸
02	印　度	02	美　國	02	美　國
03	巴　西	03	印　度	03	印　度
04	美　國	04	巴　西	04	印　尼
05	俄 羅 斯	05	俄 羅 斯	05	巴　西
06	墨 西 哥	06	波　蘭	06	澳　洲

表 **4-8**‧未來 3 年最具投資吸引力經濟體排名一覽表（續）

排名	2010 至 2012	排名	2011 至 2013	排名	2012 至 2014
07	英　國	06	印　尼	06	英　國
08	越　南	08	澳　洲	08	德　國
09	印　尼	08	德　國	08	俄羅斯
09	德　國	10	墨西哥	08	泰　國
11	泰　國	11	越　南	11	越　南
13	馬來西亞	12	泰　國	19	馬來西亞
		12	新加坡		
		19	馬來西亞		

資料來源：聯合國貿發會（UNCTAD）《世界投資報告》（2010；2011；2012）

註：上表列排行前10名國家與位列前20名之東協國家

三、投資環境力排名

　　投資環境力排名意指具有優良投資環境包含資金流通、產業環境或是貿易環境等，茲就美國智庫傳統基金會（HF）、世界經濟論壇（WEF）、世界銀行（WB）、德勤（Deloitte）及安永會計師事務所（Ernst & Young）五大機構評比與投資環境力相關之排名如下：

1. 美國智庫傳統基金會與《華爾街日報》：【全球經濟自由度指數】

　　2013 年 1 月 11 日，美國智庫傳統基金會（Heritage Foundation；HF）與《華爾街日報》（The Wall Street Journal）公布全球《2013 年經濟自由度指數》（Index of Economic Freedom 2013）內容，根據全球 177 個經濟體新加坡列居第二，其分數由 2012 年的 87.5 分上升至 88 分，已逐漸追上香港，且新加坡在 10 個經濟自由度範疇中，「廉潔程度」、「政府開支」及「勞工自由」的分數皆超過香港，顯示，新加坡經濟發展逐年成長。另外，其他東南亞國家之排名依序為：馬來西亞第 56 名；泰國第 61 名；柬埔寨第 95 名；菲律賓第 97 名；印尼第 108 名；印度第 119 名；越南第 140 名；寮國第 144 名；緬甸第 172 名。根據美國智庫傳統基金會（HF）（2013）指出：「馬來西亞位居東南亞第二，且其政府仍積極加強企業經商環境和法律透明度。另外，菲律賓在投資自由及擺脫貪腐方面獲得改善，且經濟具『高度的彈性』，加上全球經濟放緩下，菲律賓經濟擴展呈現穩定」。新加坡逐年排名攀升原因，則為政府積極不斷營造完善投資環境，根據美國卡都研究所（CATO Institue）研究人員 Robert Lawson（2012）表示：「新加坡投資限制法規限制少、企業行政成本降低及該國政府行政效率，使新加坡經濟自由不斷進步」，故在各國不斷改善經商環境，希冀有助吸引外資投資焦點。

表 4-9 · 2013 年全球經濟自由度指數排名一覽表

2009 排名	國家	2010 排名	國家	2011 排名	國家	2012 排名	國家	2013 排名	國家
01	香　港	01	香　港	01	香　港	01	香　港	01	香　港
02	新加坡	02	新加坡	02	新加坡	02	新加坡	02	新加坡
03	澳　洲	03	澳　洲	03	澳　洲	03	澳　洲	03	澳　洲
04	愛爾蘭	04	紐西蘭	04	紐西蘭	04	紐西蘭	04	紐西蘭
05	紐西蘭	05	愛爾蘭	05	瑞　士	05	瑞　士	05	瑞　士
06	美　國	06	瑞　士	06	加拿大	06	加拿大	06	加拿大
07	加拿大	07	加拿大	07	愛爾蘭	07	智　利	07	智　利
08	丹　麥	08	美　國	08	丹　麥	08	模里西斯	08	模里西斯
09	瑞　典	09	丹　麥	09	美　國	09	愛爾蘭	09	丹　麥
10	英　國	10	智　利	10	巴　林	10	美　國	10	美　國
58	馬來西亞	59	馬來西亞	53	馬來西亞	53	馬來西亞	56	馬來西亞
67	泰　國	66	泰　國	62	泰　國	60	泰　國	61	泰　國
104	菲律賓	107	柬埔寨	102	柬埔寨	102	柬埔寨	95	柬埔寨
106	柬埔寨	109	菲律賓	115	菲律賓	107	菲律賓	97	菲律賓
123	印　度	114	印　尼	116	印　尼	115	印　尼	108	印　尼
131	印　尼	124	印　度	124	印　度	123	印　度	119	印　度
145	越　南	138	寮　國	139	越　南	136	越　南	140	越　南
150	寮　國	144	越　南	141	寮　國	150	寮　國	144	寮　國
176	緬　甸	175	緬　甸	174	緬　甸	173	緬　甸	172	緬　甸

資料來源：美國智庫傳統基金會（Heritage Foundation）《2013年經濟自由度指數》

註：上表僅排名前10名其他東協國家暨印度之排名

2. 世界經濟論壇：【全球貿易促進報告】

2012 年 5 月 23 日，世界經濟論壇（WEF）發布《2012 年全球貿易促進報告》（The Global Enabling Trade Report 2012），報告研究概括全球132 個經濟體，以衡量每個經濟體貿易促進的能力，而其衡量的促進因素為市場准入、交通通信設施、邊境管理及商業環境等因素衡量，並指出經濟體需要改進的領域。從 2012 年排名得知，新加坡仍拔得頭籌，在開放的貿易政策、完善的基礎設施及優良的投資環境等支持下，促使新加坡連續奪得桂冠。此外，根據世界銀行（WB）2012 年發表《2012 加強連接應對競爭：全球經濟中的貿易物流》報告亦指出，面對 155 個經濟體進行貿易物流的排名，新加坡在評估的國家中，仍位居第一名，與此份報告不謀而合，可見新加坡在貿易活動方面實力，在全球表現首屈一指。

表 4-10 · 2012 年全球貿易促進報告排名一覽表

2009 排名	國家	2010 排名	國家	2012 排名	國家
01	新 加 坡	01	新 加 坡	01	新 加 坡
02	香　　港	02	香　　港	02	香　　港
03	瑞　　士	03	丹　　麥	03	丹　　麥
04	丹　　麥	04	瑞　　典	04	瑞　　典
05	瑞　　典	05	瑞　　士	05	紐 西 蘭
06	加 拿 大	06	紐 西 蘭	06	芬　　蘭
07	挪　　威	07	挪　　威	07	荷　　蘭
08	芬　　蘭	08	加 拿 大	08	瑞　　士
09	奧 地 利	09	盧 森 堡	09	加 拿 大
10	荷　　蘭	10	荷　　蘭	10	盧 森 堡
28	馬 來 西 亞	30	馬 來 西 亞	24	馬 來 西 亞
50	泰　　國	60	泰　　國	57	泰　　國
62	印　　尼	68	印　　尼	58	印　　尼
76	印　　度	71	越　　南	68	越　　南
82	菲 律 賓	84	印　　度	72	菲 律 賓
89	越　　南	92	菲 律 賓	100	印　　度
91	柬 埔 寨	102	柬 埔 寨	102	柬 埔 寨

資料來源：世界經濟論壇（WEF）

註：【1】上表僅排名前10名與位列調查之東協國家暨印度排名

　　【2】此報告2010年後改成兩年一度發表

3. 世界銀行：【全球營商環境】

　　世界銀行（World Bank；WB）（2012）發布《2013全球營商環境報告》（Doing Business 2013），主要針對 185 個經濟體進行相關指標之比較，根據 10 個領域進行衡量，包含：開辦企業、辦理施工許可證、登記財產、保護投資者、獲得電力、獲得信貸、納稅、跨國貿易、執行合同和辦理破產。其中，新加坡 7 度蟬聯第一名、馬來西亞自 2006 年的世界排名第 25 名攀升至 2013 年第 12 名。報告指出，新加坡開辦企業、辦理施工許可證、跨國貿易、獲取信貸、解決破產與保護投資者等皆有良好作為，將可望成為東協暨印度國家共同發展目標；而馬來西亞部分，由於登記財產、獲取信貸、保護投資者、執行合同皆有良好作為，擁有良好經商環境。位居東協國家第一、第二名的新加坡與馬來西亞在獲取信貸與保護投資領域皆有良好作為，可作為各國改善營商環境之模範。

表 4-11 · 2013 年東協暨印度營商環境排名一覽表

國家	2006 至 2013 排名變化							
	2006	2007	2008	2009	2010	2011	2012	2013
新加坡	2	1	1	1	1	1	1	1
馬來西亞	25	25	24	20	23	21	18	12
泰國	19	18	15	13	16	19	17	18
汶萊	--	--	78	88	117	112	83	79
越南	135	104	91	92	88	78	98	99
印尼	131	135	123	129	115	121	129	128
印度	138	134	120	122	135	134	132	132
柬埔寨	142	143	145	135	145	147	138	133
菲律賓	121	126	133	140	146	148	136	138
寮國	164	159	164	165	169	171	165	163

資料來源：世界銀行（World Bank）《全球營商環境報告》
註：上表主要列出東協暨印度國家之排名

4. 德勤與美國競爭力協會：【全球製造業競爭力指數】

2013 年 1 月 22 日，由台灣勤業眾信會計事務所（Deloitte）與美國競爭力協會（U.S. Council on Competitiveness）聯合發表《2013 年全球製造業競爭力指數》（2013 Global Manufacturing Competitiveness Index）報告，該份涵蓋針對全球約 550 位製造業高階管理者進行訪談與問卷調查，來評估 38 個國家地區最具製造產業吸引力。報告中 5 年後前 10 大最具競爭力國家，與 2013 年排名極為類似，更加突顯現今製造業的極度競爭態勢；而 2013 年前 10 名國家中唯一的改變是印度由第四名上升到第二名，報告並預測製造業競爭力排名下跌的國家數目超過上升的國家，其中印度、印尼和越南均將躍升至前 10 名。

表 4-12 · 2013 全球製造業競爭力指數排名一覽表

2010 年		未來 5 年		2013 年		未來 5 年	
排名	國家	排名	國家	排名	國家	排名	國家
01	中國大陸	01	中國大陸	01	中國大陸	01	中國大陸
02	印　度	02	印　度	02	德　國	02	印　度
03	韓　國	03	韓　國	03	美　國	03	巴　西
04	美　國	04	巴　西	04	印　度	04	德　國
05	巴　西	05	美　國	05	韓　國	05	美　國
06	日　本	06	墨西哥	06	台　灣	06	韓　國
07	墨西哥	07	日　本	07	加拿大	07	台　灣
08	德　國	08	德　國	08	巴　西	08	加拿大

表 4-12 · 2013 全球製造業競爭力指數排名一覽表（續）

2010 年		未來 5 年		2013 年		未來 5 年	
排名	國家	排名	國家	排名	國家	排名	國家
09	新 加 坡	09	波 蘭	09	新 加 坡	09	新 加 坡
10	波 蘭	10	泰 國	10	日 本	10	越 南
11	捷 克	11	新 加 坡	11	泰 國	11	印 尼
12	泰 國	12	捷 克	13	馬來西亞	12	日 本
13	加 拿 大	13	加 拿 大	17	印 尼	14	馬來西亞
14	瑞 士	14	俄 羅 斯	18	越 南	15	泰 國

資料來源：勤業眾信與美國競爭力協會《2013年全球製造業競爭力指數》

註：【1】2010年首次發布《全球製造業競爭力指數》，評估26個國家地區在該發布的年分與未來5年的製造業競爭力指數，2013年兩次公布《全球製造業競爭力指數》，納入更多評估國家至38個。

　　【2】上表僅列前10名與位列前20名之東協國家

5. 安永會計師事務所與莫斯科斯科沃新興市場研究院：【新興市場軟實力指標】

　　2012 年 1 月 7 日，安永會計師事務所（Ernst & Young）公布與莫斯科斯科沃新興市場研究院（SKOLKOVO Institute for Emerging Markets Studies）聯合開發之《新興市場軟實力指標》（Rapid Growth Market Soft Power Index）排名。「軟實力」於報告中被定義為富有文化、政治價值等無形資產的能力，並以「軟實力」定義為出發點，發展三大構面：全球形象、全球誠信、全球一體化加總作為最終分數，其中，全球形象意指國家文化內涵受世界認同或歡迎程度；全球誠信意指國家於道德理念之堅持；全球一體化則指國家與世界各國互動之程度。對於印度，報告（2012）進一步指出：「印度全球形象、全球一體化得分較高」，顯示印度對外來文化接受與交流表現優異，藉此亦強化自身軟實力。

表 4-13 · 2012 年新興市場軟實力指標排名

2012	國家	2005	2006	2007	2008	2009	2010
01	中國大陸	31.1	32.2	32.2	32.2	33.7	30.7
02	印 度	22.6	21.5	21.9	26.7	22.6	20.4
03	俄 羅 斯	22.9	18.4	22.9	21.0	23.5	18.0
04	巴 西	5.9	6.0	9.3	12.7	9.7	13.8
05	土 耳 其	10.3	12.5	11.4	14.4	10.3	12.9
06	墨 西 哥	10.0	11.8	11.8	17.1	19.3	11.5
07	南 非	13.0	10.0	8.5	12.6	11.8	10.3
08	匈 牙 利	12.2	11.1	7.4	9.2	9.2	10.0

表 4-13 · 2012 年新興市場軟實力指標排名（續）

2012	國家	2005	2006	2007	2008	2009	2010
09	捷　　克	8.5	9.2	9.2	9.2	10.7	9.6
10	斯洛伐克	7.0	7.4	6.6	6.6	7.0	9.2
11	波　　蘭	6.2	6.2	8.1	8.1	8.8	9.2
12	愛沙尼亞	7.0	8.1	8.1	8.1	8.1	8.1
13	烏克蘭	9.2	9.9	10.3	10.3	10.7	8.1
14	智　　利	8.1	8.1	6.6	11.1	7.4	7.4
15	羅馬尼亞	5.9	6.7	5.9	5.9	7.0	7.0
16	立　陶　宛	4.8	5.5	4.8	5.5	6.2	7.0
17	克羅埃西亞	6.6	5.5	7.4	6.6	6.6	6.6
18	阿　根　廷	5.6	5.9	5.9	5.9	4.8	5.9
19	波多黎各	2.1	2.1	2.1	2.1	2.9	4.4
20	印　　尼	3.7	3.0	4.1	5.2	5.2	3.3

資料來源：安永（Ernst & Youmg）《新興市場軟實力指數排名》

註：該排名係以2005年至2010年之數據作為評分依據

　　東協十國暨印度擁有龐大人口且年齡結構多為年輕人口，不僅擁有年輕勞動力優勢，中產階級的崛起也提升消費力的成長。由以上全球 8 個機構對東協暨印度於發展潛力的相關排名可知，根據內需市場、勞動力等方面，東協與印度的投資競爭力持續被全球企業界與 CEO 所看好，且東南亞國家與印度未來 5 年的製造業競爭力及未來 10 年經濟規模亦持續成長，成為全球關注的投資基地。此外，在經商環境方面，東協國家與印度仍持續改善，可望促進經濟持續成長，甚至在全球貿易促進方面正逐漸縮短與亞洲領先國家之差距。台灣前任經濟部部長施顏祥（2012）指出：「未來新興國市場將是全球經濟成長的火車頭，具有豐富資源、龐大人口及巨大內需，東協與印度的未來商機不可忽視」。顯示，東協與印度未來的發展潛力值得期待。

2 台商新商機

全球價值鏈整合
台商新佈局

第 5 章

台商佈局
新興市場新路徑

台灣於 1959 年第一個海外投資地區為馬來西亞，至今在海外佈局數個國家地區，使其帶領台灣邁向經濟奇蹟。台商海外投資路徑足跡遍布全球，更抓緊全球市場脈動，逐步由重要市場轉移至新興市場，藉以擴大貿易市場版圖。本章將分析台商征戰全球之佈局軌跡與路徑，從重要市場移轉至中國大陸，再到現今的東協暨印度等新興市場投資。

一、台商全球化佈局回顧

伴隨中國大陸近年工資調整，同時亦進行產業結構調整，全球投資焦點向東協地區紛至沓來，根據經濟部投審會（2013）統計指出：「在 2012 年台商到中國大陸投資金額為 109.24 億美元，與 2011 年相比已減少 16.61% 成長，更是創近達 3 年來新低」，其主要認為，中國大陸工資調漲及人民幣持續升值，導致整體出口產業競爭力下滑，反觀東協及印度市場除具有龐大的人口紅利優勢，還具有低廉勞動成本，相較於中國大陸地區，更具有龐大潛力競爭優勢。本研究根據中華經濟研究院（2013）發布《我國與東協經貿關係之現狀盤點與在出發研究報告》及台灣經濟研究院國際事務處副處長吳福成（2012）於《遠見雜誌》發表之〈佈局觀察：台商的新機會〉專文進行整合與歸納，將台商歷年佈局新興市場分為三大階段，其分別為：（1）第一階段：南向政策引領投資（1994-1996）；（2）第二階段：西進中國大陸佈局（1997 至 2008）；（3）第三階段：深耕東協印度市場（2009 至迄今），茲分述如下：

表 5-1・台灣對東協七國直接投資一覽表
單位：百萬美元

國家	新加坡			泰國			馬來西亞			印尼		
年份	件數	金額	投資金額比重	件數	金額	投資金額比重	件數	金額	投資金額比重	件數	金額	投資金額比重
1959-1993	81	161,101	6.54%	186	512,425	20.80%	160	1,021,649	41.47%	90	318,412	12.92%
1994	19	100,732	25.32%	12	57,323	14.41%	17	101,127	25.42%	12	20,571	5.17%
1995	20	31,649	9.66%	15	51,210	15.63%	13	67,302	20.54%	08	32,067	9.78%
1996	54	164,978	28.09%	09	71,413	12.16%	12	93,534	15.93%	13	82,612	14.07%
1997	27	230,310	35.92%	13	57,546	8.97%	13	85,088	13.27%	22	55,861	8.71%
1998	56	158,176	33.05%	23	131,186	27.41%	14	19,736	4.12%	15	19,541	4.08%
1999	19	324,524	62.10%	12	112,665	21.56%	10	13,700	2.62%	05	7,321	1.40%
2000	40	219,531	56.35%	15	49,781	12.78%	04	19,406	4.98%	04	33,711	8.65%
2001	26	378,300	71.86%	20	16,287	3.09%	12	45,515	8.65%	07	6,124	1.16%
2002	27	25,760	12.07%	11	5,960	2.79%	10	31,956	14.98%	05	9,163	4.29%
2003	15	26,403	8.83%	15	48,989	16.38%	07	50,215	16.79%	06	12,751	4.26%
2004	18	822,229	85.01%	18	8,663	0.90%	10	35,475	3.67%	00	2,445	0.25%
2005	16	97,701	36.72%	16	20,265	7.62%	08	28,195	10.60%	05	9,115	3.43%
2006	18	806,303	75.39%	10	81,672	7.64%	06	31,236	2.92%	04	8,798	0.82%
2007	09	1,194,110	56.80%	10	712,116	33.87%	11	65,018	3.09%	01	702	0.03%
2008	14	697,626	49.98%	05	9,295	0.67%	05	27,806	1.99%	01	2,932	0.21%
2009	06	36,698	9.07%	20	14,962	3.70%	02	83,537	20.65%	03	1,517	0.38%
2010	08	32,697	3.01%	05	8,677	0.80%	06	370,369	34.09%	01	389	0.04%
2011	12	448,592	37.84%	03	11,665	0.98%	06	130,205	10.98%	03	1,145	0.10%
2012	19	4,498,662	78.37%	14	61,242	1.07%	10	187,905	3.27%	6	17,200	0.30%

表 5-1·台灣對東協七國直接投資一覽表（續）

國家 年份	越南			菲律賓			柬埔寨			合計	
	金額	件數	投資金額比重值	金額	投資金額比重值	件數	金額	投資金額比重值	件數	金額	件數
1959 至 1993	197,139	32	31.96%	248,025	40.21%	66	5,012	0.81%	03	2,463,763	618
1994	108,378	33	27.24%	9,600	2.41%	10	80	0.02%	00	397,811	103
1995	108,146	34	33.00%	35,724	10.90%	17	1,640	0.50%	01	327,738	108
1996	100,479	25	17.11%	74,252	12.64%	20	0	0.00%	00	587,268	133
1997	85,414	25	13.32%	127,022	19.81%	11	0	0.00%	00	641,241	111
1998	110,078	22	23.00%	38,777	8.10%	06	1,072	0.22%	00	478,566	136
1999	34,567	09	6.61%	29,403	5.63%	09	437	0.08%	01	522,617	65
2000	54,046	23	13.87%	12,971	3.33%	04	115	0.03%	01	389,561	91
2001	30,911	06	5.87%	46,200	8.78%	06	3,114	0.59%	03	526,451	80
2002	55,192	14	25.87%	82,833	38.82%	01	2,520	1.18%	01	213,384	69
2003	157,369	15	52.63%	2,374	0.79%	02	923	0.31%	01	299,024	61
2004	95,128	22	9.84%	2,393	0.25%	09	880	0.09%	01	967,213	78
2005	93,932	41	35.30%	14,937	5.61%	04	1,914	0.72%	03	266,059	93
2006	123,736	29	11.57%	13,483	1.26%	05	4,296	0.40%	08	1,069,524	80
2007	109,282	24	5.20%	13,253	0.63%	02	7,738	0.37%	05	2,102,220	62
2008	639,325	31	45.80%	2,628	0.19%	01	16,250	1.16%	01	1,395,861	58
2009	242,774	16	60.02%	21,833	5.40%	03	3,160	0.78%	01	404,481	33
2010	670,118	11	61.68%	521	0.05%	02	3,620	0.33%	03	1,086,390	36
2011	457,737	17	38.61%	69,174	5.83%	00	67,051	5.66%	02	1,185,569	43
2012	943,997	24	16.44%	10,701	0.19%	02	20,931	0.36%	03	5,740,639	78

資料來源：經濟部投資業務處（2013/02）

註：經濟部投資業務處未提供台商在印度、汶萊、寮國與緬甸之投資數據

1. 第一階段：南向政策引領投資（1994 至 1996）

南向政策始於 1993 年台灣總統李登輝先生執政時期，其主要目的在鼓勵台商到東南亞投資，並由中華民國政府（1994）通過《加強對東南亞地區經貿合作綱領》，來鼓勵台商赴東南亞投資，加強東南亞的經貿關係，初期佈局地區包括泰國、馬來西亞、印尼、菲律賓、新加坡、越南及汶萊等 7 個國家，並在 1997 年擴大台商對東南亞佈局實施金融援助，鼓勵台商前往東南亞投資設廠。直至台灣總統馬英九先生於 2008 年就職後，仍持續推動與東南亞關係，並陸續設立「東南亞小組」、「台灣東南亞國家協會研究中心」，以推動台灣與東南亞國家的關係。

自從 1994 年政府正式推動南向政策後，開始帶動台商企業前往東南亞投資熱潮，根據經濟部投審會（2013）統計資料顯示：「1990 年至 1996 年，台商到東協地區投資活動持續增加，尤其新加坡在 1996 年在投資總金額比重值達到 28.09%，位居第一名」，不僅於此，1980 年台商前往東南亞投資，主要著眼於當地具有豐沛、低廉的勞工與資源，能憑藉各項資源優勢來降低生產要素成本，根據中華經濟研究院台灣東協研究中心徐遵慈研究員（2013）表示：「在 1990 年，台商更以馬來西亞、泰國、菲律賓等國為台商在東南亞投資重鎮」，其主要認為，能有助台商在電子電機產業發展，並以利引進相關技術與管理，對其產業發展貢獻甚鉅。

2. 第二階段：西進中國大陸佈局（1997 至 2008）

1997 年，亞洲金融風暴爆發，加上印尼爆發排華行動，東南亞地區暴露出一些經濟政策及企業經營問題，導致台商逐漸轉往中國大陸發展，也由於「南向」不敵「西進」，導致台商對東南亞地區投資開始出現衰退現象，然而，中國大陸的廉價且充沛勞工與土地成為吸引台商投資的利基，再加上中國大陸不存在語言溝通的隔閡，更大幅降低台商進入心理障礙，使中國大陸成為 1997 年之後成為台商最適的投資地區，希冀有助於台商能賦予過去的成功經驗新的策略思維，創造新的產業躍升曲線。

外在環境衝擊下，台商投資東南亞國家步伐放緩，而逐漸將投資目光轉移至中國大陸，根據經濟部投審會（2013）統計資料顯示：「台灣在 1997 年投資東南亞地區總金額比重與 1996 年有大幅度下降，其中以印尼地區衰退 5.36%，其次為越南 3.79% 及泰國 3.29%」。此外，台灣在 1997 年對新加坡投資一直維持穩定成長，主要原因為台灣在新加坡投資領域以轉口貿易、金融等產業為主，因此並未出現明顯衰退現象。再加上，中國大陸開始發布招商引資

相關辦法，擴大對外資企業開始進行優惠政策及資金補助，使台商對中國大陸地區投資持續成長。根據經濟部投審會（2013）統計指出：「台灣在核備中國大陸地區之投資金額佔當年對外投資總額中，是以 2005 年佔 71.05% 為最多，與 2004 年相比成長約達 3.81%」，由此顯示，此階段台商為爭取龐大的資源優勢，將持續不斷前往中國大陸投資。

3. 第三階段：深耕東協印度市場（2009 至迄今）

根據台灣經濟研究院國際事務處副處長吳福成（2012）表示：「從早期台商外移東南亞加工出口至歐美，加上中國大陸釋出諸多誘因政策再度遷移中國大陸設廠，但伴隨東協地區龐大的內需及未來成長潛力，再次回頭挺進東協地區」，由於台商受到中國大陸當地投資環境惡化因素，已開始出現對中國大陸投資衰退現象，使得台商開始重心調整對東協地區的發展。另外值得注目的是，根據東元集團會長黃茂雄（2013）表示：「印度正處於人口紅利階段，中產階級人數不斷持續攀升，對勞力密集型產業具有相當大幫助」，此外，根據國際貨幣基金組織（IMF）（2012）表示：「印度國民的可支配所得不斷增加，促使購買力漸增，蘊藏龐大的內需市場潛力」。故在全球經貿環境變局下，台商將再度透過衡外情、量己力雙管齊下，使台商加以掌握東協暨印度市場新商機，以嶄新思維與面貌再次創造新局勢。

從 1994 年代迄今，隨開發中國家經濟力量崛起，東南亞地區經濟實力不斷提升，經濟表現可謂優於全球其他地區。根據 IHS 環球透視（Global Insight）亞太區首席經濟學家 Rajiv Biswas（2012）表示：「東協已經是新興亞洲的第三大經濟成長引擎，未來 20 年東協的消費支出會快速增加，將帶動亞洲經濟成長的火車頭」。由此顯示，東協地區不再只是單純的生產基地，而是具有龐大的內需市場，因此受到近年台商不斷回頭深耕東協地區，根據經濟部投審會（2013）統計指出：「在 2012 年台商對東協地區直接投資，以新加坡的投資金額比重值 78.37% 為最多，其次為越南佔 16.44%」。然而，近年來東協地區經濟潛力不斷受到台商重視，根據亞洲開發銀行（ADB）（2012）發布《亞洲發展展望更新報告》中指出：「將下修 2013 年亞洲開發國經濟成長，但除印度、印尼、馬來西亞、越南等東協地區皆上修 2013 年經濟成長」，不僅於此，根據經濟合作發展組織（OECD）（2012）預測指出：「東協地區在 2013 年至 2017 年間的平均經濟成長可望達到 5.5%，不僅重回 2008 年全球金融危機前的水準，更渴望在全球經濟成長中扮演重要角色」，因此，台商面臨中國大陸、歐美等國家的投資環境變化威脅，將再次回頭深耕東協地區暨印度市

場，為台商再創另一發展高峰。

表 5-2 · 台灣歷年核備海外投資件數與金額

年份	2008		2009		2010		2011		2012	
經濟體	排名	依賴度	排名	依賴度	排名	依賴度	排名	依賴度	排名	依賴度
中國大陸	1	26.7%	1	-17.5%	2	39.4%	2	11.2%	2	-4.2%
日 本	2	12.9%	2	-20.8%	3	37.9%	5	0.7%	3	-5.6%
東協六國	2	12.9%	3	-22.0%	1	40.5%	1	18.9%	1	4.5%
美 國	4	11.5%	5	-27.0%	4	36.3%	4	9.3%	5	-8.9%
歐 盟	5	9.6%	4	-22.7%	5	31.7%	3	9.8%	4	-6.2%
合 計	73.63%		-110.0%		185.8%		49.9%		-20.4%	

資料來源：行政院經濟建設委員會、財政部

註：【1】中國大陸指中國大陸及香港

【2】「東協六國」是指新加坡、馬來西亞、菲律賓、泰國、印尼及越南

【3】2004、2005、2006、2007歐盟是指東擴後的25國，2008年歐盟是指台灣對2007年1月1日起歐聯新、舊成員27國全體之貿易。

二、台商佈局 TEEMA10+I 之投資產業別變遷

《孫子兵法》曾云：「無恃其不來，恃無有以待之；無恃其不攻，恃吾有所不可攻也」，意謂正值全球貿易版圖正逐漸轉變之際，台商應確實瞭解自身優勢、劣勢、機會與威脅為何，方能有助掌握全球貿易商機。早期台灣大力拓展對外貿易作為經濟發展的引擎，直至 1980 年台灣經濟達到最繁榮年代，更是台灣傳統產業遭遇最嚴峻的年代，台商不僅得面臨勞力短缺、工資大幅提高以及新台幣大幅升值，從而降低勞力密集產業的競爭力，亦因此台商開始前往東南亞地區進行投資佈局，方能克服工資升高的壓力，同時創造新的比較優勢，進而帶動台灣與東南亞地區經貿互動與交流。茲針對台灣經濟部投審會（2013）、經濟部國貿局（2013）歷年統計資料中，以主要投資業別以及主要產品，分析台商進入東協暨印度市場之投資產業別變遷。

1. 主要投資產業別

根據經濟部投審會（2013）統計指出：「台灣在 2009 年至 2012 年對東南亞地區主要投資均以製造業為主，且以印尼、馬來西亞、菲律賓、泰國、越南及印度皆為主要投資項目」，其主要著眼於當地資源豐沛、低廉的勞工與其它生產成本，使台商紛紛前往投資。根據《工商時報》（2013）報導指出：「製造業類型的台商在中國大陸投資已處於臨界點水位，加上中國大陸產業結構調整之際，導致出現諸多台商轉向東協地區的跡象正逐漸攀升」，其主要原因為，相較

於中國大陸，東南亞仍存在人口紅利，是勞動密集型台商投資誘因，根據泰國投資促進委員會秘書長 Amitav Acharya（2012）表示：「目前東協國家幾乎所有產品皆零關稅，技術人才跨國流動的限制大幅減少，亦降低外資對企業持股比例的限制」，由此顯示，東協將積極打造一個無障礙的自由貿易區。故在全球經貿環境變局下，台商必須衡外情、量己力雙管齊下，重新在詭譎多變的世界經貿環境下，重新定位，並再次創造典範經營。

表 5-3 · 2009 至 2012 年台灣對東協六國暨印度直接投資產業別一覽表

國　家	第一名	第二名	第三名
新 加 坡	批發及零售業	製造業	金融及保險業
印　尼	製造業	礦業及土石採取業	紡織業
馬來西亞	製造業	木竹製品製造業	紡織業
菲 律 賓	製造業	紡織業	成衣及服飾品製造業
泰　國	製造業	紡織業	批發及零售業
越　南	製造業	批發及零售業	金屬製品製造業
印　度	製造業	電腦、電子產品及光學製品製造業	批發及零售業

資料來源：經濟部投資審議委員會（2013）、本研究整理

2. 主要出口產品項目

　　根據經濟合作發展組織（OECD）公布（2012）《2013年東南亞經濟展望》報告指出：「東協10國在2013年至2017年之平均經濟成長預測值高達5.5%，將重返金融危機爆發前之水平」，由此顯示，東協國家近年因經濟快速發展，國民所得逐漸提高，消費市場潛力備受矚目，更是帶來許多磁吸效應，吸引諸多台商前往投資。根據台灣國貿局（2013）統計指出：「截止2011年台灣對東協地區主要出口產品類別歷年排名當中，前3名仍是以電子相關產品為大宗，其次為資源產品」，其主要為台灣電子電機產業紛紛前往東協地區設廠，引進相關技術與管理，外加逐漸走向產業專業分工模式，更對產業發展貢獻甚鉅，因此台灣出口至東協國家的產品中，則以原材料、零組件及機械設備等為主要輸往東協國家的主要出口產品之列，然而，在一覽當前台商在東協地區的佈局環境及趨勢，希冀能有助於因應東協地區內需市場及市場優勢，並再次瞄準經貿市場脈動，力求突破。

表 5-4 · 2006 至 2011 年台灣對東協六國暨印度主要出口產品變遷一覽表

名次	2006	2007	2008	2009	2010	2011
❶	電機設備及其零件	電機設備及其零件	電機設備及其零件	電機設備及其零件	電機設備及其零件	電機設備及其零件
❷	礦物燃料	礦物燃料	礦物燃料	礦物燃料	礦物燃料	礦物燃料
❸	機械用具及其零件	機械用具及其零件	機械用具及其零件	機械用具及其零件	機械用具及其零件	機械用具及其零件
❹	鋼鐵	鋼鐵	鋼鐵	鋼鐵	鋼鐵	鋼鐵
❺	塑膠及其製品	塑膠及其製品	塑膠及其製品	塑膠及其製品	塑膠及其製品	塑膠及其製品
❻	針織品	有機化學產品	有機化學產品	有機化學產品	有機化學產品	有機化學產品
❼	有機化學產品	針織品	針織品	針織品	針織品	針織品
❽	人造纖維絲	人造纖維絲	人造纖維絲	人造纖維絲	人造纖維絲	人造纖維絲
❾	鋼鐵製品	鋼鐵製品	鋼鐵製品	運輸設備	鋼鐵製品	鋼鐵製品
❿	銅及其製品	銅及其製品	運輸設備	鋼鐵製品	紙及紙板；紙漿、紙	運輸設備

資料來源：經濟部國貿局（2013）、本研究整理

　　為此，根據亞洲開發銀行（ADB）（2013）統計指出：「2010 年時，亞太地區中產階級人口合計約 5.25 億人口，占全球中產階級人口比例約 28%；預計至 2030 年，亞洲中產階級人數將超越其他地區」，由此顯示，東協國家不僅是當前新興市場重要經濟支柱，更潛藏龐大的勞動資源及內需市場。然而，回顧近年台商轉移至東協十國與印度地區的主要投資項目，仍以製造業、原物料業及批發零售業為大宗，其主要看好東協地區未來發展潛力。因此，縱使面臨經濟極需轉型與蛻變之際，台商唯有透過審慎縝密的分析與瞭解，方能從而覓出市場發展的空間與商機。

第 6 章

台商佈局東協暨
印度新誘因與新契機

「**揮**別過去，展望未來」可說是東協最新的寫照，過去由於各國的政治、人文、環境動盪等問題，使之發展較為弱後，但隨著全球經濟疲弱以及中國大陸工資上漲，使東協國家出現一線生機，開始扭轉逆境，靠著 18 億人口所形成龐大的內需市場以及工資低廉等優勢，各國將紛紛轉往東協國家發展，一股「西進轉南進」的風潮正在醞釀而生，台商當然也不能錯過這一個商機，根據中華經濟研究院台灣 WTO 中心徐遵慈（2013）表示：「2011 年台商在東協七國（泰國、馬來西亞、印尼、新加坡、菲律賓、越南、柬埔寨）投資，投資件數高達 10,019 件，共 848.78 億美元，相較於 1990 年，只有 95.21 億美元，顯示出台商在東南亞地區投資金額成長將近 9 倍」，綜上可知，現今東協將逐步取代中國大陸，成為台灣與東南亞各國貿易投資最重要的成長來源，本章將彙整台商佈局東協地區動機與紅利類型。

一、台商佈局東協地區動機類型

隨著全球經濟低迷，東協國家挾帶著高倍速的經濟成長力道、豐沛的天然資源等，延伸出新的投資焦點及新趨勢，吸引全球企業主及投資者的關注，富邦證券副總郭永宜（2012）亦表示：「東協市場具有區域經貿優勢、人口優勢、內需消費龐大等優勢，未來民間消費前景隨著經濟成長趨勢將相當可觀」。顯示，東協擁有無限商機吸引台商前往佈局，茲將針對台商佈局東協地區動機彙整為五大類型進行分析探討：

類型一：掌握資源佈局型

展望 2012 年國際經貿情勢，由於歐債疑慮再起，美國及中國大陸的總體經濟數據不如預期，使全球經貿情勢充滿挑戰，引發市場對未來的經濟感到擔憂，但東協卻在這低迷情況下崛起，其原因之一在於東協具有豐富的天然資源，例如石油、海洋資源豐富的汶萊及盛產天然橡膠的泰國與印尼等，再加上工資價廉等，使得東協在全球經濟環境中不受影響，反而造就龐大的商機，復華東協世紀基金經理人許家瑝（2011）亦表示：「東協在亞洲金融風暴過後，其競爭力大增，主要由於東協各國擁有龐大內需與天然資源為後盾，加上工資便宜，近年來全球生產製造重心也將移轉至東協各國」，由此可知，台商應順勢開創新商機。

類型二：接近市場佈局型

東協國家挾著人口結構年輕化、龐大的穆斯林清真市場、知識素質的提升等優勢，吸引許多外資積極的投入市場，成為自金融海嘯後漲勢最強勁的地區，將可望複製金磚四國過去的漲勢，其摩根東協基金經理人黃寶麗於 2013 年 2 月 6 日分析表示：「東協面對全球景氣微溫增長的情況，將延續 2012 年的強勢格局，再度爬上高峰，主要是由於各國多由內需市場進而推動經濟成長，並且彼此之間享有貿易出超與良好財政狀態，再加上具備人口結構年輕、內需市場成長迅速的優勢，因而持續支持東協持續增長」。由此可知，東協藉由各項優勢，將持續性的擴大版圖造就商機，台商應加速前往，以免錯過此機會。

類型三：降低成本佈局型

過去中國大陸擁有的生產成本較低價廉物美等優勢，如今卻正在逐年流失，造成許多先進國家資本與製造業廠商企業，各國為覓求「新境界」的開發與拓展，開始逐漸轉往東南亞國家，保德信亞太基金經理人羅暐程（2012）表示：「中國大陸工資不斷調升，現今已是東協國家的 3 至 10 倍，再加上環保引用、勞工環境等議題迫使工廠營運成本正不斷的提高，導致外資紛紛轉移至東協地區投資，藉以降低生產成本」。另外，富達證券研究部（2012）亦指出，中國大陸製造業成本已經超越東協，光人力成本就比東協多了 20% 至 30%。綜上顯示，中國大陸成本持續提升，使得許多台商紛紛思索轉移到更低成本的地區投資，東協因勞力成本低。

類型四：先佔卡位佈局型

面對東協經濟快速成長的來勢洶洶，台灣不能置身於事外。從台灣多年經營的「南向發展」，可知台灣對於東協的依賴度高，因此，台灣政府應該協助台

商佈局東南亞國家。根據紡織所分析師劉育呈（2012）表示：「台灣業者除了應自動自發的自我提升及與國際舞台做連結外，台灣政府也應盡快與東協國家簽訂 FTA，以維持台灣紡織業者扮演中間原料供應商的優勢」。由此可知，東協國家因與台灣紡織業者關聯性極大，因此，簽訂 FTA 為勢在必行之路，並且可為台灣紡織業帶來一線生機，促使其蓬勃發展。此外，台灣應擺脫長期代工的發展趨勢，佈局東協國家的發展趨勢，以發展自主品牌，增加自身的競爭力。

類型五：分散風險佈局型

全球市場隨著東協國家經濟成長，從以往眾所矚目的中國大陸市場逐漸轉移到東協國家，此外，也因東協國家的經濟狀況逐漸超越中國大陸，因此，台商佈局也逐漸從中國大陸市場轉移到東協國家。根據味全董事長魏應充（2012）表示：「中國大陸於 2011 年 5 月起，包括稅、水、電及汽柴油成本皆高於台灣，且沿海土地取得困難，2015 年人工成本將高漲，因此，除了中國大陸此一市場外，投資者需額外尋找新的生產基地與消費市場」。由此可知，有鑑於台商選擇中國大陸投資將額外支出更高的成本，因此，轉向於經濟起飛的東協國家，為一條能為降低其營運成本的康莊大道。

二、台商佈局東協地區十大紅利

根據富達亞洲投資總監 Medha Samant（2012）表示：「東協地區將再度成為投資佈局的新亮點，其中東協市場具有人口紅利、內需商機、重大基礎建設等多項誘因」，由此顯示，東協地區具有多項國家紅利類型，茲將針對台商佈局東協地區彙整十大紅利進行探討：

紅利一：勞動人口紅利

綜觀全球國家的人口年齡，東協國家可為一個年輕的市場，因人口年齡比起歐美國家年輕，且擁有眾多的人口數也為其優勢之一。且聯合國（United Nations；UN）針對全球人口數估計，2015 年菲律賓的人口中位數年齡為 24.3 歲、馬來西亞則為 27.7 歲、印尼為 29.9 歲，東協國家人口年齡皆比歐美國家年輕 10 到 20 歲，連中國大陸的人口年齡也不及東協國家年輕。由上可知，東協國家有著年輕的人口年齡，將可為東協國家帶來可觀的勞動力及無窮的消費潛力，因此，其消費市場為各國所覬覦。經由以上可知，東協的年輕人口可為投資者選擇佈局東協，作為吸引其投資的因素，並可為其創造無可限量的營運利潤。

紅利二：改革開放紅利

隨著民主自由貿易的提倡，東協國家已逐漸由計畫經濟朝向市場經濟發展邁進，像寮國政府因顧及政治與經濟兩層面並重，於 1986 年至 1997 年推動改革政策，使其國家經濟擁有 6% 至 7% 的成長率，更於 2011 年時經濟成長高達 8.3%。此外，亞洲開放銀行（Asia Development Bank；ADB）（2012）發布《轉型中的緬甸：機遇與挑戰》（Myanmar in Transition：Opportunities and Challenges）報告指出，緬甸因改革開放後，預計未來 20 年年均經濟增長率將達到 7% 至 8%，且於 2030 年人均 GDP 將增加到 2,000 美元到 3,000 美元。由此可知，緬甸在改革開放後，提高投資者的意願，且經濟發展將猶如倒吃甘蔗般越來越甜越卓越。

紅利三：基礎建設紅利

東南亞國家在歷經 2008 年亞洲金融風暴之後，靠著自身擁有的天然資源再配合各國的政策推動，為其開創出新商機。此外， 2013 年 1 月 29 日摩根東協基金經理人黃寶麗表示：「東協各國正展開吸引外資計畫，像是印尼、菲律賓和泰國等國家，過去 10 年期間基礎建設開發極少，因此其政府正積極運用良好的財政水準再結合民間企業，極力開發基礎建設計畫」。由此可知，東協各國政府單位期盼透過基礎建設進而吸引外資投資。此外，根據得勝安聯中國東協新世紀基金經理人傅子平於（2012）表示：「東協 2012 年表現強勁，後續依然會是全球投資的亮點」。由此可知，東協國家經濟發展潛力後勢看漲且備受推崇。

紅利四：經商成本紅利

隨著全球市場的轉移，東南亞國家市場備受關注，因其不管是在天然資源方面抑或是勞動成口方面，皆可堪稱最為年輕的市場。因此，各界對於其的關切不在話下。東協之一的泰國，攸關其各地經濟發展狀況不一致，因此其估計範圍約為每天 151 到 206 泰銖之間，在眾多區域中，曼谷及周邊地區的工資皆為最高。且依據世界銀行（World Bank；WB）（2012）發布《2013 年全球經商環境報告》指出，在全球 185 個經濟體中，泰國名列第 18 名，其優異的成績主因為泰國政府減少法人稅，使得商家在稅務成本上能夠減少支出。由此可知，東協國家因其政府推動相關經濟政策，使得投資者於此投資，能減少支出成本而提高經營利潤。

紅利五：知識素質紅利

東協暨印度擁有高達 18 億人的數量，加上人口結構年輕化，除帶來豐沛的勞動力外，東協部分國家具有高度識字率及多數為英語國家等優勢，像是教育發

展程度位居全球第34位的汶萊及識字率高達94%的馬來西亞，都已超越許多先進國家，東協即將透過人口素質的提升，加速增長國家經濟發展，而這將都成為吸引台商佈局最有利的利器，俄羅斯克拉斯諾亞爾斯克經貿學院教授傑姆琴卡（2012）研究表示：「教育決定人口素質，收入決定人口的進一步發展機會，現今發展中的國家的當務之急就是提高民眾教育水平、提高人口素質和人口發展機會並將收入分配合理化，只有這樣才能更好地發展國內經濟」。

紅利六：地理區位紅利

在全球著景氣低迷的情況下，東協卻能以勢如破竹的氣勢，衝破這低迷的狀況，以快速增長的模式殺出重圍，其主要原因是在於其介於亞歐大陸和澳大利亞大陸、太平洋和印度洋之間的「十字路口」的位置，是通往歐美、北非、西歐、澳洲等各國地區的重要交通要道，地處中西交通咽喉，是國際貿易中貨物轉運、集散中心，為全球交通貿易樞紐，其地理位置使東協成為各國積極投資之聖地，群益東協成長基金經理人蘇士勳（2012）亦表示，「東協的資源豐富的地位、政府支出的延續性、龐大的人口商機以及交通樞紐，再搭配未來的東協+N，將創造出無限的潛力，成為全球最有發展潛力的區塊」。

紅利七：引資政策紅利

伴隨歐洲債信危機持續擴大、美國經濟持續疲弱及中國大陸經濟發展減速狀況下，全世界的投資由核心市場轉進新興市場，取代歐、美等先進市場的地位，形成外資搶佔東南亞商機的時刻，東協各國把握此機會，推出一系列的優惠投資政策，將使東協國家一舉推上全球經濟發展頂端。泰國投資促進委員會副秘書長劉坤發（2012）表示：「為吸引外資的投入，政府推出一系列的激勵政策，例如根據工廠所在地及行業類別，可減免8年企業所得稅、原材料和設備的進口關稅減少及公共事業成本費可雙倍扣除等優惠」。顯示出這將是台商佈局的最佳時機，透過政策的優惠之下，藉此快速打入市場，並可降低投資成本。

紅利八：天然資源紅利

東協雖具有豐沛的自然資源，但隨著能源逐漸減少，綠能環保逐漸受到大眾關注，對此，東協各國發展出一系列的能源策略，希望可藉此維護環境並為社會盡一點心，像是農產品豐富的泰國，其使用作物發展出生質能源，期許將再生能源發電比重提升8%至12%；菲律賓則是致力於擴大生質能源、太陽能以及海洋能源3種，冀望於2013年能增加再生能源的使用率，綜觀言之，這將都成為台商投資的好時機，吉隆坡台灣貿易中心主任曾玉淳（2013）亦表示：「台商投資東協，不妨研究他們發展的產業，達到事半功倍的效果」，換言之，在未

來台商若能與政府政策的交互配合下，將可締造出更多的投資機會。

紅利九：內需成長紅利

東協十國總人口數高達 6 億人，且將近 4 成的人口年齡低於 20 歲，龐大的人口數成為未來的消費力量，造就內需市場龐大，將可為台商帶來無限的商機，根據環球透視公司（IHS Global Insight）2012 年 9 月 24 日表示：「東協 GDP 總和可望在 2020 年成長至 4.7 兆美元，並且於 2030 年更將高達接近 10 兆美元左右」。由上可見知，東協各國正在積極擺脫貧窮及落後的陰霾，即將躍上成長的舞台，未來將逐漸成為全球經濟最蓬勃發展區域，台商應把握此一發展契機，使企業得以永續發展。

紅利十：清真食品紅利

隨著東協經濟起飛，其擁有眾多的人口數，為其帶來廣大的市場商機，且因東協擁有多數信仰伊斯蘭教的人口數，而食品消費潛力更是備受看好。根據皮尤宗教與公共生活論壇（The Pew Forum on Religion and Public Life）（2012）公布《全球宗教形勢圖》指出：「伊斯蘭教在擴張」。皮尤研究中心（Pew Research Center）人口統計專家 Conrad Hackett（2012）發表《全球宗教人口景觀》指出：「穆斯林人口已突破 16 億，且佔全球 69 億人口的 23%」，顯示伊斯蘭教發展潛力無可限量，清真食品消費市場將為投資者創造可觀營業收入。此外，東協各國更積極發展清真食品產業，像馬來西亞更為「清真食品加工國際標準」的發源地；而泰國政府則是發展清真食品工業經濟區。綜上可知，清真食品可為東協發展的紅利因素之一。

綜觀以上所述，台商佈局東協國家所具的紅利條件後，可歸納出東協國家在勞動人口、改革開放、經商成本、知識素質、地理區位、引資政策、天然資源、內需成長及清真食品方面皆可作為投資者選擇在東南亞投資的吸引及有利因素，投資者可參照此紅利作為其佈局東協國家的參考依據。此外，根據美銀美林證券 (Merrill Lynch & Co.) 經濟師蔡學敏（2012）指出：「東協區域間熱絡的貿易及不斷擴增的人口紅利是推動東協經濟發展的『兩駕馬車』，而在此因素下，其發展將不可限量」。由此可知，東協國家貿易頻繁及與日俱增的人口數，除了為吸引投資者前往投資的誘因，亦可為東協經濟開出紅盤。

三、東協面臨中等收入陷阱困局

在世界各國不斷地追求高經濟成長率之際，促進各國經濟發展、人民消費水準及收入提高、生活品質提升等，使步入中等收入水準國家；但在全球環境劇

烈變化下，如未有隨機應變適應環境的能力，將阻礙該國經濟持續性發展，並步入停滯陷阱。根據亞洲開發銀行（ADB）管理總幹事 Rajat（2011）指出：「中等收入陷阱意旨一個國家的發展達到中等收入水準後，陷入停滯情況，且其國家既無法與高收入國家的科技技術水準競爭，也難以與低收入水準國家的生產力抗衡」，且根據經濟學人（EIU）2012 年發布《2012 全球展望：亞洲》報告顯示：「中等收入陷阱為一貧窮國家經濟發展過度至小康後，但卻無法持續進步到富裕的困境」，一個國家在經濟發展後，使國家進入中等收入水準，但要進一步邁向富裕國家的水平遇到瓶頸，就將陷入中等收入陷阱。可發現中等收入陷阱現象，為一個國家要從貧窮進步到小康容易，但要從小康發展到富裕卻困難。

1. 東協印度人均 GDP 發展現況

根據世界銀行（WB）（2006）於《東亞經濟發展報告》內容中首次提出「中等收入陷阱」（Middle Income Trap）概念，意旨極少中等收入國家能成功躋身高收入國家，大多會深陷經濟成長停滯期，惡性循環見不到經濟成長的動力與希望。其深陷中等收入陷阱之特徵為當突破人均 GDP 1,000 美元的「貧窮陷阱」後，能以極短速度發展至 3,000 美元的「起飛階段」，但一跨越 3,000 美元關卡後，即面臨各式發展瓶頸與矛盾，導致經濟成長動能不足，最終出現停擺的狀態。但也有成功突破的成功例子，如日本只花 19 年（1966 至 1985 年），南韓僅用 18 年（1977 至 1995 年）就成功跨越陷阱，轉變國家成長方式及經濟持續穩定上升。

表 6-1・2013 TEEMA10＋I 國家人均 GDP 發展現況

國　家	人均 GDP（美元）				2011 年人均 GDP
	1,000	3,000	5,000	10,000	
新加坡	1971（1,070）	1978（3,187）	1981（5,579）	1989（10,383）	46,241
汶　萊	1965（1,145）	1973（3,017）	1974（7,455）	1977（10,200）	40,301
馬來西亞	1977 年（1,084）	1992 年（3,080）	2005 年（5,499）	-	9,977
泰　國	1988 年（1,113）	1996 年（3,019）		-	4,972
印　尼	1995 年（1,013）	2011 年（3,494）	-	-	3,494
印　度	2007 年（1,055）	-	-	-	1,488
越　南	2008 年（1,070）	-	-	-	1,407

表 6-1 · 2013 TEEMA10＋I 國家人均 GDP 發展現況（續）

國　家	人均 GDP（美元）				2011 年人均 GDP
	1,000	3,000	5,000	10,000	
菲 律 賓	1995 年（1,070）	-	-	-	2,369
寮　國	2010 年（1,158）	-	-	-	1,319
柬 埔 寨	-	-	-	-	896
緬　甸	-	-	-	-	824

資料來源：世界銀行（WB）

註：【1】單位為美元

　　【2】因世界銀行（WB）未統計緬甸人均 GDP，故資料出自國際貨幣基金組織

　　根據上表顯示，東協暨印度 11 個國家中，除新加坡與汶萊人均 GDP 早已突破 10,000 美元大關，其餘九國仍處在中等收入國家向高收入國家邁進中，尤其泰國（1988 年）、印尼（1995 年）、馬來西亞（1977 年）、菲律賓（1995年）跨越中等收入門檻後，發展至今數十年後，依舊深陷中等收入陷阱無法自拔。茲將四國歸納為「MITP 四國」，MITP 取自馬來西亞（Malaysia）、印尼（Indonesia）、泰國（Thailand）及菲律賓（Philippines）四國首個英文字母，恰好亦為「中等收入陷阱」（Middle Income Trap）中的四個英文字母。然馬來西亞 2011 年人均 GDP 即達 9,977 美元，依據馬來西亞工業發展局（MIDA）經濟情報組高級副總裁孫光亮博士（2013）表示：「馬來西亞於 2013 年的人均 GDP 將達 1 萬美元」，顯示出馬來西亞已突破萬元大關，跨越中等收入陷阱，是故僅取印尼（Indonesia）、泰國（Thailand）及菲律賓（Philippines）等國，歸納為「TIP 三國」。

2. 東協暨印度陷入中等收入陷阱原因分析

　　在全球經貿環境動盪下，東協暨印度整體經濟發展表現仍然強勁。且在經濟起飛下，新加坡與汶萊已達高等人均 GDP 水準，然而馬來西亞、印尼、泰國及菲律賓卻面臨失去追求經濟成長之動力，落入中等收入陷阱之中。東協秘書長 Surin Pitsuwan（2012）表示：「若要擺脫落入中等收入陷阱，需強化國家經濟發展體質、推動技術發展及培育人力資源等」。茲就東協暨印度陷入中等收入陷阱列舉四大原因敘述如下：

原因一：【產業轉型不及】

　　20 世紀 70、80 年代，印尼、馬來西亞、菲律賓及泰國經由其國內廉價的生產要素，吸引外資入境投資，以帶動其國內經濟發展，使國家由低受入國家成長為中等收入國家。唯隨著其經濟發展，四國國內工資皆進一步提升，使其國內

低廉生產要素優勢逐漸流失，並轉移到寮國、柬埔寨等白地市場國家。然而，面對低廉生產要素流失之際，印尼、馬來西亞、菲律賓及泰國政府未能及時察覺並轉型，錯過由「製造立國」移轉至「技術立國」的時機，使經濟發展無以為繼，因而深陷於中等收入之中。

原因二：【國家政治腐敗】

國家貪污及行政效率不佳，將嚴重影響國家經濟發展腳步。根據 2013《TEEMA10+I 調查報告》「投資環境力」項目中，與國家政府相關之「政治與法律」構面中，扣除具發展潛力但尚未開發之白地市場（緬甸、柬埔寨及寮國），8 國排名中，「菲律賓」位居末位、「馬來西亞」為倒數第三及「印尼」排行中間。此外，根據國際透視（Transparency International；TI）（2012）公布《全球清廉印象指數》（Corruption Perceptions Index 2012），在176 個評估國家中，「印尼」排名 118 名、「菲律賓」排名 105 名、「泰國」排名 88 名，綜上可知，陷入中等收入之國家政府在行政效率、政策執行力及清廉形象仍有改善空間。

原因三：【貧富差距懸殊】

一國在步入中等收入階段後，隨著經濟的持續發展，常導致其國內貧富差距不斷擴大，而隨著收入差距的擴大，導致中低收入居民消費不足，對經濟成長的推動力量減弱，進而步入中等收入的陷阱中。根據世界銀行（WB）及美國中央情報局（CIA）之 20 年統計資料顯示，除印尼吉尼係數（Gini coefficient）位於 0.3 左右的「相對合理程度」外，泰國、菲律賓及馬來西亞之吉尼係數多數皆位於 0.4 至 0.5「收入差距大」的程度，顯示出財富分配的不均為泰國、菲律賓及馬來西亞等國陷入中等收入陷阱的原因之一。

原因四：【社會動盪不安】

在政治腐敗及貧富差距大之社會環境下，勢必衍生許多社會亂象事件。而在社會不穩定下，人民無心投入經濟活動將無法帶動國家整體經濟。泰國、印尼、馬來西亞與菲律賓接連發生社會動亂，例如：2012 年 8 月 31 日，泰國南疆一天內即傳出治安事件 124 件起，其中 4 件引發炸彈爆炸；自 2012 年 6 月起，印尼巴布亞省連續發生槍擊及暴力死傷事件；2013 年 3 月 2 日，馬來西亞警察與菲律賓部落武裝分子爆發沙巴衝突；2012 年 11 月 26 日，菲律賓南部棉蘭地區當天接連發生兩起反政府武裝的炸彈攻擊事件。皆顯示社會動盪不安，使民心無法穩定，將拖累整體國家發展腳步。

台商價值鏈整合新綜效

隨著台資企業對東協直接投資的日益增加，台灣與東協各國經貿關係亦趨深化，根據經濟部投審會（2013）統計數據顯示：「2012 年台灣對東協各國投資金額達 57,406 億美元，與 2011 年 11,855 億美元相比成長 384%」。由上可知，台灣對東協各國投資金額大躍進，也是東協區域外人直接投資（Foreign Direct Investment；FDI）的重要來源。與此同時，台灣亦已在東協建立縝密的產業分工體系，並成為區域零組件的重要供應國之一，更成為區域經貿整合的樞紐角色。藉由與東協各國的專業分工，不僅可分散投資風險，更可將不同國家的專長發揮，從而提升產品的數量和品質，同時間接提高人民生活質素，增加當地就業機會，亦促進國際間的瞭解和技術交流。由上可知，國際分工已成全球趨勢，而台灣與東協的合作將能互通有無，共同創造龐大利益。

一、Michael Porter 價值鏈分析

本章以美國哈佛商學院著名策略學家 Michael Porter 於 1985 年出版《競爭優勢》（Competitive Advantage）一書中提及之「價值鏈分析」作為主軸，探討東協各國於價值鏈上的競爭優勢。而「競爭優勢」指的是企業內部產品設計研發、生產製造、經商行銷、物流運輸及支援等多項獨立活動，這些活動對於企業不管要以「成本化」或是「差異化」來產生優勢，均可做出貢獻。茲以下利用多項國際報告針對東協暨印度之價值鏈作分析，使台商可對東協各國之競爭優勢多加瞭解，進而將台商公司內部核心資源和外部競爭環境做結合，使資源分配達到最佳狀態。茲以下以產品設計、研究開發、外包服務、製造營運、經商行銷、

物流運輸等作說明：

1. **設計**：設計（Design）即設想和計劃，設想是目的，計劃是過程安排，通常指有目標和計劃的創作行為與活動，而現今廣泛應用於服飾、建築、工程項目、產品開發以及藝術等領域。隨著創意經濟的興起，產品設計的意義日益重大，好的產品設計，不僅功能上具優越性，而且便於製造，生產成本較低，從而增強產品的綜合競爭力。諸多在市場競爭中占優勢的企業都十分重視產品設計流程，以便設計出造價低而又具有獨特創意的產品。

2. **研發**：研究開發（Research and Development；R&D）係指各種研究機構、企業為獲得科學技術新知識，創造性運用科學技術新知識或實質性改進技術、產品和服務而持續進行具有明確目標的活動。研發包含四大基本內涵：創造性、新穎性、科學方法的運用、新知識的產生等。而藉由科學與技術的融合，開發滿足消費者、顧客需求及價值的產品。研發成果如研發經費、研發人員數量、研發成果、申請專利等，均是衡量一個國家創新能力的重要指標。

3. **外包**：外包（Outsourcing）指將承包合約之一部份或全部，委託給承包合約當事人以外的第三人，在講究專業分工的 20 世紀末，因組織中人力不足的困境，諸多公司將組織的非核心業務委派給外部的專業公司，以降低營運成本，提高品質，集中人力資源，提高顧客滿意度。經常被外包的業務領域包括：資訊技術、人力資源、物業設施管理、房地產管理以及會計事務等。

4. **製造**：製造營運（Operations）出自 Michael Porter 價值鏈的主要活動之一，指製造資源如物料、能源、設備、工具、資金、技術、資訊和人力等，按照市場要求，通過製造過程，轉化成為可供人們使用的工業品與生活消費品的行業。而製造業直接體現一國的生產力水準，更是區分發展中、發達國家的重要指標。

5. **行銷**：行銷（Marketing）為價值鏈主要活動之一，為提供方法吸引買主購買產品的行為，例如：廣告、促銷、通路、經銷商關係等。而著名的行銷學者 Philip Kotler 將行銷定義為「藉由社會的過程，使個人、群體創造出與他人交換有價值的產品和服務」。美國市場行銷協會（American Marketing Association；AMA）更於 2004 年，將行銷定義為「行銷是創造、溝通與傳送價值給客戶及經營顧客關係，以便使組織與其利益關係人受益的一種組織功能與程序」。如此顯示企業由行銷了解消費者所需，藉此為企業帶來龐大的利潤及市占率。

6. **物流**：物流（Logistics）係指收集、儲存與配送產品給買主的活動，

包括產品倉儲、配送車輛的調度與出貨時程管理等一系列的行為。1970 年，日本早稻田大學教授西澤修提出：「物流是企業經營中不為人知的『第三利潤源泉』」。物流更具有 7 大優點：保值、節約、縮短距離、提高服務水準、加快商品流通、保護環境、創造社會效益等。是故，物流已成為企業提高核心競爭力的關鍵所在，若能降低物流費用，相對提高企業的利潤以及市場競爭力。

二、東協暨印度價值鏈分析

隨著經濟全球化趨勢的不斷加快，國際產業分工已然成為趨勢。根據 1985 年 Michael Porter 的「價值鏈分析」，藉以探究東協暨印度各國在產品創新設計、研發、製造、經商、物流等多項獨立活動上的優勢競爭為何。茲以下就價值鏈之設計、研發、外包、製造、經商、物流等作探究。

　　1. 設計：在東協暨印度價值鏈的設計之中，根據世界智慧財產權組織（WIPO）與歐洲工商管理學院（INSEAD）於 2012 年聯合編寫《2012 全球創新指數報告（The Global Innovation Index 2012: Switzerland Retains First-Place in Innovation Performance）》內容顯示，新加坡位居第三，僅次瑞士及瑞典，而印度則位居 2012 全球創新效率指數第二名之次，顯示出印度及新加坡之創新設計指數於全球名列前茅，更於東協市場中獨占鰲頭。而日本企業佳能（Canon）也早於 1998 年即前往印度投資，在印度的新德里成立佳能軟體研究中心，專門從事辦公設備用軟體的開發，可看出印度在推廣研發能力上行之有年。

　　2. 研發：據美國傳統基金會（Heritage Foundation；HF）與華爾街日報（Wall Street Journal）於 2013 年共同發布的《2013 年經濟自由度指數（2013 Index of Economic Freedom）》的細項指標「研發環境」中顯示，泰國、印度、新加坡、馬來西亞等四國均位於調查之 185 國中排名前 50%。全球最大的化妝品歐萊雅（L'Oréal）集團更將於 2016 年前在印度投資達 1.4 億歐元研發經費。歐萊雅董事長兼 CEO 安鞏（2013）表示：「印度的研發中心正式落成，將作為亞太地區發展最快的市場之一，印度對於歐萊雅實現新增 10 億新消費者的目標至關重要」。顯示印度之研發能力不容忽視。

　　3. 外包：全球房地產專業服務公司仲量聯行（Jones Lang LaSalle；JLL）於 2012 年發布《Onshore, Nearshore, Offshore: Still Unsure?》中顯示，全球經濟環境不斷變化正在影響企業的策略擬定與區域抉擇，越來越多的企業選擇通過在岸、近岸和離岸這三大外包策略佈局業務，其中菲律賓、

印度、中國大陸位列全球外包市場前 3 名。而早於 2011 年 IBM 公司與英國沃達豐（Vodafone Group）即簽署高達 10 億美元的外包交易合約，合約時間至 2017 年，顯示出國際大廠十分看重印度外包業務。根據菲律賓服務外包協會（2012）表示：「2012 年商業流程外包行業將創造 12 萬個工作機會，並將於 2016 年實現雇傭達 130 萬人的目標」。由上可知，菲律賓與印度之外包行業前景可期。

　　4. 製造：德勤管理諮詢有限公司（Deloitte Consulting）於 2013 年 1 月 22 日發表的《2013 全球製造業競爭力指數》中針對德國、中國大陸及美國等國家進行排名，印度於 38 個國家中，位居第四，為東協國家中最出色。根據匯豐中國投信投資管理部協理唐祖蔭於 2013 年 1 月 17 日表示：「2012 年印度製造業 12 月的 PMI 從 11 月的 53.7 上升為 54.7，其中工廠的產出及新訂單兩者皆上漲，反映出印度股市仍有上漲空間」。由此可知，印度製造業的幅度正加速上漲中，且潛力無限。製鞋代工的豐泰企業於 2013 年鎖定客戶要求將比重提增到 20%，且將於印度增設第 3 新廠，希冀印度成為其營業收入成長的動能。

　　5. 經商：世界銀行（WB）（2012）針對 183 個國家與地區進行「2013 經商環境評比」《Doing Business》中，新加坡已完成 7 連冠的壯舉。此外，美國傳統基金會（HF）也於 2013 年公布《2013 年經濟自由度指數》，在 185 個經濟體中新加坡名列第三，顯示出新加坡經濟發展環境極受推崇。根據新加坡駐華使館經濟參贊陳如海於 2012 年 8 月 25 日指出：「新加坡的經商環境備受國際肯定，此外擁有專業人才且良好稅收制度，再加上多元文化的全球性環境，可輕易迎向國際舞台」。由此可知，新加坡經商環境極符合投資者的需求。此外，新加坡與各區域市場間聯通性良好，且建立完善的智慧產權保護體系，LG 也選擇於此建立營運總部。

　　6. 物流：世界銀行（WB）於 2012 年 5 月 15 日公布《2012 競爭連結：全球經濟之貿易物流報告》《Connecting to Compete 2012：Trade Logistics in the Global Economy》報告，其中針對全球貨運承攬業及快遞業者進行調查，新加坡在物流行業表現名列之冠。根據亞洲競爭力研究所所長陳企業於 2013 年 1 月 9 日表示：「新加坡擁有完善的海港及機場等基礎建設，再加上其物流企業的運作網絡，皆對新加坡的經濟產生積極的影響」。由此可知，新加坡物流運輸的健全網絡，使其經濟能高人一等。除此之外，因新加坡交通便利、基礎設施及監管機制良好，FedEx 也選擇新加坡作為其運輸的中繼站。

表 7-1 · 東協暨印度價值鏈一覽表

機構	設計 歐洲工商管理學院	設計 經濟學人	研發 歐洲工商管理學院	研發 經濟學人智庫	研發 美國傳統基金會	外包 仲量聯行	外包 服務外包諮詢Tholons公司	製造 德勤企業	製造 德勤企業	經商 世界銀行	經商 美國傳統基金會	物流 世界銀行	物流 瑞士信貸
年分	2012	2009	2012	2011	2012	2012	2012	2012	2012	2012	2012	2012	2012
國家數	141	82	141	65	185	192	185	38	38	183	185	155	185
汶萊	-	-	-	-	-	-	-	-	-	83	-	-	-
泰國	-	57	-	58	68	-	-	11	15	17	59	38	49
越南	-	78	-	61	160	-	-	18	10	98	97	53	-
印尼	62	74	-	63	94	-	-	17	11	129	148	59	92
印度	-	52	2	15	53	2	4	4	2	132	171	46	87
緬甸	-	-	-	-	167	-	-	-	-	-	180	129	-
寮國	-	-	-	-	160	-	-	-	-	-	102	-	-
柬埔寨	-	-	-	-	94	-	-	-	-	138	169	101	-
新加坡	3	16	-	-	2	1	3	9	9	1	4	1	2
菲律賓	-	58	-	65	94	-	-	-	-	136	139	52	98
馬來西亞	-	-	-	-	50	-	-	13	14	18	35	29	29
報告名稱	[1]	[2]	[3]	[4]	[5]	[6]	[7]	[8]	[8]	[9]	[10]	[11]	[12]

資料來源：
[1] 歐洲工商管理學院（INSEAD）：2012全球創新指數報告
[2] 經濟學人：2009《A new ranking of the world's most innovative countries》
[3] 歐洲工商管理學院（INSEAD）：2012全球創新效率指數前十名
[4] 經濟學人智庫（EIU）：《Global IT Industry Competitiveness Index 2011》
[5] 美國傳統基金會（HF）：《2013年經濟自由度指數》
[6] 仲量聯行（JLL）：《Onshore, Nearshore, Offshore: Still Unsure?》
[7] 服務外包諮詢Tholons公司：2012年度全球100強外包公司目的地
[8] 德勤管理諮詢有限公司（Deloitte Consulting）：《2013全球製造業競爭力指數》
[9] 世界銀行（WB）：2013經商環境評比《Doing Business》
[10] 美國傳統基金會（HF）：《2013年經濟自由度指數》
[11] 世界銀行（WB）：《Connecting to Compete 2012: Trade Logistics in the Global Economy》
[12] 瑞士信貸第一波士頓銀行（CSFB）：《亞洲國家基礎建設全球排名》

註：❶有關 [4]《Global IT Industry Competitiveness Index 2011》乃採用細項指標「研發環境」
❷有關 [5]《2013年經濟自由度指數》乃採用細項指標「產權保護」
❸有關 [10]《2013年經濟自由度指數》乃採用細項指標「經商自由」

表 7-2 · 東協暨印度最適價值鏈分工一覽表

價值鏈	東協暨印度國家	已進駐廠商
創新設計	印度、新加坡	飛利浦、歐萊雅、HP、BMW、佳能
研 發	泰國、印度、新加坡、馬來西亞	歐萊雅、本田、華為、NetApp、道達爾
外 包	印度、菲律賓	IBM、GE、摩托羅拉、現代汽車、福特
製 造	泰國、越南、印尼、印度、新加坡、馬來西亞	飛利浦、聯電、台積電、寶成、豐泰
經 商	汶萊、泰國、新加坡、馬來西亞	IKEA、Wal-Mart、3M、松下、LG
物 流	泰國、越南、印尼、印度、新加坡、菲律賓、馬來西亞	統一、FedEX、UPS、Panda、台驊

資料來源：本研究整理

註：適合國家以表7-1為依據，選出在各國際機構報告排名前50%國家為主

綜觀上述，隨著外在環境的變化，國際化分工不僅可為各國國際貿易發展的基礎，更可提高勞動生產率，提升世界範圍內的商品數量，同時也增加國際交換的必要性，從而促進國際貿易的迅速成長。南朝樂府詩集梁簡文帝紫驑馬歌：「獨柯不成樹，獨木不成林」，説明了多人通力合作的重要性。英國前首相 Gordon Brown（2013）表示：「在這個越來越互相依存的時代中，各國之間應加強合作、互通有無」，顯示出專業分工在國際之間刻不容緩。多國政府在政策引導下，通過資金補貼、進出口銀行政策性長期低息貸款的方式支持相關聯的產業或產業鏈的上下游企業，以鼓勵企業在海外建立經貿合作區，避免企業單打獨鬥，造成惡性競爭。

3 城市新排名

2013 TEEMA10+1
綜合城市競爭力剖析

第 8 章

2013 TEEMA 10 + I
三力兩度評估模式建構

2013《TEEMA10 + I 調查報告》延續 2011《TEEMA10 + I 調查報告》之「三力兩度」研究架構，即「國家競爭力」、「國家軟實力」、「投資環境力」、「投資風險度」及「企業推薦度」的「三力兩度」評估模式內涵。透過 SPSS 軟體計算出各個構面指標之得分後，將五大構面與次構面指標的評分，分別乘以專家給予的權重，計算出最終評分，形成「綜合城市競爭力」分數與排名。在形成「三力兩度」評估指標之前，先進行相關的文獻探討（literiture review），有關 TEEMA10 + I「三力兩度」評估模式相關的文獻如表 8-1 所示。

表 8-1 · TEEMA10 + I 三力兩度評估指標建構參考文獻一覽表

三力兩度構面	相關文獻探討	
❶ 國家競爭力	❖ WEF 全球競爭力報告	❖ IMD 全球競爭力報告
❷ 國家軟實力	❖ INSEAD 全球創新指數 ❖ EIU 全球最具創新力國家排名 ❖ WB 全球知識經濟指數 ❖ LI 全球繁榮指數 ❖ WEF 全球資訊科技報告	❖ EIU 全球 IT 產業競爭力報告 ❖ EIU 數位經濟排名 ❖ ITU 資訊與通信技術發展指數 ❖ EIU 全球和平指數 ❖ UNDP 人類發展指數
❸ 投資環境力	❖ PEST 分析模型 ❖ WB 經商環境報告	❖ Brown University 全球 E 政府報告 ❖ HF &《華爾街日報》經濟自由指數
❹ 投資風險度	❖ BERI 商業環境風險評估報告 ❖ TI 全球貪腐指數評估報告	❖ Coface 國家貿易信用風險評等 ❖ EIU 國家投資風險報告
❺ 企業推薦度	❖ ECA 全球生活品質最佳城市排名 ❖ Mercer 全球城市生活成本排名	❖ 中國社會科學院全球城市競爭力報告

資料來源：本研究整理

　　2013《TEEMA10+I 調查報告》除根據世界銀行、世界經濟論壇、美國傳統基金會、科法斯等全球知名研究機構衡量指標與構面權重外，更針對台灣知名產、官、學、研專家進行問卷及電話的深度訪談，使「三力兩度」之權重能夠得到一個合理的配置，真正反映「三力兩度」構面的權重以及細項構面的權重。

　　有關專家給予的「三力兩度」權重配置，國際競爭力為 10%，國家軟實力為 10%，投資環境力 35%，投資風險度 30%，企業推薦度 15%。在國家競爭力的細項指標又分為：(1) 基礎條件 15%；(2) 財政條件 10%；(3) 投資條件 30%；(4) 經濟條件 30%；(5) 就業條件 15%。投資環境力則分為四項細項構面權重，分別為：(1) 政治與法律 25%；(2) 經濟與經營 40%；(3) 社會與文化 15%；(4) 科技與基礎 20%。而投資風險度分為 3 項細項構面，分別為：(1) 政治風險 40%；(2) 匯兌風險 20%；(3) 營運風險 40%。至於企業推薦度則根據 10 項細項構面評估，有關 TEEMA10＋I「三力兩度」的權重配置彙整如表 8-2 所示。

表 8-2・2013 TEEMA10＋I 三力兩度構面指標與權重配置

構面	權重	細項構面	細項權重	細項構面	細項權重
國家競爭力	10%	❶ 基礎條件	15%	❹ 經濟條件	30%
		❷ 財政條件	10%	❺ 就業條件	15%
		❸ 投資條件	30%		
國家軟實力	10%	❶ 創新能力	30%	❹ 永續能力	15%
		❷ 繁榮能力	15%	❺ 人文能力	20%
		❸ 資訊能力	20%		
投資環境力	35%	❶ 政治與法律	25%	❸ 社會與文化	15%
		❷ 經濟與經營	40%	❹ 科技與基礎	20%
投資風險度	30%	❶ 政治風險	40%	❸ 營運風險	40%
		❷ 匯兌風險	20%		
企業推薦度	15%	❶ 城市競爭力	10%	❻ 內銷市場前景	10%
		❷ 投資環境力	10%	❼ 國際接軌程度	5%
		❸ 投資風險度	10%	❽ 投資權益保障	15%
		❹ 整體發展潛力	10%	❾ 政府行政效率	15%
		❺ 整體投資效益	10%	❿ 整體生活品質	5%

資料來源：本研究整理

第9章

2013 TEEMA10 + I 調查樣本結構剖析

一、TEEMA10+I 樣本結構與回收分析

2013《TEEMA10+I 調查報告》主要是針對東協暨印度共 11 個國家,選出 54 個台商已投資及未來擬投資的城市進行結構式問卷調查,透過各地台商會名錄及當地台灣商會組織共發放 14,000 份問卷,經過紙本問卷及電子問卷兩種問卷發放與催收結果,超過 30 份回卷數的城市共計有 54 個,回收問卷達 2,196 份。2013《TEEMA10+I 調查報告》資料之分析主要是以 2,196 份為分析主體。

1. 調查樣本國家別分析

由表 9-1 顯示,在 2013《TEEMA10+I 調查報告》回收的 2,196 份有效問卷中,問卷數前五名國家分別為:(1) 越南為 594 份,佔 27.04%;(2) 馬來西亞為 463 份,佔 21.08%;(3) 印度 290 份,佔 13.20%;(4) 泰國為 262 份,佔 11.93%;(5) 印尼為 205 份,佔 9.33%。緬甸與寮國的回收問卷皆為 63 份。

表 9-1 · 2013 TEEMA10 + I 調查樣本回收國家別分析

序號	國　　家		2009		2011		2013	
			城市數	回卷數	城市數	回卷數	城市數	回卷數
01	越　　南	Vietnam	14	679	14	584	14	594
02	馬來西亞	Malaysia	8	372	10	446	10	463
03	印　　度	India	6	225	6	291	6	290
04	泰　　國	Thailand	6	299	7	254	7	262
05	印　　尼	Indonesia	3	126	6	224	6	205
06	菲 律 賓	Philippines	2	84	3	107	3	111

表 9-1 · 2013 TEEMA10 + I 調查樣本回收國家別分析（續）

序號	國　家		2009		2011		2013	
			城市數	回卷數	城市數	回卷數	城市數	回卷數
07	柬埔寨	Cambodia	2	68	2	62	2	63
07	緬　甸	Burma	1	34	1	31	2	63
09	寮　國	Laos	1	32	1	31	2	62
10	新加坡	Singapore	1	62	1	45	1	51
11	汶　萊	Brunei	1	31	1	33	1	32
	總計		45	2,012	52	2,108	54	2,196

2. 調查樣本城市別分析

表 9-2 為 2013《TEEMA10+I 調查報告》所列入評估之 54 個城市問卷回收分析，回收問卷數前五名地區分別為：(1) 吉隆坡市 92 份；(2) 胡志明市 92 份；(3) 雪蘭莪州 72 份；(4) 班加羅爾市 65 份；(5) 河內市 64 份。而回收樣本較少的城市則為曼德勒市、吳哥市、棉蘭、琅勃拉邦市、春武里府、芹苴市 30 份。

表 9-2 · 2013 TEEMA10 + I 調查樣本回收城市別分析

排名	國　家	城市（省、市、州、府）	回卷數	百分比
01	馬來西亞（Malaysia）	吉隆坡市（Kuala Lumpur）	92	4.189%
01	越南（Vietnam）	胡志明市（Ho Chi Minh City）	92	4.189%
03	馬來西亞（Malaysia）	雪蘭莪州（Selangor）	72	3.279%
04	印度（India）	班加羅爾市（Bangalore）	65	2.960%
05	越南（Vietnam）	河內市（Hanoi City）	64	2.914%
06	越南（Vietnam）	同奈省（Dong Nai Province）	56	2.550%
06	印度（India）	清奈市（Chennai）	56	2.550%
08	泰國（Thailand）	曼谷市（Bangkok）	55	2.505%
09	新加坡（Singapore）	新加坡市（Singapore）	51	2.322%
09	越南（Vietnam）	平陽省（Binh Duong Province）	51	2.322%
11	印度（India）	孟買市（Mumbai）	48	2.186%
12	馬來西亞（Malaysia）	檳城州（Pulau Pinang）	47	2.140%
12	馬來西亞（Malaysia）	柔佛州（Johor）	47	2.140%
14	菲律賓（Philippines）	馬尼拉市（Manila）	46	2.095%
14	印度（India）	新德里市（New Delhi）	46	2.095%
16	馬來西亞（Malaysia）	馬六甲州（Melaka）	43	1.958%
17	印尼（Indonesia）	雅加達市（Jakarta）	42	1.913%

表 9-2 · 2013 TEEMA10 + I 調查樣本回收城市別分析（續）

排名	國　家	城市（省、市、州、府）	回卷數	百分比
18	印度（India）	海德拉巴市（Hyderabad）	40	1.821%
19	泰國（Thailand）	羅永府（Rayong）	39	1.776%
19	泰國（Thailand）	北柳府（Chachoengsao Province）	39	1.776%
21	印尼（Indonesia）	巴淡島（Batam）	36	1.639%
21	泰國（Thailand）	大城府（Ayutthaya）	36	1.639%
21	越南（Vietnam）	北寧省（Bac Ninh Province）	36	1.639%
21	越南（Vietnam）	巴地頭頓省（Baria-vungtau Province）	36	1.639%
25	印度（India）	加爾各答市（Kolkata）	35	1.594%
26	越南（Vietnam）	永福省（Vinh Phuc Province）	34	1.548%
27	緬甸（Burma）	仰光市（Yangon）	33	1.503%
27	柬埔寨（Cambodia）	金邊市（Phnom Penh）	33	1.503%
27	馬來西亞（Malaysia）	沙巴州（Sabah）	33	1.503%
27	印尼（Indonesia）	峇里島（Bali）	33	1.503%
27	馬來西亞（Malaysia）	吉達州（Kedah）	33	1.503%
27	馬來西亞（Malaysia）	森美蘭州（Negeri Sembilan）	33	1.503%
27	菲律賓（Philippines）	蘇比克灣特區（Subic Bay）	33	1.503%
27	越南（Vietnam）	海防市（Hai Phong City）	33	1.503%
27	越南（Vietnam）	河西省（Ha Tay Province）	33	1.503%
36	汶萊（Brunei）	斯里百加灣市（Bandar Seri Begawan）	32	1.457%
36	印尼（Indonesia）	泗水市（Sishui）	32	1.457%
36	印尼（Indonesia）	萬隆（Bandung）	32	1.457%
36	寮國（Laos）	永珍市（Vientiane）	32	1.457%
36	馬來西亞（Malaysia）	霹靂州（Perak）	32	1.457%
36	菲律賓（Philippines）	宿霧市（Cebu）	32	1.457%
36	泰國（Thailand）	清邁府（Chiang Mai）	32	1.457%
36	越南（Vietnam）	海陽省（Hai Duong Province）	32	1.457%
36	越南（Vietnam）	北江省（Bac Giangi Province）	32	1.457%
45	馬來西亞（Malaysia）	砂勞越州（Sarawak）	31	1.412%
45	泰國（Thailand）	清萊府（Chiang Rai）	31	1.412%
45	越南（Vietnam）	蜆港市（Da Nang City）	31	1.412%
48	緬甸（Burma）	曼德勒市（Mandalay）	30	1.366%
48	柬埔寨（Cambodia）	吳哥市（Angkor）	30	1.366%

表 9-2 · 2013 TEEMA10 + I 調查樣本回收城市別分析（續）

排名	國　家	城市（省、市、州、府）	回卷數	百分比
48	印尼（Indonesia）	棉蘭（Medan）	30	1.366%
48	寮國（Laos）	琅勃拉邦市（Luang Prabang）	30	1.366%
48	泰國（Thailand）	春武里府（Chonburi Province）	30	1.366%
48	越南（Vietnam）	芹苴市（Can Tho City）	30	1.366%

註：【1】曼德勒市（Mandalay）位於緬甸曼德勒省（Mandalay）、密支那市（Myitkyina）位於緬甸克欽邦（Kachin State）

　　【2】雅加達市（Jakarta）位於印尼爪哇島（Jawa）、泗水市（Sishui）位於印尼爪哇島（Jawa）東爪哇省（Jawa Timur）、巴淡島（Batam）位於印尼蘇門答臘島（Sumatra）廖內省（Riau）

　　【3】孟買（Mumbai）位於印度馬哈拉施特拉邦（Maharashtra）、清奈市（Chennai）位於印度泰米納杜邦（Karmataka）、加爾各答（Kolkata）位於印度西孟加拉邦（West Bengal）、班加羅爾（Bangalore）位於印度卡納塔克邦（Karmataka）、海德拉巴（Hyderabad）位於印度安德拉邦（Andhra Pradesh）

3. 調查樣本產業別分析

2013《TEEMA10+I 調查報告》依 17 項產業類別回收問卷之分析，回收問卷數前五名產業分別為：(1) 電子電器 335 份；(2) 精密器械 221 份；(3) 貿易服務 206 份；(4) 機械製造 174 份；(5) 金屬材料 171 份。由表 9-3 可得知，排名前十項的產業別多以勞動密集型的傳統產業居多，顯示企業大多重視低廉的勞動成本、土地成本及豐富的天然資源優勢，進而佈局東協。

表 9-3 · 2013 TEEMA10 + I 調查樣本產業別分析

產 業 別	樣本數	百分比	排名	產 業 別	樣本數	百分比	排名
電子電器	335	15.255%	1	化學製品	90	4.098%	10
精密器械	221	10.064%	2	諮詢服務	79	3.597%	11
貿易服務	206	9.381%	3	房產開發	72	3.279%	12
機械製造	174	7.923%	4	諮詢軟體	66	3.005%	13
金屬材料	171	7.787%	5	運輸工具	55	2.505%	14
食品飲料	138	6.284%	6	流通銷售	51	2.322%	15
農林漁牧	134	6.102%	7	金融服務	49	2.231%	16
塑膠製品	114	5.191%	8	餐飲服務	45	2.049%	17
紡織纖維	94	4.281%	9	其　他	102	4.645%	-
總計					2,196	100.00%	

資料來源：本研究整理

此外，2013《TEEMA10+I 調查報告》將 17 項產業別劃分為四大產業類型：(1) 農林漁牧；(2) 高科技產業；(3) 傳統產業；(4) 服務產業。表 9-4 為東協十國暨印度針對四大產業類型之投資分布，有關四大產業類型回收問卷數

依序為：(1) 傳統產業 999 份；(2) 高科技產業 546 份；(3) 服務業 515 份；(4) 農林漁牧 136 份。此外，調查樣本企業以農林漁牧產業為主的國家僅有汶萊（43.75%）；而以高科技產業佈局為主的國家有印度（42.76%）、馬來西亞（31.32%）與新加坡（29.41%），至於傳統產業佈局為主的國家則有寮國（70.97%）、越南（50.67%）、菲律賓（49.55%）、緬甸（49.21%），以服務業為主之國家則有新加坡（66.67%）、柬埔寨（52.38%）、緬甸（38.10%）。

表 9-4 · TEEMA10 ＋ I 產業別佈局國家分析

國家	❶農林漁牧	❷高科技產業	❸傳統產業	❹服務產業	總計
越　　南	21	156	301	116	594
	3.54%	26.26%	50.67%	19.53%	27.05%
馬來西亞	23	145	188	107	463
	4.97%	31.32%	40.60%	23.11%	21.08%
印　　度	2	124	118	46	290
	0.69%	42.76%	40.69%	15.86%	13.21%
泰　　國	16	48	127	71	262
	6.11%	18.32%	48.47%	27.10%	11.93%
印　　尼	36	40	98	31	205
	17.56%	19.51%	47.80%	15.12%	9.34%
菲 律 賓	5	17	55	34	111
	4.50%	15.32%	49.55%	30.63%	5.05%
柬 埔 寨	2	0	28	33	63
	3.17%	0.00%	44.44%	52.38%	2.87%
緬　　甸	8	0	31	24	63
	12.70%	0.00%	49.21%	38.10%	2.87%
寮　　國	9	0	44	9	62
	14.52%	0.00%	70.97%	14.52%	2.82%
新 加 坡	0	15	2	34	51
	0.00%	29.41%	3.92%	66.67%	2.32%
汶　　萊	14	1	7	10	32
	43.75%	3.13%	21.88%	31.25%	1.46%
總　　計	136	546	999	515	2196
	6.19%	24.86%	45.49%	23.45%	100.00%

資料來源：本研究整理

　　表 9-5 則是依四大產業類型進行投資國家分析，就農林漁牧產業而言，調查樣本企業佈局前 5 名國家分別為：(1) 汶萊；(2) 印尼；(3) 寮國；(4) 緬甸；(5) 泰國；就高科技產業前 5 個佈局國家為：(1) 印度；(2) 馬來西亞；(3) 新加坡；

(4) 越南；(5) 印尼；就傳統產業前 5 名佈局國家分別為：(1) 寮國；(2) 越南；(3) 菲律賓；(4) 緬甸；(5) 泰國，而就服務產業佈局前 5 名國家依序為：(1) 新加坡；(2) 柬埔寨；(3) 緬甸；(4) 汶萊；(5) 菲律賓。

表 9-5 · TEEMA10 + I 產業別佈局國家排名

排名	❶農林漁牧		❷高科技產業		❸傳統產業		❹服務產業	
	國　家	百分比	國　家	百分比	國　家	百分比	國　家	百分比
01	汶　萊	43.75%	印　度	42.76%	寮　國	70.97%	新 加 坡	66.67%
02	印　尼	17.56%	馬來西亞	31.32%	越　南	50.67%	柬埔寨	52.38%
03	寮　國	14.52%	新 加 坡	29.41%	菲 律 賓	49.55%	緬　甸	38.10%
04	緬　甸	12.70%	越　南	26.26%	緬　甸	49.21%	汶　萊	31.25%
05	泰　國	6.11%	印　尼	19.51%	泰　國	48.47%	菲 律 賓	30.63%
06	馬來西亞	4.97%	泰　國	18.32%	印　尼	47.80%	泰　國	27.10%
07	菲 律 賓	4.50%	菲 律 賓	15.32%	柬埔寨	44.44%	馬來西亞	23.11%
08	越　南	3.54%	汶　萊	3.13%	印　度	40.69%	越　南	19.53%
09	柬埔寨	3.17%	柬埔寨	0.00%	馬來西亞	40.60%	印　度	15.86%
10	印　度	0.69%	緬　甸	0.00%	汶　萊	21.88%	印　尼	15.12%
11	新 加 坡	0.00%	寮　國	0.00%	新 加 坡	3.92%	寮　國	14.52%

資料來源：本研究整理

二、TEEMA10 + I 調查樣本企業經營基本特性分析

　　2013《TEEMA10+I 調查報告》企業經營基本特性涵蓋：(1) 企業屬性；(2) 企業層級；(3) 設立年度；(4) 累計投資金額；(5) 員工總人數；(6) 投資型態；(7) 內外銷比例。由表 9-6 顯示，企業屬性以台商企業佔 46.407% 為最多；就企業層級而言，以專業總經理或副總佔 48.878% 最多；就設立年度而言，以設立 6 年至 10 年內佔 31.871% 最多；累計投資金額 101-1,000 萬美元佔 48.366% 最多；員工人數以 100 人以下佔 49.174% 最多，此外，投資型態以獨資佔 67.206% 最多；內外銷比例則以外銷為主佔 46.478% 最多。綜合上述，樣本結構企業基本特性分析顯示，佈局東協暨印度 11 國的企業多以中小企業為主。

表 9-6 · 2013 TEEMA10 + I 調查樣本企業經營基本資料分析

分析構面	現況	次數	百分比
1. 企業屬性	❶台商企業	1014	46.407%
	❷華商企業	958	43.844%
	❸本地企業	114	5.217%
	❹外資企業	99	4.531%

表 9-6 · 2013 TEEMA10＋I 調查樣本企業經營基本資料分析（續）

分析構面	現況	次數	百分比
2. 企業層級	❶專業總經理或副總	1067	48.878%
	❷公司負責人	1035	47.412%
	❸專業經理人	51	2.336%
	❹企業部門職員	30	1.374%
3. 設立年度	❶5 年內	294	13.719%
	❷6 至 10 年	683	31.871%
	❸11 至 15 年	452	21.092%
	❹16 至 20 年	501	23.378%
	❺21 年以上	213	9.939%
4. 累計投資金額	❶100 萬美元以內	955	43.948%
	❷101 至 1,000 萬美元	1051	48.366%
	❸1001 萬美元以上	167	7.685%
5. 員工總人數	❶100 人以下	1042	49.174%
	❷101 至 1,000 人	998	47.098%
	❸1000 人以上	79	3.728%
6. 投資型態	❶獨資	1455	67.206%
	❷合資	598	27.621%
	❸合作經營	69	3.187%
	❹策略聯盟	37	1.709%
	❺代表處	6	0.277%
7. 內外銷比例	❶外銷 34% 以內，內銷為主	703	32.576%
	❷外銷 35% 至 64%，內外銷皆有	452	20.945%
	❸外銷 65% 至 100%，外銷為主	1003	46.478%

資料來源：本研究整理

三、TEEMA10+I 調查樣本企業經貿糾紛分析

2013《TEEMA10+I 調查報告》針對回收的 2,196 份有效問卷中進行企業經貿糾紛案例剖析，根據表 9-7 顯示，共有經貿糾紛案例 3,255 個，所謂 3,255 個是指在 2,196 份問卷中其所勾選的經貿糾紛案例類型，本研究調查問卷設計有 17 個經貿糾紛，此問項為複選題，因此 2013《TEEMA10+I 調查報告》乃是根據 3,255 個案例作為統計之基礎。

從國家別來看，糾紛次數佔樣本次數比例從最高到最低的國家依次為：(1) 柬埔寨（217.46 %）；(2) 寮國（195.16%）；(3) 印度（166.55%）；(4) 菲律賓（163.96%）；(5) 緬甸（163.49 %）；(6) 印尼（153.66 %）；(7) 越南（143.43 %）；(8) 馬來西亞（140.82 %）；(9) 泰國（137.79%）；(10) 汶萊（65.63 %）；(11) 新加坡（54.90 %）。而就國家經貿糾紛次數則以越南最高計 852 件，佔 143.43%，其次為馬來西亞的 652 件，佔 140.82%。

其中柬埔寨長期以來的土地問題,仍存在許多糾紛問題,再加上該國的投資法令尚未健全,導致許多台商與當地居民的土地使用權發生衝突,外加上東南地區出現當地罷工事件、勞資糾紛、原物料成本上漲之影響,導致台商經貿經貿糾紛頻繁,進而提升企業經營成本。就糾紛解決滿意度而言,以新加坡的91.44%滿意度最高,其次為汶萊87.52%,再者為泰國80.11%,而若以60分作為滿意度及格標準,則有新加坡、汶萊、泰國、馬來西亞、越南5國達滿意度標準。

表 9-7 · 2013 TEEMA10 + I 調查國家別經貿糾紛發生分佈

國家	樣本次數	糾紛次數	發生糾紛比例		糾紛解決滿意比例	
柬 埔 寨	63	137	217.46%	01	40.07%	11
寮 國	62	121	195.16%	02	41.15%	10
印 度	290	483	166.55%	03	62.33%	05
菲 律 賓	111	182	163.96%	04	50.78%	08
緬 甸	63	103	163.49%	05	50.17%	09
印 尼	205	315	153.66%	06	56.34%	07
越 南	594	852	143.43%	07	61.32%	06
馬來西亞	463	652	140.82%	08	63.72%	04
泰 國	262	361	137.79%	09	80.11%	03
汶 萊	32	21	65.63%	10	87.52%	02
新 加 坡	51	28	54.90%	11	91.44%	01
合 計	2,196	3,255	148.22%	-	62.72%	-

表9-8為2013《TEEMA10+I調查報告》為經貿糾紛之解決途徑與滿意度之統計結果依序為:(1)當地政府626件,佔40.78%;(2)司法途徑337件,佔21.95%;(3)仲裁201件,佔13.09%;(4)台商協會195件,佔12.70%;(5)私人管道176件,佔11.47%。而在解決經貿糾紛途徑中,「非常滿意」的比例依次為:(1)台商協會(47.18%);(2)私人管道(23.30%);(3)仲裁(15.92%);(4)司法途徑(15.73%);(5)當地政府(15.65%),顯示企業遇到經貿糾紛時,以採取當地政府、台商協會解決滿意度最高。

表 9-8 · 2013 TEEMA10 + I 經貿糾紛滿意度與解決途徑次數分配表

糾紛解決途徑	尚未解決	非常滿意	滿意	不滿意	非常不滿意	總計
❶台商協會	5	92	60	35	3	195
	2.56%	47.18%	30.77%	17.95%	1.54%	12.70%
❷仲裁	3	32	82	75	9	201
	1.49%	15.92%	40.80%	37.31%	4.48%	13.09%

表9-8 · 2013 TEEMA10 + I 經貿糾紛滿意度與解決途徑次數分配表（續）

糾紛解決途徑	尚未解決	非常滿意	滿意	不滿意	非常不滿意	總計
❸私人管道	8	41	88	26	13	176
	4.55%	23.30%	50.00%	14.77%	7.39%	11.47%
❹當地政府	2	98	172	282	72	626
	0.32%	15.65%	27.48%	45.05%	11.50%	40.78%
❺司法途徑	18	53	62	97	107	337
	5.34%	15.73%	18.40%	28.78%	31.75%	21.95%
總　　和	36	316	464	515	204	1535
	2.35%	20.59%	30.23%	33.55%	13.29%	100.00%

四、TEEMA10+I 調查樣本佈局動機分析

　　由表 9-9 顯示，2013《TEEMA10+I 調查報告》中針對在東協地區投資的台商佈局進行樣本動機分析，前十名整體評價依序為：(1) 生產成本優勢（18.89%）；(2) 地理區位優勢（12.84%）；(3) 基層勞工充足（8.49%）；(4) 產業專業分工（5.38%）；(5) 市場發展潛力（5.85%）；(6) 接近顧客市場（4.81%）；(7) 資源儲量豐富（5.43%）；(8) 政府政策支持（3.73%）；(9) 供應鏈極完整（6.11%）；(10) 商務成本低廉（4.92%）。由此顯示，台商首次前往東協地區佈局時，仍是考量「生產成本優勢」為主，根據摩根證券（JP Morgan Funds）東協基金總經理黃寶麗（2013）表示：「東協地區具有成本優勢，吸引許多外資投資意願大增」。

五、TEEMA10+I 調查樣本經營困境分析

　　由表 9-10 顯示，2013《TEEMA10+I 調查報告》企業經營遇到的困境中，前 10 名項目依序為：(1) 產業配套尚未成熟（13.60%）；(2) 缺乏整體產業規劃（11.67%）；(3) 同業競爭劇烈（8.51%）；(4) 政策延續性低（7.07%）；(5) 地方保護主義（6.80%）；(6) 薪資成本上升（6.42%）；(7) 熟練工人缺乏（5.41%）；(8) 法規制定尚未健全（5.73%）；(9) 金融體制尚未健全（5.41%）；(10) 罷工事件頻仍（5.30%）。其中，名列前 3 名是「產業配套尚未成熟」、「缺乏整體產業規劃」及「同業競爭劇烈」，是台商前往東協地區經營面臨最大經營困境，由於受到各國環境及重點產業發展概不相同，更加深佈局的困難度，根據《新華社》（2012）報導指出：「對許多中小型企業來說，若進行海外佈局能熟悉當地產業政策，或充分發揮當地產業群聚效應，就能降低貿易風險」。在「地方保護主義」部分，顯示出東協各國為保護當地重點產業，又加上經濟情

勢不穩定下，促使地方保護主義升溫，有鑑於此，台商在東協 11 國佈局時，應
掌握東協各國的產業扶植政策以利經營發展。

六、TEEMA10+I 調查樣本希冀台灣政府協助項目分析

由表 9-11 顯示，2013《TEEMA10+I 調查報告》調查樣本結構中，台商
希冀台灣政府提供協助項目前五名依序為：(1) 協助拓展內需市場（17.12%）；
(2) 提供產業市場資訊（13.43%）；(3) 建構產業合作平台（10.24%）；(4)
整合產業策略聯盟（6.88%）；(5) 加快貿易協定簽署（7.15%）。由於東協及
印度地區潛藏近 6 億人口消費力，因此希冀台灣政府能協助台商拓展內需市場，
此外在「提供產業市場資訊」項目中，台商期待能建構一個完整詳細及即時的經
貿商情，且政府提供資訊之廣度與深入能有待加強。另「建構產業合作平台」與
「整合產業策略聯盟」分別位居第三及第四名，而對照本調查「企業經營困境」
的第三名是「同業競爭劇烈」，顯示台商希冀透過政府整合產業平台，以減少彼
此之間相互競爭，而削減貿易競爭力。

七、TEEMA10+I 調查樣本未來擴廠投資國家分析

由表 9-12 顯示，2013《TEEMA10+I 調查報告》台商未來擴廠投資國家
分析中前五名依序為：(1) 越南（22.05%）；(2) 印尼（19.82%）；(3) 泰國
（12.88%）；(4) 馬來西亞（11.15%）；(5) 新加坡（6.94%）。其中，越
南政治穩定、低廉勞工充沛，再加上越南政府自 2013 年將針對投資擴廠計劃提
供優惠計劃，因此被列為台商未來擴廠首選；印尼則具有豐沛天然資源、廉價勞
工優勢及龐大內需市場，另外，根據新加坡大學與公共政策學院（2012）發布
《2011-2012 東盟國家競爭力調查報告》中：「印尼在東南亞地區是最具吸引
力的投資地」；而泰國具有亞洲戰略區位優勢、完善的基礎建設、豐沛自然資
源，及自由寬鬆的投資政策，因此深受台商的青睞，而泰國也被世界銀行（World
Bank；WB）（2012）列為全球最適宜經商國家之一。

八、TEEMA10+I 調查樣本最具生產基地移轉優勢國家分析

由表 9-13 顯示，2013《TEEMA10+I 調查報告》調查樣本結構中，最
具生產基地移轉優勢國家項目前 5 名依序為：(1) 越南（23.31%）；(2) 印尼
（18.13%）；(3) 印度（16.43%）；(4) 柬埔寨（9.26%）；(5) 緬甸（8.57%）。
由於東協地區具有勞工低廉、人口紅利優勢，外加上中國大陸近年調整薪資結

構，因此有許多台商紛紛將生產基地移轉到東協地區，而其中越南及印尼分別位居第一及第二名，而對照本調查「未來擴廠投資國家分析」的第一及第二名皆是越南及印尼，顯示台商看好兩國具備技術及人力的優勢，將建立生產基地。另外印度則具有政治穩定及龐大人口市場，是世界第二人口大國，市場潛力巨大，對各種工業產品都有強勁需求，外加上政府相關扶植投資政策和引進生產技術，兼具豐沛技術人才資源，促使印度打造以知識基礎的製造業中心。

九、TEEMA10+I調查樣本最具內銷內貿發展潛力分析

由表9-14顯示，2013《TEEMA10+I調查報告》調查樣本結構中，最具內銷內貿發展潛力項目前5名依序為：(1)印尼（19.24%）；(2)越南（16.19%）；(3)印度（18.44%）；(4)馬來西亞（10.43%）；(5)泰國（11.06%）。受到許多東協國家內需增加，可望帶給台商更多投資機會。其中排名第一及第二名的印尼、越南，中產階級正逐漸增加、地方城鎮化及人口紅利優勢，可望帶來龐大消費潛力，根據萬事達卡（Master Card）（2013）發布「消費信心指數調查」（Master Index）指出：「在亞太地區，印尼、越南市場的消費者信心指數位居前5名，其中印尼消費信心指數成長幅度最大，達30.1%」；內需為主的印度，出口佔GDP比重低於其他東協地區國家，根據麥肯錫管理顧問公司（McKinsey & Company）（2012）預估：「在強勁內需市場驅動下，預計2030年總人口數達14.8億成為全球第一；勞動人口增加2.7億；中產階級將成長3倍，達9,100萬戶；百萬人口城市將達68座」，顯示印度具有龐大的內需市場潛力，另外根據尼爾森（Nielsen）（2013）發布《全球消費者信心指數調查報告》指出：「印度已經連續兩季成為全球最樂觀的消費市場，位居全球榜首」。

十、TEEMA10+I調查樣本四大產業最適投資城市分析

2013《TEEMA10+I調查報告》首次針對目前台商在東協十國之佈局主要城市，依照產業類型進行投資城市分析，2013《TEEMA10+I調查報告》將台商在東協十國所投資產業分為以下4種類型：(1)傳統製造業；(2)服務產業；(3)高科技產業；(4)農林漁牧業，分別依據表9-15、表9-16、表9-17及表9-18統計結果顯示。

1.傳統製造產業：2013《TEEMA10+I調查報告》台商投資傳統製造產業前5名城市依序為：(1)檳城州（15.30%）；(2)同奈省（13.28%）；(3)

平陽省（13.88%）；(4) 巴淡島（11.93%）；(5) 雅加達市（9.23%）。由此顯示，台商佈局傳統製造產業仍是以馬來西亞、越南及印尼為主。擁有「東方矽谷」之稱的檳城洲主要是以發展傳統製造業、旅遊業為主，更於 2010 年被馬來西亞工業發展局列為投資製造業最多的州，外資比重高達 86%，該洲擁有健全的產業配套舉措及產業群聚效應，吸引許多台商前往投資；同奈省具有完善的產業扶植政策及引進製造技術，有利台商進行前往投資，根據越南統計局（2012）統計：「同奈省的 2012 年工業生產指數與 2011 年相比，則成長 6.9%，位居全國第二名」，該省政府預計未來也將擴大製造機器設備和環保工業、營造基礎設施工程的投資，可望帶來 8 億至 10 億美元的投資金額；台商前往越南投資較中小型的製造業及營建業大部份集中於平陽省，根據越南統計局（2012）統計：「平陽省的 2012 工業生產指數與 2011 年相比，則成長 8.1%，位居全國之冠」，另外又根據越南投資部外國投資局（2013）統計：「平陽省再加工、製造工業已吸引許多外資投資，估計 2012 年已吸引外資 28 億美元，位居全國之冠」，顯示平陽省在傳統製造產業投資環境頗具吸引力。

2. 服務產業：2013《TEEMA10+1 調查報告》台商投資服務產業前五名城市依序為：(1) 新加坡市（17.79%）；(2) 吉隆坡市（15.33%）；(3) 胡志明市（13.23%）；(4) 檳城州（9.76%）；(5) 雅加達市（8.49%）。由此顯示，台商在佈局服務產業仍是以新加坡、馬來西亞、越南及印尼為主。新加坡市具有開放、良好的商業環境，吸引許多專業人才，是座國際服務業重鎮，更成為台商投資服務產業最佳選擇城市。根據新加坡統計局（2013）統計：「新加坡市服務業商業收入指數 2012 年第四季成長 4.2%，與 2012 年第三季相比，則成長 2.4%」；吉隆坡為馬來西亞第一大城市，更是該國金融、商業服務中心，根據吉隆坡政府（2012）發布《2011 服務領域經濟普查報告》指出：「吉隆坡市的服務業收入佔全國比重約 40.5%，位居馬來西亞之冠」，顯示吉隆坡市發展服務業極具潛力，並且該市政府預計將擴大稅務津貼，在 2020 年吸引逾百家外資企業進駐，實現吉隆坡市從製造業轉型至服務業為目標；胡志明市具有完善基礎建設、吸引外資政策及勞工教育程度高，促使該市服務業發展，根據胡志明市計劃暨投資廳（2012）統計：「胡志明市的服務業佔該市 GDP 已達 50% 以上的投資總額」，顯示該市服務產業發展環境已經成為台商服務業佈局之重點。

3. 高科技產業：2013《TEEMA10+1 調查報告》台商投資高科技產業前五名城市依序為：(1) 班加羅爾市（19.95%）；(2) 新加坡市（13.21%）；(3) 海德拉巴市（11.66%）；(4) 檳城州（10.38%）；(5) 巴淡島（10.47%）。

由此顯示，台商在佈局高科技產業仍是以印度、新加坡、馬來西亞及印尼為主。根據全球軟件服務外包諮詢公司 Tholons（2012）發布《2013 年全球前 100 名外包目的地排名》（Top 100 Outsourcing Destinations Report）報告指出：「印度班加羅爾市連續 3 年被列為全球最佳十大服務外包中心基地第一名」，顯示該市具有成熟的高科技產業技術，及卓著的產業群聚效應，吸引台商前往投資高科技產業的城市，此外，印度台北協會長 T. P. Seetharam 於 2008 年提出「南印三城」之經濟板塊概念，將印度的班加羅爾市、海德拉巴市、清奈市 3 座城市形成「金三角」，匯集資訊科技、半導體，更成為台商爭相投資之處。此外，在 2012 年由財團法人資訊工業策進會（Institute for Information Industry；III）發布《印度 ICT 產業現況及投資環境》中：「將班加羅爾市、清奈市、海德拉巴市形成一個『東南清奈』，主要發展電子、軟體等高科技產業」；新加坡市具有完善投資法規、多元文化環境下，並且該市政府積極扶植高科技產業，鼓勵科研創新、人才技術培訓，成為台商投資高科技產業重鎮之一。

4. 農林漁牧業：2013《TEEMA10+I 調查報告》台商投資農林漁牧產業前五名城市依序為：(1) 斯里百加灣市（19.03%）；(2) 清邁府（14.20%）；(3) 吉達州（12.62%）；(4) 霹靂州（10.75%）；(5) 棉蘭（8.58%）。由此顯示，台商在農林漁牧產業仍是以汶萊、泰國、馬來西亞及印尼為主。然東協 11 國不僅擁有龐大人口市場，更潛藏豐富的自然資源，汶萊的首都斯裏百加灣市，蘊藏豐富的天然氣、石油，此外該市政府也提出多項扶植農業發展計劃，將發展大型規模農業生產活動，並預計 2013 年將提升產值約 4.9 億美元；泰國第二大城市的清邁府，主要以山脈地形為主，再加上擁有豐沛土壤，以冷涼氣候性質，目前主要盛產稻米、玉米作物為主；然吉達州早期是以農業為主，因而盛產稻米，佔馬來西亞全國生產總額比重約 40%，因此素有「稻米之碗」的美譽，外加上該州政府持續提出相關扶植農產業政策，希冀吸引更多外資前往投資，也讓吉達州列為台商將前往佈局農林漁牧產業的重要城市之一。

表9-9 · 2013 TEEMA10＋I 佈局東協暨印度動機分析

排名	項目	❶第一佈局動機		❷第二佈局動機		❸第三佈局動機		❹第四佈局動機		❺第五佈局動機		整體評價
		次數	百分比	次數	百分比	次數	百分比	次數	百分比	次數	百分比	
01	生產成本優勢	365	18.89%	194	10.33%	98	5.03%	108	5.40%	51	2.68%	3,162
02	地理區位優勢	248	12.84%	184	9.80%	134	6.88%	87	4.35%	42	2.21%	2,594
03	基層勞力充足	164	8.49%	166	8.84%	135	6.93%	103	5.15%	79	4.16%	2,174
04	產業專業分工	104	5.38%	128	6.82%	141	7.24%	106	5.30%	93	4.89%	1,760
05	市場發展潛力	113	5.85%	125	6.66%	94	4.83%	114	5.70%	119	6.26%	1,694
06	接近顧客市場	93	4.81%	130	6.92%	132	6.78%	120	6.00%	71	3.73%	1,692
07	資源儲量豐富	105	5.43%	101	5.38%	101	5.19%	127	6.35%	105	5.52%	1,591
08	政府政策支持	72	3.73%	113	6.02%	125	6.42%	115	5.75%	91	4.79%	1,508
09	供應鏈極完整	118	6.11%	94	5.01%	80	4.11%	111	5.55%	65	3.42%	1,493
10	商務成本低廉	95	4.92%	67	3.57%	131	6.73%	135	6.75%	78	4.10%	1,484
11	知名企業進駐	73	3.78%	76	4.05%	120	6.16%	98	4.90%	103	5.42%	1,328
12	租稅獎勵措施	56	2.90%	62	3.30%	124	6.37%	108	5.40%	121	6.37%	1,237
13	國際化程度高	43	2.23%	57	3.04%	119	6.11%	114	5.70%	112	5.89%	1,140
14	居民素質良好	43	2.23%	59	3.14%	78	4.01%	69	3.45%	179	9.42%	1,002
15	城市形象良善	51	2.64%	56	2.98%	58	2.98%	74	3.70%	99	5.21%	900
16	社會和諧度高	36	1.86%	47	2.50%	45	2.31%	98	4.90%	123	6.47%	822
17	思維觀念開放	35	1.81%	37	1.97%	54	2.77%	65	3.25%	86	4.52%	701
18	水電氣供應足	33	1.71%	57	3.04%	48	2.47%	45	2.25%	73	3.84%	700
19	金融體系完備	25	1.29%	55	2.93%	32	1.64%	66	3.30%	42	2.21%	615
20	官員操守清廉	14	0.72%	21	1.12%	24	1.23%	33	1.65%	65	3.42%	357
21	醫療保障完善	18	0.93%	19	1.01%	26	1.34%	25	1.25%	36	1.89%	330
22	信息網路暢通	16	0.83%	18	0.96%	22	1.13%	36	1.80%	33	1.74%	323
23	基礎設施完善	12	0.62%	12	0.64%	26	1.34%	42	2.10%	35	1.84%	305

註：佈局動機❶、❷、❸、❹、❺，依序給分5、4、3、2、1，每個選項依此做分數加總。

表9-10 · 2013 TEEMA10＋1佈局東協暨印度經營困境分析

排名	項目	① 第一經營困境		② 第二經營困境		③ 第三經營困境		④ 第四經營困境		⑤ 第五經營困境		整體評價
		次數	百分比	次數	百分比	次數	百分比	次數	百分比	次數	百分比	
01	產業配套尚未成熟	254	13.60%	190	10.17%	207	11.21%	142	7.69%	106	5.76%	3,041
02	缺乏整體產業規劃	218	11.67%	209	11.19%	148	8.02%	146	7.90%	125	6.79%	2,787
03	同業競爭劇烈	159	8.51%	160	8.57%	143	7.75%	112	6.06%	164	8.91%	2,252
04	政策延續性低	132	7.07%	135	7.23%	124	6.72%	181	9.80%	176	9.56%	2,110
05	地方保護主義	127	6.80%	112	6.00%	116	6.28%	143	7.74%	108	5.87%	1,825
06	薪資成本上升	120	6.42%	109	5.84%	135	7.31%	111	6.01%	124	6.74%	1,787
07	熟練工人缺乏	101	5.41%	106	5.67%	128	6.93%	134	7.26%	151	8.20%	1,732
08	法規制定尚未健全	107	5.73%	117	6.26%	117	6.34%	131	7.09%	103	5.59%	1,719
09	金融體制尚未健全	101	5.41%	107	5.73%	122	6.61%	118	6.39%	156	8.47%	1,691
10	罷工事件頻仍	99	5.30%	116	6.21%	77	4.17%	85	4.60%	66	3.59%	1,426
11	缺乏創新氣候	95	5.09%	88	4.71%	90	4.88%	97	5.25%	92	5.00%	1,383
12	基礎建設薄弱	77	4.12%	94	5.03%	115	6.23%	76	4.11%	57	3.10%	1,315
13	居民安逸程度高	57	3.05%	71	3.80%	47	2.55%	89	4.82%	76	4.13%	964
14	外資放緩投資步伐	48	2.57%	49	2.62%	69	3.74%	101	5.47%	108	5.87%	953
15	周邊國家崛起	50	2.68%	56	3.00%	36	1.95%	55	2.98%	63	3.42%	755
16	綠色環保標準提高	46	2.46%	57	3.05%	57	3.09%	35	1.89%	46	2.50%	745
17	產出附加值低	46	2.46%	45	2.41%	61	3.30%	46	2.49%	51	2.77%	736
18	高度依賴外資	18	0.96%	22	1.18%	32	1.73%	24	1.30%	35	1.90%	357
19	天災事件頻仍	13	0.70%	25	1.34%	22	1.19%	21	1.14%	34	1.85%	307

註：經營困境❶、❷、❸、❹、❺，依序給分5、4、3、2、1，每個選項依此做分數加總。
資料來源：本研究整理

表 9-11 · 2013 TEEMA10＋I 佈局柬協暨印度希冀政府協助協項目分析

排名	項目	❶ 第一協助項目		❷ 第二協助項目		❸ 第三協助項目		❹ 第四協助項目		❺ 第五協助項目		整體評價
		次數	百分比	次數	百分比	次數	百分比	次數	百分比	次數	百分比	
01	協助拓展內需市場	311	17.12%	194	10.90%	169	9.60%	103	5.88%	111	6.26%	3,155
02	提供產業市場資訊	244	13.43%	201	11.29%	153	8.69%	115	6.56%	129	7.27%	2,842
03	建構產業合作平台	186	10.24%	142	7.98%	166	9.43%	168	9.58%	151	8.51%	2,483
04	整合產業策略聯盟	125	6.88%	164	9.21%	148	8.40%	153	8.73%	170	9.58%	2,201
05	加快貿易協定簽署	130	7.15%	114	6.40%	145	8.23%	166	9.47%	148	8.34%	2,021
06	協助經貿糾紛解決	94	5.17%	112	6.29%	156	8.86%	172	9.81%	145	8.17%	1,875
07	協助企業自創品牌	111	6.11%	95	5.34%	87	4.94%	109	6.22%	117	6.60%	1,531
08	協助企業轉型升級	97	5.34%	101	5.67%	91	5.17%	88	5.02%	103	5.81%	1,441
09	提供行銷整合服務	82	4.51%	93	5.22%	105	5.96%	91	5.19%	87	4.90%	1,366
10	擴大資金融資管道	87	4.79%	80	4.49%	99	5.62%	90	5.13%	108	6.09%	1,340
11	培訓相關專業人才	65	3.58%	76	4.27%	103	5.85%	86	4.91%	98	5.52%	1,208
12	協助研發技術升級	71	3.91%	94	5.28%	74	4.20%	61	3.48%	37	2.09%	1,112
13	提供法律諮詢服務	60	3.30%	59	3.31%	42	2.39%	64	3.65%	72	4.06%	862
14	擴大輸出保險優惠	53	2.92%	75	4.21%	32	1.82%	57	3.25%	46	2.59%	821
15	提供經營管理諮詢	34	1.87%	65	3.65%	37	2.10%	74	4.22%	44	2.48%	733
16	協助舉辦名品會展	25	1.38%	46	2.58%	67	3.80%	53	3.02%	65	3.66%	681
17	協助廠商專利申請	21	1.16%	32	1.80%	44	2.50%	57	3.25%	69	3.89%	548
18	協助爭取採購工程	12	0.66%	24	1.35%	31	1.76%	23	1.31%	31	1.75%	326
19	開發災難救助機制	9	0.50%	13	0.73%	12	0.68%	23	1.31%	43	2.42%	222

註：政府協助項目❶、❷、❸、❹、❺，依序給分5、4、3、2、1，每個選項依此做分數加總。

資料來源：本研究整理

表 9-12 · 2013 TEEMA10＋I 未來擴廠投資國家分析

排名	國家	❶ 第一投資國家		❷ 第二投資國家		❸ 第三投資國家		❹ 第四投資國家		❺ 第五投資國家		整體評價
		次數	百分比	次數	百分比	次數	百分比	次數	百分比	次數	百分比	
01	越南	267	22.05%	215	19.03%	123	12.12%	102	10.11%	92	9.20%	2,860
02	印尼	240	19.82%	191	16.90%	115	11.33%	116	11.50%	86	8.60%	2,627
03	泰國	156	12.88%	183	16.19%	154	15.17%	141	13.97%	123	12.30%	2,379
04	馬來西亞	135	11.15%	113	10.00%	147	14.48%	159	15.76%	132	13.20%	2,018
05	新加坡	84	6.94%	121	10.71%	143	14.09%	122	12.09%	134	13.40%	1,711
06	印度	111	9.17%	113	10.00%	107	10.54%	108	10.70%	129	12.90%	1,673
07	菲律賓	86	7.10%	75	6.64%	86	8.47%	104	10.31%	147	14.70%	1,343
08	緬甸	65	5.37%	64	5.66%	87	8.57%	88	8.72%	58	5.80%	1,076
09	柬埔寨	23	1.90%	19	1.68%	33	3.25%	25	2.48%	54	5.40%	394
10	汶萊	31	2.56%	23	2.04%	12	1.18%	33	3.27%	31	3.10%	380
11	寮國	13	1.07%	13	1.15%	8	0.79%	11	1.09%	14	1.40%	177

註：投資國家❶、❷、❸、❹、❺，依序給分5、4、3、2、1，每個選項依此做分數加總。
資料來源：本研究整理

表 9-13 · 2013 TEEMA10＋I 最具生產基地移轉優勢國家分析

排名	國家	❶ 第一優勢國家		❷ 第二優勢國家		❸ 第三優勢國家		❹ 第四優勢國家		❺ 第五優勢國家		整體評價
		次數	百分比	次數	百分比	次數	百分比	次數	百分比	次數	百分比	
01	越南	234	23.31%	201	20.06%	137	15.10%	132	15.14%	102	12.11%	2,751
02	印尼	182	18.13%	183	18.26%	113	12.46%	135	15.48%	152	18.05%	2,403
03	印度	165	16.43%	168	16.77%	143	15.77%	101	11.58%	135	16.03%	2,263
04	柬埔寨	93	9.26%	126	12.57%	130	14.33%	124	14.22%	113	13.42%	1,720
05	緬甸	86	8.57%	94	9.38%	118	13.01%	103	11.81%	99	11.76%	1,465
06	馬來西亞	53	5.28%	56	5.59%	75	8.27%	84	9.63%	94	11.16%	976
07	泰國	67	6.67%	66	6.59%	59	6.50%	74	8.49%	43	5.11%	967
08	菲律賓	66	6.57%	57	5.69%	68	7.50%	55	6.31%	54	6.41%	926
09	新加坡	23	2.29%	16	1.60%	32	3.53%	25	2.87%	18	2.14%	343
10	汶萊	16	1.59%	21	2.10%	17	1.87%	18	2.06%	18	2.14%	269
11	寮國	19	1.89%	14	1.40%	15	1.65%	21	2.41%	14	1.66%	252

註：優勢國家❶、❷、❸、❹、❺，依序給分5、4、3、2、1，每個選項依此做分數加總。
資料來源：本研究整理

表 9-14 · 2013 TEEMA10+1 最具內銷內貿發展潛力國家分析

排名	國家	❶ 第一內銷內貿		❷ 第二內銷內貿		❸ 第三內銷內貿		❹ 第四內銷內貿		❺ 第五內銷內貿		整體評價
		次數	百分比	次數	百分比	次數	百分比	次數	百分比	次數	百分比	
01	印　尼	214	19.24%	220	19.80%	138	14.35%	162	16.95%	87	12.68%	2,775
02	越　南	180	16.19%	136	12.24%	155	16.11%	187	19.56%	93	13.56%	2,376
03	印　度	205	18.44%	157	14.13%	134	13.93%	109	11.40%	65	9.48%	2,338
04	馬來西亞	116	10.43%	108	9.72%	128	13.31%	97	10.15%	64	9.33%	1,654
05	泰　國	123	11.06%	132	11.88%	87	9.04%	83	8.68%	53	7.73%	1,623
06	新加坡	86	7.73%	97	8.73%	104	10.81%	89	9.31%	75	10.93%	1,383
07	菲律賓	61	5.49%	76	6.84%	65	6.76%	43	4.50%	65	9.48%	955
08	汶　萊	56	5.04%	73	6.57%	46	4.78%	57	5.96%	84	12.24%	908
09	緬　甸	35	3.15%	42	3.78%	53	5.51%	58	6.07%	58	8.45%	676
10	柬埔寨	25	2.25%	57	5.13%	44	4.57%	61	6.38%	33	4.81%	640
11	寮　國	11	0.99%	13	1.17%	8	0.83%	10	1.05%	9	1.31%	160

註：內銷內貿❶、❷、❸、❹、❺：依序給分5、4、3、2、1，每個選項依此做分數加總。
資料來源：本研究整理

表 9-15 · 2013 TEEMA10+1 最適傳統製造業發展城市前 10 排名

排名	國家	城市	❶ 第一順位		❷ 第二順位		❸ 第三順位		❹ 第四順位		❺ 第五順位		整體評價
			次數	百分比	次數	百分比	次數	百分比	次數	百分比	次數	百分比	
01	馬來西亞	檳城州	204	15.30%	154	11.91%	98	10.22%	86	8.98%	49	6.41%	2,151
02	越　南	同奈省	177	13.28%	142	10.98%	105	10.95%	91	9.50%	73	9.54%	2,023
03	越　南	平陽省	185	13.88%	132	10.21%	93	9.70%	107	11.17%	71	9.28%	2,017
04	印　尼	巴淡島	159	11.93%	143	11.06%	111	11.57%	99	10.33%	81	10.59%	1,979
05	印　尼	雅加達市	123	9.23%	158	12.22%	79	8.24%	95	9.92%	75	9.80%	1,749
06	越　南	河內市	115	8.63%	130	10.05%	83	8.65%	97	10.13%	87	11.37%	1,625
07	越　南	北寧省	98	7.35%	119	9.20%	101	10.53%	88	9.19%	99	12.94%	1,544
08	泰　國	羅永府	91	6.83%	121	9.36%	107	11.16%	91	9.50%	83	10.85%	1,525
09	泰　國	清萊府	103	7.73%	102	7.89%	99	10.32%	92	9.60%	79	10.33%	1,483
10	印　度	班加羅爾市	78	5.85%	92	7.12%	83	8.65%	112	11.69%	68	8.89%	1,299

註：順位❶、❷、❸、❹、❺：依序給分5、4、3、2、1，每個選項依此做分數加總。

表 9-16 · 2013 TEEMA10 + I 最適服務業發展城市前 10 排名

排名	國家	城市	❶ 第一順位 次數	百分比	❷ 第二順位 次數	百分比	❸ 第三順位 次數	百分比	❹ 第四順位 次數	百分比	❺ 第五順位 次數	百分比	整體評價
01	新 加 坡	新加坡市	195	17.79%	121	11.31%	135	12.49%	116	12.02%	98	11.72%	2,194
02	馬來西亞	吉隆坡市	168	15.33%	95	8.88%	116	10.73%	109	11.30%	81	9.69%	1,867
03	越 南	胡志明市	145	13.23%	129	12.06%	96	8.88%	105	10.88%	96	11.48%	1,835
04	馬來西亞	檳城州	107	9.76%	114	10.65%	123	11.38%	94	9.74%	99	11.84%	1,647
05	印 尼	雅加達市	93	8.49%	104	9.72%	109	10.08%	86	8.91%	83	9.93%	1,463
06	泰 國	曼谷市	81	7.39%	88	8.22%	128	11.84%	110	11.40%	74	8.85%	1,435
07	印 度	孟買市	88	8.03%	95	8.88%	111	10.27%	87	9.02%	65	7.78%	1,392
08	菲 律 賓	馬尼拉市	75	6.84%	109	10.19%	89	8.23%	90	9.33%	86	10.29%	1,344
09	馬來西亞	馬六甲州	69	6.30%	112	10.47%	101	9.34%	73	7.56%	66	7.89%	1,308
10	越 南	河內市	75	6.84%	103	9.63%	73	6.75%	95	9.84%	88	10.53%	1,284

註：順位❶、❷、❸、❹、❺，依序給分5、4、3、2、1，每個選項依此做分數加總。

表 9-17 · 2013 TEEMA10 + I 最適高科技產業發展城市前 10 排名

排名	國家	城市	❶ 第一順位 次數	百分比	❷ 第二順位 次數	百分比	❸ 第三順位 次數	百分比	❹ 第四順位 次數	百分比	❺ 第五順位 次數	百分比	整體評價
01	印 度	班加羅爾市	219	19.95%	154	14.58%	121	11.51%	98	9.97%	76	8.53%	2,346
02	新 加 坡	新加坡市	145	13.21%	134	12.69%	124	11.80%	130	13.22%	124	13.92%	2,017
03	印 度	海德拉巴市	128	11.66%	119	11.27%	111	10.56%	104	10.58%	89	9.99%	1,746
04	馬來西亞	檳城州	114	10.38%	125	11.84%	98	9.32%	102	10.38%	105	11.78%	1,673
05	印 尼	巴淡島	115	10.47%	111	10.51%	115	10.94%	98	9.97%	99	11.11%	1,659
06	越 南	胡志明市	95	8.65%	91	8.62%	105	9.99%	98	9.97%	74	8.31%	1,424
07	馬來西亞	吉隆坡市	88	8.01%	101	9.56%	93	8.85%	94	9.56%	76	8.53%	1,387
08	印 度	清奈市	74	6.74%	92	8.71%	114	10.85%	105	10.68%	84	9.43%	1,374
09	越 南	平陽省	68	6.19%	74	7.01%	95	9.04%	85	8.65%	87	9.76%	1,178
10	越 南	永福省	52	4.74%	55	5.21%	75	7.14%	69	7.02%	77	8.64%	920

註：順位❶、❷、❸、❹、❺，依序給分5、4、3、2、1，每個選項依此做分數加總。

表 9-18 · 2013 TEEMA10 + I 最適農林漁牧業發展城市前 10 排名

排名	國家	城市	❶ 第一順位		❷ 第二順位		❸ 第三順位		❹ 第四順位		❺ 第五順位		整體評價
			次數	百分比	次數	百分比	次數	百分比	次數	百分比	次數	百分比	
01	汶萊	斯里百加灣市	193	19.03%	154	16.13%	121	12.74%	102	11.31%	78	9.65%	2,226
02	泰國	清邁府	144	14.20%	125	13.09%	121	12.74%	108	11.97%	113	13.99%	1,912
03	馬來西亞	吉達州	128	12.62%	120	12.57%	103	10.84%	136	15.08%	124	15.35%	1,825
04	泰國	霹靂州	109	10.75%	115	12.04%	123	12.95%	100	11.09%	82	10.15%	1,656
05	印尼	棉蘭	87	8.58%	101	10.58%	109	11.47%	123	13.64%	102	12.62%	1,514
06	印尼	泗水市	95	9.37%	86	9.01%	108	11.37%	95	10.53%	112	13.86%	1,445
07	菲律賓	宿霧市	84	8.28%	74	7.75%	91	9.58%	70	7.76%	64	7.92%	1,193
08	泰國	大城府	72	7.10%	85	8.90%	94	9.89%	72	7.98%	61	7.55%	1,187
09	印尼	峇里島	53	5.23%	44	4.61%	42	4.42%	51	5.65%	39	4.83%	708
10	馬來西亞	森美蘭州	49	4.83%	51	5.34%	38	4.00%	45	4.99%	33	4.08%	686

註：順位❶、❷、❸、❹、❺，依序給分5、4、3、2、1，每個選項依此做分數加總。

第 10 章

2013 TEEMA10＋I
國家競爭力剖析

2013 《TEEMA10+I 調查報告》中三力兩度的「國家競爭力」係由國家競爭力次級資料評比而得。

一、2013 TEEMA10+I 國家競爭力次級資料分析

2013《TEEMA10+I 調查報告》國家競爭力次級資料，涵蓋以下五大內涵，包括：(1) 基礎條件：總人口、識字率、進口總值及出口總值；(2) 財政條件：財政收入及財政支出；(3) 投資條件：國內固定資本形成毛額佔 GDP 比重及累計國外投資金額；(4) 經濟條件：工業占 GDP 比重、服務業占 GDP 比重及人均 GDP；(5) 就業條件：勞動人口及勞動參與率。其中，在基礎條件項目中，印度人口以 12 億的高額人口數，位居第一名，而最後一名的汶萊則只擁有 40 萬人口；印度的「財政收入」與「財政支出」則皆分別以 1,715 億美元與 2,810 億美元，暫居財政條件項目首位外，其於投資條件項目的國內固定資本形成毛額佔 GDP 比重，以 36.6% 獨占鰲頭；在經濟條件項目上，新加坡人均 GDP 為 46,241 美元、服務業佔 GDP 比重為 72.2% 及汶萊工業佔 GDP 比重為 66.6%，皆分別為各細項目中的首位；此外，在「就業條件」項目中勞動參與率皆高於 90%，其中，泰國更以 99.10 的高分傲視群雄。

根據 2012 年瑞士國際洛桑學院（IMD）發布《2012 年世界競爭力》排名分析中指出，新加坡排名已跌出前 3 名，位居第四，此外，在亞洲經濟體的國家中，馬來西亞的排名由 2011 年的第 16 名上升至 14 名的位置，主因為馬來西亞的企業效率、政府效率、商業立法、金融與企業生產力指標排名皆有上升，

而泰國及印度等國排名則均倒退,其中,泰國因 2012 年面臨經濟結構轉型及通訊與科技落後等問題;印度則因基礎教育及醫療健康等方面較差而促使排名下降。而新加坡排名下滑之主因在於醫療支出及匯率穩定度等部分表現較差,且物價通膨壓力、生產力下降及經濟放緩,使排名於今年 2013 年呈現下滑的現象,但新加坡的政府效率、企業效率及環保法令等項目表現仍較佳。可知,泰國、印度及新加坡等國排名皆下滑的情況下,馬來西亞的國家競爭力不容小覷。茲就將本研究彙整之「國家競爭力」的次級資料如表 10-1 所示。

二、2013 TEEMA10+I 國家競爭力排名分析

根據上述五大條件之細項指標經由百分位換算,再乘以學者專家給予的權重而得,表 10-2 之 TEEMA10+I 列入評估之 11 個國家次級資料排名,專家給予權重配置為:(1) 基礎條件為 15%;(2) 財政條件為 10%;(3) 投資條件為 30%;(4) 經濟條件為 30%;(5) 就業條件為 15%。換言之,評價計算公式就是「國家競爭力=(基礎條件×15%)+(財政條件×10%)+(投資條件×30%)+(經濟條件×30%)+(就業條件×15%)」。「基礎條件」項目上,新加坡、印度及泰國位居前 3 名;「財政條件」項目上,前 3 名國家則分別為印度、印尼及泰國;「投資條件」項目上,印度、新加坡及印尼位居於排名中前 3 名國家;「經濟條件」項目上,最佳的前 3 名國家分別為新加坡、汶萊及馬來西亞;「就業條件」項目上,則由泰國、印度及新加坡位居前三名。此外,根據國家競爭力排名來看,其名次順序為:(1) 新加坡;(2) 印度;(3) 印尼;(4) 馬來西亞;(5) 越南;(6) 泰國;(7) 汶萊;(8) 菲律賓;(9) 寮國;(10) 緬甸;(11) 柬埔寨。

此外,在國家競爭力排名位居第一名的新加坡,因勞動人口過少、減稅政策及醫療衛生、社會保障等項目的施行,使其在「財政條件」及「就業條件」上表現較差,但其他項目仍高於其他國家,使新加坡仍於此次排名中拔得頭籌。根據美國商業環境風險評估公司(BERI)於 2012 年公布《投資環境風險評估報告》並指出,新加坡在「投資環境評比」、「營運風險」、「政治風險」及「匯兌風險」上,均為 50 個主要國家中的第一名,可知新加坡穩定發展的程度,已使該國成為東協暨印度國家中最佳的投資環境。而印尼蘊藏豐富礦產及完善基礎建設等優勢;印度的人口規模優勢及優秀的 IT 技術,使印尼及印度仍擁有強勁的家競爭力。顯示多數國家仍處於政治、營運等風險較大的環境中,各國政府除需竭力改善自身風險外,亦可善用自身優勢吸引外資,藉以增強自身國家競爭力。

2013年東協暨印度投資環境與市場調查

表 10-1 · 2013 TEEMA10＋I 國家競爭力次級資料

國家		① 基礎條件				② 財政條件		③ 投資條件		④ 經濟條件			⑤ 就業條件	
		總人口	識字率	進口總值	出口總值	財政收入	財政支出	國內固定資本形成毛額佔GDP比重	累計國外投資金額	工業佔GDP比重	服務業佔GDP比重	人均GDP	勞動人口	勞動參與率
		人	％	百萬美元	百萬美元	十億美元	十億美元	％	億美元	％	％	美元	萬人	％
汶 萊	Brunei	408,786	92.70	2,942.7	12,440.4	0.82	0.55	13.4	12.08	66.6	32.6	40,301	19.8	97.30
緬 甸	Myanmar	54,584,650	89.90	8,000.0	9,330.1	2.23	4.41	22.4	10.00	19.3	41.8	1,144	3,341	94.60
柬 埔 寨	Cambodia	14,952,665	77.60	9,300.0	6,950.0	2.21	2.93	17.1	9.01	24.3	44.1	897	880	96.50
印 尼	Indonesia	248,645,008	90.40	176,881.1	200,587.1	139.20	160.60	32.8	181.59	46.9	38.8	3,495	11,950	93.30
寮 國	Laos	6,586,266	73.00	2,700.0	2,400.0	2.06	2.25	27.4	0.30	34.0	40.0	1,319	369	97.50
馬 來 西 亞	Malaysia	29,179,952	88.70	187,660.7	226,989.6	59.22	75.31	23.6	120.00	41.2	46.8	9,977	1,284	97.00
菲 律 賓	Philippines	103,775,002	92.60	63,692.7	48,305.0	35.16	41.57	21.7	18.69	31.3	56.4	2,369	4,073	93.10
新 加 坡	Singapore	5,353,494	92.50	365,770.0	409,503.4	39.86	39.58	22.4	640.03	27.8	72.2	46,241	330	98.00
泰 國	Thailand	67,091,089	92.60	228,498.1	228,821.8	68.26	77.13	26.6	77.80	13.2	46.1	4,972	3,977	99.10
越 南	Vietnam	91,519,289	94.00	106,749.9	96,905.7	42.14	47.57	35.0	74.30	40.7	37.7	1,407	4,918	95.70
印 度	India	1,205,073,612	61.00	462,632.8	304,585.4	171.50	281.00	36.6	321.90	18.0	65.0	1,489	49,840	90.10

資料來源：
[1] 美國中央情報局（CIA）：總人口、識字率、工業佔GDP比重、服務業佔GDP比重、勞動人口、勞動參與率
[2] 世界貿易組織（WTO）：2011年進口總值、2011年出口總值
[3] 世界銀行（WB）：國內資本形成毛額佔GDP比重
[4] 聯合國貿易發展委員會（UNCTAD）：累計國外投資金額

表 10-2 · 2013 TEEMA10＋I 國家競爭力排名

國家	❶ 基礎條件 評分	排名	❷ 財政條件 評分	排名	❸ 投資條件 評分	排名	❹ 經濟條件 評分	排名	❺ 就業條件 評分	排名	國家競爭力	排名
新 加 坡	84.344	01	59.196	06	84.691	02	87.883	01	72.096	03	81.158	01
印 度	84.272	02	99.990	01	87.560	01	65.349	05	74.995	02	79.762	02
印 尼	74.526	04	84.529	02	77.984	03	64.080	06	64.873	09	71.982	03
馬來西亞	72.709	05	65.215	04	65.666	06	68.049	03	69.797	06	68.012	04
越 南	69.171	06	60.242	05	76.162	04	60.915	07	68.010	08	67.725	05
泰 國	75.745	03	66.701	03	67.249	05	57.178	10	76.980	01	66.907	06
汶 萊	62.320	08	50.000	11	50.460	11	81.144	02	69.996	05	64.329	07
菲 律 賓	66.106	07	58.685	07	59.661	09	66.204	04	60.365	11	62.599	08
寮 國	54.609	11	50.333	10	65.083	07	59.760	08	70.727	04	61.286	09
緬 甸	61.864	09	50.551	08	60.075	08	55.866	11	64.164	10	58.741	10
柬 埔 寨	56.757	10	50.416	09	54.327	10	58.303	09	68.206	07	57.575	11

註：國家競爭力＝【基礎條件×15%】＋【財政條件×10%】＋【投資條件×30%】＋【經濟條件×30%】＋【就業條件×15%】

　　2013《TEEMA10+I調查報告》中排名倒數第三名的寮國，除在「就業條件」中位居第四名外，寮國仍因注入外資過少，使外資累計國外投資金額為2013年東協暨印度11個國家中最低的一國，且在進出口總額仍過低的情況下，使寮國的「基礎條件」及「投資條件」均表現不佳。此外，倒數兩名的緬甸及柬埔寨在各項項目中的表現均欠佳，其中緬甸落後原因，是土地與勞工成本高漲，且基礎設施與法令等方面也尚未成熟；則柬埔寨是因教育、公共建設及行政管理等方面有待加強，使柬埔寨位居最後一名。可知，倒數3名的寮國、緬甸及柬埔寨，相較於其他評估國家而言，除寮國「就業條件」不錯外，緬甸及柬埔寨之「基礎條件」、「財政條件」、「投資條件」、「經濟條件」及「就業條件」均表現欠佳，各國政府應針對各項條件進行改善，以提高國家各項能力，並促進各自的國家競爭力。

第 11 章

2013 TEEMA10 + I
國家軟實力剖析

2013《TEEMA10+I 調查報告》三力兩度中「國家軟實力」之衡量為各大國際機構對於本研究 11 個國家之評比而得。

一、2013 TEEMA10+I 國家軟實力國際研究機構評比

2013《TEEMA10+I 調查報告》主要係以國家的次集資料做為國家競爭力評估的標準，為使報告能更具效度以及信度，亦將全球各大國際機構對於本研究中的所探討的 11 個國家之排名結果做參考，以建構「國家軟實力」之評估體系。分別為：(1) 創新能力；(2) 繁榮能力；(3) 資訊能力；(4) 永續能力；(5) 人文能力等五大構面，以下針對各個構面所參考的研究機構及報告做為敘述：首先「創新能力」構面中包含四大排名，分別為世界經濟論壇（WEF）（2012）《2012-2013 年全球競爭力報告》、歐洲工商管理學院（INSEAD）（2012）《全球創新指數》（GII）、英國經濟學人智庫（EIU）（2009）《2009-2013 年全球最具創新力國家排名報告》和世界銀行（WB）（2012）《全球知識經濟指數》等；其次為「繁榮能力」中其參考列格坦研究所（Legatum Institute）（2012）《2012 年全球繁榮國家指數報告》；再者，構面「資訊能力」中有世界經濟論壇（WEF）（2012）《2012 全球資訊科技報告》、英國經濟學人智庫（EIU）（2011）《全球資訊科技（IT）產業競爭力指數報告》、聯合國「國際電信聯盟」（ITU）（2012）《衡量資訊社會—資訊與通信技術發展指數報告》；接著為「永續能力」構面，其中有英國經濟學人智庫（EIU）（2012）《2010 年全球和平指數》（GIP）、耶魯大學（Yale University）

與世界經濟論壇（WEF）（2012）《2012年環境績效指數排名》（EPI）；最後本研究比上一本再新增一個新的構面為其「人文能力」，其中包含世界經濟論壇（WEF）（2011）《2011年觀光旅遊競爭力報告》、聯合國開發計劃署（UNDP）（2011）《2011年人文發展指數報告》（HDI）、聯合國（UN）（2012）《全球快樂國家報告》（World Happiness Report）等。

二、2013 TEEMA10+I 國家軟實力排名

2013《TEEMA10+I調查報告》，由上述可知，「國家軟實力」係經由：(1) 創新能力；(2) 繁榮能力；(3) 資訊能力；(4) 永續能力；(5) 人文能力等五大構面所共同組成；而表11-2中的國家軟實力的整體評價，本研究係依據五大構面的排名表現，再加上專家所給予五個構面權重，兩者相加乘計算後轉換成百分比而得。其有關國家軟實力之構面全重分別為創新能力30%、繁榮能力15%、資訊能力15%、永續能力20%、人文能力20%，換言之，國家軟實力之計算方式為「國家軟實力 =（創新能力 ×30%）+（繁榮能力 ×15%）+（資訊能力 ×15%）+（永續能力 ×20%）+（人文能力 ×20%）」。依據公式計算後其排名結果及分數，茲依排名順序如下：(1) 新加坡；(2) 馬來西亞；(3) 泰國；(4) 越南；(5) 印尼；(6) 菲律賓；(7) 印度；(8) 汶萊 (9) 柬埔寨；(10) 寮國；(11) 緬甸。

排名的前3名分別為新加坡、馬來西亞以及泰國，其在五大構面中都擁有亮麗的成績，皆位於前3名，以下茲就針對原因其探討。位居第一名的新加坡，於據列格坦研究所設計的《2012年全球繁榮國家指數》（Legatum Institute Prosperity Index）中排第19名，為東南亞國家之首，另外，新加坡宜居城市研發中心執行理事 Khoo Teng Chye（2012）表示：「新加坡對於人才、創意、資本、產品以及服務的流動始終抱著包容和歡迎的態度，且在稅收和經營許可證等方面為投資者提供最大的優惠和便利」。顯示，新加坡在國家繁榮能力及人民生活水準上皆有一定的程度，再加上本身的優越地理位置帶動經濟發展，進而提升城市創新能力，新加坡政府更在政策上提供對投資者有利的條件藉以吸引投資者的進入，因而提升了城市多元化，間接促進新加坡的人文能力，在資訊能力方面，新加坡在電子政務和訊息服務業方面本就是領先地位，近年來更積極推動半導體、製藥以及生物技術等科技技術方面，因此，位於第一名新加坡為實至名歸。

而馬來西亞擁有多元文化以及豐富的天然資源，根據大馬台商聯合總會會

表 11-1‧2013 TEEMA10＋I 國家軟實力國際機構評比

構面	❶ 創新能力			❷ 繁榮能力		❸ 資訊能力			❹ 永續能力		❺ 人文能力		
研究機構	[1] WEF	[2] INSEAD	[3] EIU	[4] WB	[5] Legatum	[6] WEF	[7] EIU	[8] ITU	[9] EIU	[10] YALE	[11] WEF	[12] UNDP	[13] UN
	創新指標排名	全球創新指數排名	全球創新指標排名	全球知識經濟指數	繁榮國家指數	網路整備度指標排名	世界IT產業競爭力排名	衡量資訊社會一資訊與通信技術發展指數	全球和平指數排名	環境績效指數排名	人文與自然資源排名	人文發展指數排名	全球快樂國家報告
排名 國家	2012至2013	2012	2009至2013	2012	2012	2012	2011	2012	2012	2012	2011	2011	2012
汶萊	62	53	82	145	142	54	66	57	158	26	63	33	155
緬甸	144	141	82	145	142	142	66	131	139	69	139	149	74
柬埔寨	72	129	82	132	107	108	66	121	108	59	81	139	138
印尼	40	100	74	108	63	80	57	95	63	74	40	124	83
寮國	144	141	82	131	82	142	66	120	37	132	139	138	82
馬來西亞	23	32	35	48	45	29	31	58	20	25	18	61	51
菲律賓	64	95	58	92	67	86	52	94	133	42	75	112	103
新加坡	11	3	16	23	19	2	3	12	23	52	23	26	33
泰國	52	57	57	66	56	77	50	92	126	34	21	103	52
越南	78	76	78	104	53	83	53	81	34	79	46	128	65
印度	43	64	52	110	101	69	34	119	142	125	19	134	94

資料來源：
[1] 世界經濟論壇（WEF）（2012），《2012-2013年全球競爭力報告》
[2] 歐洲工商管理學院（INSEAD）（2012），《全球創新指數》
[3] 英國經濟學人智庫（EIU）（2009），《2009-2013 年全球最具創新力國家排名報告》
[4] 世界銀行（WB）（2012），《全球知識經濟指數》
[5] 列格坦研究所（Legatum Institute）（2012），《2012年全球繁榮國家指數報告》
[6] 世界經濟論壇（WEF）（2012），《2012全球資訊科技報告》
[7] 英國經濟學人智庫（EIU）（2011），《全球資訊科技（IT）產業競爭力指數報告》
[8] 聯合國「國際電信聯盟」（ITU）（2012），《衡量資訊社會一資訊與通信技術發展指數報告》
[9] 英國經濟學人智庫（EIU）（2012），《2010年全球和平指數（GIP）》
[10] 耶魯大學（Yale University）與世界經濟論壇（2012），《2012年環境績效指數排名（EPI）》
[11] 世界經濟論壇（WEF）（2011），《2011年觀光旅遊競爭力報告》
[12] 聯合國開發計劃署（UNDP）（2011），《2011年人文發展指數報告（HDI）》
[13] 聯合國（UN）（2012），《全球快樂國家報告（World Happiness Report）》

長拿督陳博雄（2013）表示：「對台商來說，大馬投資環境優越，交通與通訊發達，天然資源豐富，沒有像台灣般有風災地震，最重要是政治穩定及人民友善，美中不足是人力資源缺乏」。顯示出，馬來西亞永擁有其優越的投資環境，為東南亞國家中最受台商喜愛投資的國家，但由於對科技研發及科技創新不夠重視，因此隨著產業結構的改變，也使得馬來西亞漸漸的沒落，但近年來，馬來西亞正在快速崛起，除了原本就有多元文化以及台商佈局最多的國家優勢，更不斷努力推動科技研發及科技創新的推動，例如：太陽能電池板、半導體、天然氣相關化學品等，因此，馬來西亞在五大構面都均有不錯的成績。

　　至於第三名的泰國隨著近年來的觀光人潮進而帶動經濟成長，根據泰國旅遊與體育部旅遊廳（2012）顯示2012年泰國共迎來入境遊客2,180萬人次，比2011年增加200萬人次，成長率為13.5%，總創收達9,300億泰銖。另外，泰國政府正積極於基礎建設計劃，因此將成為繼新加坡與馬來西亞之後，東南亞地區市場發展淺力最大的國家，因此位居第三名。此外，2013《TEEMA10+I調查報告》「國家軟實力」的整體排名中，緬甸仍然位居最後一名，顯示緬甸雖擁有豐富的天然資源，但由於國際制裁的環境下，使得經濟發展落後，仍有26%的人口仍生活於貧困之中，但隨著東南亞國家的崛起，緬甸慢慢的開放封閉市場，歡迎投資著的進入，但由於仍存在許多的問題，例如：不成熟的金融及司法體系、基礎建設落後多項問題，因此綜括所有的問題，使得緬甸的整體環境仍需要加強，因此在「創新能力」、「資訊能力」、「人文能力」三大構面表現皆為最後一名。以下表11-2為2013《TEEMA10+I調查報告》11個國家在「國家軟實力」整體排名及五大構面之表現。

表 11-2 · 2013 TEEMA10 + I 國家軟實力排名

| 國 家 | ❶創新能力 | | ❷繁榮能力 | | ❸資訊能力 | | ❹永續能力 | | ❺人文能力 | | 國家軟實力 | 排名 |
	評分	排名	評分	排名	評分	排名	評分	排名	評分	排名		
新 加 坡	99.000	01	99.000	01	99.000	01	92.285	02	98.325	01	97.522	01
馬來西亞	89.284	02	88.642	02	82.277	02	99.000	01	91.942	02	90.611	02
泰 國	78.503	03	84.260	04	67.084	06	78.120	05	85.826	03	79.042	03
越 南	66.708	07	85.455	03	67.116	05	84.150	03	77.392	04	75.206	04
印 尼	68.418	06	81.472	05	64.508	08	80.146	04	76.323	06	73.716	05
菲 律 賓	71.228	05	79.878	06	65.241	07	75.046	07	70.514	08	72.248	06
印 度	75.220	04	66.333	08	68.460	04	54.443	11	76.357	05	68.945	07
汶 萊	65.364	08	50.000	10	70.424	03	74.271	08	75.663	07	67.660	08
柬 埔 寨	59.002	09	63.943	09	55.339	09	75.592	06	61.433	09	62.998	09
寮 國	51.406	10	73.902	07	51.510	10	71.482	09	61.234	10	60.777	10
緬 甸	50.000	11	50.000	10	50.000	11	67.798	10	60.844	11	55.729	11

資料來源：本研究整理

註：國家軟實力＝【創新能力 × 30%】+【繁榮能力 × 15%】+【資訊能力 × 15%】+【永續能力 × 20%】+【人文能力 × 20%】

第 12 章

2013 TEEMA10＋I 投資環境力剖析

2013《TEEMA10+I 調查報告》由四個構面及 43 個細項作為指標，建構投資環境力分析架構，衡量構面如下：(1)10 個「政治與法律環境」構面指標；(2)15 個「經濟與經營環境」構面指標；(3)8 個「社會與文化環境」構面指標；(4)10 個「科技與基礎環境」構面指標。本研究採問卷調查形式，受測者針對該城市之投資環境給予 1 到 5 分的評價，「非常好」給予 5 分、「好」為 4 分、「尚可 3 分、「差」2 分、「非常差」則給予 1 分的評價，並藉由 2,196 份有效問卷統計結果，衡量出各地區投資環境之良莠。除此之外，為使研究結果符合投資環境現狀，邀請專家對本研究之四個構面進行權重評估，權重評估結果如下：(1) 政治與法律環境 25%；(2) 經濟與經營環境 40%；(3) 社會與文化環境 15%；(4) 科技與基礎環境 20%。換言之，各地區投資環境評價計算公式為「投資環境力＝（政治與法律環境 ×25%）＋（經濟與經營環境 ×40%）＋（社會與文化環境 ×15%）＋（科技與基礎環境 ×20%）」。

一、TEEMA10+I 投資環境力細項指標分析

根據表 12-1 顯示，2013《TEEMA10+I 調查報告》經回收 2,196 份有效問卷後，43 項投資環境力細項指標中平均評價最佳之 5 項指標如下：(1) 當地政府相關投資政策優惠條件（3.073 分）；(2) 當地政府政策穩定性及政策透明度的評價（3.060 分）；(3) 當地跨國企業投資踴躍的程度（3.007 分）；(4) 當地水電燃氣及能源充沛的程度（3.006 分）；(5) 當地基層勞動力供應充裕的

程度（3.003 分）。與 2011《TEEMA10+I 調查報告》僅 3 個投資環境力細項指標達 3 分相比，2013 年評價最佳前五個項目皆達到 3 分以上之水準。其中，「當地政府相關投資政策優惠條件」、「當地政府政策穩定性及政策透明度的評價」、「當地水電燃氣及能源充沛的程度」等 3 個項目更於 2011 年、2013 年皆維持投資環境力評價最佳前 5 名，顯示受調查之 54 個城市於上述 3 項目有較穩定且達到令人滿意之水準。

投資環境力評價最差的前 5 項細項指標如下：(1) 當地物流倉儲及管道通路體系完備的程度（2.505 分）；(2) 當地總體發展及城市建設規劃完善的程度（2.544 分）；(3) 當地政府官員操守清廉的程度（2.573 分）；(4) 當地政府鼓勵企業自主創新的程度（2.575 分）；(5) 當地政府執法機構公正執法的程度（2.579 分）。該五細項指標皆坐落於「政治與法律」及「科技與基礎」兩構面中，顯示本研究 54 個城市需針對此兩方面進行加強。此外，2013《TEEMA10+I 調查報告》投資環境力評價最差前 5 項細項，與 2011 年報告結果相比，其評價皆有持續下滑之趨勢，各城市政府當局不可輕忽。

而投資環境力 4 個評估構面經分析計算後，4 項構面平均值為 2.784 分，而各構面評價分數排名順序如下：(1) 經濟與經營環境 2.842 分；(2) 社會與文化環境 2.807 分；(3) 政治與法律環境 2.742 分；(4) 科技與基礎環境 2.723 分。投資環境力四個評估構面均未能達「尚可」之 3 分評價，顯示各城市仍有諸多不足之處。茲以下就「投資環境力」4 構面分析結果之內涵分述如下：

1. 就政治與法律環境而言：該構面之評價分數為 2.742 分，低於 4 項構面平均值 2.784 分，排名第 3。政治與法律環境構面內含 10 細項指標，其中，「當地政府相關投資政策優惠條件」（3.073 分）、「當地政府政策穩定性及政策透明度的評價」（3.060 分）評價較佳，而「當地政府官員操守清廉的程度」（2.573 分）、「當地政府執法機構公正執法的程度」（2.579 分）則居末。由此可知，各評估城市於投資政策上較為明確且願意提供有利投資之優惠。然而，由評價較差之二細項可知，各評估城市於政府官員及執法機構人員之職業操守有待加強。

2. 就經濟與經營環境而言：該構面之評價分數為 2.842 分，高於 4 項構面平均值 2.784 分，排名第 1。經濟與經營環境構面 15 細項指標中，「當地跨國企業投資踴躍的程度」（3.007 分）、「當地基層勞動力供應充裕的程度」（3.003 分）表現較佳，而「當地金融體系自由化及完備的程度」（2.659 分）敬陪末座。顯示受調查之 54 個城市具備招商引資之吸引力，而各跨國企業亦願

意進入當地市場發展，然方便企業進行商業活動之金融體系則未能跟上城市發展的腳步，各城市政府可對之進行提升，完善當地之投資環境。

3. 就社會與文化環境而言：該構面之評價分數為 2.807 分，高於 4 項構面平均值 2.784 分，排名第二。社會與文化環境構面內含 8 細項指標，「當地社會風氣及民眾價值觀正確的程度」（2.916 分）居首，「當地民眾及政府歡迎台商投資的積極態度」（2.890 分）次之，而評價最差之細項則為「當地員工對企業忠誠的程度」（2.654 分）。結果顯示，「社會與文化環境」構面雖於四構面中排名第二，但各細項評價皆低於尚可（3分）的水準，因此，各城市政府可著重於居民之教育水準、文化素養，甚至於勞資關係改善等，以促進社會與經濟均衡發展。

4. 就科技與基礎環境而言：該構面之評價分數為 2.723 分，低於 4 項構面平均值 2.784 分，排名第四。科技與基礎環境構面內含 10 細項指標，其中，「當地水電燃氣及能源充沛的程度」（3.006 分）、「當地學校、科研機構完備的程度」（2.933 分）評價較佳，而「當地物流倉儲及管道通路體系完備的程度」（2.505 分）則為本調查 43 項細項指標表現最差。顯示本調查 54 個受測城市於工業化之路途上，雖積極投入研發，並提供工業發展所需之能源等援助，但受調查城市多還處於成長階段，於配套之物流及資通訊等設施未臻完善，有加強空間。

表 12-1 · 2013 TEEMA10＋I 投資環境力細項評估指標排名分析

構面	細項評估指標	2013 評分	2013 排序	2011 評分	變化
1. 政治與法律	❶ 當地政府相關投資政策優惠條件	3.073	01	3.004	+0.069
	❷ 當地政府政策穩定性及政策透明度的評價	3.060	02	3.029	+0.031
	❸ 當地政府對智慧財產權保護的程度	2.750	25	2.813	-0.063
	❹ 當地政府對台商投資承諾實現的程度	2.663	32	2.767	-0.104
	❺ 當地政府官員操守清廉的程度	2.573	41	2.656	-0.083
	❻ 當地政府執法機構公正執法的程度	2.579	39	2.663	-0.084
	❼ 當地政府各級政府行政機構行政效率	2.643	35	2.642	+0.001
	❽ 當地政府查處偽劣仿冒商品積極的程度	2.687	31	2.772	-0.085
	❾ 當地政府積極招商引資的程度	2.773	24	-	-
	❿ 當地政府對內資與台資企業不公平待遇的程度	2.617	37	-	-
	構面平均值	2.742	w	2.793	

表 12-1 · 2013 TEEMA10＋I 投資環境力細項評估指標排名分析（續）

構面	細項評估指標	2013 評分	2013 排序	2011 評分	變化
2. 經濟與經營	❶ 當地基層勞動力供應充裕的程度	3.003	05	2.901	+0.102
	❷ 當地專業及技術人才供應充裕的程度	2.896	09	2.839	+0.057
	❸ 當地產業供應鏈完整的程度	2.797	21	2.755	+0.042
	❹ 當地金融體系自由化及完備的程度	2.659	33	2.765	-0.106
	❺ 當地經營成本、廠房與相關設施成本合理程度	2.807	19	2.729	+0.078
	❻ 當地經濟發展潛力的程度	2.787	23	2.69	+0.097
	❼ 當地民眾消費潛力的程度	2.868	16	2.832	+0.036
	❽ 當地天然資源與稀土金屬蘊藏豐富的程度	2.741	26	2.794	-0.053
	❾ 當地原物料取得便利與成本合理的程度	2.892	11	2.811	+0.081
	❿ 當地土地價格取得合理的程度	2.871	15	2.789	+0.082
	⓫ 當地獲得中央財政支持的程度	2.900	08	2.952	-0.052
	⓬ 當地跨國企業投資踴躍的程度	3.007	03	2.906	+0.101
	⓭ 當地適宜優質平價商品銷售的程度	2.734	28	-	-
	⓮ 當地環境適合台商作為製造業或生產基地轉移	2.877	13	-	-
	⓯ 當地享有區域貿易協定優惠的程度	2.793	22	-	-
	構面平均值	2.842	u	2.814	
3. 社會與文化	❶ 當地社會治安良好的程度	2.875	14	2.899	-0.024
	❷ 當地社會風氣及民眾價值觀正確的程度	2.916	07	2.889	+0.027
	❸ 當地民眾的文化素質與素養的程度	2.716	30	2.809	-0.093
	❹ 當地民眾及政府歡迎台商投資的積極態度	2.890	12	2.873	+0.017
	❺ 當地民眾誠信及道德觀的程度	2.736	27	2.822	-0.086
	❻ 當地民眾學習態度與積極努力的程度	2.867	17	2.833	+0.034
	❼ 當地民眾擁有創業家精神的程度	2.802	20	2.855	-0.053
	❽ 當地員工對企業忠誠的程度	2.654	34	-	-
	構面平均值	2.807	v	2.854	
4. 科技與基礎	❶ 當地海陸空交通運輸便利程度	2.894	10	2.989	-0.095
	❷ 當地水電燃氣及能源充沛的程度	3.006	04	2.992	+0.014
	❸ 當地資訊與通訊設施完備完善程度	2.581	38	2.679	-0.098
	❹ 當地物流倉儲及管道通路體系完備的程度	2.505	43	2.595	-0.090
	❺ 當地總體發展及城市建設規劃完善的程度	2.544	42	2.622	-0.078
	❻ 當地政府鼓勵企業自主創新的程度	2.575	40	2.654	-0.079
	❼ 當地政府鼓勵企業自創品牌的程度	2.630	36	2.713	-0.083
	❽ 當地科技發展速度符合企業營運需求的程度	2.721	29	2.797	-0.076
	❾ 當地學校、科研機構完備的程度	2.933	06	3.001	-0.068
	❿ 當地醫療衛生、保健設施的質與量完備程度	2.840	18	-	-
	構面平均值	2.723	x	2.782	
投資環境力	4 項構面平均值	2.784	-	2.811	

資料來源：本研究整理

二、TEEMA10+I 投資環境力排名分析

2013《TEEMA10+I 調查報告》根據列入評估的 54 個城市進行投資環境力分析，結果如表 12-2 所示，茲就分析內容分述如下：

1. 就投資環境力評價最佳前 10 個城市而言：本研究評價最佳前 10 個城市分別為：(1) 巴淡島；(2) 新加坡市；(3) 胡志明市；(4) 檳城州；(5) 斯里百加灣市；(6) 班加羅爾市；(7) 海德拉巴市；(8) 同奈省；(9) 吉隆坡市；(10) 清萊府。其中，印尼巴淡島為自由貿易區，外商投資享多項優惠、基礎建設完備，並以「享有新加坡的設施與環境，卻只要支付印尼一般工資」聞名，此外，2013 年擴大於天然氣開採之招商引資，可望成為全球企業入駐新動因；而新加坡市具政府執行效率佳、公開且自由的金融體系、多項投資優惠政策、社經發展均衡等優勢，使其成為東南亞最佳投資地之一，除於本調查中位列前茅，更 7 度蟬聯世界銀行（WB）（2012）《全球經商環境報告》（Doing Business 2013）全球最佳經商環境第一名。排名第三的胡志明市，擁有交通樞紐、鄰近國際港口之優勢，對外開放程度亦較高，吸引諸多外國廠商進駐，為越南長久以來之工商業大城，此外，根據胡志明市貿易投資促進中心（Ho Chi Minh City Investment & Trade Promotion Centre）經理徐明善（2013）表示：「胡志明市將推動高技術、高智慧產業、高品質輔助工業和服務業」，顯示胡志明市接下來將佈局知識經濟，拉高其國際競爭力。

2. 就投資環境力評價最差前 10 個城市而言：本研究評價最差前 10 個城市分別為：(1) 琅勃拉邦市；(2) 永珍市；(3) 金邊市；(4) 吳哥市；(5) 新德里市；(6) 海防市；(7) 蜆港市；(8) 沙巴州；(9) 太原省；(10) 萬隆。上述城市於各構面之評價皆不佳，整體消費、產業成熟度、人民素質等皆較為落後，如寮國琅勃拉邦市、柬埔寨吳哥市雖皆以其原始的自然、歷史景觀著稱，但其開發程度亦較低，基礎建設缺乏，對當地經商者有諸多不便；而永珍市雖為寮國首都，但根據台灣外貿協會研考委員曾棟鐘（2012）表示：「永珍市之建設多還處於造橋修路階段」，顯示永珍市仍有待政府長期規劃，強化其投資吸引力。另一方面，柬埔寨金邊市、印度新德里市雖基礎建設較為完善，但社會問題層出不窮，金邊市長 Kep Chuktema（2012）曾表示：「市民集結賭博，致使出現許多暴力搶劫現象」，而印度新德里市則犯罪事件不斷。綜上可知，評價較差之城市皆有賴當地政府強力執法，改正社會風氣，以增加當地投資吸引力。

表 12-2 · 2013 TEEMA10＋I 投資環境力排名分析

排名	國　家	城　市	政治與法律		經濟與經營		社會與文化		科技與基礎		投資環境力
			平均	排名	平均	排名	平均	排名	平均	排名	
01	印　尼	巴淡島	3.758	02	3.804	01	3.837	01	3.525	02	3.742
02	新 加 坡	新加坡市	4.014	01	3.407	02	3.569	02	3.625	01	3.626
03	越　南	胡志明市	3.409	03	3.394	04	3.401	03	3.402	03	3.400
04	馬來西亞	檳城州	3.309	06	3.404	03	3.191	07	3.264	04	3.320
05	汶　萊	斯里百加灣市	3.313	05	3.235	05	3.285	04	3.113	06	3.238
06	印　度	班加羅爾市	3.295	07	3.225	06	3.196	06	3.086	07	3.210
07	印　度	海德拉巴市	3.338	04	3.127	09	3.178	08	3.000	10	3.162
08	越　南	同奈省	3.118	10	3.223	07	3.103	10	3.064	08	3.147
09	馬來西亞	吉隆坡市	3.012	13	3.113	10	3.224	05	3.138	05	3.109
10	泰　國	清萊府	3.119	09	3.140	08	3.141	09	2.871	15	3.081
11	泰　國	曼谷市	3.055	12	2.966	16	3.102	11	2.824	20	2.980
12	泰　國	羅永府	3.128	08	2.908	24	3.038	14	2.885	14	2.978
13	越　南	永福省	2.935	15	2.927	20	3.099	12	2.979	11	2.966
14	越　南	平陽省	2.927	16	2.965	17	3.059	13	2.910	12	2.959
15	泰　國	大城府	3.100	11	2.885	26	3.035	15	2.833	18	2.951
16	泰　國	清邁府	2.859	19	3.002	13	2.926	20	2.869	16	2.928
17	馬來西亞	馬六甲州	2.851	20	2.997	14	3.009	16	2.777	23	2.918
18	印　尼	雅加達市	2.950	14	3.059	11	2.818	23	2.550	36	2.894
19	馬來西亞	雪蘭莪州	2.675	26	2.919	22	2.936	19	3.006	09	2.878
20	泰　國	春武里府	2.873	17	2.818	29	2.983	18	2.893	13	2.872
21	菲 律 賓	馬尼拉市	2.637	33	2.968	15	2.986	17	2.846	17	2.864
22	印　尼	峇里島	2.794	21	2.927	21	2.754	28	2.809	21	2.844
23	越　南	北寧省	2.792	22	2.948	19	2.760	27	2.736	24	2.838
24	越　南	河內市	2.870	18	2.791	32	2.793	25	2.805	22	2.814
25	越　南	河西省	2.661	29	2.857	28	2.826	22	2.830	19	2.798
26	馬來西亞	柔佛州	2.668	28	3.011	12	2.766	26	2.547	38	2.796
27	越　南	海陽省	2.778	24	2.875	27	2.695	32	2.731	25	2.795
28	印　度	清奈市	2.789	23	2.801	30	2.871	21	2.718	26	2.792
29	印　度	孟買市	2.648	31	2.906	25	2.794	24	2.679	29	2.779
30	印　度	加爾各答市	2.674	27	2.798	31	2.643	39	2.649	31	2.714
31	馬來西亞	砂勞越州	2.632	35	2.763	33	2.726	30	2.694	28	2.711
32	印　尼	泗水市	2.588	38	2.723	36	2.715	31	2.669	30	2.677
33	越　南	芹苴市	2.753	25	2.656	42	2.750	29	2.563	35	2.676
34	越　南	北江省	2.613	36	2.731	35	2.684	33	2.634	32	2.675
35	馬來西亞	吉達州	2.642	32	2.754	34	2.663	36	2.482	44	2.658
36	緬　甸	仰光市	2.403	44	2.954	18	2.549	41	2.418	46	2.648
37	越　南	巴地頭頓省	2.467	40	2.715	38	2.583	40	2.717	27	2.633
38	馬來西亞	森美蘭州	2.636	34	2.721	37	2.477	46	2.548	37	2.629
39	泰　國	北柳府	2.651	30	2.696	40	2.497	44	2.510	43	2.618
40	緬　甸	曼德勒市	2.320	47	2.918	23	2.492	45	2.457	45	2.612

表 12-2 · 2013 TEEMA10 + I 投資環境力排名分析（續）

排名	國家	城市	政治與法律		經濟與經營		社會與文化		科技與基礎		投資環境力
			平均	排名	平均	排名	平均	排名	平均	排名	
41	馬來西亞	霹靂州	2.425	43	2.704	39	2.645	38	2.541	39	2.593
42	菲律賓	蘇比克灣特區	2.439	42	2.687	41	2.534	43	2.615	33	2.588
43	印尼	棉蘭	2.450	41	2.638	43	2.671	35	2.570	34	2.582
44	菲律賓	宿霧市	2.606	37	2.527	46	2.676	34	2.519	42	2.568
45	印尼	萬隆	2.475	39	2.633	44	2.539	42	2.538	40	2.560
46	越南	太原省	2.394	45	2.527	45	2.651	37	2.524	41	2.512
47	馬來西亞	沙巴州	2.276	49	2.477	47	2.398	48	2.364	47	2.392
48	越南	蜆港市	2.174	51	2.449	48	2.395	49	2.290	48	2.341
49	越南	海防市	2.236	50	2.390	50	2.409	47	2.270	50	2.330
50	印度	新德里市	2.278	48	2.420	49	2.334	51	2.207	53	2.329
51	柬埔寨	吳哥市	2.367	46	2.191	54	2.317	52	2.203	54	2.256
52	柬埔寨	金邊市	2.106	52	2.220	52	2.383	50	2.218	52	2.216
53	寮國	永珍市	1.991	53	2.200	53	2.305	53	2.281	49	2.180
54	寮國	琅勃拉邦市	1.777	54	2.382	51	2.167	54	2.243	51	2.171

註：【1】問卷評分轉換：「非常好=5分」、「好=4分」、「尚可=3分」、「差=2分」、「非常差=1分」

【2】投資環境力＝【政治與法律×25％】＋【經濟與經營×40％】＋【社會與文化×15％】＋【科技與基礎×20％】

2013 TEEMA10＋I
投資風險度剖析

2013 《TEEMA10+I 調查報告》有關投資風險度主要是由三個構面及 30 個細項指標進行衡量，其 3 個構面的評估項目分別是：(1)10 個「政治風險」構面指標；(2)8 個「匯兌風險」構面指標；(3)12 個「營運風險」構面指標。經由 2,196 份有效問卷進行城市投資風險的評估，其評分標準以 1 到 5 分來做評價，5 分評價為「極高度風險」、4 分評價為「高度風險」、3 分評價為「中度風險」、2 分評價為「低度風險」、1 分評價為「完全無風險」。也就是說，該地區的投資風險越高則評分越高，該地區的投資風險越低則評分越低，而以 3 分為平均滿意度。整體投資風險度的評價主要是針對 3 個構面的評分，分別乘以專家給予 3 個構面之權重，有關投資風險度的 3 構面權重分別為政治風險 40%、匯兌風險 20%、營運風險 40%，也就是，評價的計算公式為「投資風險度＝（政治風險 ×40%）＋（匯兌風險 ×20%）＋（營運風險 ×40%）」。

一、TEEMA10+I 投資風險度細項指標分析

經由 2013《TEEMA10+I 調查報告》回收 2,196 份有效問卷中，投資風險度的 30 個細項指標之評價，如表 13-1 所示，投資風險度評價最佳的前五項指標排名分別為：(1) 當地原物料價格不穩定影響企業獲利的風險（2.914 分）；(2) 當地工會組織發動抗議事件頻繁的風險（2.935 分）；(3) 當地限電、限水措施影響企業營運的風險（2.943 分）；(4) 當地語言與文化不同造成溝通與認知不良的風險（2.957 分）；（5）台商企業在當地發生經貿糾紛頻繁的風險

（2.960分）。

此外，投資風險度評價最差的前五項細項指標分別為：(1) 當地政府行政命令變動頻繁的風險（3.287分）；(2) 當地政治派系、宗教及種族衝突的風險（3.245分）；(3)當地員工道德操守造成台商企業營運損失的風險（3.234分）；(4) 當地領土邊界與海洋權益爭端增加企業經營的風險（3.232分）；(5) 當地企業信用不佳欠債追索不易的風險（3.205分）。

根據2013《TEEMA10+I調查報告》投資風險度3個評估構面分析結果，各投資風險度構面的排名依序為：(1) 政治風險為3.164分；(2) 營運風險為3.091分；(3) 匯兌風險為3.068分，顯示，「政治風險」、「營運風險」及「匯兌風險」此3項評估構面的構面平均值均達到3分的平均滿意度。茲將此3構面的分析及排名分別陳述如後：

1. 就政治風險而言：此構面之平均值為3.164，在政治風險10個細項評估指標中，表現最佳的為「當地實施貿易保護主義受到國際制裁的風險」（3.027分）；其次為「當地台商人身財產安全受到威脅的風險」（3.067分）；而「當地法令規定企業僱聘當地員工制約企業發展的風險」（3.096分）為第三位。此外，位居政治風險的10個細項評估指標最後一位為「當地政府行政命令變動頻繁的風險」（3.287分）。

2. 就匯兌風險而言：此構面評價分數為3.068，在匯兌風險的8個細項評估指標中，表現最佳者的為「當地原物料價格不穩定影響企業獲利的風險（2.914分），第二位為「當地勞動最低工資變動頻繁徒增企業成本的風險」（2.986分），而「當地政府對台商優惠承諾無法兌現的風險」（3.025分）為第三位。此外，位於8項細項指標最末位的為「當地地方稅賦政策變動頻繁影響企業利潤的風險」（3.187分）。

3. 就營運風險而言：此構面之評價分數為3.091，在營運風險的10項細項評估指標中，表現最佳者的為「當地工會組織發動抗議事件頻繁的風險」（2.935分），以「當地限電、限水措施影響企業營運的風險」（2.943分）為第二，第三為「當地語言與文化不同造成溝通與認知不良的風險」（2.957分）。而「當地員工道德操守造成台商企業營運損失的風險」則以3.234分位居10項指標的最末位。

表 13-1 · 2013 TEEMA10 + I 投資風險度細項評估指標排名分析

構面	細項評估指標	2013 評分	2013 排名	2011 評分	變化
1. 政治風險	❶ 當地政府行政命令變動頻繁的風險	3.287	30	3.371	-0.084
	❷ 當地政治派系、宗教及種族衝突的風險	3.245	29	3.268	-0.023
	❸ 當地常發生社會治安不良、暴動衝突、秩序不穩風險	3.198	24	3.111	+0.087
	❹ 當地官員對法令規範執行偏差的風險	3.168	21	3.086	+0.082
	❺ 當地政府以不當方式要求台商回饋的風險	3.156	16	3.043	+0.113
	❻ 當地台商人身財產安全受到威脅的風險	3.067	11	3.013	+0.054
	❼ 當地實施貿易保護主義受到國際制裁的風險	3.027	09	3.088	-0.061
	❽ 當地領土邊界與海洋權益爭端增加企業經營的風險	3.232	27	-	-
	❾ 當地法令規定企業僱聘當地員工制約企業發展的風險	3.096	12	-	-
	❿ 當地自然資源保護制度的風險	3.167	20	-	-
	構面平均值	3.164	w	3.140	-
2. 匯兌風險	❶ 當地外匯嚴格管制及利潤匯出不易的風險	3.102	13	3.155	-0.053
	❷ 當地地方稅賦政策變動頻繁影響企業利潤的風險	3.187	22	3.117	+0.070
	❸ 台商藉當地銀行體系籌措與取得資金困難的風險	3.156	17	3.091	+0.065
	❹ 當地政府保護主義濃厚影響企業獲利的風險	3.131	14	3.05	+0.081
	❺ 當地政府對台商優惠承諾無法兌現的風險	3.025	08	3.045	-0.020
	❻ 當地匯率變動頻繁侵蝕企業獲利的風險	3.040	10	3.072	-0.032
	❼ 當地原物料價格不穩定影響企業獲利的風險	2.914	01	2.982	-0.068
	❽ 當地勞動最低工資變動頻繁徒增企業成本的風險	2.986	06	2.94	+0.046
	構面平均值	3.068	u	3.057	-
3. 營運風險	❶ 當地員工道德操守造成台商企業營運損失的風險	3.234	28	3.279	-0.045
	❷ 當地企業信用不佳欠債追索不易的風險	3.205	26	3.211	-0.006
	❸ 當地經營企業維持人際網路成本過高的風險	3.159	19	3.095	0.064
	❹ 當地政府干預台商企業經營運作的風險	3.001	07	3.041	-0.040
	❺ 當地發生員工抗議、抗爭、罷工事件頻繁的風險	3.202	25	3.126	0.076
	❻ 當地員工抗壓性不足產生之行為影響企業運作的風險	3.157	18	3.106	0.051
	❼ 當地工會組織發動抗議事件頻繁的風險	2.935	02	2.914	0.021
	❽ 台商企業在當地發生經貿糾紛頻繁的風險	2.960	05	2.918	0.042
	❾ 當地語言與文化不同造成溝通與認知不良的風險	2.957	04	2.904	0.053
	❿ 當地限電、限水措施影響企業營運的風險	2.943	03	2.899	0.044
	⓫ 當地適任人才及員工招募不易的風險	3.189	23	-	-
	⓬ 當地基礎交通建設不足影響企業營運的風險	3.152	15	-	-
	構面平均值	3.091	v	3.049	-
投資風險度	3 項構面平均值	3.109	-	3.082	-

資料來源：本研究整理

註：投資風險度評分越低，代表投資風險滿意度越高。

二、TEEMA10+I 投資風險度排名分析

2013《TEEMA10+I 調查報告》針對 54 個被列入評估的城市進行投資風險度分析，如表 13-2 所示，茲將分析結果陳述如下：

1. 就投資風險度評價最佳前 10 個城市而言： 2013 投資風險排名評價較佳前 10 名的城市分別為：(1) 巴淡島 (2) 新加坡市；(3) 胡志明市；(4) 斯里百加灣市；(5) 檳城州；(6) 同奈省；(7) 班加羅爾市；(8) 吉隆坡市；(9) 雪蘭莪州；(10) 羅永府。由表 13-2 所示，印尼巴淡島在「政治風險」、「匯兌風險」及「營運風險」3 項評估指標中皆位居第一，根據巴淡島地產開發商 BJS 集團台灣辦事處主任林傳葉（2012）表示：「印尼巴淡島不僅具有充沛勞工及低廉工資，更因為其為自由貿易區，外商投資設廠的機器設備、進口生產用原物料及出口成品等皆免稅，再加上巴淡島無外匯管制，資金可自由進出，以及完善的基礎建設又無缺電缺水困擾等，使巴淡島成為台商投資東南亞國家最佳選擇之一」，顯示其整體風險度表現大大優於其他城市。

2. 就投資風險度評價最差前 10 個城市而言： 2013 投資風險排名評價較差前 10 名的城市分別為：(1) 永珍市；(2) 琅勃拉邦市；(3) 金邊市；(4) 吳哥市；(5) 沙巴州；(6) 新德里市；(7) 蜆港市；(8) 太原省；(9) 巴地頭頓省；(10) 海防市。其中，寮國永珍市在「政治風險」、「匯兌風險」及「營運風險」3 項評估指標中皆位於最後一名，且整體投資風險度排名由 2011 年第 49 名下滑至第 54 名，根據《國際商情》（2012）指出：「雖然永珍市的基礎建設為寮國最進步之城市，但卻不完善」，顯示寮國永珍市之基礎建設仍為不足，使其「投資風險度」方面的評價較為不佳。

表 13-2 · 2013 TEEMA10 + I 投資風險度排名分析

排名	國　　家	城　　市	❶ 政治風險		❷ 匯兌風險		❸ 營運風險		投資風險度
			平均	排名	平均	排名	平均	排名	
01	印　尼	巴淡島	2.428	01	2.510	01	2.380	01	2.425
02	新加坡	新加坡市	2.578	03	2.520	02	2.389	02	2.491
03	越　南	胡志市	2.626	04	2.633	05	2.573	03	2.606
04	汶　萊	斯里百加灣市	2.575	02	2.621	04	2.688	06	2.629
05	馬來西亞	檳城州	2.738	06	2.747	10	2.665	04	2.711
06	越　南	同奈省	2.766	08	2.750	11	2.777	09	2.767
07	印　度	班加羅爾市	2.800	09	2.725	07	2.769	08	2.773

表 13-2 · 2013 TEEMA10 + I 投資風險度排名分析（續）

排名	國　家	城　市	❶ 政治風險		❷ 匯兌風險		❸ 營運風險		投資風險度
			平均	排名	平均	排名	平均	排名	
08	馬來西亞	吉隆坡市	2.703	05	2.764	12	2.870	13	2.782
09	馬來西亞	雪蘭莪州	2.750	07	2.844	14	2.794	10	2.786
10	泰　國	羅永府	2.913	15	2.779	13	2.686	05	2.795
11	印　度	海德拉巴市	2.905	14	2.731	08	2.823	12	2.837
12	泰　國	清萊府	3.119	24	2.540	03	2.745	07	2.854
13	越　南	永福省	2.894	13	2.893	17	2.821	11	2.865
14	越　南	平陽省	2.849	11	2.855	15	2.908	14	2.874
15	泰　國	曼谷市	2.836	10	2.873	16	2.935	16	2.883
16	印　尼	雅加達市	2.893	12	2.926	18	2.968	17	2.930
17	菲律賓	馬尼拉市	3.120	25	2.685	06	2.909	15	2.949
18	泰　國	春武里府	3.053	16	2.742	09	3.119	28	3.017
19	泰　國	清邁府	3.059	17	2.957	22	3.065	25	3.041
20	越　南	河內市	3.061	18	3.078	29	3.005	20	3.042
21	印　度	清奈市	3.084	20	3.181	36	2.997	19	3.069
22	印　尼	峇里島	3.215	32	2.936	20	2.990	18	3.069
23	馬來西亞	馬六甲州	3.079	19	3.186	37	3.019	22	3.077
24	越　南	北寧省	3.136	26	3.003	24	3.069	26	3.083
25	越　南	北江省	3.166	27	3.043	28	3.049	23	3.095
26	印　尼	泗水市	3.109	23	3.031	26	3.154	30	3.111
27	印　度	加爾各答市	3.100	21	3.214	38	3.083	27	3.116
28	泰　國	大城府	3.197	30	2.934	19	3.157	31	3.129
29	印　度	孟買市	3.252	36	3.128	33	3.017	21	3.133
30	越　南	河西省	3.109	22	3.027	25	3.237	39	3.144
31	馬來西亞	柔佛州	3.185	29	3.125	32	3.195	34	3.177
32	越　南	海陽省	3.206	31	3.078	29	3.203	36	3.179
33	馬來西亞	吉達州	3.233	34	3.106	31	3.169	32	3.182
34	菲律賓	宿霧市	3.444	43	2.941	21	3.049	23	3.186
35	馬來西亞	砂勞越州	3.174	28	3.169	35	3.218	37	3.191
36	印　尼	棉蘭	3.250	35	3.163	34	3.169	33	3.200
37	馬來西亞	森美蘭州	3.227	33	2.970	23	3.295	40	3.203
38	越　南	芹苴市	3.427	40	3.033	27	3.125	29	3.227
39	馬來西亞	霹靂州	3.291	37	3.379	43	3.195	35	3.270
40	泰　國	北柳府	3.459	44	3.240	39	3.218	38	3.319
41	印　尼	萬隆	3.384	38	3.379	43	3.422	46	3.398
42	菲律賓	蘇比克灣特區	3.527	48	3.258	40	3.379	42	3.414

表 13-2 · 2013 TEEMA10＋I 投資風險度排名分析（續）

排名	國　家	城　市	❶ 政治風險 平均	排名	❷ 匯兌風險 平均	排名	❸ 營運風險 平均	排名	投資風險度
43	緬　甸	曼德勒市	3.433	42	3.404	45	3.400	45	3.414
44	緬　甸	仰光市	3.482	46	3.371	42	3.386	44	3.422
45	越　南	海防市	3.473	45	3.496	49	3.346	41	3.427
46	越　南	巴地頭頓省	3.506	47	3.306	41	3.447	47	3.442
47	越　南	太原省	3.424	39	3.434	47	3.564	52	3.482
48	越　南	蜆港市	3.623	50	3.411	46	3.384	43	3.485
49	印　度	新德里市	3.428	41	3.541	51	3.569	53	3.507
50	馬來西亞	沙巴州	3.576	49	3.508	50	3.490	51	3.528
51	柬埔寨	吳哥市	3.630	51	3.463	48	3.475	49	3.535
52	柬埔寨	金邊市	3.724	52	3.617	52	3.480	50	3.605
53	寮　國	琅勃拉邦市	3.820	53	3.646	53	3.458	48	3.641
54	寮　國	永珍市	3.825	54	3.766	54	3.625	54	3.733

資料來源：本研究整理

註：【1】投資風險度越高，代表企業對該城市投資風險滿意度評價越低。

　　【2】投資風險度＝【政治風險×40%】＋【匯兌風險×20%】＋【營運風險×40%】

第 14 章

2013 TEEMA10 + I
企業推薦度剖析

2013《TEEMA10＋I調查報告》中針對企業推薦度作評價，評價構面由10個指標所構成，各指標採用1至5分之評價。「非常好」則評為5分評價、「好」4分、「尚可」3分、「差」2分、「非常差」則給予1分的評價，而10項指標分別是：(1) 城市競爭力；(2) 投資環境力；(3) 投資風險度；(4) 整體發展潛力；(5) 城市整體投資效益；(6) 國際接軌程度；(7) 企業權益保護；(8) 政府行政效率；(9) 內銷市場前景；(10) 整體生活品質。

一、TEEMA10+I 企業推薦度細項指標分析

根據表 14-1 顯示，在 2013《TEEMA10+I 調查報告》中，回收 2,196 份有效問卷，進行衡量企業推薦度的 10 個細項指標，評價最佳的前五項指標排名分別為：(1) 該國或該城市競爭力（2.877 分）；(2) 該國或該城市投資環境力（2.854 分）；(3) 該國或該城市投資風險度（2.682 分）；(4) 該國或該城市之內銷市場前景（2.653 分）；(5) 該國或該城市整體生活品質（2.639 分），以 3 分為滿意度之平均，可看出此 10 細項指標評價皆低於 3 分，顯示出企業對該投資國家的滿意度仍處在平均值以下，尤其第八名國際接軌程度（2.577 分）、第九名的政府行政效率（2.545 分）與第 10 名的企業權益保護（2.543 分），可看出企業對於該國與國際接軌程度較不滿意，仍具進步空間，並期盼該國對於行政效率以及對企業權益之保護環境能更加完善。

2013 年企業推薦度 10 項指標評價皆較 2011 年下滑，顯示出投資東協仍具一定程度風險，東協等國由於外國資金大量湧入，對此國泰康利資產管理公司

總裁 Mark Konyn（2012）表示：「熱錢皆會流入最敏感的東協」。一語道出，熱錢的湧入造成東協等國房地產價格飆高以及股價升高，產生泡沫經濟隱憂。然而，霸菱證券投資顧問公司 2013 年發表〈東協股市停看聽〉文章中指出：「2013年東南亞指數（MSCI）上漲 3.65%。MSCI 憑藉強勁的內需市場支撐其成長，仍具上升之格局」。由上可知，雖面臨熱錢湧入但東協前景依舊被看好。

表 14-1 · 2013 TEEMA10 ＋ I 企業推薦度細項評估指標排名分析

構面	細項評估指標	2013評分	2013排序	2011評分	變化
企業推薦度	❶ 就該國或該城市競爭力而言	2.877	01	2.965	-0.088
	❷ 就該國或該城市投資環境力而言	2.854	02	2.925	-0.071
	❸ 就該國或該城市投資風險度而言	2.682	03	2.752	-0.070
	❹ 就該國或該城市整體發展潛力而言	2.636	06	2.712	-0.076
	❺ 就該國或該城市整體投資效益而言	2.605	07	2.668	-0.063
	❻ 就該國或該城市與國際接軌程度而言	2.577	08	2.638	-0.061
	❼ 就該國或該城市對企業權益保護而言	2.543	10	2.625	-0.082
	❽ 就該國或該城市政府行政效率而言	2.545	09	2.621	-0.076
	❾ 就該國或該城市之內銷市場前景而言	2.653	04	2.719	-0.066
	❿ 就該國或該城市整體生活品質而言	2.639	05	2.740	-0.101
	構面平均值	2.661	-	2.737	-0.076

二、TEEMA10+I 企業推薦度排名分析

2013《TEEMA10 ＋ I 調查報告》針對列入評估的 54 座城市進行企業推薦度分析，其結果如表 14-2 顯示，茲剖析內容如下：

1. 針對企業推薦度評價最佳前十個城市：評價最佳前 10 名城市分別為：(1) 新加坡市；(2) 巴淡島；(3) 檳城州；(4) 胡志明市；(5) 班加羅爾市；(6) 吉隆坡市；(7) 同奈省；(8) 斯里百加灣市；(9) 雪蘭莪州；(10) 永福省。新加坡金融人才充沛、金融體系完善且根據政府國際透明組織（TI）（2012）發布《貪腐印象指數報告》（Corruption Perception Index）內容指出新加坡位居亞洲第一，可知新加坡政府施政效率高，使之在各評比指標上均獲高分。此外，檳城州從 2011 年第 11 名躍升為第 3 名，在投資效益（3.638 分）及與國際接軌（3.447 分）兩項指標獲高分肯定，檳城州致力於「檳城轉型計劃」吸引大量外資挹注，可看出與國際高度接軌，未來發展潛力無可限量。另巴淡島為經濟自由貿易特區，提供外

商眾多投資優惠政策，例如原物料進口免稅、無外匯管制等，以致在 54 座城市評比獲得較高評價。

　　2. 就企業推薦度評價最差前 10 個城市：評價較差前 10 名城市分別為：(1) 永珍市；(2) 吳哥市；(3) 琅勃拉邦市；(4) 蜆港市；(5) 金邊市；(6) 沙巴州；(7) 太原省；(8) 蘇比克灣特區；(9) 海防市；(10) 新德里市。寮國為內陸國家無出海口，首都永珍市仍以農業為主要經濟支柱，工業基礎薄弱，加上基礎建設不足、境內無鐵路設備又無法發展海運等因素下，使其經濟發展遭受限制，故企業推薦度排名倒數第一。而吳哥市處於低度開發階段且總體投資環境不佳，由基礎建設可見一斑，包含境內交通不便，全國更僅有兩條鐵路且內河航運受乾雨季水量影響，使投資環境不被企業推薦。

表 14-2 · 2013 TEEMA10＋I 企業推薦度排名分析

排名	國家	城市	①國家競爭力 評價	排名	②投資環境力 評價	排名	③投資風險度 評價	排名	④發展潛力 評價	排名	⑤投資效益 評價	排名	⑥國際接軌 評價	排名	⑦權益保護 評價	排名	⑧行政效率 評價	排名	⑨內銷市場 評價	排名	⑩生活品質 評價	排名	企業推薦度
01	新 加 坡	新加坡市	3.882	01	3.843	01	3.686	01	3.529	01	3.608	02	3.882	01	3.608	01	3.784	01	3.569	01	3.765	01	3.703
02	印 尼	巴淡島	3.639	02	3.500	04	3.528	02	3.361	04	3.417	03	3.333	03	3.389	02	3.278	02	3.389	03	3.417	02	3.421
03	馬來西亞	檳城州	3.489	05	3.426	05	3.340	05	3.489	02	3.638	01	3.447	02	3.383	03	3.213	05	3.149	05	3.362	04	3.383
04	越 南	胡志明市	3.609	03	3.652	02	3.435	03	3.239	05	3.207	06	3.163	08	3.250	06	3.272	03	3.435	02	3.304	05	3.359
05	印 度	班加羅爾市	3.523	04	3.569	03	3.415	04	3.169	08	3.277	05	3.215	06	3.323	04	3.246	04	3.338	04	3.200	06	3.335
06	馬來西亞	吉隆坡市	3.402	08	3.370	06	3.185	08	3.402	03	3.207	06	3.272	04	3.283	05	3.109	06	3.033	09	3.380	03	3.251
07	越 南	同奈省	3.411	07	3.268	07	3.268	06	3.196	06	3.321	04	3.071	10	2.857	13	2.821	13	3.089	08	2.875	11	3.104
08	汶 萊	斯里百加灣市	2.938	20	3.156	10	3.156	09	3.188	07	3.188	08	3.219	05	2.969	08	3.000	07	3.125	07	3.188	07	3.091
09	馬來西亞	雪蘭莪州	3.042	15	3.111	12	3.194	07	3.042	10	3.083	09	3.111	09	3.097	07	2.903	11	2.931	13	2.972	09	3.044
10	越 南	永福省	3.029	16	3.147	11	3.059	10	2.824	13	2.912	10	2.765	16	2.882	10	3.000	07	3.029	10	3.059	08	2.974
11	印 度	海德拉巴市	3.300	09	2.775	30	2.750	20	2.650	25	2.900	11	3.175	07	2.950	09	2.775	17	2.825	20	2.850	13	2.880
12	泰 國	羅永府	3.436	06	2.821	24	2.821	14	2.590	32	2.718	18	2.538	26	2.769	14	2.949	09	3.128	06	2.821	16	2.877
13	泰 國	曼谷市	3.073	14	3.000	14	2.909	13	2.636	27	2.727	17	2.836	12	2.727	15	2.782	15	2.945	12	2.964	10	2.845
14	印 尼	雅加達市	2.881	22	2.857	22	2.786	16	2.952	12	2.881	12	2.714	18	2.881	11	2.786	14	2.786	25	2.738	23	2.837
15	越 南	河內市	2.844	24	3.016	13	2.797	15	2.969	11	2.828	13	2.672	19	2.719	16	2.656	20	2.906	15	2.797	19	2.816
16	泰 國	清萊府	3.000	17	2.677	36	2.581	30	2.710	17	2.742	16	2.774	14	2.871	12	2.935	10	2.806	23	2.806	17	2.802
17	泰 國	清邁府	3.219	11	3.188	09	2.688	24	2.594	30	2.563	28	2.813	13	2.656	19	2.781	16	2.656	29	2.844	14	2.789
18	越 南	平陽省	2.980	19	3.000	14	2.784	17	2.784	14	2.627	23	2.647	21	2.608	22	2.725	18	2.882	16	2.843	15	2.780
19	菲 律 賓	馬尼拉市	2.826	25	2.848	23	3.022	11	2.761	15	2.826	14	2.848	11	2.543	25	2.609	23	2.826	19	2.761	21	2.764

表 14-2 · 2013 TEEMA10 + I 企業推薦度排名分析（續）

排名	國家	城市	❶國家競爭力 評價	❶排名	❷投資環境力 評價	❷排名	❸投資風險度 評價	❸排名	❹發展潛力 評價	❹排名	❺投資效益 評價	❺排名	❻國際接軌 評價	❻排名	❼權益保護 評價	❼排名	❽行政效率 評價	❽排名	❾內銷市場 評價	❾排名	❿生活品質 評價	❿排名	企業推薦度
20	泰國	春武里府	3.300	09	3.267	08	3.000	12	2.700	18	2.633	22	2.567	24	2.667	18	2.433	32	2.500	34	2.567	33	2.762
21	越南	北江省	2.813	28	3.000	14	2.500	32	2.688	20	2.750	15	2.438	33	2.625	21	2.656	20	2.875	17	2.781	20	2.716
22	泰國	大城府	3.000	17	2.722	34	2.611	28	2.667	23	2.528	30	2.444	32	2.639	20	2.861	12	2.722	27	2.806	18	2.713
23	馬來西亞	馬六甲州	2.791	32	2.953	18	2.767	18	2.744	16	2.698	20	2.767	15	2.419	33	2.395	34	2.791	24	2.860	12	2.678
24	馬來西亞	柔佛州	3.191	13	3.000	14	2.702	23	2.574	33	2.596	26	2.532	27	2.298	39	2.404	33	2.809	22	2.617	30	2.650
24	越南	北寧省	2.667	38	2.778	29	2.472	36	2.694	19	2.611	25	2.667	20	2.694	17	2.500	27	2.917	14	2.472	38	2.650
26	越南	海陽省	2.625	41	2.594	42	2.625	27	2.594	30	2.625	24	2.750	17	2.563	24	2.656	20	2.813	21	2.750	22	2.645
27	印度	清奈市	3.196	12	2.804	25	2.750	20	2.500	36	2.286	43	2.304	42	2.500	27	2.500	27	2.643	30	2.714	24	2.619
28	印尼	棉蘭	2.800	30	2.700	35	2.433	38	2.633	28	2.700	19	2.600	23	2.600	23	2.567	25	2.467	36	2.500	37	2.603
29	印度	加爾各答市	2.886	21	2.800	26	2.743	22	2.686	21	2.400	38	2.514	29	2.371	34	2.371	35	2.829	18	2.543	35	2.599
30	越南	河西省	2.879	23	2.909	19	2.545	31	2.455	39	2.394	40	2.636	22	2.333	36	2.576	24	2.606	31	2.667	27	2.580
31	印尼	峇里島	2.697	35	2.727	33	2.758	19	2.485	38	2.424	36	2.515	28	2.424	32	2.667	19	2.455	38	2.606	31	2.574
32	菲律賓	宿霧市	2.781	33	2.625	40	2.344	43	2.438	40	2.469	34	2.344	38	2.438	30	2.500	27	2.969	11	2.688	26	2.555
33	泰國	北柳府	2.795	31	2.641	38	2.385	41	2.385	41	2.513	32	2.462	30	2.513	26	2.487	30	2.692	28	2.692	25	2.549
34	印度	孟買市	2.479	49	2.667	37	2.458	37	2.646	26	2.521	31	2.438	33	2.438	30	2.458	31	2.729	26	2.563	34	2.534
35	馬來西亞	吉達州	2.818	27	2.909	19	2.303	46	2.667	23	2.455	35	2.545	25	2.455	29	2.545	26	2.273	44	2.242	46	2.532
36	印尼	泗水市	2.813	28	2.781	28	2.656	25	2.531	35	2.406	37	2.406	35	2.344	35	2.250	38	2.500	34	2.531	36	2.505
37	馬來西亞	砂勞越州	2.548	46	2.548	43	2.419	40	2.677	22	2.484	33	2.387	36	2.484	28	2.323	36	2.452	39	2.645	28	2.485
38	緬甸	仰光市	2.515	47	2.606	41	2.424	39	3.121	09	2.667	21	2.242	43	2.212	42	2.121	45	2.545	33	2.455	39	2.473

表 14-2 · 2013 TEEMA10＋I 企業推薦度排名分析（續）

排名	國家	城市	❶國家競爭力 評價	排名	❷投資環境力 評價	排名	❸投資風險度 評價	排名	❹發展潛力 評價	排名	❺投資效益 評價	排名	❻國際接軌 評價	排名	❼權益保護 評價	排名	❽行政效率 評價	排名	❾內銷市場 評價	排名	❿生活品質 評價	排名	企業推薦度
39	馬來西亞	霹靂州	2.688	37	2.750	31	2.594	29	2.500	36	2.313	41	2.313	40	2.313	38	2.188	42	2.563	32	2.625	29	2.463
40	越南	芹苴市	2.700	34	2.867	21	2.633	26	2.233	46	2.200	45	2.233	44	2.333	36	2.167	44	2.467	36	2.300	43	2.412
41	緬甸	曼德勒市	2.667	38	2.733	32	2.500	32	2.533	34	2.400	38	2.367	37	2.233	41	2.100	46	2.367	40	1.933	50	2.385
42	印尼	萬隆	2.594	43	2.531	45	2.500	32	2.625	29	2.563	28	2.313	40	2.094	45	2.094	47	2.313	42	2.313	41	2.372
43	越南	巴地頭頓省	2.556	45	2.639	39	2.333	44	2.333	44	2.306	42	2.167	45	2.278	40	2.250	38	2.333	41	2.167	48	2.346
44	馬來西亞	森美蘭州	2.364	50	2.485	50	2.273	49	2.212	47	2.576	27	2.455	31	2.182	43	2.212	40	2.212	48	2.576	32	2.323
45	印度	新德里市	2.826	25	2.370	52	2.348	42	2.130	48	2.043	49	2.109	46	2.087	47	2.261	37	2.283	43	2.413	40	2.278
46	越南	海防市	2.697	35	2.515	47	2.273	49	1.909	53	2.091	47	2.333	39	2.152	44	2.212	40	2.242	46	2.212	47	2.255
47	菲律賓	蘇比克灣特區	2.636	40	2.545	44	2.303	46	2.000	51	1.970	53	2.03	48	2.061	48	2.182	43	2.242	46	2.303	42	2.223
48	越南	太原省	2.206	53	2.353	53	2.235	52	2.382	42	2.147	46	2.088	47	2.059	50	2.088	49	2.265	45	2.294	44	2.200
49	馬來西亞	沙巴州	2.606	42	2.455	51	2.333	44	2.303	45	1.818	54	2.000	49	2.061	48	2.091	48	1.970	51	2.091	49	2.176
50	柬埔寨	金邊市	2.485	48	2.515	47	2.242	51	2.364	43	2.273	44	1.879	54	1.939	51	2.000	51	1.939	52	1.879	51	2.161
51	越南	峴港市	2.194	54	2.516	46	2.484	35	2.065	49	2.065	48	1.935	52	1.839	54	1.968	52	2.194	49	2.290	45	2.134
52	寮國	琅勃拉邦市	2.567	44	2.800	26	2.300	48	2.033	50	2.033	50	1.933	53	1.933	52	1.800	54	1.667	54	1.800	54	2.087
53	柬埔寨	吳哥市	2.233	52	2.467	52	2.233	53	1.800	54	2.033	50	1.967	51	1.900	53	2.033	50	2.000	50	1.867	52	2.058
54	寮國	永珍市	2.250	51	2.313	54	1.938	54	1.969	52	2.031	52	2.000	49	2.094	45	1.906	53	1.781	53	1.813	53	2.019

資料來源：本研究整理

2013 TEEMA10+ I 綜合城市競爭力剖析

2013 《TEEMA10+I 調查報告》挑選出 54 個城市，並依照「三力兩度」評估模式，進行調查與評估。衡量此 54 個城市之構面，皆依循學者及專家的評分配置的國家競爭力、國家軟實力、投資環境力等三力，及投資風險度與企業推薦度等兩度，最終按評分結果計算出「城市綜合競爭力」。關於此一評分計算公式為「綜合城市競爭力＝（國家競爭力 ×10%）＋（國家軟實力 ×10%）（投資環境力 ×35%）＋（投資風險度 ×30%）＋（企業推薦度 ×15%）」。

2013 《TEEMA10+I 調查報告》採用百分位的計算方式，並將其所得的評分將之轉變為「城市推薦等級」。在 54 個城市中，評分各構面項目中最高值設為 99.9 分，反之為 50.5 分為最低值。此外，在評分等級中，以 10 分為等距劃分，共分成四等級。【A】級城市為 80 分以上，列為「極力推薦」等級；【B】級為 70 分到 80 分，屬於「值得推薦」等級；【C】級城市為 60 分到 70 分，屬於「勉予推薦」等級；【D】級城市則為 60 分以下，列為「暫不推薦」城市。有關 2013 《TEEMA10+I 調查報告》列入評估調查 54 個城市之城市綜合競爭力及推薦等級如表 15-1 所示。

一、TEEMA10+I 綜合城市競爭力排名

表 15-1 為 2013 《TEEMA10 ＋ I 調查報告》「綜合城市競爭力」排行，茲將各城市的排名及相關重要內容論述如下：

1. 綜合城市競爭力評價最佳前 10 個城市：2013 《TEEMA10 ＋ I 調查報

告》綜合城市競爭力評價最佳的前 10 個城市依序為：(1) 新加坡市；(2) 巴淡島；(3) 胡志明市；(4) 濱城州；(5) 班加羅爾；(6) 吉隆坡市；(7) 斯里百加灣市；(8) 海德拉巴市；(9) 同奈省；(10) 雪蘭莪州。在 54 個城市中，名列前茅的新加坡市，因優越的地理位置，使其成為全球舉足輕重的轉運海港，根據《亞洲貨運新聞》於 2012 年舉行「亞洲貨運業及供應鏈獎」中，新加坡連續 24 年奪下「亞洲最佳海港」之桂冠，顯示出新加坡港口的卓越性，使其在貿易行業中，佔有一席之地。而鄰近新加坡的印尼巴淡島，因受惠於地理位置、基礎建設及出口優勢等因素，成為印尼政府首要發展的經濟特區之一，且與新加坡共同合作發展經濟特區，根據印尼總統 Susilo 與新加坡總理李顯龍於 2012 年共同表示：「雙方目前最主要的經濟合作項目為共同推進巴淡、民丹與井裏汶經濟特區建設」。由此可知，印尼希冀能藉由與新加坡合作的優勢，大力發展旅遊、房地產、蔬果生產等產業，進而推動巴淡島的經濟持續成長，也成為外資投資於此地的選項之一。

2. 綜合城市競爭力評價最差前 10 個城市：2013《TEEMA10＋I調查報告》綜合城市競爭力評價最差的前 10 個城市依序為：(1) 永珍市；(2) 琅勃拉邦市；(3) 金邊市；(4) 吳哥市；(5) 蜆港市；(6) 曼德勒市；(7) 海防市；(8) 仰光市；(9) 新德里市；(10) 沙巴州。在此綜合城市競爭力調查報告中，永珍市為一座歷史悠久的古城，也為寮國之首都，此外，永珍市更是寮國政治、經濟及文化中心。而寮國政府為了吸引外商投資，於 2012 年推動「2+3」的投資方式，亦即寮國政府提供勞動力資源，而外商提供資金、技術及市場，希冀透過此方式提高投資者意願；然而，永珍市雖為寮國首都，但根據永珍市公共工程和運輸處處長 Dedsongkham（2012）表示：「寮國從中國大陸借逾 4,200 萬美元，實施道路工程」。顯示出寮國的道路建設的不足，且街道柏油不完善，造成層層的黃土紛飛，不僅影響交通往來，對市容也有礙觀瞻，此外，寮國也缺乏工業基礎，工業產品多數仰賴國外進口，顯示寮國經濟發展趨勢仍有待加強，也為影響永珍市與琅勃拉邦市的綜合城市競爭力不佳的因素。而柬埔寨則在電力供應方面，飽受困擾，根據柬埔寨工業礦產和能源部能源局總局長敦良（2012）表示：「柬埔寨從越南、寮國及泰國購買的電力占總電量的 45%」。由此可知，柬埔寨電力供給嚴重欠缺且須仰賴周邊國家補足，使金邊市與吳哥市在城市競爭力的排名為倒數 2、3 名。

3. 就城市推薦等級而言：表 15-1 顯示出，2013《TEEMA10＋I調查報告》的 54 個城市中，評分列為【A】級「極力推薦」等級的有 9 個城市，佔 16.67%；【B】級「值得推薦」等級有 25 個城市，佔 46.30%；【C】級「勉

予推薦」等級，有 15 個城市，佔 27.78%；最後，則有 5 個城市列為【D】級「暫不推薦」等級，佔 9.26%，為越南、寮國及柬埔寨國家。在柬埔寨方面，根據台灣經濟部（2012）《柬埔寨投資環境簡介》指出：「柬埔寨官僚體系效率不高，且基礎建設落後」，顯示出柬埔寨仍有很大改善空間。東南亞國家普遍受到基礎建設不健全影響，反映在水電供應抑或是道路方面，連帶使得外資投資意願降低。

二、2013 TEEMA10+I【A】級極力推薦城市剖析

1. 新加坡市

新加坡市為新加坡共和國之首都，國土面積僅約 98 平方公里，集政治、經濟、文化為中心，素有「花園城市」之稱。新加坡自開埠後，漸漸壯大港埠貨櫃的吞吐量，成為世界最繁忙的港口之一。此外，新加坡因地狹小，有些地區是以填海造地的方式，增加國土面積，如世界最大且壯觀的樟宜機場，綜上可知，新加坡國土面積雖小，但在開放的發展與國際接軌下，創造許多世界頂尖的佳績，也進而提升城市競爭力。

❶基礎建設完善：根據美世諮詢（Mercer）2012 年發布《2012 生活品質調查》（Quality of Living 2012）報告指出，新加坡在基礎建設此項目，於全球 220 個調查城市中，勇奪榜首。由此可知，新加坡在完善的基礎建設下，不僅提升國人生活品質，更提升國家在國際上的競爭力。

❷投資環境優異：依據世界銀行（WB）於 2012 年發布《2013 經商環境報告》（Doing Business 2013）指出，衡量全球 185 個國家的經商環境，新加坡排名第一名，已經 7 度蟬聯冠軍。顯示，新加坡經商程序持續改善、政策輔佐，以方便企業經營。

❸政府表現清廉：全球反貪污機構國際透明組織（TI）於 2012 年公布《2012 清廉指數》（Corruption Perceptions Index 2012）顯示，在全球衡量的 176 個國家中，新加坡排名第五名，為亞洲國家唯一進入前十名的經濟體。由此可知，新加坡在政府清廉方面表現優異，有助於企業進駐投資意願。

❹創新能力突出：根據世界智慧財產權組織（WIPO）與歐洲工商管理學院（INSEAD）2012 年編寫《2012 年全球創新指數（GII）》（The Global Innovation Index 2012）顯示，針對 141 個國家及地區進行創新能力與創新成果的調查，新加坡在總排名居於第三名。由此道出，新加坡創新表現提高城市綜合競爭力。

表 15-1 · 2013 TEEMA10 + I 城市綜合競爭力排名分析

2013排名	國家	城市	❶ 國家競爭力 評分	百分位	排名	❷ 國家軟實力 評分	百分位	排名	❸ 投資環境力 評分	百分位	排名	❹ 投資風險度 評分	百分位	排名	❺ 企業推薦度 評分	百分位	排名	推薦等級	城市綜合競爭力 2013	等級	2011	等級	2009	等級
01	新加坡	新加坡市	81.158	99.990	01	97.522	99.990	01	3.626	96.326	02	2.491	97.475	02	3.703	99.990	01	極力推薦	97.953	A01	98.120	A01	99.715	A01
02	印尼	巴淡島	71.982	80.540	03	73.716	71.515	05	3.742	99.990	01	2.425	99.990	01	3.421	91.617	02		93.941	A02	90.638	A02	92.239	A02
03	越南	胡志明市	67.725	71.515	05	75.206	73.298	04	3.400	89.133	03	2.606	93.059	03	3.359	89.788	04		87.064	A03	84.713	A03	77.524	B02
04	馬來西亞	檳城州	68.012	72.125	04	90.611	91.724	02	3.320	86.584	04	2.711	89.072	04	3.383	90.493	03		86.985	A04	81.537	A04	91.746	A03
05	印度	班加羅爾	79.762	97.031	02	68.945	65.809	07	3.210	83.084	06	2.773	86.704	07	3.335	89.080	05		84.737	A05	89.682	A03	85.718	A04
06	馬來西亞	吉隆坡市	68.012	72.125	04	90.611	91.724	02	3.109	79.873	09	2.782	86.354	08	3.251	86.578	06		83.234	A06	87.668	A04	82.481	A07
07	汶萊	斯里百加灣市	64.329	64.317	07	67.660	64.271	08	3.238	83.950	05	2.629	92.187	04	3.091	81.815	08		82.170	A07	78.948	B03	81.099	A08
08	印度	海德拉巴市	79.762	97.031	02	68.945	65.809	07	3.162	81.538	07	2.837	84.231	11	2.880	75.564	11		81.426	A08	78.501	B04	76.235	B05
09	越南	同奈省	67.725	71.515	05	75.206	73.298	04	3.147	81.061	08	2.767	86.916	06	3.104	82.226	07		81.261	A09	77.627	B06	75.525	B07
10	馬來西亞	雪蘭莪州	68.012	72.125	04	90.611	91.724	02	2.878	72.508	19	2.786	86.183	09	3.044	80.445	09	值得推薦	79.684	B01	84.606	A06	82.883	A06
11	泰國	清萊府	66.907	69.783	06	79.042	77.886	03	3.081	78.972	10	2.854	83.610	12	2.802	73.237	16		78.475	B02	79.383	B01	77.409	B03
12	泰國	羅永府	66.907	69.783	06	79.042	77.886	03	2.978	75.685	12	2.795	85.842	10	2.877	75.472	12		78.330	B03	82.055	A07	78.568	B01
13	越南	永福省	67.725	71.515	05	75.206	73.298	04	2.966	75.295	13	2.865	83.186	13	2.974	78.340	10		77.541	B04	79.212	B02	82.943	A05
14	泰國	曼谷市	66.907	69.783	06	79.042	77.886	03	2.980	75.758	11	2.883	82.488	15	2.845	74.538	13		77.209	B05	76.048	B09	74.878	B09
15	越南	平陽省	67.725	71.515	05	75.206	73.298	04	2.959	75.071	14	2.874	82.829	14	2.780	72.607	18		76.496	B06	75.626	B12	73.674	B12
16	印尼	雅加達市	71.982	80.540	03	73.716	71.515	05	2.894	73.009	18	2.930	80.709	16	2.837	74.284	14		76.114	B07	74.640	B14	65.308	C12
17	馬來西亞	馬六甲州	68.012	72.125	04	90.611	91.724	02	2.918	73.787	17	3.077	75.090	23	2.678	69.565	23		75.172	B08	78.134	B05	74.561	B11
18	泰國	清邁府	66.907	69.783	06	79.042	77.886	03	2.928	74.108	16	3.041	76.443	19	2.789	72.864	17		74.567	B09	75.050	B13	75.734	B06
19	泰國	春武里府	66.907	69.783	06	79.042	77.886	03	2.872	72.305	20	3.017	77.351	18	2.762	72.051	20		74.086	B10	76.466	B07	74.926	B10
20	印度	清奈市	79.762	97.031	02	68.945	65.809	07	2.792	69.769	28	3.069	75.398	21	2.619	67.809	27		73.494	B11	76.399	B08	74.745	B08

表 15-1 · 2013 TEEMA10＋I 城市綜合競爭力排名分析（續）

2013排名	國家	城市	❶國家競爭力 評分	百分位	排名	❷國家軟實力 評分	百分位	排名	❸投資環境力 評分	百分位	排名	❹投資風險度 評分	百分位	排名	❺企業推薦度 評分	百分位	排名	推薦等級	城市綜合競爭力 2013	等級	2011	等級	2009	等級
21	泰國	大城府	66.907	69.783	06	79.042	77.886	03	2.951	74.829	15	3.129	73.101	28	2.713	70.592	22		73.476	B12	75.735	B10	76.787	B04
22	越南	河內市	67.725	71.515	05	75.206	73.298	04	2.814	70.462	24	3.042	76.409	20	2.816	73.653	15		73.114	B13	72.443	B18	71.166	B17
23	菲律賓	馬尼拉市	62.599	60.649	08	72.248	69.760	06	2.864	72.049	21	2.949	79.984	17	2.764	72.124	19		73.072	B14	71.476	B20	67.841	C03
24	印尼	峇里島	71.982	80.540	03	73.716	71.515	05	2.844	71.435	22	3.069	75.375	22	2.574	66.488	31		72.793	B15	73.531	B16	-	-
25	馬來西亞	柔佛州	68.012	72.125	04	90.611	91.724	02	2.796	69.893	26	3.177	71.251	31	2.650	68.737	25		72.533	B16	75.698	B11	71.189	B16
26	印度	孟買市	79.762	97.031	02	68.945	65.809	07	2.779	69.363	29	3.133	72.923	29	2.534	65.305	34	值得推薦	72.234	B17	71.691	B19	69.141	C02
27	越南	北寧省	67.725	71.515	05	75.206	73.298	04	2.838	71.250	23	3.083	74.849	24	2.650	68.737	24		72.184	B18	71.189	B22	72.429	B15
28	印度	加爾各答市	79.762	97.031	02	68.945	65.809	07	2.714	67.287	30	3.116	73.577	27	2.599	67.210	29		71.989	B19	69.957	C01	66.088	C10
29	越南	河西省	67.725	71.515	05	75.206	73.298	04	2.798	69.953	25	3.144	72.518	30	2.580	66.668	30		70.720	B20	73.846	B15	73.036	B13
30	馬來西亞	砂勞越州	68.012	72.125	04	90.611	91.724	02	2.711	67.194	31	3.191	70.732	35	2.485	63.854	37		70.700	B21	73.331	B17	70.718	B18
31	越南	海陽省	67.725	71.515	05	75.206	73.298	04	2.795	69.869	27	3.179	71.162	32	2.645	68.598	26		70.574	B22	70.552	B24	72.485	B14
32	越南	北江省	67.725	71.515	05	75.206	73.298	04	2.675	66.049	34	3.095	74.401	25	2.716	70.685	21		70.521	B23	70.205	B25	69.486	C01
33	馬來西亞	吉達州	68.012	72.125	04	90.611	91.724	02	2.658	65.501	35	3.182	71.053	33	2.532	65.229	35		70.411	B24	69.020	C02	66.886	C05
34	印尼	泗水市	71.982	80.540	03	73.716	71.515	05	2.677	66.112	32	3.111	73.758	26	2.505	64.424	36		70.136	B25	67.652	C06	65.246	C13
35	馬來西亞	森美蘭州	68.012	72.125	04	90.611	91.724	02	2.629	64.580	38	3.203	70.258	37	2.323	59.023	44		68.919	C01	71.429	B21	-	-
36	印尼	棉蘭	71.982	80.540	03	73.716	71.515	05	2.582	63.096	43	3.200	70.363	36	2.603	67.352	28		68.501	C02	66.812	C08	-	-
37	馬來西亞	霹靂州	68.012	72.125	04	90.611	91.724	02	2.593	63.429	41	3.270	67.693	39	2.463	63.171	39	勉予推薦	68.369	C03	70.678	B23	-	-
38	越南	芹苴市	67.725	71.515	05	75.206	73.298	04	2.676	66.071	33	3.227	69.330	38	2.412	61.663	40		67.654	C04	68.785	C04	66.553	C08
39	泰國	北柳府	66.907	69.783	06	79.042	77.886	03	2.618	64.224	39	3.319	65.832	40	2.549	65.730	33		66.854	C05	66.320	C10	-	-
40	菲律賓	宿霧市	62.599	60.649	08	72.248	69.760	06	2.568	62.627	44	3.186	70.925	34	2.555	65.908	32		66.124	C06	64.083	C14	66.265	C09

表 15-1 · 2013 TEEMA10＋I 城市綜合競爭力排名分析（續）

2013排名	國家	城市	❶國家競爭力			❷國家軟實力			❸投資環境力			❹投資風險度			❺企業推薦度			推薦等級	城市綜合競爭力					
			評分	百分位	排名	評分	百分位	排名	評分	百分位	排名	評分	百分位	排名	評分	百分位	排名		2013	等級	2011	等級	2009	等級
41	印尼	萬隆	71.982	80.540	03	73.716	71.515	05	2.560	62.402	45	3.398	62.797	41	2.372	60.481	42	勉予推薦	64.957	C07	66.501	C07	-	-
42	越南	巴地頭頓省	67.725	71.515	05	75.206	73.298	04	2.633	64.725	37	3.442	61.124	46	2.346	59.708	43		64.429	C08	68.934	C03	66.762	C06
43	菲律賓	蘇比克灣特區	62.599	60.649	08	72.248	69.760	06	2.588	63.271	42	3.414	62.198	42	2.223	56.054	47		62.253	C09	60.412	C15	-	-
44	越南	大原省	67.725	71.515	05	75.206	73.298	04	2.512	60.855	46	3.482	59.610	47	2.200	55.380	48		61.970	C10	66.264	C11	65.142	C14
45	馬來西亞	沙巴州	68.012	72.125	04	90.611	91.724	02	2.392	57.043	47	3.528	57.848	50	2.176	54.660	49		61.903	C11	68.577	C05	67.643	C04
46	印度	新德里市	79.762	97.031	02	68.945	65.809	07	2.329	55.041	50	3.507	58.642	49	2.278	57.703	45		61.796	C12	65.934	C13	66.751	C07
47	緬甸	仰光市	58.741	52.473	10	55.729	50.000	11	2.648	65.195	36	3.422	61.909	44	2.473	63.475	38		61.159	C13	50.466	D04	50.005	D04
48	越南	海防市	67.725	71.515	05	75.206	73.298	04	2.330	55.080	49	3.427	61.710	45	2.255	56.999	46		60.822	C14	67.647	C07	65.898	C11
49	緬甸	曼德勒市	58.741	52.473	10	55.729	50.000	11	2.612	64.049	40	3.414	62.189	43	2.385	60.871	41		60.452	C15	-	-	-	-
50	越南	峴港市	67.725	71.515	05	75.206	73.298	04	2.341	55.408	48	3.485	59.480	48	2.134	53.417	51	暫不推薦	59.731	D01	66.186	C12	65.073	C15
51	柬埔寨	吳哥市	57.575	50.000	11	62.998	58.695	09	2.256	52.723	51	3.535	57.591	51	2.058	51.175	53		54.276	D02	57.898	D02	57.777	D02
52	柬埔寨	金邊市	57.575	50.000	11	62.998	58.695	09	2.216	51.429	52	3.605	54.893	52	2.161	54.211	50		53.469	D03	57.686	D03	59.793	D01
53	寮國	琅勃拉邦市	61.286	57.868	09	60.777	56.038	10	2.171	50.000	54	3.641	53.540	53	2.087	52.016	52		52.755	D04				
54	寮國	永珍市	61.286	57.868	09	60.777	56.038	10	2.180	50.283	53	3.733	50.000	54	2.019	50.000	54		51.490	D05	58.051	D01	54.737	D03

資料來源：本研究整理

註：城市綜合競爭力＝【國家競爭力×10%】＋【國家軟實力×10%】＋【投資環境力×35%】＋【投資風險度×30%】＋【企業推薦度×15%】

❺航運樞紐效率：根據馬士基（Maersk）亞太區總裁 Thomas（2013）表示：「新加坡具有成本及品質結合的優勢，且擁有高效率的海事管理，此外，非常容易吸引人才」，由此可知，新加坡除位於絕佳的地理位置外，在航運領域也深具技術管理及吸納人才的能力，深受國際知名航運企業青睞。

2. 印尼巴淡島

巴淡島隸屬印尼廖內群島省，享有「小峇里島」之稱，面積共 715 平方公里，人口約 100 萬人，其中，14% 為華人。此外，巴淡島隔新加坡海峽與新加坡相望，距離亞洲金融及商業中心之新加坡約 20 公里，兩城市間商業往來頻繁，為集結商業、工業及旅遊業發展的城市。根據印尼巴淡主管機構（BP Batam）統計數據（2013）顯示：「2013 年首兩個月，已有 10 家外資企業投資於巴淡自由貿易區，共達 1.2 億美元」，顯示巴淡島地理位置優越加上優良之經商環境，成為企業投資之焦點。

❶免稅港口條件：巴淡島早於 1978 年成為免稅區，根據巴淡島地產開發商 BJS 集團台灣辦事處主任林傳業（2012）表示：「巴淡島為自由貿易區，外商投資設廠所要進口之機器設備及生產用原物料免稅、成品出口亦免稅且 24 小時通關作業」，免稅區之港口帶給企業節省關稅成本之優勢，加上效率化之通關流程，吸引許多企業前往投資。

❷地理位置優越：巴淡島為印尼最接近新加坡之城市，距離新加坡 20 公里，搭渡船只需花費 40 分鐘。由於國際金融及航運中心之新加坡，生活水準高因此生活成本也高之下，投資經商者可透過進駐靠近新加坡之巴淡島，節省成本又不失經商便利性，甚至便於進攻兩億人口之印尼市場。

❸水電資源充足：水、電資源充足為經商基本條件之一，一般在東南亞國家，最常面臨缺電困境，然而，印尼巴淡島除不缺水亦不缺電。根據印度礦業公司 PT Indopura 總經理 Arief Winata（2012）表示：「巴淡島擁有充足電力與清潔水源供應，因而與中國大陸企業合作選擇投資該城市 7 億美元建立鋁土礦精煉廠」，水與電充足的優良經商環境，使巴淡島在外企眼中更為突出。

❹鐵路建設完善：巴淡島鐵路基礎建設預計於 2014 年動工，並於 2017 年工程完工投入運作。根據印尼交通部鐵路總司長 Tundjung Inderawan（2012）指出：「巴淡島鄰近新加坡與馬來西亞，透過鐵路基礎建設將能連接巴淡島工業區與機場和港口，有助於工業區與貨運港口物流環境」，興建鐵路建設，促使巴淡島擁有更加完善的投資環境。

❺資金流通自由：資金流通自由帶給企業相當大的方便性。巴淡島對於企

業無限制最低投資額、無外匯管制使資金可自由匯進匯出，在此投資環境優越下，企業方便資金調動，不用受困於盈餘無法匯出之風險且增加由海外取得資金之管道。

3. 越南胡志明市

胡志明為越南最大的城市，吸引來自各省的移民到此投資，作為越南最大的經濟與金融中心，城市內包含許多外國企業，涉及高科技、電子、加工、建材和農產品等。胡志明市身為拉動越南經濟體發展的火車頭，以城市為核心發展多極化地區模式，將潛力與優勢擴散至周圍地區，隨著經濟成長與城市快速擴張，市政府必須逐步強化基礎建設與投資環境，未來胡志明市將幫助越南成為下一條亞洲巨龍。

❶**河港腹地遼闊**：胡志明市有著越南最大港口，為越南南部重要的交通樞紐，距離出海口約 80 公里，當漲潮時貨輪可沿河而上直駛市內，有著優良的商業吞吐港，2012 年上半年貨物吞吐量達 545 萬噸，較 2011 年成長 11%，由此裝卸的貨物能藉由鐵路或公路輸送至越南各地，其河港腹地範圍廣大，方便國內外業者進行貿易活動，替越南政府創下驚人貿易收入。

❷**外資吸引力強**：胡志明市致力於推動外商投資，開放 9 大產業項目以及高經濟價值之投資，提出各項優惠措施鼓勵外資進駐。根據胡志明市計畫投資廳（2012）表示：「2012 年胡志明市累積吸收約 13 億美元，較 2011 年成長 21%」，顯示胡志明市對於招商引資的信心雄厚，更在越南全國吸收外資排行榜高居第二位，故得以看出企業在此投資對其認同程度有一定水準。

❸**基礎建設進步**：胡志明市為完善投資環境，提高外人投資意願，密集加強基礎建設的興建，預計在 2013 年動土擴建 CAT LAT 港口，欲打造成胡志明市物流中心，以更有利於貨品進出口運輸及發送。此外，將在 2013 年 10 月建成通車的高速公路，亦將成為運輸力最大的公路，加速貨物運送的效率，推動大胡志明市經濟圈之發展。

❹**消費能力強勁**：因中產階級崛起、年輕人口眾多，使得胡志明市零售市場蓬勃發展，截至 2012 年底，胡志明市約有 40 家百貨中心及 287 家超級市場，由此可知，零售業者對胡志明市消費潛力十分看好，雖其人均 GDP 僅達 2,000 美元，但消費水平卻有機會上看 10,000 美元。

❺**鼓勵產業群聚**：根據越南計畫投資部企業發展局副局長阮重校（2012）表示：「越南已進入中等收入國家，政府將鼓勵民間企業開發產業群聚，胡志明市被選為計劃目標之一」，顯示越南政府欲在胡志明市集中投資具潛力項目，如

紡織、鞋業與木製加工等,並透過企業間密集合作,提高營運效率與競爭力,將胡志明市打造為產業群聚中心。

4. 馬來西亞檳城州

檳城州素有「東方之珠」稱號,是東方城市中最詩意及最浪漫的城市之一。該城市位於馬來半島西北海岸的一個小島,於 1786 年被英國殖民政府開發為商業中心,發展迄今已成為一個融合中國大陸、馬來西亞、荷蘭、葡萄牙及英國等多元中西文化之大都市。不僅於此,有許多全球知名電子業廠商也集中於此,諸如:Intel、Western Digital、Bosch 等大廠,因此被尊稱為「東方矽谷」。

❶工業群聚優勢:根據《華爾街日報》(The Wall Street Journal)(2012)指出:「受到中國大陸調漲工資約 20%,促使許多知名工業大廠紛至落於檳城州」。然而在該市之檳城峇都交灣(Batu Kawan)設立太陽能光電廠,更為該國規模最大的生產基地之一。根據馬國投資發展局(MIDA)(2012)統計:「檳城州 2011 年製造業投資金額為 28.73 億美元,佔該國製造業投資額之 16.24%,亦是蟬聯全國最熱門投資工業首選地」。

❷交通建設發達:檳城州政府將擴大投資興建交通建設,並且根據檳城州首席部長林冠英(2013)表示:「將開始實施『檳城兩岸三通・一個檳城』計劃,來改善交通問題」。該計劃將興建北海隧道、加寬現有丹絨武雅至直落巴巷道路,預計能改善當地塞車約 30% 的情況。

❸旅遊產業興起:素有東方花園美譽的檳城洲,2011 年更被雅虎(Yahoo)評選為「世界八大有生之年必遊的島嶼」。不僅於此,檳城州的首府「喬治市」在 2008 年被聯合國教科文組織(UNESCO)列為「世界文化遺產」景點後,促使檳城州旅遊產業發展。

❹完善投資環境:雖檳城州土地面積僅有約 293 平方公尺,屬馬來西亞最小洲之一,但根據馬國投資發展局(MIDA)(2012)統計:「檳城州在 2010 年及 2011 年所獲投資額為馬來西亞居冠,佔該國總投資額 28%」,其主要能引入大量資金認為該城市具有完善投資環境,另根據東益電子(Gtronic)董事長王學理(2012)表示:「從長期來看,為避免供應鏈受到天災影響,外加上該洲具備發達國際空運站和貨運建設,促使列為最佳投資地點」。

❺最適居住城市:檳城州具有眾多名勝古蹟,加上風景優美,氣候宜人,是世界最適宜居住城市。根據國際諮詢 ECA International 機構(2012)發布《全球亞洲最適宜居住城市排名調查》指出:「檳城州連續 3 年被列為亞洲 10 大最適宜居住地方」,另外根據雅虎(Yahoo)(2013)發布《全球 8 個退休

後最適合居住城市調查》中：「檳城州榮獲位居第四名，也是亞洲唯一入圍城市」，其主要認為該州具有完善鄉村規劃、良好基礎建設，成為該國最適宜居住城市新亮點。

5. 印度班加羅爾市

班加羅爾（Bangalore）位於印度南部，海拔 920 公尺的高原城市，印度自 1947 年獨立後，政府將班加羅爾發展成重工業產業城市。趨勢大師 Thomas Friedman 於 2005 年出版《世界是平的》（The World is Flat）中提及印度正蓬勃發展，尤其以具有「印度矽谷」美譽的第五大城市班加羅爾更為不容忽視的城市。

❶資訊科技重鎮：班加羅爾自 1990 年成立印度首座軟體科技園區後，已成為全球資通訊及高科技的研發與製造重鎮，依據印度經貿資訊網（2012）表示：「截至 2012 年 9 月已吸引高達 80 家名列於 Fortune 前 500 大企業、超過 700 家跨國企業及超過 2,000 家 IT 企業在此設立營運總部，其中國際知名的 Microsoft、Intel 及 IBM 等企業均在此設立研發中心，使班加羅爾成為全球第四大科技重鎮」。顯示班加羅爾在高科技研發之成就不可一般。

❷氣候條件宜人：班加羅爾全年四季如春、氣候宜人素有「花園城市」之稱，且由於環境、氣候條件好，空氣品質良好，符合精密製造業研究發展的要求，同時更吸引大批高科技人才定居，使班加羅爾逐漸成為以空間技術、電器和通訊設備、飛機製造、機床、汽車等產業為龍頭的產業聚落，逐步奠定班加羅爾雄厚的科技基礎，成為印度有名的「科學城」。

❸文化教育優良：班加羅爾從 1970 年代著手教育改革，是印度平均受教育程度最高的城市之一。至 2012 年，共有工程學院 125 所，居印度各城市首位。班加羅爾雲集如印度理工學院、印度管理學院、國家高級研究學院和印度信息技術學院等諸多知名大學。而班加羅爾大學（BU）為印度最大、最有名的大學之一，該大學的軟體工程教學與研究居世界前列，是印度最好的 25 所五星級高校之一，於 2011 年在全印度高校中排名第九位。

❹文化遺產豐富：班加羅爾為印度第五大城，於殖民時代遺留下來諸多文化遺產，包含於 1986 年受聯合國教科文組織認可的漢比古跡群（Group of Monuments at Hampi）、於 1987 的帕塔達卡爾古跡群（Group of Monuments at Pattadakal）文化遺產 。印度具有豐沛人文遺產、自然奇觀及宗教特質，而聯合國教科文組織（UNESCO），評定印度多達 28 處世界文化遺產，是一個神祕的古文化國度。其中班加羅爾有著富饒的花崗岩，素有「石

城」之稱，並富有精美的絲綢和鮮花水果。

❺**高度經濟實惠**：根據全球國際時尚購物指標的環球藍聯（Global Blue）於 2012 年發布《環球購物城市指數》（The Globe Shopper Index）報告顯示，班加羅爾於亞太 25 座城市中，位居第 14 名，而其在細項指標「經濟實惠性」得分最高，意旨在班加羅爾的餐點飲食、酒店消費、交通費用等價位宜人經濟實惠，使消費者願意前往此地觀光消費。

6. 馬來西亞吉隆坡市

吉隆坡（Kuala Lumpur）於馬來語中原意為「河口的淤泥地」，而該名稱亦標誌著吉隆坡位於鵝麥河（Gombak）與巴生河（Klang）交匯處的地理環境。吉隆坡現為馬來西亞的首都，面積約有 243 平方公里，人口數約達 160 萬人，為馬來西亞的第一大城市。此外，吉隆坡於 2012 年公布《外交政策》（Foreign Policy）之全球城市指數（2012 Global Cities Index）中被評選為第 49 名，在東協暨印度諸城市中，僅次於新加坡、曼谷及新德里，顯示吉隆坡於東協暨印度各城市中具有一定的政經地位。

❶**區域金融重鎮**：馬來西亞政府積極將吉隆坡打造為區域金融中心，並於 2010 年引進阿布扎比穆巴達拉發展公司（Mubadala Development Company）發展吉隆坡金融區域，使吉隆坡的城市競爭力日益加強，正如同 Bloomberg 首席執行長兼總裁 Dan Doctoroff 2013 年 2 月 19 日所述：「吉隆坡已成為一個主要的區域性和國際金融中心且不斷發展壯大」。

❷**清真經濟中心**：吉隆坡清真市場發展純熟，其中包含「東南亞清真認證理事會」（HFC-SEA）與「國際清真品保聯盟」（International Halal Integrity Alliance；IHI）等在內之機構皆設址吉隆坡，加上馬來西亞政府（2012）表示：「吉隆坡擁有全球最大的伊斯蘭債券市場」，顯見其已發展為國際清真經濟中心，使吉隆坡於清真產業發展上極具競爭力。

❸**學府人才供給**：中國大陸社會科學財政與貿易經濟研究所博士倪鵬飛（2006）表示：「對城市競爭力而言的最重要的並非產業集群，而是人才供給」。2012 年全球 500 強大學排名中，馬來西亞最高學府且亦為唯一間上榜的馬來亞大學（Universiti Malaya；UM）即位於吉隆坡，為吉隆坡的城市發展持續供給優秀人才，增強吉隆坡的城市競爭力。

❹**經濟計畫推動**：「大吉隆坡計畫」（TheGreater KL/Klang Valley）隸屬於馬來西亞經濟轉型計畫（Economic Transformation Programme；ETP）中，該計畫於 2011 年斥資 1,720 億令吉，以提升吉隆坡的生活素質、

促進商業活動與帶動產業價值,而最終希望能於 2020 年將吉隆坡打造為世界 20 個宜居以及經濟成長活躍的城市之一。

❺馬新高鐵計畫:2013 年 2 月 19 日,馬來西亞首相納吉與新加坡總理李顯龍共同發表聲明表示:「兩國將共同興建一條連接新加坡與吉隆坡的高鐵,預計於 2020 年完工」。該高速鐵路的興建將使吉隆坡與新加坡間的交通更為便利,更有助於吉隆坡利用來自新加坡之資本,提升自身之城市競爭力。

7. 汶萊斯里百加灣市

斯里百加灣市(Bandar Seri Begawan)原名為汶萊市,為汶萊的首都,1970 年改名為現名,「斯里百加灣」為汶萊現任蘇丹父親的封號,具有「光榮、輝煌、神聖」的意思。斯里百加灣市人口約 6 萬,其中以馬來人和華人佔大多數,此外,該市位處汶萊灣西南邊之濱海平原,因水文環境,使這裡仍是保有世上最大的水上村莊,因此,斯里百加灣市亦有「東方威尼斯」的美稱。

❶政治經濟中心:斯里百加灣市為汶萊的首都,亦為汶萊的政治與經濟中心,以汶萊河作為斯里百加灣市之區隔,汶萊河北方為政商中心,政府機關、銀行等皆設址於此;而西方則為新興的斯裏綜合區(Seri Complex),其內匯聚許多商業機構及百貨公司。眾多政府機關、商業機構及商場的匯聚所產生之乘數效應,使斯里百加灣市之城市競爭力能持續加強。

❷文化教育城市:斯里百加灣市除是汶萊的政經中心外,亦為汶萊的文化教育中心,其內有汶萊最大的華語學校中華中學、安德列英文中學及汶萊工藝學校與汶萊達魯薩蘭綜合大學等高等院校,充沛的高端人才教育,再加上中英文兼具的教育,使得斯里百加灣市能供給各國企業所需的國際人才,為其競爭力增色不少。

❸華人聚集區域:汶萊國內約有四分之一的國民為華人,且多聚集於斯里百加灣市,其中又以閩南人居多,是故,當地除以馬來文做為官方語言外,閩南語亦為主要的語言之一,而汶萊國際機場甚至直接以英語、馬來語和閩南語等三種語言為其廣播語言。語言上的相近,即為汶萊與台灣廠商進行商業活動的主要競爭力之一。

❹石化資源產地:自 1929 年斯里百加灣市發現石油資源起,石化產業即成為斯里百加灣市最主要的產業,其產出不僅帶動斯里百加灣市的發展,亦撐起汶萊全國的經濟發展。原油出口及石化產品加工使斯里百加灣市賺取大量外匯,亦使斯里百加灣市具有足夠資金可以完善基礎建設,並匯聚全球之人才與資本,增加其城市競爭力。

❺**水產研發重鎮**：汶萊工業與初級資源部漁業局（2012）表示：「汶萊已將水產養殖視為為經濟做出貢獻的『主力軍』之一」，顯見，水產養殖產業於汶萊經濟中之重要性，其中，重要的水產養殖發展中心即設址於斯里百加灣市，其具國際水準的水產研發能量，為斯里百加灣市的城市競爭力加分許多。

8. 印度海德拉巴市

海德拉巴市位於印度中部，為安得拉邦之首都，面積 625 平方公里，人口約 406 萬人，為全印度人口第六多之城市，此外，由於過去珠寶交易相當有名，因而素有「珍珠城」之稱。海德拉巴市不僅是座歷史悠久的古城，亦是商業活動頻繁之現代都市，早於 1990 年代發展工商業造就科技產業發展之基礎，加上完善商業環境，促其成為軟體、服務外包及生物醫藥之基地。

❶**第二印度矽谷**：印度為世界 IT 強國，該國家之海德拉巴、班加羅爾和清奈三大城市，構成「印度軟體金三角」，其中，海德拉巴和班加羅爾發展重心皆為軟體產業。班加羅爾素有「印度矽谷」之稱，而海德拉巴緊追在後，為科技巨擘 Google 和 Microsoft 的印度總部，素有「第二座印度矽谷」之稱。此外，許多國際知名科技公司如：Amazon、HP、Facebook 等皆在海德拉巴設有據點，為印度發展科技產業之重地。

❷**軟體人才之都**：海德拉巴除了在科技產業表現傑出外，對人才培訓亦相當著重。海德拉巴共有 226 所工程學院，其中，培育出的專業 IT 人才占印度科技人才的 30%，因而被冠稱為「軟體人才培育之都」。優秀人才亦成為吸引許多國際科技大廠前往進駐原因之一。

❸**兩大會展中心**：海德拉巴政府為吸引外資進駐，致力改造市容並提升城市商業相關設施。在海德拉巴總共具有 5 間世界級的會議展覽中心，其中，以海德拉巴國際會議中心（HICC）和高科技城（HIT）最具規模，位於科學園區附近外，亦擁有最高規格之會議設施。希冀提供完善商業環境，帶動科技產業的發展。

❹**前 10 最佳城市**：2013 年 2 月 24 日，印度雜誌 India Today 公布「印度最佳城市」調查結果，此評比依據住居與交通、娛樂、經濟等 9 大指標，評比全印度 50 座城市。其中，海德拉巴位居第四名（前 3 名為清奈、昌迪加爾、孟買），且在經濟指標表現最佳，顯示，海德拉巴城市環境佳且經濟發展出色。

❺**生物製藥技術**：在軟體科技具亮眼表現外，海德拉巴亦為著名的生物製藥中心。在生物製藥發展上，例如：2010 年建立印度最具規模生物技術產業群聚：「基因谷」生物科技園區、全球前三大製藥業的賽諾菲・安萬特（Sanofi

Aventis Group）在該城市建造最大疫苗製造廠及 2012 年舉辦國際生物醫藥展及研討會等，逐漸打造海德拉巴成為印度的生物製藥技術中心。

9. 越南同奈省

同奈省位於越南東南部，其政府注重基礎建設、優質服務，使該省經濟發展日亦居上，獲得工業園區發展速度全國第一、吸引外資金額全國第一雙冠軍的優秀成績。此外，更積極發展工業園區作為城市工業化、現代化的支柱，實行「一站式」招商引資政策。同奈省計畫隨著投資環境的改善，當地發展潛力將更為外資所看好，期許吸收大型投資計畫，以先進科技與協力工業作為優先爭取對象。

❶**加強基礎建設**：越南同奈省為工業大省，為強化城市的投資環境以利外資進駐，逐步建構基礎建設，除興建隆成國際航空港之外，同奈省建設廳亦規劃興建規模最大的相關基礎設施，如工業園區、科研院所與電力中心等，同奈省建設廳（2013）表示：「根據先進國家經驗，決定強化交通、工業、網絡與服務以協助城市經濟發展」。

❷**政府明確規劃**：同奈省政府自越南改革開發之初，即積極向世界發達國家招商引資，政府與投資業者均密集舉行會議商討改進事宜。此外，同奈省根據產業特點積極朝高科技工業發展，亦鼓勵企業對人力資源培訓的規劃，希冀能逐步減少勞力密集的加工製造業，將同奈省帶向更符合企業期望的目標。

❸**吸引外資居冠**：根據越南計畫投資部外國投資局（2013）統計數據顯示，同奈省於 2013 年前兩月，吸引外人直接投資金額達 2.14 億美元，佔全國 34% 之比重，居全越南排名第一，此外，簽署 7 個投資新項目，也顯示出同奈省在外國企業眼中，投資地位有日益上升的趨勢。

❹**區位優勢突出**：同奈省交通便捷，因西貢河與海洋相通，且是越南北部通往胡志明市的必經之地，南北鐵路交錯於此，亦靠近新山國際機場，陸海空運十分便利，方便輸送原物料至各工業園區生產加工，同奈省把握區位優勢，期許持續作為南部重點經濟崛起的領頭城市。

❺**加強鄰近投資**：越南同奈省與寮國占巴塞省於 2012 年 8 月 25 日聯合舉辦投資促進會，吸引 50 多家企業齊聚交流，以尋找未來合作商機，同奈省相中寮國占巴塞省資源豐富，對橡膠、林產、水電等領域加大投資，力爭在 2015 年雙邊貿易總額將達 20 億美元。

三、城市綜合競爭力排名上升前 10 城市剖析

2013《TEEMA10 ＋ I 調查報告》，調查 54 個城市的城市綜合競爭力排

名中,有關上升前 10 的城市,如表 15-3 所示。此 10 個城市中,宿霧市上升幅度最大,共上升 7 個名次;次之為雅加達市與加爾各答市,上升 6 個名次;而同奈省、平陽省、馬尼拉市、泗水市、棉蘭、北柳府、蘇比克灣特區與仰光市,皆同為上升 5 個名次。菲律賓因自然資源環境優勢及政府於 2012 年提出《投資優先計畫》(Investment Priority Plan;IPP)內容敘述,以特殊優惠待遇,單獨管理各類經濟區、出口加工區與保稅區的國內外投資。經由以上可得,政府對於引進外資的積極作為,也進而使各城市競爭力上升,故使宿霧市在綜合競爭力排行榜上表現卓越,此外,蘇比克灣特區也在此受惠城市名單之中。而印尼因其本身政治穩定、勞動力低廉及金融市場開放等因素,且與中國大陸展開經濟特區的合作,使雅加達、泗水市與棉蘭在競爭力上也表現亮眼。另外,印度曾於 1858 年為英國殖民地,因此,在政治制度方面與英國相仿,故在長期政治穩定下,成為吸引外資投資的因素之一,使加爾各答市的競爭力不落人後。

表 15-3 · 2013 TEEMA10 + I 城市綜合競爭力排名上升前 10 城市

2013 排名	2011 排名	排名變化	國 家	城 市	2013 等級	2011 等級
40	47	+7 ↑	菲律賓	宿霧市	C06	C14
16	22	+6 ↑	印 尼	雅加達市	B07	B14
28	34	+6 ↑	印 度	加爾各答市	B19	C01
09	14	+5 ↑	越 南	同奈省	A09	B06
15	20	+5 ↑	越 南	平陽省	B06	B12
23	28	+5 ↑	菲律賓	馬尼拉市	B14	B20
34	39	+5 ↑	印 尼	泗水市	B25	C06
36	41	+5 ↑	印 尼	棉蘭	C02	C08
39	44	+5 ↑	泰 國	北柳府	C05	C10
43	48	+5 ↑	菲律賓	蘇比克灣特區	C09	C15
47	52	+5 ↑	緬 甸	仰光市	C13	D04

四、城市綜合競爭力排名下滑前 10 城市剖析

2013《TEEMA10+I 調查報告》,調查 54 個城市的城市綜合競爭力排名中,如表 15-4 所示。有關下滑前 10 之城市有越南海防市,下降幅度最大為 8 個名次;次之為馬來西亞沙巴州,為 7 個名次;而馬來西亞的柔佛州、森美蘭周、霹靂州及越南的河西省與巴地頭頓省,各下降 6 個名次;最後為泰國羅永府、印度清奈市、馬來西亞砂勞越州、越南蜆港市及寮國永珍市,各下降 5 個名次。

越南因員工的工作效率不佳、薪資調漲與語言溝通困難等因素，影響城市競爭力下滑，且因當地員工沒有加班習慣，使得投資者的生產運作受到約束，進而促使公司生產效率低落。此外，根據越南政府 2012 年宣布，將調漲員工基本工資，漲幅至少 25%，連帶使得投資者於越南投資成本上漲；再因於當地廠商溝通不易，在合約簽訂時容易產生漏洞，綜合上述，可為越南綜合城市競爭力下降因素。而馬來西亞沙巴州則因 2013 年 3 月發生動亂，使得投資者因安全考量因素，降低投資沙巴州的意願，再加上馬來西亞當地商業資訊收集不易，連帶影響馬來西亞各城市的綜合競爭力下滑。

表 15-4 · 2013 TEEMA10＋I 城市綜合競爭力排名下滑前 10 城市

2013 排名	2011 排名	排名變化	國　家	城　市	2013 等級	2011 等級
48	40	-8 ↓	越　南	海防市	C14	C07
45	38	-7 ↓	馬來西亞	沙巴州	C11	C05
25	19	-6 ↓	馬來西亞	柔佛州	B16	B11
29	23	-6 ↓	越　南	河西省	B20	B15
35	29	-6 ↓	馬來西亞	森美蘭州	C01	B21
37	31	-6 ↓	馬來西亞	霹靂州	C03	B23
42	36	-6 ↓	越　南	巴地頭頓省	C08	C03
12	7	-5 ↓	泰　國	羅永府	B03	A07
20	15	-5 ↓	印　度	清奈市	B11	B08
30	25	-5 ↓	馬來西亞	砂勞越州	B21	B17
50	45	-5 ↓	越　南	蜆港市	D01	C12
54	49	-5 ↓	寮　國	永珍市	D05	D01

4 市場新情勢

東協印度四大市場
投資商機與風險

第 16 章

台商佈局重要市場投資商機與風險

2013 《TEEMA10+I 調查報告》延續 2011 年將東協暨印度共 11 國家分類為四大市場，界定條件為表 16-1 所示，條件須同時成立，故部分條件重疊不造成分層影響，因此四大市場分別為：(1) 重要市場（Key Market）：包括新加坡、汶萊；(2) 成長市場（Growth Market）：包括印度、印尼；(3) 新興市場（Emerging Market）：越南、馬來西亞、泰國、菲律賓；(4) 白地市場（White Space Market）：包括寮國、柬埔寨、緬甸。尤其成長市場（Growth Market）與新興市場（Emerging Market）之國家，因擁有勞動力資源充沛、經濟發展穩定向上、吸引外人投資狀況佳等條件，具有發展 ICT 產業之實力，故在章節內容增添 ICT 產業之探析，可供台商日後做為參考。

表 16-1 · 2013 TEEMA10 + I 四大市場定義

四大市場	TEEMA10+I 國家	界定條件
❶ 重要市場 （Key Market）	新加坡、汶萊	•人均 GDP 超過 20,000 美金 •基礎建設相對完備 •政府福利政策相對較為充沛
❷ 成長市場 （Growth Market）	印尼、印度	•人均 GDP 界於 1,400 至 10,000 美元 •2010 至 2012 平均 GDP 成長率 6% 以上 •國家勞動力人口 1 億以上 •吸引外人投資 150 億美元以上 •天然資源豐富 •中階階級正在崛起
❸ 新興市場 （Emerging Market）	越南、馬來西亞、 泰國、菲律賓	•人均 GDP 界於 1,400 至 10,000 美元 •2010 至 2012 平均 GDP 成長率 4% 至 6% •國家勞動力人口 1,000 萬至 5,000 萬 •吸引外人投資 15 億至 150 億美元 •天然資源豐富 •中產階級正在崛起

表 16-1 · 2013 TEEMA10＋I 四大市場定義（續）

四大市場	TEEMA10+I 國家	界定條件
❹ 白地市場 （White Space Market）	寮國、柬埔寨、緬甸	•人均 GDP 1,400 美元以下 •2013 年 GDP 預測 6% 以上 •基礎設施建設相對落後 •市場消費潛力尚未被開發

　　有關 2013《TEEMA10+I 調查報告》自本章節起，「投資環境」分析是採用 PESTEL 分析模式，PESTEL 分別為政治因素（Political）、經濟因素（Economic）、社會因素（Social）、科技因素（Technological）、環境因素（Environmental）、法律因素（Legal）等六大構面。而「投資風險」評估是採用 PRO 分析模式，PRO 為政治風險（Political Risk Index）、匯兌風險（Remittance and Repatriation Factor）、營運風險（Operation Risk Index）三大構面。而「ICT 產業探析」則採用 SWOT 分析模型，評估優勢（Strengths）、劣勢（Weaknesses）、機會（Opportunities）和威脅（Threats），進行東協暨印度 11 國投資商機與風險之剖析。另一方面，新加坡與汶萊，前者為世界知名金融重鎮；後者倚靠可觀的石油蘊藏量，再加上其發展時間較早，使人均 GDP 得以快速突破 40,000 美元大關，於東協國家中被列為重要市場（Key Market），茲將探討重要市場國家其投資環境、商機與風險以及台商對該國家市場之評論，其內容分述如下：

一、新加坡投資商機與風險剖析

　　新加坡位於亞洲的中心地帶，為匯集現代與傳統多元文化的國家，融合東西文化獨特風格，素有花園城市之稱，豐富的熱帶雨林自然資源，加上政府提出的綠化政策，使新加坡都市展現綠意盎然的環境。此外憑藉濃厚的中華文化，有如歡心多彩的華人農曆新年，還有如精緻細膩的景泰藍瓷器和高雅脫俗的書法等，更彰顯新加坡多元文化的特色。

　　不僅於此，該國政府不斷改善基礎建設，以及提出多項優惠投資政策，使得新加坡獲得國際殊榮佳績，根據世界銀行（WB）（2012）發布《2013 年全球經商環境報告》（Doing Business 2013）中指出：「在全球 185 個國家經商難易評比中，新加坡連續 7 年榮獲全球最佳經商的國家」，而萊坊公司（Knight Frank）和花旗銀行（2012）發布《2012 年世界財富報告》（2012 Wealth Report）指出：「預計 2050 年新加坡將保持全球最富裕國家的地位，甚至將超越挪威和瑞士成為全球最富有的國家」，由此顯示新加坡除是多元文化

表16-2 · 2013 TEEMA10＋I 市場次級資料

國家/地區		總人口數 (萬人) [1]	年齡中位數 (歲) [1]	2013年 GDP預測 (%) [2]	外人投資(FDI) (億美元) [3]	人均GDP (美元) [4]	石油儲量 (億桶) [1]	天然氣儲量 (億立方米) [1]	勞動力 (萬人口) [1]	2010至2012年 GDP成長率			2010至2012年平均GDP成長率 (%) [5]
										2010 [5]	2011 [5]	2012 [5]	
1	印　度	120,507.36	26.5	5.97	321.90	1,489	89.35	11,540	49,840.00	10.1%	6.8%	5.4%	7.43%
2	印　尼	24,864.50	28.5	6.33	181.59	3,495	40.00	39,940	11,950.00	6.2%	6.5%	6.0%	6.23%
3	泰　國	6,709.11	34.7	5.98	77.80	4,972	4.42	2,998	3,977.00	7.8%	0.1%	5.6%	4.50%
4	越　南	9,151.93	28.2	5.87	74.30	1,407	47.00	6,994	4,918.00	6.8%	5.9%	5.1%	5.93%
5	緬　甸	5,458.47	27.2	6.30	10.00	824	0.50	2,832	3,341.00	5.3%	5.5%	6.2%	5.67%
6	柬埔寨	1,495.27	23.3	6.67	9.01	897	0.00	0	880.00	6.1%	7.1%	6.5%	6.57%
7	新加坡	535.34	33.5	2.90	640.03	46,241	0.00	0	330.30	14.8%	4.9%	2.1%	7.27%
8	汶　萊	40.87	28.7	1.53	12.08	40,301	11.00	3,908	19.88	2.6%	2.2%	2.7%	2.50%
9	馬來西亞	2,917.99	27.1	4.70	120.00	9,977	29.00	23,500	1,284.00	7.2%	5.1%	4.4%	5.57%
10	菲律賓	10,377.50	23.1	4.78	18.69	2,369	1.38	985	4,073.00	7.6%	3.9%	4.8%	5.43%
11	寮　國	658.62	21.4	8.05	0.30	1,319	0.00	23,500	369.00	8.1%	8.0%	8.3%	8.13%

資料來源：[1] 美國中央情報局（CIA）：人口數、年齡中位數、石油儲量、天然氣儲量、勞動力。
　　　　　[2] 國際貨幣基金會（IMF）：預測2013年GDP。
　　　　　[3] 世界銀行（WB）：外人投資（FDI）。
　　　　　[4] 世界銀行（WB）：人均GDP
　　　　　[5] 聯合國統計司（UN）：2010至2012年GDP成長率

種族的國家外，更是具有高消費潛力的國家，使其仍然保持全球最有競爭力國家之一。因此，新加坡被列為東協國家中之重要市場國家，未來投資前景更備受全球投資焦點，以下敘述新加坡投資環境條件與投資商機及風險概況。

1. 新加坡政治因素分析

新加坡仿英國之責任內閣制，名義上之全國元首為總統，並實行一院議會制政府，為代議民主制體系，而穩定的政治環境立基於政府制定去可行之經濟發展方針，也為經濟之迅速發展創造獨特條件，再加上新加坡為亞洲最清廉國家，更成為東南亞國家最為安定與穩定的國家。

❶【獎勵外資政策】：新加坡為吸引外資，不斷提供一系列優惠政策，來鼓勵投資政府計劃大力發展的產業，實行內外資企業之一致公司稅，使進駐新加坡企業享有相同的稅收制度，並針對政府扶植重點產業的企業，在擴大產品、擴大業務服務及擴大出口的企業，亦享有新加坡給予的部分免稅優惠。諸如：由新加坡頒布的《業務擴展獎勵計劃》、《金融與資金管理中心》、《投資加計扣除計劃》等相關減免稅率計劃。

❷【清廉政府體系】：新加坡建國以來，政治領導人以身作則，堅守高度誠信，是新加坡樹立清廉政制的重要條件。新加坡前國家總理李光耀先生曾云：「領導者的清廉必須毋庸置疑，秉持與下屬同樣高標準誠信的特質」，使該國擁有良好的行政氛圍，根據國際透明組織（TI）（2012）發布《全球清廉指數排行榜》（Corruption Perceptions Index）報告指出：「新加坡已連續 5 年蟬聯亞洲地區最清廉的經濟體」。

❸【穩定法治環境】：新加坡崇尚「法律之上沒有權威，法律之內最大自由，法律以外沒有民主，法律面前人人平等」的法制國家。該國自 1995 年 5 月推出「公共服務 21 計劃」，將以改善政府管理，提高服務效率，及提供高素質的公共服務為改革目標，使新加坡發展為法治嚴明之現代化國家。另外，該國政府亦成立相關法定機構來擔負監管，諸如：建屋發展局、國際企業發展局、旅遊發展局等，營造安全有序的環境。

2. 新加坡經濟因素分析

新加坡為世界人口密度最高國家之一，並於 1965 年獨立後，立足本國，因地制宜，成為亞洲四小龍之一，並擴大實行對外開放政策，吸引許多外資前往投資，更被中國信用評級機構（2012）評選外幣國家信用等級 AAA，其認為看好該國在未來經濟展望仍會維持穩定成長。

❶【開放經濟環境】：根據美國傳統基金會（HF）及《華爾街日報》（The

Wall Street Journal）（2013）聯合發布《全球經濟自由指數》（Index of Economic Freedom）指出：「新加坡在亞太地區經濟自由指數排名為第二名，僅次於香港」，新加坡憑藉高度自由經濟、自由競爭環境，並且實行對外開放政策和自由市場經濟，使該國具有高度開放商業環境，吸引更多外資投資。

❷【經濟穩固成長】：根據聯合國（UN）（2013）發布《2013世界經濟形勢與展望》（World Economic Situation and Prospects 2013）報告指出：「新加坡在2013年經濟成長率上修為2.5%，與2012年相比約成長1.1%」，亦根據新加坡貿易及工業部（2013）指出：「由於全球金融市場情形逐漸好轉，加上新加坡服務業帶動，2012第4季經濟成長率成長1.5%，並預期2013年經濟成長將在成長1%至3%」，由此顯示，經濟成長表現指日可待。

❸【擴大對外聯結】：新加坡除積極參與關於WTO之對邊會談外，並加入區域經濟整合，藉以提升經貿發展，擴大國際市場的深度與廣度，其中包含與各國洽簽FTA外，也加深與歐盟和先進國家之聯結。與多國家簽訂避免雙重課稅協定，諸如：日本、澳洲、紐西蘭、美國等多個國家，此外，新加坡於2012年12月16日正式成為第一個與歐盟完成自由貿易協定談判的東協國家，創造更多發展空間。

3. 新加坡社會因素分析

新加坡為一個融合多元種族的移民國家，也是各種民族之交流與融合，不僅創造民族和諧社會，也醞釀豐富多元文化特色，不僅在文化環境、語言環境等方面皆有利吸引外資。此外在環境節能、完善的國家社福制度方面成效顯著，使其打造為適合人居環境與城市綠化兼具的國家。

❶【全球金融重鎮】：新加坡金融業歷經40年發展，已成為全球領先的國際金融中心，2012年被芝加哥商品交易所集團（Chicago Mercantile Exchange；CME）（2012）評選為「全球十大金融中心城市之一」。此外，該國政府實施稅制改革，有利金融產業發展，諸如：2012年起，該國政府首度實施《免徵收金融消費稅》及《境內資本利得免稅》等多項免稅優惠，替該國金融業形成巨大磁吸效應，不停吸納世界各地人才，形成金融產業群聚效應。

❷【健全社福制度】：新加坡政府積極提出多項社福制度，使每位居民都有良好保障，諸如：《組屋政策》主要能提供每位居民皆能買得起一套住房的保障；《中央公積金體系》主要能給予養老、醫療、子女教育等社會保險儲蓄制度的保障，社福制度的健全使該國不斷改善的生活品質。

❸【多元民族文化】：新加坡是由多種民族組成的國家，融合東西文化精髓。

根據台灣經濟部投資業務處（2012）出版《新加坡投資環境簡介》指出：「新加坡目前華人佔74.1%；馬來人佔13.4%；印度人佔9.2%，其他人種3.3%」，使新加坡人民在多種文化元素的融合下，增強社會凝聚力，有利激盪更多創新思維。根據歐洲工商管理學院（INSEAD）（2012）發布《全球創新指數排名》（Global Innovation Index；GII）指出：「新加坡在全球創新指數排名為第三名，更是東協地區國家第一名」。

4. 新加坡科技因素分析

新加坡為一個面積狹小、人口密集的城市國家，並經過多年的穩健發展，目前已具備發達的機場、港口運輸建設，以及在金融建設、醫療科技或是工業區之生活機能設施更具規模與國際化水準，該國透過各項公共建設予以整合，來有利產業發展，藉此吸引外資的關注。

❶【發達航貿建設】：新加坡戰略位置極佳，在發展航海運及轉口貿易方面，具有先天優勢。其中樟宜國際機場自1981年成立以來，已獲得超過340個獎項，根據國際機場協會（Airport Counoil International）（2012）統計：「樟宜機場在接待乘客排名為全球第七名，也是亞洲客流量排名第二名」，此外，新加坡港口與全球超過120國家及600多個港口通航，根據新加坡海事及港務管理局（2013）統計：「2012年航運吞吐量為5.376億噸，與2011年相比成長1.2%，創下歷史新高紀錄」。

❷【健全網絡環境】：新加坡目前是網路普及率最高的國家之一，該國最早在1996年，就頒布相關網路制度，諸如：《廣播法》及《網路操作規則》，並成立新加坡媒體發展局，以積極建構網路行業自律體系，鼓勵網路服務供應商制定內容管理準則，營造一個良好的社會環境，來避免影響種族、煽動或誤導內容等不良行為。

❸【扶植醫科產業】：由於傳統製造業前景已受到其他工資低廉國家威脅，使新加坡轉向醫療科技為發展重點。因此該國開始致力於打造一個完善醫科環境，並為吸引滿足區域及全球醫療保健需求，力圖培育專業人才及興建生技園區，諸如：大士生物醫藥園及啟奧生物研究園，皆是致力於發展世界級生物醫藥工業製造園區，不僅於此，該國政府更提供諸多相關租稅優惠、廠房與土地折價入股等誘因，吸引國際知名企業進駐。

5. 新加坡環境因素分析

新加坡為一個城市國家，無天然資源，憑藉唯其優越地理位置及人才，故該傾全力發展再生能源、城市綠化。加上新加坡位處赤道無風帶，享有得天獨厚

之氣候條件，終年日照充足、四季溫暖宜人。

❶【塑造綠化環境】：因常年氣候溼潤，雨水豐沛，新加坡周圍擁有豐富植物資源，四季花香飄溢，因此素有花園城市之美名。始建於 2006 年的濱海灣花園是由濱海南花園、濱海東花園和濱海中花園組成，目前佔傾地約達 54 公傾，此外，該國政府每年皆編列約 48 億新台幣預算進行數目整修與維持，使新加坡在 2012 年由美世人力資源顧問公司（Mercer）評選「全球最適合居住城市」中，新加坡為亞太地區的第一名。

❷【發展再生能源】：新加坡擁有良好的基礎建設、物流建設，外加上完善法制環境有助再生能源發展。2007 年該國政府通過再生能源法案提撥 7 億新幣，並成立能源創新辦公室，用來發展再生能源產業，更在 2008 年提出「新加坡能源經理證書計劃」，主要為提升專業人才在管理能源服務方面的能力。此外 2012 年提出「能源效率科技援助計劃」，更有利提升工業能源效率，以協助企業設立全國節能環保合作交流平台。

6. 新加坡法律因素分析

新加坡是一個崇向人人平等的法治國家，具有嚴謹、公正性的法律體系，並遵循有法必依、執法必嚴、嚴刑峻法的治國理念，營造一個安全有序的社會環境。另外該國並無成套投資法規，採行企業自由與門戶開放政策，以鼓勵外人投資，再加上政府推動各項企業獎勵舉措、嚴謹的勞資法令等，使國家能穩健規律發展。

❶【健全企業補貼】：新加坡提出多項勞資相關政策，期望協助企業轉型為高生產力型態，諸如：2013 年提出「加薪補貼計畫」，主要做法在僱主為員工加薪時，給予企業補貼；「生產力及創新優惠計劃」，未來 3 年提供 30% 公司稅回扣，期望加強現有企業生產力及創新能力。根據新加坡副總理兼財政部長 Tharman Shanmugaratnam（2013）表示：「期望政府提出多項優惠舉措，能進一步協助改善企業生產效率，並還能與員工共享福利」。

❷【完善勞工法令】：新加坡政府為保障勞工，在勞工法規方面更要求嚴謹，諸如：工資支付法、勞工資遣費用、離職金法、獎金及福利、育嬰假、陪產假、勞工補償法及勞工退休金等規定。其主要促使勞動力市場的靈活性及合理性，然而雖然勞工法令繁多，但也帶動該國企業生產效率，根據世界經濟論壇（WEF）（2012）發布《2012-2013 全球競爭力報告》（Global competitivness Report 2012-2013）指出：「將新加坡在勞動力市場效率評比為全球第二名」，成績十分優異。

7. 新加坡投資商機

新加坡是東南亞地區重要的金融中心、運輸中心及國際貿易轉站中心。早期新加坡是以轉口貿易、加工出口、航運及金融業為主，直到該國政府為吸引外資前往投資，並不斷秉持自由經濟政策，大力開發投資基礎建設。至今，在中國大陸與東協地區愈趨重要的大環境下，新加坡已成為東南亞國家中最為穩定及具有龐大投資潛力的國家。

商機一：【醫療生技產業】

新加坡是生物科技工業的製造中心大國，目前全球十大醫藥集團有 6 間設在該國，根據新加坡經濟發展局（Economic Development Board；EBD）（2012）發布《2012 生物醫學科學情況報告》中指出：「截至 2011 年底，新加坡目前生物技術領域已有超過 50 間公司、學校及 30 所研發單位，其中年研發投入約達 13 億新加坡幣」，由此顯示新加坡已形成培育生物科技及醫療技術平台。此外，新加坡政府亦積極提出扶植相關政策，並將生物醫療科技產業，成為新加坡第四個經濟重要產業，並且預計在 2011 年至 2015 年投入約達 125 億美元資金來支援研究與創新。根據美商創投公司中經合副董事長李鎮樟（2012）表示：「目前生物醫療科技已被新加坡列為當紅明星產業，該國不斷積極培育相關技術人才，並提供優利投資政策，有利產業結構升級」，期盼新加坡能達其遠景目標，並成為亞洲生物城邦。

商機二：【金融服務產業】

新加坡位於東南亞之心臟地帶，為全球領先之金融中心，然而在政府積極打造之際，已成為基金、私人銀行和投資銀行的投資者聚集地，也因此新加坡政府為促進金融市場的發展，並提供諸多稅務和管理上的優惠政策，重點培育為亞洲美元市場和金融期貨交易重要場所。根據巴克萊銀行（Barclays Bank）東南亞地區高階主管何玉珠（2012）表示：「新加坡金融業發展成功主因來自於該國政府提出諸多政策，以及人才培育等機制，使其帶來巨大磁吸效應，吸引許多國際專業人才」。且由於新加坡高度依賴進出口和高度資本開放性，因此將匯率政策改以浮動匯率制度，使新加坡再度發展成為全球前五大外匯交易中心之一。然而，新加坡政府為積極營造為重要的亞洲金融中心，對金融業制定相當嚴謹規範與限制，提供一個完善的金融交易平台環境。

商機三：【物流運輸產業】

新加坡積極擴大建設運輸建設，包括在機場自由貿易區內的新加坡機場物流園、悅榕物流園以及樟宜國際物流園，使得新加坡擁有完善的基礎建設並且促

進物流產業發展。此外，新加坡之物流和供應鏈管理目前是亞太地區樞紐，更是全球最具有競爭力的產業，根據世界銀行（WB）（2012）發布《全球物流產業評比報告》（Connecting to Compete 2012：Trade Logistics in the Global Economy）中指出：「新加坡在全球155個國家物流發展中，位居第一名」。其主因為新加坡擁有全球最發達的新加坡港及貨運機場，促進新加坡在物流及供應鏈產業的發展，此外根據新加坡經濟發展局物流與專業服務業執行長黃偉翔（2012）表示：「新加坡的物流及供應鏈產業，是目前亞太地區最具指標首選，並且再加上優越的地理位置，更是吸引許多物流業者前往投資」，未來將成為亞洲地區世界級港口和物流中心的重要樞紐。

8. 新加坡投資風險

根據美國商業環境風險評估公司（BERI）（2012）發布《投資環境風險評估報告》（BERI Global Investment Report）指出：「新加坡在投資環境評比總風險指標項目，位居全球第一名」，更被視為投資風險最低的亞洲新興經濟體。但根據摩根資產管理公司（2012）表示：「由於新加坡為開放程度較高的經濟體，因此亦易受到區域經濟環境影響。」

❶政治風險：【社會族群衝突】：根據《紐約時報》（The New York Times）（2012）報導指出：「由於新加坡出生率過低進而開放移民政策以維持競爭力，導致因中國大陸移民熱潮增加，而與當地居民不斷發生衝突」，由於新加坡受到少子化影響，迫使調整移民政策，導致國家人口不斷攀升，使其產生各社會族群文化發生衝突。另外又根據新加坡學院助理教授紀贇（2012）表示：「中國大陸新移民熱潮不斷湧現，將帶來新加坡物價和房價不斷高漲」，由此顯示，將迫使新加坡存在通貨膨脹的潛在壓力。

❷匯兌風險：【家庭負債壓力】：根據新加坡金融管理局在（2012）發布《金融穩定評估報告》指出：「自2011年第二季度開始，新加坡家庭債務的成長速度已開始高於資產的成長速度，直至2012年第三季度，負債比率與2011年相比增加10.4%」，由此顯示，未來若銀行貸款利率或者失業率持續攀升，將導致家庭負債壓力不斷擴大。此外，也將因利率變動影響到銀行的資產素質，而進一步影響企業的貸款比例，迫使企業盈利能力明顯下滑。

❸營運風險：【勞動成本增加】：根據新加坡工商聯合總會和DP資訊集團（2013）共同發布《2012-2013年全國商業調查報告》中指出：「針對3,000多家新加坡中小企業調查，皆認為未來最大挑戰主要是新加坡勞工成本增加，使大多數企業仍對未來保持保守謹慎態度」，由此顯示受到新加坡勞工成本提升之

際，再加上東南亞經濟圈的崛起，迫使有許多外資將轉移至具有低勞工成本的國家投資，反觀對新加坡投資意願則浮現下滑隱憂。

二、汶萊投資商機與風險剖析

在東協國土面積僅大於新加坡的汶萊，人口總數只有 42 萬人，以擁有豐富可觀的石油蘊藏量，致使人均 GDP 超過兩萬美元以上，並在政府的福利政策運作下，享有優渥的人民福利。根據富比士（Forbes）（2012）公布：「在全球 182 國家及地區中，根據購買力進行評估後排序，汶萊以 4.8 萬美元的人均 GDP，位居全球第五位」，由此可知，汶萊豐富的石油產出，帶動經濟發展，人民享有令人稱羨的福利。根據汶萊雙溪嶺管理局（2011）表示：「雙溪嶺工業園區是汶萊第二石化廠發展項目，未來密切與相關企業合作，希望可將汶萊石油中心達到『世界級』的水準」，由此道出，汶萊政府在擁有豐富的石油資源之下，正積極的將石化產業項目推升發展，朝世界級位置邁進。而在全球競爭力也擁有不錯的表現成績，根據世界經濟論壇（WEF）於（2012）發布《2012-2013全球競爭力報告》（Global competitivness Report 2012-2013）顯示，汶萊在 144 個經濟體中，全球競爭力排名為第 28 名，其報告中包含基礎設施、商業成熟度及創新能力等評估，由此得知，汶萊在整體的經商環境的表現，在全球競爭力的排名位居領先。

1. 汶萊政治因素分析

汶萊為東南亞國家中面積第二小的國家，政治型態為君主專制的治理國家，其在政治因素的分析，分成清廉政府形象、油氣增產計畫及石化開發政策等三方面分析，以瞭解汶萊政府對國家發展的政策規劃，茲將汶萊政治因素分析內容詳述如下：

❶【清廉政府形象】：2012 年國際透明組織（TI）公布《2012 年國際清廉印象指數》（Corruption Perceptions Index；CPI）顯示，汶萊在 176 個調查國家中，以 55 分位居 46 名，而在東南亞國家排名中，僅次於新加坡（87 分，第三名），由此得知，在東南亞國家中，汶萊政府的清廉印象表現相當優異。

❷【油氣增產計畫】：汶萊是東南亞國家繼印尼後石油蘊藏量最豐富的國家，其主要以出口為主，也是汶萊的主要收入來源。根據汶萊政府（2012）指出：「未來要保持高度油氣持續性的成長，推動石油增產的政策，以加快油氣領域的開發」，可看出汶萊政府積極推動的用心。

❸【石化發展政策】：汶萊在蘊藏豐富的石油與天然氣，因而政府想更帶

動石化工業的發展,積極規劃要進一步的開發,在 2011 年於雙溪嶺地區,擬定為汶萊第二石化廠的政策發展項目,且未來要與相關企業展開合作,欲將汶萊石油工業帶到世界的水準。

2. 汶萊經濟因素分析

汶萊擁有豐富的石油與天然氣,產出主要以出口為主,因而讓汶萊成為全球最富有國家的行列,且為使汶萊能保有長久的地位,亦推出經濟措施,改善且促進經濟的長期發展,其經濟因素分析分成富饒能源資源、經濟發展計劃及勞動人口短缺等三方面分析,茲將汶萊經濟因素分析內容詳述如下:

❶【富饒能源資源】:汶萊蘊含豐富的能源資源,為東南亞盛產石油的國家,富足的原油及天然氣,成為汶萊當地主要的經濟支柱,也為汶萊創造佔近 70% 的 GDP 及 90% 以上的政府收入,讓汶萊有「東南亞石油小王國」之美譽。在世界能源產量的地位,汶萊為世界第四大天然氣生產國、為東南亞第三大石油生產國,豐富的能源資源出口,使得汶萊的對外貿易收入較於東協其他國家為高,讓汶萊榮登世界富有國家之列。

❷【經濟發展計畫】:早在 2001 年時,汶萊實施「八五計劃」,主要建立石油及天然氣工業的總體規劃,以促進吸引外資,帶動中小企業以創商機;而在富饒的能源資源產出,為汶萊帶來龐大的經濟收入,成為世界最富有國家行列。但在 2010 年汶萊政府提出「放眼 2035 年國家發展願景計畫結束後可持續全球前 10 名最高人均所得國家」目標之發展計畫,將多元發展經濟,提議朝向工業及農業食品之清真品牌等領域發展,不再只仰賴石油產業發展。

❸【勞動人口短缺】:對於只有 40 多萬人口的汶萊而言,生產需要勞動、資本、土地、企業能力、技術等重要的生產要素,雖然汶萊是世界最富有的國家之一,但如果欲發展勞動密集的產業,可能因勞動力的不足,使發展受到限制,明顯可得知缺乏足夠的勞動力。

3. 汶萊社會因素分析

汶萊是君主專制的國家,而主要信奉於伊斯蘭教,其伊斯蘭教徒占汶萊總人口的 63%。為更深入瞭解汶萊社會現象,將社會因素分析分成享有良好福利、人民富裕生活及用品取得不易等三方面,茲將汶萊社會因素分析內容詳述如下:

❶【享有良好福利】:汶萊政府為使國家可以持續和平、繁榮且人民享有良好福利,在人民的生活上,推出許多令人羨慕的福利政策,包括醫療、教育、消費等方面,其也因國家盛產石油之因素,讓汶萊有此能力提供良好的福利政策。

❷【人民富裕生活】:汶萊因開採石油成為東南亞第二大石油產出國,

提高國人的人均 GDP，根據 Forbes（2012）數據指出，汶萊以人均 GDP 48,333 美元，成為全球第五名富有國家，由此可知，汶萊生產石油，且石油出產量也佔出口額一半以上，因而帶來龐大的財富，也造就汶萊人民富裕的生活。

❸【用品取得不易】：根據泰國易三倉大學東盟公共政策事務研究中心（2013）調查指出，在取得各種必需品及原料的便利性，汶萊在東協十國中，居於末座。從而得知，雖然汶萊盛產石油，成為全球最富有的國家，但在其他用品取得的通路上，仍有待加強。

4. 汶萊科技因素分析

汶萊在擁有富饒的石油及天然氣之能源資源下，由於這些資源總會面臨耗盡的一天，因此，政府也積極推動各產業的合作，以吸引企業進駐投資，藉此留住核心技術以利經濟發展，茲將汶萊科技因素分析內容詳述如下：

❶【水產養殖技術】：汶萊探勘到石油及天然氣後，成為能源出產國行列，也因此致富，除此之外，水產養殖藍蝦亦成為汶萊特產之一，在沒有工業污染的汶萊，成為藍蝦養殖最重要的地區。在台商 GOLDEN 企業的技術轉移至汶萊的情況下，無毒的養殖環境，培育出肉質鮮甜的藍蝦，因此，成為汶萊皇室御用的海鮮食品，亦是汶萊另一賺取外匯的出口項目之一，可想而知汶萊在良好的環境與藍蝦養殖技術配合之下，創出另一產業的機遇。

❷【石油相關技術】：汶萊靠著石油及天然氣的可觀蘊藏量，吸引外國公司進駐投資設廠，如荷蘭皇家殼牌集團（Royal Dutch Shell）及中國大陸恒逸石化集團，藉著投資合作、技術交流等，促進汶萊石油領域之發展。在石油的合作領域，為汶萊國家的經濟命脈，意義將更為重大、影響深遠，且汶萊政府希冀將可以透過長期合作關係，以創造穩定的經濟發展，此外，汶萊政府為確保有持續的經濟高成長，推行石油增產政策，以加快能源資源的開發。

❸【信息技術發展】：汶萊政府為達到 2035 年國家發展願景計畫，在資訊通信技術努力發展，期望汶萊可以在信息通信技術等領域，可保持先進性及應用新技術。此外，汶萊國際閘道公司（Brunei International Gateway；BIG）與日本 NTT 通信株式會社達成協議，將透過合作發展，提高互聯網連接效率。

5. 汶萊環境因素分析

汶萊國土領域狹小，但富有能源資源，使汶萊因盛產石油及天然氣而致富，但政府在經濟發展方面，欲朝各方面的發展而不單依靠著石油，在經商環境下足功夫，以能吸引外資進駐，並且在產業環境方面也推動多元發展的計畫。茲將汶

萊環境因素分析內容詳述如下：

❶【經商環境分析】：在 2012 年世界銀行（WB）發布《2013 年全球最佳經商環境報告》（Doing Business 2013）顯示：「汶萊在 185 個調查的經濟體中，排名位居第 79 名，較 2012 年的第 83 名為優，而在東南亞國家中，排名於新加坡、馬來西亞、泰國之後」，可知汶萊經商環境有所改善，在東南亞國家位於前茅。

❷【產業環境分析】：過去汶萊給人的印象是一個依靠石油致富的國家，而今汶萊也感受到天然能源的發展，總會有竭盡的一天，因此，汶萊政府為改善現況，欲朝多元產業的發展，組參訪團向國外取經，如 2012 年汶萊農業局局長艾達領軍至高雄訪問農業推動，此外，汶萊因少有汙染而擁有乾淨的水質，因此也朝向水產養殖發展，如台商 GOLDEN 公司前往汶萊投資等，綜上所述，汶萊政府希望可以朝多元產業的發展，而不是只倚賴石油產業。

6. 汶萊法律因素分析

汶萊長久以來依靠國外進口來平衡國內的用品需求，長期受國際物價波動所苦，政府為解決此問題，提出相關消費者保護法規以改善之；在能源方面，為保證國民經濟可持續的發展，亦提出相關能源發展規劃措施。茲將汶萊法律因素分析內容詳述如下：

❶【消費保護法規】：由於汶萊境內糧食生產較差，大部分的用品都得透過國外進口來提供需求，深受國際物價波動，衍生相關價格影響，因此，汶萊蘇丹皇室（2012）批准，為使物價能夠穩定，不受國際物價波動造成價格混亂等相關影響，全面實施消費者保護法令，使消費者免受其混亂價格風波。

❷【能源發展規劃】：汶萊政府為保證國民經濟可持續發展，促進中小企業成長，並且汶萊能源部（2012）指出：「按照相關規劃進行國家能源三大目標：大力發展油氣上下游產業；確保能源安全；促進能源產業衍生行業發展」，可知汶萊政府以相關法條規定，以解決人民對持續經濟發展的擔憂。

7. 汶萊投資商機

汶萊為東協十國中，國土面積第二小且為伊斯蘭國家，擁有相當良好的地理位置及氣候等區位優勢，且擁有巨額的石油蘊藏量，在這些良好的優勢條件，也使汶萊在經濟發展中，衍生出許多投資商機，如石油天然氣、清真食品及水產養殖等。茲就將其投資商機分述如下：

商機一：【石化能源產業】

在全球最大石油公司之一的荷蘭皇家殼牌集團（Royal Dutch Shell）合

作下，依據 Energy Information Administration（EIA）估計至 2008 年 1 月汶萊石油蘊藏量約有 11 億桶原油，在東南亞國家繼印尼之後石油蘊藏量最多的國家，其主要均以出口為主。根據汶萊首相府能源部大臣 Mohammad Yasmin（2012）表示：「為確保石油和天然氣領域有持續高成長計畫，汶萊政府決定推行石油增加生產的政策，以加快石油和天然氣的資源開發，且預計在 2035 年每日的石油產量，要從目前的 40 萬桶增加到 80 萬桶」，由此可知，汶萊政府在推動加快石油及天然氣的開發政策，看出政府亟欲推動的決心，產生龐大商機，因而帶動相關領域的商機發展，對此也將吸引許多相關企業進駐投資。

商機二：【清真食品產業】

汶萊是一個純伊斯蘭的國家，在清真食品方面有相當限制界定，雖然汶萊只有 40 多萬人口市場，但對清真食品有相當的瞭解，可透過對清真食品的認知，將其行銷於國際。根據汶萊斯市中華總商會副會長林伯明（2012）表示：「汶萊國內的清真食品業者對其概念有具體的瞭解，並且汶萊擁有本身的清真品牌，且擁有良好的信譽，但仍有許多改善空間。在中國大陸擁有眾多伊斯蘭教徒，具有龐大的清真市場，對此肯定讓汶萊清真商品取得商機」，由此可知，汶萊的清真食品在良好的信譽品質下，企業若擁有自己的品牌，在經營清真市場將是一大利多，但由於素質尚未成熟，相關企業仍有機會，可藉由合作的方式，共同經營清真市場，以降低經營風險。

商機三：【水產養殖產業】

汶萊的地理位置位於熱帶地區，天氣及地理環境良好，其海域不受工業和其他農業的汙染，相當適合各項水產養殖的作業，並且水產養殖業在汶萊也越來越受重視。根據汶萊工業與初級資源部漁業局代局長 Sabri（2012）指出：「汶萊已將水產養殖業確定為發展漁業，成為汶萊經濟貢獻的『主力軍』之一，到 2023 年總產值可望達到兩億美元」，由此可知，汶萊政府已將水產養殖納為國家經濟發展主要的重點產業，將以水產養殖業促進國家經濟發展。根據汶萊工業與初級資源部部長葉海亞（2013）表示：「考慮到海洋資源逐漸減少，政府當局鼓勵私營企業投入發展水產養殖業，但汶萊目前水產養殖業仍處於發芽階段，在財力與技術受限，長期以來無法取得突破性的業務進展」，由此顯示，汶萊水產養殖業才剛進入萌芽階段，未來將有極大的發展空間，且又受到政府支持，將有龐大的投資商機。

8. 汶萊投資風險

在一窩蜂覺得汶萊是一個良好的投資國家之際，也得注意其投資風險。汶

萊為一個小國家，僅擁有 40 多萬人口數，在經濟發展之際，勞工相當缺乏，也相當仰賴進口，此外，「在自然資源有限，人的慾望無窮」的角度下，自然資源總有竭盡的一天。茲就將其投資風險分述如下：

❶政治風險：【天然資源有限】：豐富的石油蘊藏量為汶萊最主要的經濟收入，但人的慾望是無窮盡，自然資源總會耗竭，致使汶萊未來將會走向這一天，當然經濟優勢將消逝。根據汶萊農業局局長艾達（2012）表示：「汶萊的高經濟發展，是以石油帶動致富，對國家的安全呈現危機」，由此道出，雖然現今汶萊在全球經濟發展的競爭力，均有亮眼的成績單，但在石油開發完畢後，優勢將立即消失，對此將會使汶萊經濟陷入困境，也進而透露出，原本因石油開採致富所提供的優渥社會福利，一旦石油資源耗竭，恐引國家政治危機。

❷匯兌風險：【過度仰賴進口】：汶萊國家領土為 TEEMA 10+I 中倒數第二，經濟收入主要依靠石油生產，而在農業發展技術缺乏，許多生活用品得需大量依賴進口，深受國際物價波動之害。根據汶萊國家經濟發展及策劃局數據（2012）顯示，汶萊市場上販售的進口產品普遍上漲，逾 92% 的糧食產品，漲幅在 18% 至 28% 之間，由此可知，汶萊當國際匯率受到波動之際，將立即反映汶萊國內市場大部分商品售價，進而影響到人民生活。

❸營運風險：【人才培養不易】：汶萊因人口數僅有 40 多萬人口數，因勞工數量稀少，為產業發展帶來限制。根據牛津商業集團（Oxford Business Group）發布《汶萊 2011 年度報告》（Brunei Darussalam 2011）（2012）指出：「當前建築業技術工人的短缺及進口材料價格波動，為汶萊建築業發展面臨的兩難」，由此道出，汶萊在工業發展受到人力缺乏的問題所擾，使產業發展受限，企業在投資之際，恐面臨營運風險。

台商佈局成長市場
投資商機與風險

正當 2012 年大部份國家因先前歐美衰退陷入陰霾、新興市場經濟成長趨緩，卻有兩個國家印度與印尼反倒是逆勢成長、展現韌性，根據 2012 年 11 月 16 日，市場研究公司 AC Nielsen 所公布《第三季全球消費者信心指數調查》（Consumer Confidence, Concerns And Spending Intentions Around The World Q3 2012）內容顯示：「以 100 為基準，印度與印尼皆達到 119 的標準，並列排行冠軍」，顯示出雙印的消費者對未來景氣仍相當樂觀，其原因探究為雙印的內需經濟比重較大，作為國家經濟成長發展後盾，使其不易受歐美經濟強國衰退之影響。也因雙印皆符合人均 GDP 界於 1,400 至 10,000 美元、國家勞動力人口 1 億以上、2010 至 2012 年平均 GDP 成長率 6% 以上以及吸引外人投資 150 億美元以上等條件，故 2013《TEEMA10+I 調查報告》將印度與印尼歸類為成長市場（Growth Market），成長市場的吸引外資能力與充沛勞動人口同時被列為佈局 ICT 產業的利多，茲將其投資商機、風險及 ICT 產業發展探析如下：

一、印尼投資商機與風險剖析

東協十國最大經濟體印尼，為全世界最大的群島國家，擁有超過 17,000 座島嶼，別稱為「千島之國」，而土地面積加總為 1,904,569 平方公里。除了擁有許多島嶼外，印尼人口數高達 2.4 億位居全球第四大人口國，具有巨大消費潛力。信仰宗教方面，伊斯蘭教徒佔人口 85% 以上，蘊藏清真商機。首都位於雅加達，2004 年印尼舉行首次總統直選，目前由仍首位民選總統

Yudhoyono 連任。成功擺脫軍人獨裁統治後，印尼經濟成長逐漸穩定，根據澳盛銀行集團（Australia & New Zealand Banking Group）駐新加坡的經濟學者 Aninda Mitra（2012）表示：「印尼比起其他亞洲國家，擁有較穩定的成長率原因來自在全球出口衰退下，該國內需與投資強勁力道足以抑制」，顯示內需與投資成為印尼在全球景氣衰退下毫髮無傷的護身符，在全球經貿動盪下，印尼成為全球關注之焦點。

1. 印尼政治因素分析

印尼為總統制共和國，在經濟穩健發展下，印尼吸引許多外資關注，政府亦積極改善當地基礎建設不足的問題。然而印尼目前面臨治安動盪不安、投資氛圍不佳之下，急需政府藉由公權力優化投資環境。以下茲就印尼政治環境整理成三點敘述如下：

❶【推動基礎建設】：印尼欲發揮經濟成長之潛力，急需解決基礎建設不足之問題。印尼總統 Susilo Bambang Yudhoyono（2011）公布 2011 年至 2020 年之《加速與擴大印尼全國經濟建設藍圖》（MP3EI），目標於 15 年內投資達 4,000 兆盾（約 4,120 億美元）。加上，印尼國家發展計劃部部長 Armida Alisjahbana（2012）亦表示：「印尼政府著力提高基建投入，預計 2014 年基建費用占 GDP 比重將從 4% 提升至 7%，達 740 兆盾（約 771 美元）」，皆顯示政府積極投入基礎建設發展，其中，也隱含將帶給基礎建設相關產業巨大的商機。

❷【治安動盪不安】：擁有多元種族的印尼經濟體雖表現亮眼，但存在社會局勢動盪問題，根據印尼內政部（2013）公布資料顯示：「2012 年印尼發生大規模之社會暴力衝突達 104 件」。2013 年發生軍警衝突甚至火燒警局、2012 年印尼東部巴比亞因不滿政府陸續發生槍擊集及暴力死傷事件，加上多元文化的印尼也時常發生教派衝突，由於當地情勢不穩，台商應審慎評估以確保自身安全。

❸【投資氛圍不佳】：在不穩定的全球環境下穩健成長，吸引眾多投資者前往投資，然而印尼工業園協會（Indonesian Industrial Estate Association；HKI）主席 Hendra Lesmana（2012）表示：「國外投資者反應印尼政府雖歡迎投資，然而供應土地面積太小，不足以建設工廠，此外，准證申辦常受阻於繁文縟節」，顯示印尼政府需積極塑造良好的投資氛圍，明確完善投資法規。

2. 印尼經濟因素分析

2012 年全球不景氣下，印尼經濟持續發展，根據印尼中央統計局（2013）統計資料顯示：「2012 年全年 GDP 達 8,241.9 兆印尼盾，較 2011 年成長

6.2%，人均 GDP 為 3,563 美元」，除 GDP 外，股市與外人直接投資皆獲佳績。經濟水準提升下，亦拉高生活水平，以下茲就印尼經濟環境整理成 3 點敘述如下：

❶【股市持續買超】：看好印尼龐大內需市場、中產階級崛起及積極推行基礎建設等將拉動經濟成長起飛，印尼股市表現成績亮眼。根據摩根東協基金經理人黃麗寶（2013）表示：「印尼股市漲勢不墜，吸引許多外資買進，已連續 8 年買超」，加上彭博（Bloomberg）數據顯示：「截至 2013 年 2 月底，印尼股市外資買超金額達 17.5 億美元，已超越 2012 年全年買超金額 17.1 億美元」，綜上可知，投資者信心十足，相信印尼未來十分具有經濟發展潛力。

❷【FDI 表現亮眼】：根據印尼投資協調委員會（BKPM）（2013）公布資料顯示：「2012 年印尼外人直接投資（FDI）金額達 283 兆印尼盾（約 294 億美元），創下歷史新高，比 2011 年成長 26% 且占直接投資金額 70%」，其中主要投資礦業、交通運輸業及製藥業等。受到印尼經濟成長強勁和龐大內需市場，加上 2012 年底兩大國際信評公司穆迪（Moody's）及惠譽（Fitch）皆上修印尼投資評等，吸引眾多外商注入資金，並成為全球投資重地。

❸【電價工資雙漲】：印尼經濟發展亮眼，因而推升生活開銷水準，2012 年底印尼歷經數次調漲薪資之罷工抗爭，印尼雅加達省長 Joko Widodo（2012）已批准雅加達特別省 2013 年工資調升案，自 2013 年最低工資將由月薪 153 萬印尼盾（約新台幣 4,688 元）升至 220 萬印尼盾（約新台幣 6,741 元）。此外，2013 年 1 月 1 日，印尼政府宣布開始每 3 個月調漲一次電價，漲幅達 4.3%，勢必帶給企業經營成本上升之壓力。

3. 印尼社會因素分析

印尼人口數達 2.4 億為全球第四大人口國、擁有多元種族及語言及 85% 以上的印尼人信奉伊斯蘭教，回教商機無窮。此外，由於印尼正處經濟起飛，未來將孕育出更多中產階級人口，然而原先就有貧富差距問題的印尼，卻面臨擴大差距的挑戰，以下就印尼社會因素整理 3 點敘述如下：

❶【回教商機龐大】：伊斯蘭教教徒占印尼人口 85% 以上，為世界穆斯林最多人口的國家。人口學專家 Conrad Hackett（2012）表示：「穆斯林人口增加快速，其中年輕人口結構是重要組成的部分」，綜上可知，未來穆斯林人口將快速增加且具年經化，消費潛力龐大。身為擁有穆斯林人口最多的印尼，潛藏著無限的穆斯林商機。

❷【中產階級崛起】：隨著印尼經濟逐漸成長，促使中產階級快速崛起。2013 年 3 月 5 日，全球管理顧問公司波士頓（BCG）公布《亞洲的下一個機會：

印尼崛起中產階級且富裕的消費者》（Indonesia's Rising Middle-Class and Affluent Consumers：Asia's Next Big Opportunity）報告表示：「印尼擁有 7,400 萬中產階級的富裕消費者，預估 2020 年將倍增至 1.41 億人，且每年有 800 萬至 900 萬人晉升為中產階級」，印尼中產階級快速興起，將伴隨消費需求的急速擴張，台灣業者可瞄準印尼中產階級強大消費力爭取商機。

❸【財富分配不均】：根據國際市場分析機構歐睿訊息諮詢公司（Euromonitor International）（2012）發布《印尼崛起的中產階級改變國家的消費市場》（Indonesia's Rising Middle Class to Transform the Country's Consumer Market）內容指出：「2006 年至 2011 年，印尼 10% 富有的家庭掌握全國可支配收入總額的 24.6% 升至 27.9%；貧困人口占全國可支配收入總額卻從 2.5% 下降至 2.1%」，並指出吉尼係數從 33.0% 上升至 37.7%，反映印尼中產階級興起，卻也加劇貧富差距現象，印尼政府需迫切解決以穩定社會環境。

4. 印尼科技因素分析

印尼為經濟成長中之國家，科技也正在逐漸發展中。經濟發展越快，高科技發展程度就要成熟，以成為經濟發展之助力。以下茲就印尼科技因素整理 3 點敘述如下：

❶【網通技術提升】：印尼網路普及率正在迅速成長，根據印尼網路服務業協會（Indonesia's Association of Internet Service Providers）數據資料顯示：「2012 年印尼約有 6,300 萬網路使用者，預計在 2015 年達 1.39 億人，普及率將超過總人數的 50%」，隨網路用戶人數的增加，吸引更多網路通訊業者不斷提升技術以爭取佔網路通訊這塊大餅。

❷【電力設備缺乏】：印尼為東南亞缺電大國之一，用電普及率僅 56%，然而在經濟快速成長下，印尼對電力之需求將越來越大。印尼礦務與能源部電力總署長 Jarman（2012）表示：「每年需要增加 5,000 兆瓦的電力並積極建立發電站與傳輸電力器來滿足需求」，顯示印尼電力設備缺乏，除政府需大量投資於電力設備外，也應加強電力技術提升供電率，以解決當地缺電之困境。

❸【規劃科研中心】：印尼研究與技術部長古斯迪（2013）表示：「印尼技研部已規劃建立 9 大重點科技研發中心，範圍將涵蓋產業上下游，並根據不同特色產業成立的科研中心進行統一規劃」。此外，亦提到將成立旅遊、海藻、棕櫚、熱帶疾病及咖啡可可研發中心，其中，咖啡可可與熱帶疾病研發中心將於 2013 年 12 月正式成立，其他正在籌備當中。印尼缺乏科技研發能力，印尼政

府希冀藉此提高高科技在社會經濟發展的支撐作用。

5. 印尼環境因素分析

印尼蘊藏許多天然資源，成為全球重要的資源出口國，為印尼出口業貢獻良多，根據國皇家國際事務研究所（Chatham House）（2012）發布《全球資源展望報告》（Resources Futures）指出：「世界主要 19 種主要資源（糧食、木材、化石燃料等）集中於八大經濟體，分別為中國大陸、美國、澳洲、歐盟、巴西、俄羅斯、印度及印尼」，以下茲就印尼主要天然資源的環境因素敘述如下：

❶【煤炭出口第一】：印尼煤炭資源充沛，為世界動力煤第一大出口國，根據印尼能礦部（2012）統計資料顯示：「印尼煤炭資源儲量約為 580 億噸，由於仍有許多地區尚未勘探，預估未來煤炭資源儲量將達 900 億噸以上」，蘊藏豐富煤炭資源將有利印尼經濟發展。此外，國際能源行業諮詢公司 Wood Mackenzie 煤炭分析師 Rudi Vann（2011）表示：「2020 年之前，印尼將持續保持全球第一大動力煤出口國的地位」，由此可知，印尼未來煤炭產量十足，仍在全球煤炭貿易中位居重要地位。

❷【棕櫚油生產國】：除煤炭資源外，印尼為棕櫚油全球最大生產國，根據印尼棕櫚油協會執行董事 FadhilHasan（2013）表示：「預估 2013 年印尼棕櫚油產量將達 2,800 萬噸，超越 2012 年 2,650 萬噸」，棕櫚油在印尼產量將持續上升。2013 年 3 月 2 日，印尼農業部副部長 Rusman Heriawan 指出：「印尼將採用更新的農業生產技術，達到 2020 年棕櫚油年產量提升至 4000 萬噸為目標」，由於棕櫚油為重要的食用油和工業原料，全球需求不斷上升，印尼持續擴大棕櫚油產量，未來印尼棕櫚油出口前景無限。

6. 印尼法律因素分析

近來印尼吸引許多企業前往投資，印尼政府為此逐步完善與商業相關之法規，除保護印尼當地產業發展外，希冀透過外來企業帶動國家產業發展，以下茲就印尼主要法律因素敘述如下：

❶【產品進口法規】：2012 年 12 月 27 日，印尼貿易部發布資訊產品進口新規定，內容表示：「手機、PDA 及平板電腦之進口商須持有印尼貿易部進口許可證、工業部產品證書及資訊通訊部產品安全證書等文件外，進口商必須透過與當地 3 家以上經銷商合作銷售此產品，不能直接銷售消費者」，印尼貿易部透過新法除保障劣質手機及資訊產品進口外，亦希望藉此鼓勵投資者前往印尼設廠以帶動當地資訊產業發展。

❷【礦產股權限制】：2012 年 2 月 21 日，印尼總理 Susilo Bambang

Yudhoyono 簽署通過一項新的《礦業法》，內容顯示：「外資在印尼礦業中持有的股權最多不能超過 49%，剩餘之 51% 股權必須在開採 5 年後分期出售或 10 年後一次完成拋售」，該法從原先外資最多持股 80% 下調至 49%，主旨為強化印尼資源國有化。然而新的《礦業法》將有可能波及外商投資印尼礦業意願，台灣業者若有意願投資，需謹慎衡量是否應當進入。

7. 印尼投資商機

根據麥肯錫全球研究院（McKinsey Global Institute；MGI）（2012）提出《群島經濟：釋放印尼潛力》（The Archipelago Economy: Unleashing Indonesia's potential）報告顯示：「2030 年印尼將從世界第 16 大經濟體成為超越德國和英國的世界第七大經濟體，中產階級將達 9,000 萬人，將帶動服務業規模達 1.1 兆美元」，顯示印尼未來前景潛力無限，尤其在中產階級快速興起下，將帶來龐大內需市場契機，因而茲以印尼投資商機敘述如下：

商機一：【清真食品產業】

商業發展研究院研究員張益菁（2012）指出：「預估 2025 年，穆斯林人口將占全球總人數的三分之一，而亞洲佔據世界穆斯林市場的 50%，包括印尼、印度、孟加拉、馬來西亞皆有多數穆斯林人口」，全球人口第四大國印尼，國家具有 85% 以上信奉伊斯蘭教，穆斯林人口居全球之冠，而「食」為生活必需品，因此在印尼具有龐大清真食品商機。根據印尼陽光超市總經理 Edward Tjandrakusuma（2012）表示：「印尼擁有最多穆斯林人口，若能取得哈拉（HALAL）認證，將為業者加分，建議可將覆蓋七成印尼總人數的爪哇島當成目標市場，開拓清真商機」，此外，更強調除 HALAL 認證外，食品要在印尼銷售，主要得具備印尼政府官方的食品及藥物管理局（FDA）許可證書和註冊編號。台商若想進一步踏入清真食品市場，必須仔細瞭解印尼政府對於清真食品之管理規定，以免造成損害。

商機二：【美妝保養產業】

在印尼強勁的景氣和中產階崛起拉動龐大內需市場下，美妝保養市場商機無限。2012 年 10 月 16 日，印尼化妝品企業協會（Perkosmi）主席 Nuning Barwa 表示：「印尼中產階級人數不斷竄升，以致美妝品購買力加強，且除女性購買外，目前亦有不少男性會購買美妝保養品。預計 2013 年印尼化妝保養品銷售額將達 11.2 兆印尼盾，與同期相比成長 10% 至 15%」，加上根據國際市場分析機構歐睿訊息諮詢公司（Euromonitor International）（2012）表示：「印尼美妝保養市場預期在 2016 年快速成長 86%，市場規模達 54.1 兆印尼

盾（約 1,636 億新台幣）」，皆顯示印尼具有充分發展美妝保養市場之潛力。看中印尼美妝保養市場這塊大餅，已紛紛吸引國際大廠進駐，其中，國際化妝品製造商巴黎萊雅（L'Oreal）負責人 Vismay Sharma（2012）指出：「相中印尼中產階級興起將拉抬當地美妝市場，注資達 1 億歐元於印尼西爪哇省設立全球最大的生產工廠，期許未來 5 年在印尼銷售額能大幅成長 35%」。因此台商應加速積極瞭解印尼美妝保養市場並奪取美妝市場潛在之龐大商機。

商機三：【醫療器材產業】

根據世界衛生組織（WTO）（2012）統計指出：「印尼僅非傳染疾病就佔死亡率 64%」，促使居家醫療器材商機孕育而生。加上近年來經濟成長起飛及中產階級快速崛起，生活水準的提升，伴隨醫療保健的觀念及對醫療器材之需求。根據國際市場調研機構 Espicom（2012）數據資料顯示：「印尼 2011 年醫療器材市場規模達 4.2 億美元，相較 2010 年的 3.57 億美元，成長幅度達 17.8%」，上述可知，民眾購買醫療器材消費力提升，印尼醫療器材產業正處於茁壯發展階段。此外，由於人口多，但印尼在醫療衛生支出僅佔 GDP 之 2.59%，低於全球水平 6% 至 8%，且醫療服務分配不均，農村與偏遠地區醫療條件落後，凸顯醫療產業仍有發展空間。

8. 印尼投資風險

近幾年來，印尼在民間消費與投資兩大成長支柱下，發揮經濟成長潛力，加上在中國大陸製造業日薄西山情況下，擁有低廉的勞動成本的印尼吸引企業前往投入，然而投資勢必具有風險，茲就印尼投資風險敘述如下，提供台商作參考：

❶政治風險：【貪汙增加成本】：依據 2012 年 12 月 5 日，國際透明組織（TI）公布「2012 年最貪汙國家排名榜」顯示：「印尼的貪汙情形於 174 個受評國家中，排名第 118 名，在東協國家中排名第六位」。嚴重的貪汙不僅重創印尼政府的形象，更直接影響政府的行政公平性，使印尼市場之投資增加政治風險，增加台商在其市場之風險成本。

❷匯兌風險：【貶值影響社會】：2013 年 1 月 1 日，彭博（Bloomberg）資料顯示：「印尼 11 月貿易持續呈現逆差，2012 年印尼盾貶值 5.9% 至 3 年最低點，未來仍有貿易逆差，預計 2013 年印尼盾貶值壓力將提高」，顯示印尼盾面臨貶值風險，再加上出口不振之下，有很大的機率造成國家物價上漲，因而影響社會民生，對進駐於印尼之台商亦將受到影響。

❸營運風險：【罷工導致虧損】：2012 年 10 月 3 日，印尼爆發 200 萬名勞工罷工要求提高勞工待遇，造成企業蒙受損失。根據印尼企業家協會（Apindo）

全國理事會工業關係和保護主席 Hasanuddin Rachman（2012）表示：「此次工人罷工示威遊行，企業家遭受損失達約 200 億美元」。在中國大陸工資漲聲響起之下，促使許多外企遷往東南亞找尋勞動成本低廉的生產基地，然而印尼爆發罷工事件存有經營風險，台商若想前往投資，須留意當地勞資氣氛。

二、印度投資商機與風險剖析

印度共和國（Republic of India）通稱印度，是南亞印度次大陸上的一個國家。截至 2011 年印度擁有人口 12.1 億，屬世界人口第二多的國家，僅次於中國大陸，然其具備年輕人口攀升、中產階級崛起等優勢；於經貿環境上，根據世界銀行（WB）（2012）針對全球 183 個經濟體所做的《經商環境評比報告》（Doing Business 2012），包括行政審查時程、進出口時程、信貸取得方便度等 10 項綜合評估指標評比之下，印度「經商便利度」排名 132 位，較 2011 年前進兩名，顯示出雖排名仍居後座，但印度整體經濟貿易依舊有所成長；於政治上，印度政府提出多樣開放外資注入等優惠政策，根據印度商工部（2012）統計，2011 年 4 月至 2012 年 2 月止，印度吸引外人直接投資 FDI 達 284.03 億美元，較同期成長 55%，說明印度對引進外資政府採取積極態度。根據國際知名會計師事務所勤業眾信（Deloitte Touche Tohmatsu）與美國競爭力協會（U.S.Councilon Competitiveness）於 2012 年聯合發表《2013 全球製造業競爭力指數》內容指出，印度未來 5 年內將成為第二製造業大國。是故，於 2013 TEEMA10+I 四大市場定義中，印度位居「成長市場（Growth Market）」之列。由上可知，印度挾帶人口紅利、政府政策開放外資等優勢，將如磁鐵般吸引國際投資人之眼光。

1. 印度政治因素分析

印度為聯邦共和國，自 1990 年代，逐步開放市場，實施經濟改革，進而減少政府對貿易和投資的控制，然而政府貪汙問題嚴重，抑制台商投資印度的腳步。是故，茲以下以印度對於開放外資的注入、電子資訊產品的嚴密把關、政府貪汙腐敗局面作為印度政治因素之分析如下：

❶【開放外資注入】：印度商工部部長 Anand Sharmar（2011）表示：「印度政府將採行投資者友善政策（Investor-friendly Policy Regime），使印度成為最具吸引外國投資者國家，並計劃 5 年內吸引 2,500 億美元」。2012 年印度總理 Manmohan Singh 為拉抬經濟，祭出經濟刺激措施，包括允許外資直接投資零售、航空等行業。皆顯示印度政府大力釋出多項優惠政策及鼓勵外

資注入下,拉升印度經濟動能,助其將閃耀於國際。

❷【**進口產品把關**】:依據印度政府(2013)預測:「印度電子資訊產品市場規模,可望在 2020 年前大幅攀升至 4,000 億美元,其中 3,000 億美元來自進口」。2013 年 3 月 15 日,印度電子資訊技術部宣布:「將 13 項高科技產品以及 2 項家電產品列入產品強制管制項目,並規定從 2013 年 4 月 3 日必須由印度標準局(BIS)核可實驗室進行測試並登錄註冊,才可在印度販售」。顯示印度在電子資訊產品的嚴格把關,台商進軍印度必須注意當地對產品政策的轉變。

❸【**政府貪汙嚴重**】:根據調查政府部門貪汙問題的非政府組織(NGO)透明國際(TI)(2012)發布「全球清廉指數排行榜」,對全球 176 個國家進行調查,印度排在第 94 位。印度北方邦 Shivpal Singh Yadav 部長(2012)表示:「政府官員只要努力工作,就可以稍微貪汙一點」。由上可知,印度政府貪汙現象橫行,應盡速改善此腐敗情況以提升投資人信心。

2. 印度經濟因素分析

在歐美不振、中國大陸浪潮退燒之下,過去 10 年經濟成長 4 倍、每年 GDP 平均增幅超過 7% 的印度,將成為台商的新綠洲。是故,茲以印度國際金融機構的完善、印度投資趨緩以及高通脹、高財政赤字作為印度經濟因素之分析如下:

❶【**金融中心進步**】:根據《新華─道鐘斯國際金融中心發展指數》(IFCD INDEX)報告(2012)內容顯示:「受歐債危機影響,多數歐洲城市國際金融中心的發展指標都呈現下滑,但印度孟買排名第 30 名,較 2011 年進步 4 名,且已連續兩年排名持續向上,其中在子構面「產業支撐」由 40 名躍升至 22 名」。顯示印度在商業環境、城市基礎條件和基礎設施建設等要素上大躍進。

❷【**國內投資趨緩**】:國際貨幣基金組織(IMF)於 2013 年 2 月 6 日發布與印度《第四條款磋商年度報告》,指出印度當前經濟尚未復甦至全球金融風暴之前的水準,其經濟下滑主要原因是國內投資趨緩而非外部經濟形勢。報告中讚許印度財政部實施的財政整頓計畫,包括現金支付政府補貼、設立內閣投資委員會等,但對印度經濟復甦前景的預期較印度政府自身判斷略顯悲觀,強調改革措施要持續跟進落到實處。

❸【**通貨膨脹居高**】:印度經濟面臨諸多嚴峻挑戰,包括居高不下的通膨水準以及高經常帳戶赤字、高財政赤字的雙高局面打擊了投資者信心。孟買 Kotak Mahindra Bank Ltd. 經濟師 Indranil Pan(2013)表示:「通膨居

高不下以及經常帳赤字龐大,可能會對印度央行大幅降息產生牽制力。」由上可知,高通脹、高財政赤字將限制政府調控政策空間,影響銀行及企業財務狀況、資產品質惡化,資金流入轉向債務領域導致股權投資降低。

3. 印度社會因素分析

印度人口自 2011 年即破 12 億大關,緊追中國大陸的 13 億。印度人口的攀升,不僅帶動消費引擎,年輕的人口結構更將助長經濟發展的茁壯,也因印度對外來文化具備高度寬容的態度,是故,茲以印度人口紅利的攀升、消費能力的崛起以及對於外來文化的廣納作為印度經濟因素之分析如下:

❶【人口紅利攀升】:匯豐環球投資(HSBC Global Asset Management)(2012)表示:「印度人口結構主要多為 25 歲以下的年輕族群,預期 2020年將擁有全球最多 15 至 64 歲的工作年齡人口」。根據美國衛生保健基金會(Kaiser Family Foundation;KFF)(2013)統計:「印度年齡中位數為 26.5 歲,明顯優於同為金磚四國的巴西 29.6 歲、中國大陸 35.9 歲、俄羅斯 38.8 歲」。皆顯示印度人口紅利是金磚四國中最有優勢的市場。由此可知,印度人口紅利看漲,經濟成長備受看好。

❷【消費能力崛起】:世界銀行(WB)(2012)統計,印度 2011 年 GDP為 18,479 億美元,較 2010 年成長 6.8%,人均 GDP 1,489 美元,較同期成長 8%。而匯豐環球投資(2012)表示:「印度消費實力、人均所得均日益增加,爆發性消費指日可待,未來 5 至 10 年,印度將是消費大廠的兵家必爭之地」。在在顯示印度消費能力備受看好,將吸引國際投資人與企業注目。

❸【外來文化廣納】:印度聖雄甘地(Gandhi)曾說:「我們打開印度的每一扇門、每一扇窗,好讓外國的文化風潮從四方吹進來」。《遠見雜誌》於 2011 年 2 月號雜誌提及,印度文化影響世界,印度人也願意迎接外來文化,經過吸收孕育,淬鍊成更加豐富的內涵。美國《科學》(Science)雜誌於 2011年 5 月表示:「具有高度寬容文化指數的國家包括新加坡、巴基斯坦、馬來西亞、韓國、印度等 5 國」。由上可知,印度具鮮明宗教性,還擁有對外來文化包容性。

4. 印度科技因素分析

印度從經濟落後、低成長、受援助的經濟體,變成如今經濟、科技充滿活力的國家,不僅醫療設備上趨於進步,製造業競爭力排名也攀升,然印度科技仍面臨基礎設施缺乏的問題,是故,茲以印度醫療設備進步、製造能力卓越以及基礎設施短缺作為印度科技因素之分析如下:

❶【醫療設備進步】:美國國際開發署(U.S. Agency for International

Development；USAID）署長 Rajiv Shah（2013）表示：「在印度發展項目已轉變為進行試點的創新實驗室，匯集資源和人才制定方案，希冀解決印度和世界其他地區極端貧困相關的問題，旨在消除『可預防性兒童死亡現象』並確保每個兒童都能過上 5 歲生日」，而由此合作計畫已經吸引來自印度慈善家和商界領導者的資助，資金主要為研發醫療技術。顯示出印度醫療科技、設備將趨於進步。

❷【製造能力卓越】：德勤管理諮詢有限公司（Deloitte Consulting）與美國競爭力協會（U.S.Councilon Competitiveness）於 2013 年 1 月 22 日發表《2013 全球製造業競爭力指數》（Global Manufacturing Competitiveness Index）顯示：「印度位居第四名，為東協暨印度中成績最卓越國家，報告更預測印度未來 5 年要升至第二名，僅次於中國大陸」。顯示出印度對於製造產業環境培育有佳。

❸【基礎設施短缺】：2012 年印度大停電造成全國 6 億以上人口無電使用，不但創下史上最大規模停電紀錄，也暴露出印度基礎建設嚴重不足的缺陷。根據瀚亞亞太基礎建設基金經理人方鈺璋（2013）表示：「在經濟發展上，印度和東協均為發展較為落後的國家，特別是在印度、印尼及菲律賓等國，基礎建設儼然成為阻礙國家經濟發展的絆腳石，唯有突破基礎建設的制約，經濟發展才能更上一層樓」。顯示出印度應積極開發基礎建設，帶動國家經濟發展。

5. 印度環境因素分析

印度位在赤道以北，北迴歸線以南的地理位置，終年溫度偏高、雨量充沛，因而，灌溉出肥沃的土地及豐富的天然資源，再加上擁有世界第二大人口數的優勢，成為亞洲第三經濟體。然而，缺電問題使印度經濟躊躇不前，政府正積極開發再生能源，希冀帶動成長，茲就根據其環境因素分析，闡述如下：

❶【再生能源崛起】：印度為世界第四大能源消費國，但缺電問題使印度的經濟成長遭受限制，目前仍約 4 億人無電可用，為能解決電力短缺問題，印度政府一直致力於提高可再生能源發電比例。2012 年根據美國加利福尼亞州的勞倫斯伯克利國家實驗室（Lawrence Berkeley National Laboratory）報告顯示：「印度風電潛力已高達 3,000GW」。顯示印度正積極改善缺電的問題，家電產品需求前景可觀。

❷【礦產資源豐富】：印度具有豐富的天然資源，除擁有世界上第四大蘊藏量的煤炭外，而其他資源有雲母、鋁、黃金、石油等可開發利用的種類高達89 種，而雲母的產量和儲量更為世界之首，因此天然資原一直是印度最大的優

勢。經濟部投資業務處副處長李聰貴（2012）表示：「印度天然資源豐富，經貿發展潛力無窮，未來將成為各跨國企業力爭的新興市場」。由此可知，資源的豐沛也為印度帶來龐大的市場，投資者應把握此商機。

6. 印度法律因素分析

吸引外資注入是國家發展經濟重要的推力，而政府的腐敗正是影響外資投入重要的影響因素之一，因此印度政府祭出一系列法律政策，而其內容針對政府腐敗問題進行改善。另外，隨著電腦運用的普及與網際網路的蓬勃發展，資訊安全也是投資者極為注重的因素之一，茲以下針對這法律因素加以敘述：

❶【極力保護資安】：印度擁有最著名的軟體園基地，故有「印度矽谷」的美名，為了讓投資者擁有良好的環境，制定和修改一系列的法律法規，例如：《版權法》、《信息技術法》、《印度證據法》、《印度儲蓄銀行法》以及《印度刑法》，其主要針對非法入侵電腦網、數據庫及傳播計算機病毒等違法行為規定懲罰措施，為電子合約、電子文書和數字簽名提供法律依據。顯示印度為投資者建立網路資訊安全的環境，讓投資者可以放心在印度投資。

❷【政府腐敗仍存】：印度政治腐敗的問題仍揮之不去，因此，印度為讓投資者有良好的經商環境，制定一系列法律，想要改善這樣的問題，諸如：《防止腐敗法》、《中央文官行為準則》、《全印文官行為準則》和《信息權利法》等，但是由於政府的法律執行力不夠堅決，因而使印度此類的問題還層出不窮。

7. 印度投資商機

印度政府自 2012 年來宣布多項改革，包括開放外商對零售業之投資、開放外資進入股市、獎勵電子製造業進駐以及祭出高額基建案吸引外資注入等，雖然面對國家人民多項輿論壓力，但仍展現拉抬經濟的決心，讓國際投資人對於前往印度投資更具信心。

商機一：【電子製造產業】

印度聯邦內閣於 2012 年 7 月通過對建設電子製造產業群聚（EMCs）給予財政支援的提案，將補助未開發地區及老舊工業區的電子製造產業群聚建設，預計釋出 2 千 8 百萬個工作機會，並對電子系統設計和製造產業（ESDM）創造高達四千億美元的交易量。印度－台北協會（India-Taipei Association；ITA）（2012）期盼 EMCs 的誕生，能帶動 ESDM 產業的成長，並有助於電子產業生態環境的構成，進而提升地方就業機會及貢獻稅收，同時帶動產業創造力及經濟成長。與此同時，於印度最大外商銀行渣打銀行（Standard Chartered Bank）已連續六年贊助台商前往印度辦展，渣打台灣區總經理康暉杰（2012）

表示：「目前印度商機龐大的產業中最有優勢的是電子及製造業，主要是為印度政府 2012 年祭出多項優惠政策，鼓勵電子產品在地製造，身為電子硬體王國的台灣是絕佳的機會」。由上可知，電子製造業在印度政府的大力支持與備受看好下，前景不可小覷。

商機二：【基礎建設產業】

印度歷經 2012 年 7 月 30 及 31 日連續兩天大停電，凸顯基礎建設趕不上經濟成長腳步，加深廣大投資人對印度經濟發展的疑慮。印度政府無不竭盡全力挽回投資人信心，根據統一投信亞太區經濟研究策略長余文鈞（2013）表示：「印度政府於 2013 年已擴大基礎建設執行及開放市場自由化，且印度央行調降利率提振經濟機會增加，將可促使消費民營銀行及基礎建設類股受惠」。元大寶來印度基金經理人林志映（2013）亦表示：「印度製造業商業活動持續復甦，市場預期印度降息機率攀升，相關消費民營銀行及基礎建設類股前景將大受看好」。與此同時，印尼政府則在 2013 年年初迅速批准約 8,975 億台幣的基建案，進而拉抬基本工資、人民所得，使人口紅利加速發酵。綜上可知，印度消費產業及基礎建設備為政府的發展重點，未來前景備受看好。

商機三：【大型零售產業】

印度為吸引外資以活絡其經濟動能，2012 年 9 月經印度內閣會議通過一系列開放外資措施，被視為印度推動外資政策改革的重要一步。其中，印度歷經數年辯論與抗爭，於 2012 年 12 月決定全面開放多品牌零售業（Multi-brand Retail）的外人投資限制，外資最高投資上限為 51%，已引起跨國零售企業注目。根據印度官方（2013）統計，從 2012 年 9 月 14 日至 29 日兩週內，外資湧進金額高達 30 億美元，相較於 2012 年 1 月 1 日至 2012 年 9 月 13 日之間，外資進入金額為 130 億美元，且至 2012 年 9 月中旬後，印度盧比（RUPEE）升值 5%，顯示出印度政府改善外人投資政策的措施已發揮功效。截至 2013 年 1 月，國際零售商包括瑞典商 IKEA、美國服飾鐘錶品牌 FOSSIL 以及美國零售企業 Wal-Mart 等均已規劃建置零售據點，促使印度成為國際零售業者佈局的兵家必爭之地。

8. 印度投資風險

印度相較中國大陸一直都是較保守封閉的市場，印度只要政策開放，允諾外資注入，等於是一大片綠洲等著開發。然而印度經濟仍未擺脫困境，外需較疲弱、投資及訂單缺乏，內需還得靠政府政策的幫助。長期來看，印度仍需要財政調整及改革，應付日益加大的消費與投資之間的缺口及結構性瓶頸問題。

❶政治風險：【政治局勢不穩】：隨著全球經濟的衰退，新興經濟體漸漸受到投資人喜愛，然其中也暗藏巨大政治風險。印度投資和經濟成長放緩及政治環境不利經濟改革等原因，國際評級機構標準普爾（Standard & Poor's）於2012年4月下調印度主權信用評級前景至負面，暗示印度可能失去投資級評級。2013年1月美國智庫歐亞集團（Eurasia Group）公布《2013全球十大政治風險報告》顯示：「印度政府貪汙腐敗盛行，隨著2014年印度大選的臨近，政府執行穩健經濟政策的能力將進一步下降」。顯示印度政局的不穩恐導致經濟停滯不前。

❷匯兌風險：【匯兌損失趨增】　：美國商業環境風險評估公司（BERI）於2012年發表《投資環境風險評估報告》顯示：「印度於受調查的50個國家中，匯兌風險指標排名第32名，位居後段班，更預測至2016年，印度之匯兌風險將下滑至35名」。由上可知，印度於BERI評估匯兌風險之外匯法令架構、外匯創造能力、外匯存底、國外負債等副項指標表現不佳。而中國南亞學會於2012年3月發布《南亞研究》則提及：「印度的法律和經濟制度有助於降低大規模政治風險的發生，但匯兌風險、政府違約風險、戰爭風險在一定範圍內仍存在」。皆顯示台商仍須審慎思考佈局印度的腳步。

❸營運風險：【金融體制脆弱】：負債問題一直為印度經濟發展的阻礙，企業選擇借錢避免股權稀釋，國營企業不斷賠錢卻還是可以向國有銀行借款，造就銀行面臨龐大的壞帳危機。國際貨幣基金組織（IMF）於2013年1月15日表示：「印度銀行資產質量惡化導致金融體系脆弱，而且，經濟成長趨緩導致資本不足，而印度加強對金融行業的干預導致政府受銀行虧損波及和阻礙經濟發展」。由上可知，儘管企業體制良好，但金融市場制度的不健全，終將造成國際投資人注資的罣礙與企業營運上的風險。

三、成長市場資通訊（ICT）產業探析

1. 印尼資通訊（ICT）產業

台灣駐印尼代表夏立言2012年5月3日於印尼資訊、通訊暨廣播電視展上表示：「印尼有眾多消費人口，適合台灣ICT業者進軍」，印尼為東南亞市場中人口最多的國家，近年來隨著經濟發展，對ICT產品需求逐日上升，而台商更是印尼ICT產業的重要供應商，更須對印尼之ICT產業有更深知瞭解，茲將印尼ICT產業優勢、劣勢、機會及威脅分述如下：

❶發展優勢

優勢一：【消費潛力無窮】：印尼有兩億多人口，為全球第四大人口國，

依據印尼中央統計局（BADAN PUSAT STATISTIK；BPS）統計資料顯示，印尼 2011 年人均 GDP 已達 3,500 美元，具一定程度之消費能力。龐大的人口與消費能力，為印尼發展 ICT 產業的優勢之一。

優勢二：【國土島嶼分散】：印尼為東協暨印度國家中著名島國，全境共有 16,000 多個島嶼，數量龐大的島嶼分散於印度洋與太平洋交界的海面上以致固網難以架設，因此，印尼對無線通訊產品具有迫切的需求。

優勢三：【成長空間龐大】：根據市場研究機構 International Data Corporation（IDC）（2012）指出：「印尼的 PC 普及率還不到 7%」，另根據市調機構 Global Market Intelligence（2011）表示：「印尼 PC 市場將於 2014 年擴充至 69 億美元」，顯示印尼之 PC 市場成長空間仍大。

❷ 發展劣勢

劣勢一：【基礎建設不足】：印尼 16,000 個島嶼間彼此固網架設困難，且難以覆蓋全境，使 ICT 產業基礎建設難度高，因基礎建設的不足，致使印尼全國網路普及率不高，間接影響印尼國內 ICT 產業之發展。

劣勢二：【電力供給不穩】：印尼近年來經濟發展卓絕，唯電力供應始終不穩，其中，印尼於近來持續面臨天然氣供應不足的窘境，使印尼之發電量難以供給國內使用，根據經濟部駐印尼代表處 2013 年 1 月 7 日表示：「電力仍不足以支應經濟成長所需」，可知供給不穩的電力為印尼阻礙 ICT 產業發展的劣勢之一。

❸ 發展機會

機會一：【產品仰賴進口】：依據印尼貿易部統計資料（2012）顯示：「印尼 ICT 產品絕大部分由外國進口，以手機為例，2012 年即進口 6,000 萬支」，由此可知，印尼通訊商品對國外依賴度仍高，為台灣業者進入印尼市場的機會。

機會二：【政府政策推廣】：ICT 產業已列入印尼政府《加速擴大我國經濟建設總綱領》（MP3EI）工程中，希冀藉由建立一個覆蓋印尼全國的 ICT 系統的骨幹網，以解決印尼 IT 基礎設施的問題。

❹ 發展威脅

威脅一：【商品走私猖獗】：根據經濟部投資業務處（2012）所發行之印尼投資環境簡介中載明：「印尼走私猖獗，走私產品削價競爭嚴重」，顯示走私的猖獗，導致印尼市場上山寨、劣質手機充斥市面，嚴重的影響一般通訊製造業發展。

威脅二：【政府法規限制】：為維護及加強行動通訊設備的控管，印尼政

府於 2012 年 12 月 27 日頒布新的行動通訊設備進口規定，規定除禁止劣質商品的進口外，尚限制產品僅能由 5 個機場與 5 個港口入境，印尼政府希望藉由該項規定鼓勵外資於其境內投資設廠，以復職自身之 ICT 產業發展。

2. 印度資通訊（ICT）產業

隨著網際網路與通信科技的蓬勃發展，資訊通訊科技（Information and Communications Technology；ICT）成為印度的重點發展產業。而印度 ICT 產業發展快速且驚人，Cyber Media Research 於 2012 年指出，印度 2011 年電腦銷售量為 1,100 萬台，年成長率高達 14%，資訊服務業產值達 800 億美金，此外，預估 2020 年印度電子產品需求將高達 4,000 億美元，由此看出印度 ICT 產業發展之潛力與未來商機。

❶發展優勢

優勢一：【供應鏈較完整】：印度境內具有完整產業供應鏈的經濟區域，例如清奈市、班加羅爾市等皆具有重工業、電子業發展優勢，其具有產業生產原物料，以至於吸引生產廠商進駐，發揮其聚集經濟的綜效。

優勢二：【廣大內需市場】：由於印度的高經濟成長率，使得印度境內廣大的市場皆激起印度消費者對資通訊產品的需求，印度政府預計印度電子硬體需求在 2014 年增加到 1,250 億美元，並於 2020 年達到 4,000 億美元。因此也造就印度市場成為資通訊產業兵家必爭之地。

❷發展劣勢

劣勢一：【印度重視品牌】：印度的資通訊及電子製造業，屬低度開發階段，廣大的 ICT 市場被少數品牌佔領，故新興品牌要能在市場中打出一片天較為困難，消費者對於大品牌忠誠度較高，可能成為阻礙新品牌發展的劣勢。

劣勢二：【創新能力較弱】：世界知識產權組織於 2012 年發表《國家的創新能力排名》，儘管印度位在全球眾多國家中創新效率指數位列第二，但在創新能力方面落為第 62 名，可看出雖印度人才眾多，但缺乏創新能力。

❸發展機會

機會一：【搭上換機潮流】：面臨平價智慧型手機搶市，印度看準此商機，印度境內 ICT 大廠 Bharti Airtel、Reliance 等與 Samsung、HTC、Huawei 等國際知名廠商合作，推出平價 3G 智慧手機，可看出平價智慧型手機崛起，可望帶動印度新興市場換機潮。

機會二：【中產階級崛起】：依據亞洲開發銀行（ADB）指出，在各國人口數及經濟發展速度為考慮因素之下，2050 年時印度的中產階級人數將達

14.85 億人，因此印度面對其中產階級為新興消費力崛起，未來印度 ICT 產業發展潛力不容小覷。

❹發展威脅

威脅一：【亞洲勢力龐大】：聯合國貿發會議 2012 年公布《全球資訊暨通訊科技產品 ICT 貿易報告》，2011 年全球前五大 ICT 產品出口國中有 4 國都是亞洲國家，其中中國大陸出口額約 5,080 億美元，居全球之桂冠，其次是香港、新加坡以及台灣，由此可看出印度 ICT 產業面臨亞洲近乎獨佔龐大的 ICT 市場。

威脅二：【綠色能源搶市】：2012 年中國大陸積極轉型綠色 ICT 產業科技發展，中國大陸工業和信息化部發表《2012 中國大綠綠色 ICT 產業發展白皮書》，致力轉型為綠色能源產業，除對地球環境做出貢獻外，也採用可持續性能源作為開發重點，由此可知，印度若不積極跟上轉型腳步，勢必影響印度 ICT 產業發展優勢。

第 18 章

台商佈局新興市場投資商機與風險

越南、馬來西亞、泰國、菲律賓之人均 GDP 界於 1,400 至 10,000 美元之間，加上 4 國政府近年來積極引進外資，是故，越南、馬來西亞、泰國、菲律賓等 4 國於 2013《TEEMA10+I》四大市場分類指標中歸屬於新興市場（Emerging Market）。越南、馬來西亞、泰國、菲律賓等 GDP 佔世界比重雖較低，但比起白地市場而言，新興市場仍具有政治環境穩定等優勢，因此近年來台商對於東協新興市場之投資重視程度日益增加。依據經濟部國貿局 2013 年 1 月 28 日統計數據顯示：「2012 年台灣對新興市場之出口金額共 840 億美元，年增長率 5%」，顯示台商於新興市場之投資已經逐日增長，因此，雖部分新興市場商機已為競爭者所佔，但台商仍可仰賴敏銳的市場嗅覺，加緊進入東協新興市場。

一、越南投資商機與風險剖析

越南於 2011 年年底共約有 8,800 萬人口，位居全球第 13，東南亞第三大國家，僅次於印尼與菲律賓。越南擁有旺盛的年輕人口及充沛的年輕勞動力，且平均識字率達 90%，由於平均年齡低，年輕勞動力擁有較強的學習能力，以至於勞動力素質具有成長的趨勢。越南擁有豐富的自然資源，包含石油、煤礦、鐵礦等，其中，原油是越南第一大的出口產品，此外，越南具有優渥的農漁業條件，亦成為其重要出口產品。為了吸引外商前來投資，越南政府對外態度良好，且對外商採行與越南廠商之相同公平待遇。在政治環境方面相對穩定，治安良好且無排華現象，是一個社會主義的國家。根據越共中央總書記阮富仲（2013）

指出：「越南政治和社會治安皆為穩定狀態，也保有獨立主權及領土完整，更已積極向外展開外交工作」。隨著年輕人口增加以及中產階級崛起，越南的中產階級擁有獨特的消費偏好與需求，將為越南帶來龐大的消費力，也成為外商前來投資之誘因之一。根據國際貨幣基金組織（IMF）《世界經濟展望數據》（World Economic Outlook Database）（2012）顯示，2012 至 2015 年人均 GDP 年複合成長率（CAGR）越南將超過全球平均，以 7.54% 的成長位居全球第三，成為全球最具潛力的市場之一，且其市場潛力不容小覷。

1. 越南政治因素分析

越南具有穩定的政治，根據越南工商會政策法規科副科長寶英俊（2012）表示：「越南吸引外商前往投資的誘因在於其有穩定的政治及優惠政策等」，越南政府為使越南繼續成為全球吸引外資的亮點國家，採行強而有力的政策，茲就越南之政治因素分析分述之：

❶【科技發展計畫】：越南共產黨總書記阮富仲於 2013 年 3 月 5 日簽署「發展高科技 2020 年國家計畫」，為越南規劃 8 年的高科技發展計畫，建立越南高科技研究、人才培訓及基礎建設，希望短期內能設立 15 個高科技研發中心，而到 2020 年時能發展至 40 個，希冀透過這些研究中心及各大學與研究所等進行高科技的研發，為企業及國家創造更多高科技產品。

❷【金融改革政策】：目前受到全球經濟放緩、國際金融危機等影響，使越南的國際金融市場面臨許多風險，根據越南總理阮晉勇（2012）表示：「為確保越南經濟能持續成長及穩定，將重組金融體系，其改革項目包括：重組銀行系統、改革金融體制、穩定金融、設立監管機制等」。顯示越南政府將透過金融改革政策來促進經濟持續的發展。

❸【投資優惠政策】：越南投資優惠政策之目的在於希望能吸引外資前往越南進行投資，以往其主要針對高科技或基礎建設等領域，而 2012 年 10 月越南計畫投資部加以補充與修正投資優惠措施，則提供更多吸引外資至越南工業區、加工出口區及高科技園區投資的計畫，進而提供外資更完善的優惠政策，以協助其至越南投資發展。

2. 越南經濟因素分析

越南受到全球經濟的影響，不僅使越南面臨通貨膨脹現象，也因為勞工薪資不足以滿足其生活的標準，而提高工資上漲的幅度，這些經濟因素皆影響越南的投資環境，大幅降低外資吸引力，茲以越南之經濟分析分述如下：

❶【通膨壓力尚存】：消費者物價指數（CPI）為衡量通貨膨脹的指標之一，

當 CPI 上升則通貨膨脹也會上升。在 2011 年越南的通貨膨脹率高達 23%，為亞洲最高，但到了 2012 年消費者物價指數（CPI）控制在 6.81%，而通膨率也下降至 7% 左右，使通膨率得到一定的控制。但依據越南統計總局（2013）公布：「越南 2 月的 CPI 增加 1.32%，雖為 4 年來漲幅新低，但仍超過 7%」，顯示雖然 CPI 的漲幅有放緩趨勢，但通膨壓力仍持續存在。

❷【匯率得到穩定】：根據越南央行（2012）指出：「越南 2012 年的外匯存底達 230 億美元，比年初還要增加 100 億美元」，越南的外匯供需狀態到 2012 年已達到平衡，穩定了越南的匯率，也使越盾兌美元匯率穩定在 2.08 至 2.1 萬左右。加上越南政府積極推動出口導向以創造外匯，進而穩定越南的外匯存底及匯率。

❸【勞工工資調漲】：自 2011 年來，越南的勞動薪資已第三度調漲，根據越南勞動部勞動薪資司副司長黃明豪（2012）表示：「越南的員工薪資不足以滿足越南人生活的標準，應調漲薪資」。2013 年 1 月 1 日起調漲最低薪資，4 個區域薪資分別為：第一區月薪 235 萬越盾；第二區 210 萬越盾；第三 180 萬越盾；第四區 165 萬越盾。勞工薪資的調漲將影響當地勞力密集產業，更顯示出越南的廉價勞動力優勢正逐漸喪失。

3. 越南社會因素分析

越南人口數超過 8,900 萬人，其平均年齡僅 25 歲且人均所得呈上升趨勢，使越南具有巨大的內需市場與消費潛力，若外商要前往越南投資佈局，必須掌握越南當地的消費特性與需求，以及勞工方面的素質等，茲就越南之社會分析分述如下：

❶【年均收入增加】：根據越南工商部（2012）統計：「越南年均收入由 2011 年的 1,300 美元增加到 2012 年的 1,600 美元，而 2012 年 GDP 較 2011 年成長 5.03%」。此外，越南總理阮晉勇（2012）表示：「越南已完成脫貧致富的目標」，顯示出越南人民的生活已有改善。

❷【中產階級擴大】：根據美國中央情報局（Central Intelligence Agency；CIA）情報研究中心（2012）估計：「越南人口年齡中位數為 28.2 歲」，又根據工研院產經中心醫療器材與健康照護研究部分析師黃裕斌（2012）表示：「越南的整體年齡人口結構偏年輕，且介於 20 至 39 歲的中產階級族群正逐漸增加」，顯示越南的年輕中產階級人口呈現增加的趨勢，將帶動巨大消費需求。

❸【勞工效率較低】：依據深圳市雄韜電源科技股份有限公司副總裁陳宏（2012）表示：「越南的勞工效率與中國大陸比為 1：1.5，相當於一個中國大

陸工人可完成的工作而越南卻需要 1.5 人」。可見，越南相對於中國大陸雖有著低廉的勞工成本優勢，但背後卻須接受目前勞工效率偏低的事實。

4. 越南科技因素分析

根據網際網路國際電信聯盟（International Telecommunication Union；ITU）於 2012 年 12 月 4 日表示：「越南是網際網路成長最快速的國家之一」，而越南政府亦積極投資 ICT 產業的發展，以及發展多項先進科技技術的項目。茲就越南之科技分析分述如下：

❶【網路用戶增加】：越南的網際網路從 1997 年至 2012 已迅速發展，越南資訊傳媒部副部長黎南勝（Le Nam Thang）（2012）表示：「目前世界網際網路用戶最多前 20 的國家中，越南排名第 18 名，位居亞洲地區第八名，東南亞國家第三名」。越南的網際網路發展在世界上佔一席之地，使得越南的政府、機構、企業、學校和家庭等，皆可容易連上網路以滿足越南人的上網需求。

❷【重視 ICT 產業】：在經濟有望快速發展的同時，越南更重視 ICT 產業的發展，在 2010 年開始實施 ICT 產業的 5 年計畫，積極採行 ICT 人才規劃、扶持企業等政策，以強化越南的 ICT 產業並致力增強軟體的開發。此外，越南訊息傳播部副部長黎南勝（Le Nam Thang）（2013）表示：「4G 移動電話服務的設備昂貴且量少，希冀至 2015 年 4G 服務的發展會更普及」。綜上可知，越南政府積極扶持 ICT 產業計畫，以增強越南科技軟實力。

❸【建立太空中心】：2012 年 9 月 19 日，越南太空中心正式於河內和樂高科技園區動工，將在 2020 年完成，該項目主要由越南國家衛星中心（Vietnam National Satellite Center；VNSC）負責，並與日本官方開發援助（Official Development Assistance；ODA）合作。越南太空中心的建設將有助於促進太空科技的應用發展，包括：人造衛星、衛星地面站及太空船等，並以天然災害預防及警報、電視與廣播傳輸系統等為發展目標，並希冀成為東南亞地區領先的太空中心之一。

5. 越南環境因素分析

越南位於東南亞地區重要的交通樞紐，地理環境優越，亦擁有豐富的天然資源，尤其中北部地區的礦產豐富，將有利越南善用這些資源進行開發相關產業，亦吸引外資前來越南開發，茲就越南之環境分析分述如下：

❶【風力資源豐富】：風力發電為越南優先開發之可再生能源領域，其發展日趨成熟。根據越南能源中心（2012）統計指出：「越南平均風速每秒 7.1 公尺，且全年有 10 個月維持在每秒 6.4 至 9.4 公尺」。然而，位於越南南部沿

岸的平順省已建設 3 萬千瓦的風力發電廠，越南蓄臻省《2012 至 2030 發展令發電規劃》（2012）亦顯示：「2012 年至 2030 年蓄臻省的風力發電將可達 2,400 百萬瓦」。顯示出越南的風力資源豐富，足以應付越南日益增加的電力需求。

❷【煤礦資源豐富】：越南擁有豐富的煤炭蘊含量，且其亦為全球重要的煤炭生產國，主要的煤礦區集中在越南北部之廣寧省等區域。根據越南工貿部（2012）統計：「2012 年前 10 個月越南煤炭產量為 3,450 萬噸，同比下滑 7.3%」。雖然越南有豐富的煤礦資源可供開採，但為了避免浮濫開採而影響未來越南煤炭火力發電計畫，越南政府將命令越南煤炭礦產集團逐步減少越南煤礦的開採及出口量。

6. 越南法律因素分析

法律環境是投資能否成功的重要因素之一，亦是保障投資者利益的關鍵，因此，投資者應對越南的投資法律環境進行深入分析及充分瞭解，並藉由瞭解當地對外來投資者的相關法律等規定，掌握對己有利的相關法規以進行投資，以下茲就越南之法律分析敘述之：

❶【勞動法保障勞工】：越南國會於 2012 年 6 月 18 日通過越南勞動法修正案，並於 2013 年 5 月 1 日生效。其相關規定如：每日及每周上班時間不得超過 8 小時及 48 小時；每月加班時數不得超過 30 小時，加班費用之計算為平日薪資的 1.5 倍、周休日及夜間為兩倍、國定假日為 3 倍來做計算。此外，為保障女性勞工權益，公司須秉持男女平等原則，女性勞工的產假期間享有法律之保護，可延長至 6 個月，可看出越南政府逐漸加強對越南勞工的保障。

❷【頒布外國投資法】：越南於 1996 年 11 月 23 日頒布《越南外國投資法》，其主要內容為，保障外國投資者在越南投資時受到公平的待遇、保障外資企業不會被國有化等，進而提供便利的投資條件，使其能夠在有利的環境下進行投資活動。顯示越南藉由保護投資者的利益，以吸引外資至越南投資。

7. 越南投資商機

根據越南計畫投資部統計（2013）顯示：「外資國家投資越南前四大分別為日本、台灣、南韓和新加坡，累計投資金額皆超過 245 億美元」。由此可知，越南是外資國家前來東南亞投資的首要國家，以下說明越南投資商機：

商機一：【醫療相關產業】

根據越南衛生部（2012）《第 8 屆國會執委會第 6 次會議》報告指出：「乃因越南的醫院超額負荷，目前越南每 1 萬人可分配到 20 個病床數，低於亞太地

區平均的 33 個。」根據國際市調公司（Business Monitor International；BMI）（2012）預估：「越南的藥品支出約達 19 億美元，醫療支出約達 87 億美元，醫療支出佔越南 GDP 的 6.3%。此外，越南人至海外就醫每年的花費達 10 億美元，因此發展醫療相關產業前景十分看好」。工研院產經中心（IEK）醫療器材與健康照富研究部黃裕斌（2012）指出：「因越南的飲食習慣偏向重口味且越南民眾的運動量較不足，糖尿病得患者逐漸增加，促使台灣醫療相關廠商可至越南尋求血糖監測產品的商機」。越南中央內分泌醫院（2011）表示：「越南未來的糖尿病患者將以 8% 至 10% 速度成長，且潛在得患糖尿病者高達 15% 至 20%」。顯示越南血糖監測產品的需求逐漸成長，台商醫療產業可至越南投入醫療市場。

商機二：【小型發電市場】

近年來，隨著越南經濟快速發展，提高越南人民的生活水準，使人民更願意花錢消費更多家電設備，而逐漸增加越南人民對電力的需求，其年平均成長率高達 13.4%，並估計 2020 至 2050 年的電力需求將由 24% 增加至 42%。越南電力集團（EVN）為滿足越南國內對電力的需求，計畫每年投資 50 億美元以建設多項發電廠，如：48 座大型水電發電廠、17 座大型燃煤熱電廠、5 座大型燃氣熱電廠、兩座核能電廠，以及兩座再生能源發電廠。除此之外，越南電力集團（EVN）（2012）公布：「至 2015 年將投資 400 億美元以發展越南的電力產業」，以確保越南有穩定的電力供應發展小型發電機。另外，有鑑於越南小型發電市場的需求極大，越南政府鼓勵外資企業可至越南投資設廠，加速發展越南的發電市場。綜上所述，越南的小型發電市場將為台商帶來新商機。

商機三：【零售市場產業】

香港貿發局（2013）數據顯示：「零售企業在越南的市占率持續升高，截至 2011 年底已超過 100 家購物中心與 610 家超級市場」。隨著亞洲新興市場中產階級的崛起，將帶動巨大的消費需求。由於中產階級有其不同於傳統消費者的需求，對於消費和購買習慣也具有不同的偏好和要求，此機會將吸引外商利用中產階級的特別需求奪得商機。陸氏集團執行董事陸恩於 2012 年 6 月 11 日指出：「越南人口年齡中位數只有 28 歲，為亞洲最年輕的國家且年輕消費者的消費力值得期待」。工研院產經中心醫療器材與健康照護研究部分析師黃裕斌（2012）指出：「越南人口結構主要為年輕人口，加上新興中產階級人口逐漸增加，更比以往消費者要注重流行與美感事物」。年輕人口增加與中產階級崛起，越南將擁有大量的年輕消費者且消費力旺盛，促使越南的零售內需市場的發

展越來越龐大。

8. 越南投資風險

越南雖擁有豐富的自然資源、充沛的人力資源等許多吸引外商前來投資的條件和發展潛力，但相對也會面臨一些風險與挑戰。中華民國駐越南代表黃志鵬（2013）指出：「影響外資投資越南意願的因素，除受到經濟影響之外，還包含越南本身的投資環境」。茲以下說明外資投資所存在的風險：

❶政治風險：【政府機關貪腐】：越南政府自 2004 年以來抑制貪腐，但至今並未有所改善，根據國際透明組織（TI）（2012）《2012 全球清廉指數》（Corruption Perceptions Index）顯示：「2012 年全球 176 個國家和地區的『清廉指數』排名，越南為第 123 名，越南至今仍屬於腐敗的國家，其腐敗問題影響了越南的投資環境」。目前澳大利亞提供越南 2011 至 2014 年的 3年反腐敗培訓計畫，期望透過高層次政策培訓以改善越南貪腐問題。

❷匯兌風險：【匯率尚需觀察】：越南曾於 2008 年期間出現越盾兌換美金匯率大幅波動，且出現黑市交易活動的現象，使得黑市實際市場價格與官價匯率有大幅差距，然而 2011 年越南政府實施管理匯率機制而逐漸改善匯率大幅波動的問題，使黑市匯率與官價匯率交易價格已有改善。此外，亦使美元資金回流至金融體系，減少銀行美元欠缺的現象，但仍需持續觀察，根據美國商業環境風險評估公司（BERI）《投資環境風險評估報告》（BERI Global Investment Report）（2012）顯示：「全球匯兌風險排名越南為第 43 名，評分 36 分，越南低於全球平均 54.7 分」，可知尚有些企業仍無法透過正常管道取得美元，匯兌風險將會影響企業在越南的經營成本。

❸營運風險：【工人效率較低】：由於越南職業學校和職業訓練機關甚少，使得越南欠缺具有專業技術的勞工，須由企業自行培訓。越南通投資顧問公司總經理盧智生（2012）表示：「越南的勞工高技術和素質皆不足，缺乏高科技產業的人才，因此對於產業升級的速度較為緩慢」。此外，越南尚有罷工的情形發生，對投資越南的外商來說非常不利。越總工會梅副主席德政（Mai Duc Chinh）（2011）表示：「越南的通貨膨脹及低勞工薪資等因素成為勞工罷工的原因」。由上可知，越南目前缺乏高技術的人力資源，以及罷工情形，台商將面臨勞工效率低的營運挑戰。

二、馬來西亞投資商機與風險剖析

根據「新興市場教父」Mark Mobius 於 2013 年 1 月 8 日表示：「因看

好馬來西亞的經濟成長狀況,因此,將買進更多馬來西亞公司的股票,並減少手上所持有的印尼銀行及印度天然資源的股票張數」。可知馬來西亞發展前景頗受推崇。此外,馬來西亞不僅為跨國公司投資地點首選,也被選擇將其列為重點發展之一的地區,根據《經濟學人》(The Economist)於 2013 年 1 月 7 日公布《2013 年亞洲商業展望調查》報告指出:「歐美跨國企業將於 2013 年計畫加碼投資於亞洲四大地區,分別為中國大陸、印度、印尼及馬來西亞」。由此可知,馬來西亞頗受投資者喜愛及推崇。此外,其政府期盼於 2020 年可晉升為「人均 GDP」15,000 美元之高所得的已開發國家。

1. 馬來西亞政治因素分析

馬來西亞產業發展環境中,依據政治環境因素可分為政治衝突影響經濟、調升出口關稅政策及央行利率維持不變等 3 項因素,關於此 3 項因素對於馬來西亞的影響及詳細內容依序探討其影響,並列舉如下。茲就馬來西亞的政治因素分析詳述如下:

❶【政治衝突影響經濟】:2013 年 2 月 11 日,馬來西亞受到聲稱擁有沙巴主權的 Rajah Mudah Agbimuddin Kiram 潛入沙巴以武力索討「祖國」,連日的征戰使得菲律賓塔威塔威省(Tawi-Tawi)的米、白糖、食油等民生基本物資價格已上漲 30% 至 50%。若此次衝突無法盡快解決,將對當地經濟發展影響極劇。

❷【調升出口關稅政策】:馬來西亞政府 2013 年 2 月表示:「將結束 1 月和 2 月的零出口關稅政策,並於 3 月份調升棕櫚油出口關稅,定為 4.5%。馬來西亞上調棕櫚油出口關稅,將導致棕櫚油出口利空。但此出口利空將為馬來西亞當地的油脂加工產業帶來利多,因失去出口競爭力的棕櫚油將轉而供給內銷,使當地的油脂加工產業擁有穩定的供貨來源,進而產生優勢。

❸【央行利率維持不變】:馬來西亞信評(Malaysian Rating Corp Bhd;MARC)(2012)《2013 年經濟展望報告》表示,雖然馬來西亞外貿疲弱,但其央行依然將政策隔夜利率維持在 3%,將維持馬來西亞的資金流動週期。經由以上可得,馬來西亞的利率穩定且具有快速的資金流動週期,使其經濟發展前景樂觀且具有潛力。

2. 馬來西亞經濟因素分析

關於馬來西亞的經濟環境對產業發展的影響,可將其歸類為內部市場需求成長、貿易市場樣貌多元及提高紡織產業優勢等 3 項因素。茲就馬來西亞經濟因素描述如下:

❶【拆款利率保持不變】：馬來西亞中央銀行貨幣政策委員會於 2013 年 3 月 7 日表示，將繼續維持隔夜拆款利率（Offered Rates；OPR）3%，因其認為隔夜拆帳利率可以支撐國家經濟成長，因此，於 2011 年 7 月調高到 3% 後，皆維持不變。由此可知，馬來西亞政府對於國家經濟成長深感信心。

❷【對外貿易需求極大】：馬來西亞國內市場狹小，因此經濟發展前景，主要仰賴貿易夥伴的經濟表現，而馬來西亞正努力推進多樣性的出口市場，使馬來西亞提升其在對外交流的能力表現，也可為其夥下貿易穩固地位，使其能在競爭激烈的貿易環境中屹立不搖。

❸【提升紡織產業優勢】：馬來西亞於 2013 年引入最低工資制度，使紡織業的最低薪資水平已高於越南及孟加拉，也使紡織業為密集型工業中影響最大的行業之一。除此之外，馬來西亞規劃一系列紡織發展計畫，從設計力量的強化到印染技術的提升，能為紡織業建立持久的競爭優勢。

3. 馬來西亞社會因素分析

馬來西亞受伊斯蘭教影響極深，致使其日常生活皆可看見宗教的色彩，顯示出宗教對馬來西亞人民的重要性及影響地位。關於其社會因素可分為回教影響無所不在、重視社會責任及社會貧富差距大等 3 項因素，茲就根據此 3 類社會因素分析描述如下：

❶【回教影響無所不在】：伊斯蘭教對馬來西亞影響極深，不論在飲食習慣抑或是日常生活，皆可看見宗教的色彩融入其中。此外，馬來西亞政府更將清真產業列為發展重點之一，推出一系列關於清真產業的措施，致力打造清真產業另一台階。

❷【大舉推動社會責任】：馬來西亞首相 Najib 於 2009 年呼籲人民持續發揮愛國精神，竭盡所能確保「一個馬來西亞」概念的成功；此外，砂州首席部長丹斯里泰益馬也於 2013 年表示：「一個成功的社會，須全民的無私奉獻與參與社區活動，才能維持美麗與和諧的馬來西亞」。綜上可知馬來西亞政府透過人民對於社會負責任的展現，進而帶來欣欣向榮的團結力。

❸【社會貧富差距擴大】：不論是全球或是馬來西亞，皆面臨貧富差距擴大的棘手問題，因此，馬來西亞政府於 2012 年祭出「新經濟政策」以及引入「最低工資標準」，旨在消除日益擴大的貧富差距，達到減貧及彌補貧富差距鴻溝，以穩定馬來西亞政局穩定。

4. 馬來西亞科技因素分析

在享受經濟發展之餘，也需考慮延續產業生命的重要性。因此，馬來西亞

的產業須注重延續性，使其技術生命週期能延綿不決。關於馬來西亞的科技因素分析可分為培育專業人才不足、注重高階產業發展及食品產業發展趨勢等。茲就此 3 項分析論述如下：

❶【培育專業人才不足】：馬來西亞在科技領域創新不斷，促使其產業結構得以轉型，但在進步之餘，馬來西亞政府仍需考慮研發人才是否完備充足。因馬來西亞教育普及，但在高科技人才、研發人才及專業人才培育上，仍尚未完備，進而使其高階人才外流且嚴重缺失，顯示出人才對於科技的重要性。

❷【注重高階產業發展】：馬來西亞長期仰賴低勞工成本的優勢，卻忽略發展高增值領域的迫切性，像是高科技工業及專業服務等，致使其無法產生連鎖經濟效應，且無法順應現今發展潮流。因此，馬國政府推出經濟轉型計畫，藉此一計畫提升中小企業的研發能力，以及增進其生產力，也為馬來西亞經濟注入一股活水。

❸【構建基礎設施藍圖】：馬來西亞政府 2011 年推出「大吉隆坡計畫」，希冀藉由經濟及基礎的建設，於 2020 年前將吉隆坡打造為全球前 20 個「最適宜居住城市」之一。此外，2013 年 2 月 19 日馬來西亞與新加坡共同簽屬聲明的「馬新高速鐵路」，亦將帶動馬來西亞的經濟發展。

5. 馬來西亞環境因素分析

配合著馬來西亞的天時地利人和，使其天然資源蘊藏豐富，及具有便捷的港口，使馬來西亞對外貿易能通行無阻，除此之外，馬來西亞政府致力發展天然資源產業以及港口的管理，皆增進投資者對於馬來西亞的佈局意願，也為馬來西亞帶來新的發展商機。茲就根據其環境因素分析，闡述如下：

❶【天然資源蘊藏豐富】：東南亞眾多國家中，馬來西亞蘊藏的石油及天然氣儲蓄豐富，根據英國能源研究機構 Wood Mackenzie 集團（2013）調查顯示，馬來西亞的石油與天然氣儲存量約占東南亞國家之 72%，且高達 14 億桶。此外，馬來西亞已超越印尼，躍升為東南亞上游油氣業的龍頭，而政府也持續推出各類措施，鼓舞投資前往投資馬來西亞開採。

❷【港口基礎設施完備】：馬來西亞優越的地理位置及配合有效率的管理，加上政府啟動經濟轉型及各項經濟計劃，成功吸引外資流入國內，也大力推動馬來西亞海運及出口業成長，根據馬來西亞交通部長江作漢（2012）指出：「馬來西亞第一大港巴生港（Port Klang）港口，其 2012 年的貨櫃處理量達 1,000 萬個 TEUs，較 2011 年成長 4.2%」，再加上巴生港又榮獲全球第 13 大集裝箱港口之美譽，可見馬來西亞的港口基建設施已發展相當完備。

6. 馬來西亞法律因素分析

馬來西亞發展經濟同時，也需明定貿易上的關稅條例，讓投資者能一目瞭然，且投資於此能更有保障，更可增進投資意願。關於馬來西亞法律因素可分為貿易條例詳細完整及產品專利維護等兩項因素。茲就根據此兩項法律因素分析，詳述如下：

❶【貿易條例詳細完整】：馬來西亞透過進口關稅及消費稅調節進口商品，且政府從推動貿易自由化的目標出發，定期對關稅稅率做調整，並透過年度預算案公布進口關稅的調降，此外，馬來西亞為展現公平原則，對許多商品進行公開的招標制度，也對民生用品嚴格把關，更能展現其國家貿易的透明化。

❷【產品專利極力維護】：馬來西亞為世界知識產權組織（World Intellectual Property Organization；WIPO）機構的成員之一，也為管轄知識產權的巴黎公約及伯恩公約的簽約國之一，由上可知，馬來西亞能為本地與國外投資者兩方在產品專利方面，提供完善的保護及維護廠商權益。

7. 馬來西亞投資商機

關於東南亞地區的投資情況，廣為被投資者熱烈討論，而其中之一的馬來西亞前景也頗被看好。根據馬來西亞財政部長阿末胡斯尼（2013）指出：「馬來西亞在 2012 年第四季的 GDP 高達 6.4%，比預期中的 5.5% 要好」。由此可知，馬來西亞將大鵬展翅，為其經濟發展締造佳績。茲就針對其投資商機詳述如下：

商機一：【太陽能源產業】

馬來西亞因地處赤道地帶，故可善用自然環境的優勢，發展全球盛行的綠色產業，因此，其希冀透過太陽能產業為其經濟締造佳績。除此之外，有鑑於天然氣及石油資源日益短少，因此馬來西亞政府選擇轉向新能源發展，而太陽能產業則為其發展項目之一，並期盼 2020 年能為其累積太陽能電量達 1,250 兆瓦。根據馬來西亞副首相 Tan Sri Muhyiddin Yassin 於 2012 年表示：「馬來西亞利用其在半導體行業的優勢，成為全球第三大太陽能電池生產國指日可待，因馬來西亞此領域中擁有相同的價值鏈及營利產品組合」。由此可知，馬來西亞富有天然資源的優越條件，使其發展太陽能產業能如魚得水，也可為馬來西亞創造可觀的利潤產值，增加競爭優勢，且為其開創投資商機，進而增加投資者選擇馬來西亞的意願。

商機二：【清真食品產業】

馬來西亞為世界伊斯蘭教大會組織主席國，且為國際清真食品中心，也為

國際清真食品供應的通道和認證中心,因此為清真食品進入國際市場的最佳跳板。除此之外,馬來西亞的清真食品占全球食品貿易額 16%,因此清真食品可為馬來西亞帶來龐大的商機。根據外貿協會副秘書長葉明水於 2012 年 12 月 13 日指出:「新興市場的經濟成長率看漲,且全球回教國家盛行『清真食品認證』,回教徒穆斯林的消費者逐漸藉由此認證,作其在採購清真食品的參考依據,以確保食品符合 Halal 原則」。由以上可知,因清真食品認證廣為在回教國家盛行,因此,廠商在此區投資食品產業時,若擁有此認證,除了可作為其食品的保證外,也可增加回教消費者對食品的信心,進而增進產品購買意願。

商機三:【生物科技產業】

馬來西亞政府於 2006 年發表第九大馬計畫,將生物科技列為其發展的重點項目之一。除此之外,馬來西亞政府為促進生物科技中小企業的發展,提供每項投資計畫 100 萬馬幣,最高融資逾 200 萬馬幣。此外,馬來西亞的生物科技產業佔國內生產總值(GDP)的 4% 及區域市場的 10%。根據馬來西亞首相 Najib 於 2012 年 10 月 30 日在主持國家生物科技執行理事會會議後表示:「根據馬來西亞國家生物科技政策的第二階段(2011 至 2015 年)的執行方案,著重生物科技產業商業化,迄今其投資金額已高達 127 億馬幣,且創造出 67,753 個就業機會」。由此可知,馬來西亞政府致力發展生物科技產業,因政府政策扶持,進而增加產業的競爭優勢,此外,透過此產業的發展,為馬來西亞的經濟注入一股暖流。

8. 馬來西亞投資風險

綜觀馬來西亞的投資市場,可發現關於此區的市場風險狀況,可區別為政治不透明、溢價過度及廠商資料收集不易等狀況。而此一市場中,須注意並提前防範以避免風險產生,免於造成自己因小失大。茲就針對馬來西亞的投資風險描述如下:

❶政治風險:【行政缺乏透明】:根據國際透明組織英國分會(TI)於 2013 年 1 月 29 日發布《國防領域反貪指數》(Government Defence Integrity Index;GDII)指出:「因馬來西亞的國防採購案缺乏透明度,且關於其國防開銷稽查也差強人意,且受到官方機密法令的限制,因此將馬來西亞列為 D 級」。經由以上可得,因馬來西亞行政上較為封閉且不透明,因此,投資者在佈局上須小心應對。

❷匯兌風險:【過度溢價情形】:投資人對於首次公開發行的股票需求,會因上市公司的價值而有所差別,而關於馬來西亞於 2012 年的首次公開發行市

場表現非凡，此一展現可為其長遠發展拉開序幕。然而根據富蘭克林坦伯頓基金集團（Franklin Templeton Investments）執行總裁 Mark Mobius 於 2012 年指出：「馬來西亞近期幾件關於首次公開發行股票案的認購情形來看，顯然有供不應求的情況發生，此外因馬來西亞的首次公開發行常有大幅的溢價，但若過度溢價則會因價格無法長期維持，使投資人擔憂」。由以上可知，溢價過度將使投資者在投資上面臨煎熬考驗。

❸營運風險：【資訊收集不易】：台灣經濟部於 2012 年發表《馬來西亞投資環境簡介》指出：「馬來西亞因貿易及市場的統計數據不易蒐集且不夠精確，相關的貿易雜誌發行量也甚少，再加上其通訊科技服務尚未健全完善，因此，廠商在蒐集經商貿易資訊上有其一定的困難度」。經由以上可知，廠商選擇在馬來西亞投資須優先考慮資訊收集及通訊便利的問題，以能準確掌握正確的經貿資訊，為自身在投資上更加便利外，也才不會錯失投資良機。

三、泰國投資商機與風險剖析

泰國鄰近許多東南亞地區國家，且富有天然資源，屬四大市場中的新興市場，泰國更藉由多項稅務與非稅務投資優惠成功引資，根據摩根泰國基金經理人黃寶麗（2013）表示：「民間部門投資占 GDP 比重連年增加，泰國內需經濟仍持續發酵，可見企業願意加碼投資泰國，對其經濟前景樂觀」。可知，泰國的區位優勢與龐大內需，仍使企業願意不斷投資，此外，根據聯合國統計司（United Nation；UN）統計，泰國 2012 年 GDP 成長率為 5.6%，高於同為新興市場的越南、馬來西亞及菲律賓。身為東協成員的泰國，亦藉由多項貿易利益，帶動自身汽車與觀光旅遊等產業快速發展，且根據國際貨幣基金組織（2012）《World Economic Outlook Database》調查報告中指出：「泰國為 2012 年至 2015 年複合成長率（CAGR）超越全球平均的 12 國之一，其經濟成長力道亦為 12 國中的第五名」。顯示泰國未來的發展亦將無可限量。

1. 泰國政治因素分析

泰國政府除積極處理國內政治動盪不安問題，更為吸引投資者進入，而制定許多政策，根據泰國北部工業區日本商家協會副主席 Shigeru Kamahara（2013）所述：「外商投資計畫會因促進投資政策的改變而受影響」。可知泰國可藉由引資政策及調節政策的相互配合，改善政治問題並引資入內。茲就將泰國政治因素分析詳述如下：

❶【ICT 產業政策開放】：泰國科技部及國家電子電腦科技中心擬定出

2011 年至 2012 年的國家 ICT 政策架構，極力將泰國的政府從 e 政府轉而成為 i 政府，其中，i 政府係指融合包容、智慧與整合 3 項項目的政府，並於 2012 年推出「智能泰國」策略輔佐政策施行，顯示出，泰國希冀以開放的政府做為基礎，成為一個透明、具反應力，且讓訊息普及化的 i 政府。此外，「ICT2020 計畫」更旨在普及公共服務設施，冀望能改善泰國人民的生活品質，並促進泰國自身於國際上的商業競爭力。

❷【稅收減免優惠措施】：泰國政府為吸引外資進入，進而提出投資優惠獎勵辦措施，自 2010 年 6 月 1 日起，凡外資於泰國境內設立企業總部（Regional Operating Headquarters；ROH），則將免收 15 年的法人所得稅。由此可知，泰國政府希冀藉由降低外資企業所得稅收的方式，吸引外資進入泰國，此外，投資者於泰國所獲收入之應繳所得納稅額，更從 30% 降至 10%，顯示企業於泰國除投資利益大幅增加外，外資的進入亦將帶動泰國經濟持續發展。

❸【國內政治動盪不穩】：東南亞國家多仍處政治動盪不安的情勢，而政治動盪不安的情況，除會影響投資者的投資意願，更會連帶地影響泰國的經濟發展情況，根據泰國總理 Yingluck Shinawatra 女士表示（2012）：「泰國政府如何促進自身國內政治和解的過程，已十分受國際社會關注，政府也正盡力改善國內政治的對立氣氛」。一語道出泰國政府已正視政治動盪問題，希冀能於未來改善政治對立氣氛，以吸引更多投資者進入投資。

2. 泰國經濟因素分析

泰國經濟雖因泰銖升值與工資上漲等因素稍受影響，但其經濟前景仍被看好，根據摩根史坦利（Morgan Stanley）聯席總裁 Walid Chammah（2013）表示：「泰國因經濟基礎雄厚，使其經濟得以穩定持續增長，並對泰國的發展前景仍抱持信心」。由此可知，經濟成長穩定的泰國，其未來成長仍將無可限量。茲就將泰國經濟因素分析詳述如下：

❶【泰銖升值衝擊出口】：泰銖受高利率的影響下，截至 2013 年 2 月，泰銖 3% 的升值幅度已達全亞洲之冠，且泰國財政部長 Kittiratt Na-Ranong（2013）表示：「由於泰國利率較高於其他國家，使得資金不斷流進泰國，形成泰銖走強的形勢」。除此之外，泰銖不斷地升值的情況下，亦將對泰國出口廠商造成一定的衝擊，顯示出泰國在引資進入的同時，應採取相關措施以抑制泰銖升值的步伐，降低泰銖升值對出口商所造成的不良影響。

❷【泰國經濟成長強勁】：泰國貨幣雖不斷升值，但在龐大內需不斷增長的拉動下，泰國經濟成長仍有成長，且根據泰國國家經濟社會發展委員會秘書長

安空（2013）表示：「泰國 2012 年經濟成長達 6.4%，其中 2012 年第四季的經濟同期成長 18.9%」。顯示泰國的經濟成長實力仍相當強勁。除此之外，2012 年第四季 18.9% 的高經濟成長率，更創泰國 20 年來最高紀錄，成為亞洲經濟的一大亮點。

❸【工資調漲影響投資】：泰國 2012 年將泰國普吉府與曼谷及周邊府治的最低工資調漲為 300 泰銖，此外，更於 2013 年起擴大至全泰國地區施行，根據泰國工業部長 Prasert Boonchaisuk（2013）表示：「最低工資所產生的影響將會慢慢浮現，工業部則將為受影響的廠商採取措施，並提供適當的協助」。可知工資的調漲可能導致部分企業受影響，而政府則將竭力協助企業減少調漲工資所帶來的負面影響。

3. 泰國社會因素分析

泰國雖因城鄉差距而成為貧富差距大的東南亞國家，但其仍中產階級的快速增加，成功帶動內需市場快速成長，吸引不少外資進入投資，此外，泰國濃厚的佛教及當地文化，亦帶動觀光旅遊業快速發展，使泰國憑藉各項社會文化因素，成功帶動國家經濟持續成長。茲就將泰國社會因素分析詳述如下：

❶【中產階級急遽增加】：東協國家因中產階級的成長速度快，使得其勞動力及消費力相對大幅成長，帶動國家內需消費及基礎建設大幅增加，而泰國亦為中產階級成長速度快速的國家之一，根據群益東協成長基金經理人蘇士勛（2012）指出：「東協國家中，中產階級成長速度最快的國家依序為印尼 12.9%、菲律賓 9.2% 及泰國 5.6%，且這些中產階級的勞動力亦將轉換成消費力」。由此可知，泰國中產階級的快速成長下，內需消費與相關產業亦將加速起飛，並將連帶地帶動泰國經濟快速成長。

❷【貧富差距格外懸殊】：根據 2012 年英格蘭及威爾士特許會計師協會（The Institute of Chartered Accountants in England and Wale；ICAEW）的《South East Asia Economic Insight Q2 2012》區域經濟調查報告中指出：「泰國為東盟區域中貧富差距最為嚴重的國家」。可知東南亞區域經濟雖不斷成長，但貧困問題仍存在於部分東盟地區國家，而泰國貧富差距日益嚴峻下，亦將嚴重影響泰國經濟發展，泰國政府更應擬定出對策，縮小泰國當地嚴重的貧富差距問題，以加速泰國經濟成長。

❸【文化豐沛引客入泰】：泰國經歷長遠的歷史洗禮，擁有濃厚的佛教文化與傳統節慶外，移民及多元文化的交流更為泰國帶來更不一樣的文化創意元素，此外，泰國清邁、曼谷及臥佛寺等城市與景點，皆擁有豐沛的泰國文化與現

代文創氣息，且泰國曼谷更於 2012 年蟬聯亞洲十大旅遊城市之首，可見，泰國文化除擁有吸引人的神祕特質，更成為帶動泰國觀光旅遊業發展的一大契機。

4. 泰國科技因素分析

泰國雖為全球第七汽車出口國，但國內技術工人仍相當缺乏，為避免此因素阻礙科技發展，政府因而相當重視 ICT 產業，以利促進泰國科技快速發展，除普建 Wi-Fi 極力打造網路通訊基礎外，擁有許多大廠投入建廠的泰國，更可藉此學習大廠技術，突破阻礙並成功跨出泰國大門走向國際。茲就將泰國科技因素分析詳述如下：

❶【廣設 Wi-Fi 科技建設】：隨著全球科技的快速進步，泰國的網際與通訊技術亦進步快速，根據泰國資訊科技與通訊部（ICT）部長 Anudit Nakornthap（2012）表示：「國有與私營營運商基於一項 20 億泰銖的工程，計畫在 2015 年於泰國全國區域內部署 Wi-Fi 熱點達 40 萬座」。是故，泰國政府希冀藉由 Wi-Fi 的廣設，以滿足泰國國民使用公眾網路的需求，亦為自身的 ICT 相關產業謀取更大的利益，帶動整體產業及國家同時快速進步。

❷【技術工人嚴重缺乏】：技術工人的擁有，已為東南亞地區吸引外資入內的一大優勢，而泰國雖於全球汽車出口國中排名第七，但技術工人的缺乏卻嚴重困擾著泰國，根據泰國工業院主席 Payungsak Chartsutipol（2012）指出：「若泰國汽車年產量增至 300 萬，需增加約 20 萬的高學歷技術工人，倘若此問題無法解決，則將轉而成為泰國發展汽車工業的一大阻礙」。可知技術工人的缺乏確實將對泰國產生嚴重影響，此外，除汽車工業遭受影響，泰國技術工人缺乏的問題，更將可能對其他相關科技產業造成衝擊。

❸【產業群聚引技術】：泰國當地雖缺乏技術工人，但仍依靠自身的投資優惠政策、區位及勞動成本等優勢，吸引許多企業進入泰國投資設廠。使本田（Honda）計畫於泰國建設新廠並於 2015 年投產；豐田（Toyota）也希冀將泰國打造成為自身面向全球的重要出口基地；而普利司通（Bridgestone one corporation）更於 2013 年斥資 37 億日圓，於泰國建造一座技術中心，可見，泰國在多家大廠進入投資後，亦可藉由觀摩學習，吸收大廠的優良技術，並打造一套適合泰國汽車工業的技術流程，為泰國帶來另一波經濟奇蹟。

5. 泰國環境因素分析

泰國每年皆因大雨來襲而產生水災，其天然的水文地質特性，儼然已為泰國造成不小的麻煩，此外，身為東南亞國家之一的泰國，更擁有缺電的嚴重問題，除極力防範水災的發生外，泰國政府更針對缺電問題啟動風力發電項目，希

冀藉由安全又環保的風力發電方式，解決泰國嚴重問題，並為泰國建造出更佳的投資環境。茲就將泰國兩項環境分析詳述如下：

❶【水文地質引發水災】：湄南河為泰國最主要的河流，貫穿泰國的湄南河，亦成為泰國雨季來臨時河水暴漲氾濫成災的主要原因，泰國曼谷等低窪地區則常因河水氾濫而釀成水災，如：2011 年泰國大水災已對全球汽車供應鏈及半導體工廠造成影響，此外，湄南河的水位更於 2012 年 10 月期間達泰國 300 年來的最高點，雖然泰國政府已針對水災做出相關措施，但因泰國自身水文地質特性而常釀水災的問題，仍為投資者進入投資時須考量的一大因素。

❷【東協最大風力發電】：泰國的「西部惠彭 2」及「西部惠彭 3」兩座風力發電項目，於 2013 年 2 月 12 日正式啟用，且該項目之發電廠更成為泰國首座及東盟最大的大型風力發電廠，根據風能源控股公司董事長納帕蓬（2013）指出：「風力發電被視為可持續發展之能源，既安全又環保，且風能的使用亦可減少人類對化石能源的高度依賴，更能降低全球暖化所帶來的危害」。顯示風力發電廠的建設，不僅可解決泰國的缺電問題，更使泰國進一步的發展成為東協地區使用替代能源的國家。

6. 泰國法律因素分析

泰國擁有許多法律保護條約，除擁有基礎的《勞動保護法》，保護於泰國工作的各式員工，更針對投資者制定《外商法》，保護泰國當地企業及國家文化、環境與安全，而泰國更於立法之時，考量外資進入後可帶來的大量經濟貢獻，並於《外商法》內制定出更合適的外商法。茲就將泰國法律因素分析詳述如下：

❶【適度限制外商投資】：泰國自 1999 年起實施《外商法》，禁止外商於泰國經營部分業務，如：涉及泰國國家安全穩定之業務，或對藝術文化、自然資源、生態環境等造成不良影響等業務，此外，《外商法》更禁止外商從事泰國自身對外國人較未具競爭力的工程服務業，但所禁止之工程服務業，不包含投資金額高於 5 億泰銖的公共基本設施建設、交通設施建設等，顯示，泰國政府雖立法禁止外商從事多項業務，但仍配合國家經濟發展，適度地調整法律，以吸引各式廠商進入投資。

❷【勞工保護法令嚴謹】：泰國《勞動保護法》自 1998 年起開始實施，主要針對工作時間及節假日、資遣費、終止雇用、職工福利資金、工人賠償金、社會保險金及終止雇用等項目，擬定規範以保護泰國勞工，保護法中除為從事非危險性工作及危險性工作勞工擬出工作上限外，女性勞工更可享有 90 天產假，此外，另針對童工與女工所能從事的工作，採取了適度的保護限制，可知勞工於

泰國已享有相當程度的保護,希冀在《勞動保護法》的保護下,勞工與業主的相處能更加融洽。

7. 泰國投資商機

泰國會議展覽局(Thailand Convention & Exhibition Bureau;TCEB)展覽部總監 Supawan Teerarat(2012)表示:「產業多元化的泰國位居東協樞紐,吸引許多外資前往投資」,此外,泰國觀光旅遊、文化創意與汽車產業2012 年的成長力度仍十分強勁,亦為未來投資泰國的重要商機。茲就將上述 3 項商機詳述如下:

商機一:【觀光旅遊產業】

泰國擁有許多富含泰國文化的著名景點與重要節日,每年因而吸引大批觀光客進入,而曼谷更於 2012 年榮獲《Conde Nast Traveler》亞洲十大旅遊城市第一名,且根據泰國國家旅遊局 2012 年統計:「中國大陸已成為泰國最大的遊客來源國,2012 年的中國大陸遊客已達 250 萬人次」,此外,前往泰國的外國遊客更較 2011 年成長 15%,創下紀錄突破 2,100 萬人次,估計 2013年外國遊客將突破 2,450 萬人次。泰國觀光局 2013 年並以「透過泰式風格創造更高效益」為核心主題,針對電子行銷、形象塑造、永續發展、具體化與危機管理及組織管理五大項目,制訂出「DISCO」計畫,根據泰國觀光局局長Suraphon Svetasreni(2013)表示:「泰國觀光局 2013 年執行策略,清楚確認與所有夥伴的合作」。可知泰國政府相當重視業者與政府的相互合作,可望在未來帶動泰國創造另一波經濟成長。

商機二:【文化創意產業】

文化創意產業已成為全球致力推動的新經濟,根據泰國總理 Yingluck Shinawatra 女士表示(2012):「泰國能於變化快速的世界潮流中屹立不搖,原因在於擁有獨特的文化資源」。可知,泰國十分瞭解且重視自身的文化特色,並致力發展文創產業,而泰國的設計更憑藉著政府、本土設計師與製造商的相互合作,儼然已在國際舞台上佔有一席之地,不僅成功打造曼谷成為時尚之都,亦將泰國的文化特色散播至世界各地。泰國文化部制定 2012 至 2016 年第二期促進影像產業發展策略,希冀將泰國打造成為世界影像產業中心,而第 27 屆亞洲國際美術展亦於 2013 年 1 月 19 日於泰國曼谷隆重開幕,且泰國文化部長Ontaya Kunplome(2013)表示:「文化部的重要使命在於藝術創作的完善化與永續發展」。由此可知,文化創意帶來的龐大效益使泰國仍不斷加注投資,而泰國未來的文創產業發展仍將無可限量。

商機三：【汽車製造產業】

泰國素有「東南亞底特律」之稱，其汽車零配件產品的生產規模及品質，在東南亞地區名列前茅，2012 年泰國政府推動「首車計畫」，使泰國汽車生產量成長比率成長為 68.32%，汽車生產量更達 51 年來歷史新高，不僅彌補 2011 年泰國大水災的損失，亦晉升為全球 10 大汽車生產國，根據泰國工業院汽車工業發言人 Surapong Paisitpatanapong（2013）表示：「泰國 2012 年出口汽車成長比率為 39.56%，使泰國於全球汽車出口國中排名第 7，而內銷汽車成長比率則為 80.9%」。顯示出，政府的政策推行與業者的努力，亦使泰國的汽車內外銷比率皆明顯不斷攀升。此外，泰國開泰研究中心亦預期 2013 年仍為泰國汽車製造業的大好年頭，出口方面尤其更佳，由此可知，泰國汽車產業的技術水準正快速進步，且內外市場仍不斷擴大之下，有機會再度創造另一段輝煌歷史。

8. 泰國投資風險

企業選擇來到新興市場投資，必然存在龐大風險，根據泰國工業院秘書長塔匿（2013）表示：「協會擔心投資風險將影響泰國工業成長，而泰國國內政治風險、勞工最低薪資調漲以及各行業勞工短缺現象，均為投資泰國的主要風險」。由此可知，投資風險的存在，勢必影響企業未來的成長。茲就將泰國投資風險詳述如下：

❶政治風險：【政治波動疑慮】：根據泰國信用評級與資訊服務有限公司（TRIS）董事長申迪（2013）指出：「標準普爾信用評級公司（Standard & Poors）已長時間將泰國的國家信評等級維持於 BBB+，但國家信評水準僅次於新加坡與馬來西亞主要原因仍在於政治風險」。顯示，政治風險著實嚴重影響泰國，成為投資泰國需首先考量的因素，而泰國工業部部長巴舍（2013）表示：「相信泰國政局走勢將逐漸樂觀」。由此可知，泰國政府必將極力改善當前的政治問題，以吸引更多投資者進入投資。

❷匯兌風險：【升值影響出口】：泰銖兌美元的匯率自 2013 年初起，短短一個多月內已升值約 2.8%，使得泰銖成為亞洲國家中匯率升值最快的貨幣，根據泰國工業協會主席帕揚薩（2013）表示：「泰國製造商將受泰銖快速升值的影響，特別為出口商的競爭力」。由此可知，泰銖的升值將嚴重的影響各企業的出口競爭力，且泰國開泰銀行資本市場業務部門負責人提迪（2013）亦認為：「預計泰國自 2013 年年中，匯率將升至 29.50 泰銖兌 1 美元」。顯示泰國匯率逐漸攀升下，亦將持續影響泰國各製造商的發展。

❸營運風險：【缺工問題仍存】：隨著泰國文化推廣與人民素質提升下，泰國服務業日益發達，且泰國人民生性活潑，使得人民更偏好從事服務業，而泰國政府亦提供農民各項農事優惠，因而增加許多人民回鄉從事農作，使得泰國勞工狀況在多方因素影響下，已造成嚴重缺工問題，此外，經寶精密董事長王文山（2012）更指出：「泰國勞工紛紛轉往服務業，使得泰國工廠形成勞力短缺現象」。由此可知，泰國缺工問題仍相當嚴重，投資者除選用當地勞工，亦可引進外勞以減少泰國缺工所產生的風險。

四、菲律賓投資商機與風險剖析

菲律賓為一群島國家，長年飽受地震與颱風之侵襲，卻也造就豐富的自然資源，菲律賓本土約有 9,580 萬人，加上海外居住的菲律賓人，人口總計超過 1 億人，人口數在東協各國僅次於印尼。由於菲律賓是由眾多不同民族與文化所交織而成，故有多元性的宗教、文化及語言存在，且對外商態度友善。根據世界銀行（WB）估計 2012 年外人投資（FDI）達 18.69 億美元。菲律賓受金融海嘯影響，經濟成長率曾一度降至 1.1%，2010 年經濟成長率因消費需求、出口增加等因素刺激下逐漸回溫，2012 年根據聯合國統計司（UN）統計經濟成長率達 4.8%，雖國內經濟逐步成長，卻有貧富不均的情形造成社會穩定發展之隱憂，故菲國政府也積極於減貧任務。近年菲律賓因人口紅利所創造出的廣大內需商機又再度受到全球的矚目，根據 2013 年 02 月 21 日《彭博商業週刊》（Bloomberg）報導，自 2008 年 Lehman Brothers 倒閉至 2013 年 2 月 1 日，菲律賓綜合指數（PSEI）累計漲幅達到 285%，成為全球最熱多頭股市、亞洲最昂貴股市，茲以下敘述菲律賓投資環境條件與投資商機及風險概況。

1. 菲律賓政治因素分析

菲律賓政治體制雖行使民主共和，現任民選總統 Aquino III 先生自 2010 年上任後，積極擴大公共建設、嚇阻貪腐問題、擴大外資投資範圍及便利商業登記等，使菲律賓重新走出過去的陰霾。但最近國內情勢動盪不安，沙巴事件導致流血衝突，使日漸穩定的菲律賓受到影響，顯示政治爭端持續阻礙菲律賓的發展。茲將菲律賓政治因素分析內容分述如下：

❶【沙巴領土爭議】：為爭奪沙巴領土主權，馬來西亞軍方與菲律賓武裝分子在當地交火，衝突的產生已造成菲律賓南部省分產生經濟副作用，如塔威塔威省民生必需品向來仰賴沙巴供給，動亂發生至今民生物資價格已上漲 30% 至 50%，且為確保更多流血事件發生，考驗雙方對局勢的控制，避免阻礙政治或

經濟發展。

❷【外資範圍擴大】：相較於其他東協國家大多允許外人投資擁有完全股東權益，菲律賓對外人投資範圍則略有限制，但根據 2013 年 2 月 27 日，菲律賓政府擬重新修訂禁止外國投資範圍清單，期許能提高外人投資資金流入，欲重新促成菲律賓與全球經濟緊密接軌。

❸【商業登記便捷】：菲律賓貿工部自 2011 年即實施商業登記（The Philippine Business Registry；PBR）制度，使企業節省成本的經營，同時減輕政府官僚行政干擾進度。因實施 PBR 制度後，相關政府機關登記業務成功橫向整合，將控制在 15 分鐘內完成商業登記。

2. 菲律賓經濟因素分析

2012 年菲律賓經濟成長表現亮眼，政府率先刺激帶動民間消費活動日益增加，故較不受環境波動所影響，以及政府肅貪決心，重振外資對菲律賓投資信心，2012 年第三季經濟成長率更以 7.1% 高居東協之冠，但快速發展也因此帶來些許影響，如通貨膨脹與投資熱錢等問題，皆考驗菲律賓政府日後的動作。茲將菲律賓經濟因素分析內容分述如下：

❶【力阻熱錢流入】：根據花旗（Citibank）新興亞洲研究部主管蔡真真（2013）表示：「菲律賓將面臨得調整貨幣政策以抵禦資本流入的壓力」，因 2013 年菲律賓股市已上漲近 17%，成為全球多頭最盛的股市，為避免重蹈 1997 年亞洲金融風暴資產泡沫化的風險，菲律賓央行於 2013 年 3 月 14 日計畫採用多管齊下的利率工具，遏阻全球熱錢持續流入。

❷【通貨膨脹升高】：根據菲律賓國家統計署（National Statistics Office；NSO）資料（2013）顯示，2013 年 2 月民生消費價格持續升高，整體通膨率已攀升至 3.4%，為近 5 個月內的最高峰，雖仍在菲律賓央行預測的 3.7% 之內，但英國巴克萊銀行（Barclays Bank）卻預期菲律賓 2013 年年整體通膨率為 4.1%，顯示日後仍有升高的可能性。

❸【經濟成長亮眼】：菲律賓政府於 2013 年 1 月 31 日公開表示：「2012 年經濟成長率達 6.6%，優於原先政府 5% 至 6% 預期」，顯示菲律賓總統允諾打擊貪汙與脫貧的決心強化全國人民信心，使消費、投資與政府支出均有增加，帶動菲律賓走向另一波成長高峰，根據世界銀行（WB）《2013 年全球經濟展望》（Global Economic Prospects 2013）報告顯示，菲律賓於 2013 年仍可維持 6.2% 的經濟成長率，顯示成長力道強勁吸引全球目光。

3. 菲律賓社會因素分析

菲律賓擁有超過 1 億的龐大人口數，加上因國家穩定成長，培養出眾多年

輕勞動人口，受惠於海外勞工匯款，國內內需市場也逐漸擴大，消費市場前景備受看好。此外，因歷史因素的影響，美式口音依舊是菲律賓人在國際上的優勢之一。茲將菲律賓社會因素分析內容分述如下：

❶【勞動資源充沛】：當亞洲國家勞動成本普遍升高時，東協內國家勞動力成本低廉的優勢備受矚目，吸引許多國外製造商或相關產業搬遷至菲律賓投資設廠，尤其以日本企業看好當地投資前景，菲律賓日本商會主席藤井信雄（2012）指出：「日本製造商去菲律賓設廠時，其供應商也會跟著去」。顯示出勞動資源優勢是有利於吸引外資前往投資的一大利多。

❷【英語使用普及】：因菲律賓曾受美國長期殖民，高等教育直接受到美國的影響，採用與美國相同教育體制，故菲律賓人普遍有清晰美式口音，在國際上甚至比印度人的英語更受青睞，在全球服務外包產業中有著極大優勢，來電顧客甚至聽不出其中的差異，使得越來越多跨國企業選擇將語音客服中心轉移至菲律賓。

❸【內需市場潛力】：菲律賓是台灣在東協的第三大出口市場，人口數龐大在東協中僅次於印尼，強勁內需潛力是幫助菲律賓抵禦歐債危機與中國大陸減速衝擊的關鍵，其中，海外勞工匯款也維持其內需市場保持成長。故內需市場與人口紅利便是菲律賓的投資亮點，讓其在全球景氣低迷情況下，維持相對穩定的成長。

4. 菲律賓科技因素分析

因菲律賓地理因素關係，政府從很早時間就決定放棄核能，轉而向地熱、潮汐等再生能源發展，故積極投入研發環保能源科技。此外，政府亦同時培養科研人才與興建基礎建設，為菲律賓科技環境奠定穩固基礎，助國家科研發展更加踏實。茲將菲律賓科技因素分析內容分述如下：

❶【加緊發展基建】：菲律賓落後基建令不少外資卻步。為經濟發展並吸引外資投資，菲律賓總統 Aquino III 先生大幅增加政府開支，新簽署的 2013 年財政預算超過 500 億美元，較 2012 年上升 10.5%。顯示興建基礎建設不但能製造就業機會，並能有助吸引外資投資，對未來經濟發展影響深遠。

❷【環保能源科技】：菲律賓為徹底強化再生能源發展，提出多項計畫積極鑽研技術研發，如生質柴油、生質酒精、地熱探勘與開採以及海洋潮汐能等環保能源科技，不僅配合減碳趨勢，日後能源自給率亦大幅提高，因此菲律賓於能源科技上發展替其不必受進口能源價格漲跌所影響。

❸【培育科研人才】：過去亞洲的資訊科技人才欠缺嚴重，當地培育出科

研人才經常受到國外企業高薪挖腳，離開原先國家赴海外工作。但菲律賓科技部於 2013 年 2 月 5 日所舉辦的「第一屆菲律賓國際科學展」，顯示出為期勉國民投身科學研究，以提升菲律賓科技實力，邀請亞太各國團隊切磋交流，實為菲律賓逐漸投入科研人才培育之證明。

5. 菲律賓環境因素分析

菲律賓由約 7,000 多個島嶼所組成，國家大多座落於環太平洋火山帶，地底地熱資源豐富，且開採範圍逐年增加，政府欲使菲律賓成為能源自主國家，大幅降低對進口能源依賴，此外自然環境維護及法律亦是相較於其他國家嚴格許多。茲將菲律賓環境因素分析內容分述如下：

❶【注重環境保護】：菲律賓作為群島國家比較注重環境保護，特別是對於部分行業有較為嚴格的環保要求。除政府設立環境和自然資源部外，民間組織呼聲更高。菲律賓投資設廠要遵守相關環保法律法規要求，才有可能得到投資或開發當地的權利。

❷【位處環太平洋】：菲律賓因為處於環太平洋火山帶，全國境內有 200 座火山，其中活火山 21 座，其地熱資源豐富，地熱發電量居世界第二，占全國發電量的 22.2%，根據菲律賓能源部地熱能源管理處處長 Ariel Fronda（2012）表示：「菲律賓地熱資源開發極具潛力，能源部將跨大地熱生產能力，力爭 2030 年成為世界第一地熱生產國」，顯示菲律賓對地熱開發已做好規劃，可再生能源應用有助於日後應對能源耗竭的問題。

6. 菲律賓法律因素分析

為吸引外資重回菲律賓投資，政府推出投資優先計畫，規劃獎勵優惠範圍，以利全球企業選擇最具優勢產業並前往佈局。另一方面，發展重點的再生能源法案也助菲律賓逐步提高再生能源利用。茲將菲律賓法律因素分析內容分述如下：

❶【再生能源法案】：因電力短缺高居不下問題長期困擾菲律賓，因此為增加全國供電，菲律賓祭出《再生能源法》，是東南亞國家中首個綜合性再生能源法案，提供再生能源開發優渥的獎勵措施以改善投資條件，希冀能降低對進口能源的依賴，以確保菲律賓能源安全與國家經濟的永續發展，並在 2013 年達成 40% 再生能源發電的目標。

❷【投資優先計畫】：根據 2013 年 3 月 18 日，菲律賓投資署（Board of Investments；BOI）所提交的 2013 年《投資優先計畫》（Investments Priorities Plan）內容顯示：「各式促進國家經濟發展的產業都在獎勵範圍中，尤其是能源基礎設施、業務流程外包（BPO）、綠色環境、汽車等皆可獲得 4

至 6 年的租稅優惠」，而該優惠亦使全球企業更加注視菲律賓投資環境。

7. 菲律賓投資商機

根據 2013 年 2 月 20 日，摩根東協基金經理人黃寶麗表示：「近年來東協中國家菲律賓經濟大躍進，受惠於蓬勃的民間消費及固定資本投資」，顯示內需市場強勁帶動國家經濟成長，2012 年經濟成長年增率達 6.6%，優於市場預期，展現出菲律賓消費市場不乏成長動能，前景備受全球看好。茲以菲律賓投資 3 項商機分述如下：

商機一：【大型零售產業】

菲律賓 TID 集團總裁齊偉能（2013）表示：「Mall 是菲律賓各種商業型態中，最重要的民間消費創造地」，近年來此種由大型開發商或大財團所建立的購物中心如雨後春筍般快速冒出，不少世界知名品牌皆紛紛進入菲律賓並設立銷售據點，皆分食菲律賓零售業這塊大餅，根據菲律賓國家統計局數據（2013）顯示：「截至 2012 年底，菲律賓零售銷售額超過 2.4 兆披索，並創造 66 萬個就業機會」，亦可改善就業問題進而刺激民生消費。另根據菲律賓零售商協會（Philippines Retail Association；PRA）主席 Federick Go 於 2013 年 1 月 28 日表示：「海外勞工的匯款、高薪資的服務外包以及中期選舉都將刺激消費者信心，進而推動零售業發展，至少將零售業年成長提高 10%」，由此皆可見菲律賓國內民眾對消費之踴躍，以及其零售業發展之雄心壯志。更重要的是於 2013 年 2 月 4 日，零售商協會已經督促國會通過法案，未來將給予外國遊客免徵增值稅的待遇，此舉將大幅提升觀光客購買欲望，菲律賓零售商成長方能更大突破。

商機二：【電動汽車產業】

21 世紀因環保議題與石油價格波動，使得再生能源備受關切，因而使得電動車也日益受到矚目，菲律賓政府有計畫逐年將國家現有 350 萬台三輪車以電動三輪車取代之，估計市場商機逾 1,000 億新台幣，2012 年東元電機立即表示要當地企業聯手，合資在蘇比克灣設廠生產動力系統。根據菲律賓電動車協會會長 Rommel Juan（2013）表示：「預測在 2015 年電動車可能會佔全國 20% 的汽車銷量」，除此之外，菲律賓電動車協會發布的《2013-2021 年電動汽車產業成長計劃》內容顯示：「未來菲律賓將推動本地自製生產，進而將技術擴散至電動汽車、三輪車、自行車、貨車及巴士等交通工具，並鼓勵本地企業與外資企業合作，積極投入發展電動車產業」，期許可以以菲律賓為生產基地，將電動車銷往鄰近的印尼、越南、印度等市場。

商機三：【外包服務產業】

近年來國際分工日益明顯，業務外包流程服務（Business Process Outsourcing；BPO）迅速發展，外包服務尋求國與供應國開展國際合作，取得互利雙贏的經濟效益。菲律賓的母語優勢為其帶來電話客服商機，在東協國家中僅有菲律賓與新加坡母語為英語，根據 2013 年 2 月 1 日，全球服務外包諮詢公司 Tholons 發布「2012 年全球主要服務中心排名」顯示，菲律賓馬尼拉超越新德里躍升至第三名，僅次於印度的班加羅爾與孟買，菲律賓宿霧亦排行第八，顯示出菲律賓整體外包服務實力日益增強，連印度服務外包公司亦加快在菲律賓的擴張。根據 2013 年 2 月 1 日，菲律賓業務流程協會（BPAP）表示：「菲律賓有信心實現 2013 年實現收入達 160 億美元，幫助菲律賓創造 92.6 萬就業機會」，顯示外包產業於菲律賓的蓬勃發展。

8. 菲律賓投資風險

根據世界銀行（WB）與國際金融公司（IFC）（2012）共同發布的《2013 全球經商環境報告》（Doing Business 2013）內容顯示，菲律賓在 185 個國家中僅排行 138 名，相較於 2012 年反倒退步兩個名次，在東協區域市場中僅勝過 163 名的寮國，報告更顯示出雖菲律賓持續改善投資環境，卻未實施有利當地企業的制度改革，證明對台商仍有一定風險存在，以下茲就菲律賓投資風險分述如下：

❶政治風險：【貪汙問題纏身】：菲律賓自過去就是亞洲知名的「貪汙名國」之一，嚴重的貪汙腐敗會造成國家經濟持續低迷、貧富差距日益擴大等問題，根據國際透明組織（TI）公布的《2012 年貪汙印象指數》（Corruption Perception Index 2012），其中貪汙排名由 2011 年的第 129 名躍升至第 105 名，即使顯示出新總統上任兩年至今肅貪之決心，但名次仍落於後段成績，顯示出仍有一定程度貪腐問題影響菲律賓經濟成長，若台商欲前往投資必須考量此問題，才能避免企業無謂損失。

❷匯兌風險：【熱錢恐發通膨】：菲律賓亮眼的經濟成長，使投資前景相當樂觀，吸引各地熱錢湧入，至 2012 年底，湧進菲律賓股市之全球熱錢高達 25 億美元，造成菲律賓股市成為僅次於希臘外的全球次貴股市，這些大幅挹注菲律賓國際收支的投資，可能會造成如通貨膨脹、匯率波動激烈等問題，最終影響菲律賓經濟發展。但菲律賓央行也開始加入抗熱錢行列，著手研究對策以便日後採取措施應對，台商仍須注意相關匯兌風險減少不必要的損失。

❸營運風險：【缺電經商困難】：菲律賓能源管理委員會（Energy Regulatory

Commission）早於 2011 年出席國會時表示：「菲律賓工業用電方面已高居世界第二，僅低於新加坡」，顯示出電價過高將可能削減外資前往投資的意願。此外，2013 年 1 月 31 日，根據菲律賓馬尼拉電力公司（Meralco）CEO Oscar Reyes 於「2013 菲律賓經濟高峰會」上表示：「2012 全年電力銷售成長飛快，工業用電成長 6.5%，若照此趨勢發展，菲律賓 2013 年至 2016 年電力供應將可能日趨緊張」，顯示出政府若不盡快調整政策，可能會降低台商赴菲投資的積極性。

五、新興市場資通訊（ICT）產業探析

1. 越南資通訊（ICT）產業

越南為資通訊產業最具發展潛力的 10 個國家之一，且產業持續快速發展，年增長率保持在 20% 左右，IDC Insights（2012）發表《越南 ICT 十大預測》，2013 年在越南將會有大約 26 萬的互聯網用戶。這佔全世界使用人口的總額的 30% 左右。由此可看出，越南在國際 ICT 產業上扮演著日漸重要的角色，其發展潛力不容小覷。此外，越南政府積極投資 ICT 產業，為越南社會經濟發展的關鍵產業，也是越南發展的核心。

❶發展優勢

優勢一：【政府積極扶持】：越南政府希望在 2020 年前成為 ICT 強國。為維持越南在 ICT 產業上發展，越南政府積極設立外人投資優惠法案，並通過財政優惠以及建設高新產業園區，以吸引外資進駐。

優勢二：【經濟刺激內需】：由於越南經濟發展快速，使得對電子信息設備需求大幅成長，中國大陸貿促會電子信息行業分會張靖（2012）指出：「2011 年越南 ICT 市場消費總值超過 3.47 億美元」，由此可知，這使越南成為亞太地區 ICT 市場消費總值成長速度最快的市場，也由於此龐大的內需市場，為越南 ICT 產業帶來競爭優勢。

❷發展劣勢

劣勢一：【科技人才欠缺】：越南科技人才較為欠缺，雖政府積極投資但越南人口較少，發展 ICT 等高科技產業無法與中國大陸以及印度等科技人才濟濟國家相比，實為越南 ICT 產業發展之劣勢。

劣勢二：【政策並未實踐】：英國布里斯托大學湄公河專案副主任 Scott Cheshier（2012）表示：「很多政策都是為推動 ICT 而做的，但是執行仍是關鍵問題」。儘管政府政策是積極投入產業發展，但是卻沒有化成實際行動。

❸發展機會

機會一：【綠色能源政策】：越南政府在 2012 年進行長程綠色能源政策，帶動太陽能與 LED 產業，也將為 ICT 產業帶來新氣象，由於太陽能的開發，資通訊系統頗為受益，並為產業開啟新契機。

機會二：【4G 服務技術】：越南訊息傳播部的副部長 Le Nam Thang（2013）表示：「4G 服務於全球而言仍是新興的市場，設備少且昂貴，希望到了 2015 年 4G 服務在越南變得更普及」，越南政府預計將於 2015 年發放 4G 服務牌照取得，以待越南 4G 服務能進一步的發展及更有效的應用。

❹發展威脅

威脅一：【盜版市場猖獗】：國際知名研究組織 Business Software Alliance 公布 2011 年《BSA-IDC 全球侵犯 PC 軟體版權的研究》指出，2009 年開始越南的個人電腦軟體盜版比率高達 85%。可看出越南 ICT 產業發展面臨盜版市場的猖獗，要先除掉盜版問題才有可能為產業帶來新契機。

威脅二：【低價手機搶市】：ICT 產業競爭激烈，SAMSUNG、SONY 和中國大陸製造商銷售的智慧手機，皆開始採用雙核心芯片，其中定價低於 700 萬越南盾。由此可知，越南的 ICT 產業將面臨全球低成本的智慧手機競爭威脅。

2. 馬來西亞資通訊（ICT）產業

馬來西亞的 ICT 產業發展憑藉著政府與各企業的協助下，其資訊與通訊業皆已有大幅成長，且根據馬來西亞前總理巴達維（Badawi）（2013）表示：「Google 計畫於亞太地區建立全球最大數據中心，而 Google 有意將此座數據中心建立於馬來西亞」。由此可知，馬來西亞 ICT 的發展相當成功，且馬來西亞為東南亞國家中擁有最多 Google 用戶，亦對自身的 ICT 產業擁有極大的發展效用，且隨著政府 ICT 支出大幅的成長下，馬來西亞的 ICT 產業亦將持續成長。

❶發展優勢

優勢一：【大馬進入 4G 時代】：馬來西亞 8 家電信營運商於 2012 年獲得 4G 頻譜，且預計於未來 3 年內於馬來西亞設立 5,000 個 TD-LTE 基站，且馬來西亞監管部門通信與多媒體委員會 MCMC（2012）亦表示：「馬來西亞市場已預備迎接 4G 網絡的到來」。可知未來馬來西亞地區的網絡進步下，亦將帶動 ICT 產業快速增長。

優勢二：【政府 ICT 支出升增】：根據國際數據資訊 IDC Asia-Pacific（2012）指出：「馬來西亞 2013 年的 ICT 產業支出，估計將可成長 7.6%，

約 32.77 億美元，將超越 2012 年支出」。顯示馬來西亞政府對 ICT 產業的大筆支出，將有助於帶動馬來西亞 ICT 產業成長，亦將有助於增加馬來西亞的國家競爭力。

❷發展劣勢

劣勢一：【貧富差距影響文明】：根據馬來西亞佛教研究學會會長拿督洪祖豐（2012）表示：「馬來西亞的貧富差距相當懸殊，且為東南亞之冠，全馬來西亞 58% 人民收入低於 3 千令吉，使得大馬地區犯罪不斷上升」。可知馬來西亞貧富差距過大下，其文明發展程度亦相對較為緩慢，更造成員工素質不一，將對馬來西亞 ICT 產業造成嚴重影響。

劣勢二：【政策含糊引爆罷工】：馬來西亞工商業者以罷工方式，宣洩對政府冀望藉最低薪金制成為高收入國的不滿，根據馬來西亞機器廠商總會總會長陳保成（2013）指出：「目前爆發的罷工潮為政府的政策問題，而非雇主問題」。由此可知，若馬來西亞罷工問題仍存，則將影響當地 ICT 廠的營運，亦可能造成馬來西亞 ICT 產業的發展趨緩。

❸發展機會

機會一：【全球培訓中心座落】：中國大陸電信企業華為科技所建設的全球培訓中心，於 2012 年座落於馬來西亞，馬來西亞總理納吉布（2012）亦表示：「華為挺身而出，協助馬來西亞政府培育馬來西亞當地人才、吸引全球人才並建構出頂尖人才網絡」。顯示全球培訓中心的設立，將帶領馬來西亞全力快速發展 ICT 產業。

機會二：【引台投資大馬轉型】：台北市電腦公會於 2012 年帶領 11 家 ICT 廠商前往馬來西亞舉行貿易洽談會，馬來西亞微電子系統機構執行長督阿都華合（2012）表示：「馬來西亞政府近年積極推動各項轉型計畫，而台灣於 ICT 產業的領先地位，將有助於大馬透過 ICT 轉型」。可知台灣與馬來西亞的合作，亦將帶動其 ICT 產業發展。

❹發展威脅

威脅一：【鄰國 ICT 快速發展】：鄰近於馬來西亞的新加坡藉由「智慧國 2015」計畫，設立多項資訊通訊技術與成長目標，並利用資訊通訊改造新加坡經濟領域，加上新加坡於世界經濟論壇（WEF）（2011）發布的《2011-2012 年世界經濟論壇全球 IT 報告》中的「網絡準備能力指數」中連續排名第二名，可知，若新加坡快速發展 ICT 產業，將成為馬來西亞最鄰近的競爭對手。

威脅二：【高階人才外流嚴重】：根據世界銀行（WB）2012 年統計資料

顯示：「2011年居住和在外國工作的馬來西亞人約為150萬人，占馬來西亞總人口的5.3%。這些移民中的絕大多數都是接受過高等教育的技術工人和專業人才」。馬來西亞因教育體制僵化、產學嚴重脫節，以致國內人才外流嚴重，對其ICT產業發展造能嚴重的威脅。

3. 泰國資通訊（ICT）產業

泰國的資訊、通訊產業隨著政府積極地發展下，除積極於全泰國間設立免費Wi-Fi點外，亦成功於2012年成功開放申請3G牌照，藉由私營電信營運商，更快速且更平均地發展ICT，此外，此舉有助於全面地擴展泰國通訊範圍，更有利於泰國人民間，及人民與泰國政府間的資訊流通，且泰國ICT產業的快速發展下，不僅能縮小泰國人民間的數位落差，更將進一步地強化泰國自身的國家競爭力，並帶動泰國經濟快速成長。

❶發展優勢

優勢一：【Wi-Fi廣設助益通訊】：泰國已於2012年將免費Wi-Fi廣設於全國10多萬點中，且根據泰國資訊科技與通訊部（ICT）部長Anudit Nakornthap（2013）表示：「泰國將於2013年第二季間，新增30多萬的免費Wi-Fi點」。可知，泰國廣設Wi-Fi下，將有助於泰國人民與政府間的相互溝通，此外，除有利泰國的通訊業發展外，亦更加強化泰國ICT產業。

優勢二：【私營電信擁3G牌照】：泰國AIS、DTAC與True Move 3家私營電信營運商，自2012年起獲得3G牌照，並與TOT及CAT兩大泰國國有營運商簽署特許經營協議，且藉由3G牌照拍賣，泰國國家廣播與電信管理委員會（National Broadcasting and Telecommunications Commission；NBTC）更重新配置泰國頻譜資源，有助於泰國3G服務的業務發展，並為泰國人民提供更佳的公共服務與安全。

❷發展劣勢

劣勢一：【技術勞工嚴重缺乏】：缺工問題為泰國面臨的主要問題，根據聯合國貿易與發展委員會（UNCTAD）（2012）表示：「泰國面臨的主要問題為非技術工的過剩，以及技術工人的缺乏」。顯示泰國嚴重缺乏技術勞工的情況下，面對重視勞工技術的ICT產業，泰國若不盡快解決此一問題，將會對泰國ICT產業造成一定程度的影響。

劣勢二：【常年飽受洪水侵害】：佔泰國土地面積三分之一的湄南河，其流域地勢較低外，每年擁有龐大的降雨量，使得泰國每年遭受洪水侵襲，2011年大水災已造成泰國乃至全球ICT產業大受打擊，直至2012年泰國首府市中

心亦再度湧入洪水，由此可知，若泰國對此天災無完善防範下，恐將在未來持續影響泰國經濟與 ICT 產業發展。

❸發展機會

機會一：【ICT 優勢短暫易逝】：全球科技技術進步快速，各國不僅為確保自身 ICT 優勢不易被取代，亦設法維持自身競爭力，此外，為多家通訊、資訊大廠從事代工的泰國，除可吸收資通訊業者的知識與技術外，亦可由大廠成敗經驗中，覓出適合泰國 ICT 產業的發展方式，更藉由進一步地培養持續競爭力，成功發展泰國的 ICT 產業。

機會二：【台灣 ICT 與泰交流】：ICT 產業一直是台灣最具競爭力的產業，而台灣亦與泰國 ICT 產業協會有所交流，根據中華民國對外貿易發展協會展覽處處長洪銘欽（2012）表示：「台灣的品質及創新能力具優勢，為泰國業者開拓與擴展事業的最佳夥伴」。顯示泰國若持續與台灣於 ICT 上有所交流，必將於未來吸取經驗，擴展自身 ICT 產業。

❹發展威脅

威脅一：【外資偏好投資鄰國】：身為泰國鄰國的越南，在其工資與泰國同樣調漲下，卻仍受投資者青睞，根據《越南投資評論週刊》（Vietnam Investment Review）（2013）指出：「有三分之二以上在越南的日企，預計擴張未來兩年在越南的投資」。顯示相較於泰國，儘管越南當地工資上漲，日本企業的投資意願仍相當積極，而資訊產業亦為日本企業的投資項目，而且亞洲國家中，日本企業於越南的投資興趣高於泰國，亦將可能會威脅到泰國 ICT 產業的發展。

威脅二：【鄰國薪資較為低廉】：泰國國家經濟社會發展局秘書 Arkom Termpitayapaisit（2012）指出：「泰國自 2012 年調高最低薪資，使得投資與製造設備因而無法持續擴張」。此外，柬埔寨、緬甸、寮國與越南等鄰近國家薪資成本低於泰國下，顯示其將可能造成各企業紛紛轉投資他國，若資通訊技術未持續進步下，將影響泰國 ICT 產業發展。

4. 菲律賓資通訊（ICT）產業

根據 2012 年 2 月 28 日，菲律賓參議院三讀通過法案，批准設立「資訊通訊科技部」，以政府的角度提供政策支援，自 2010 年在客服中心市場顛覆巨頭印度的龍頭地位後，菲律賓政府陸續擬定一系列長期計劃，盼望使 ICT 產業能有所突破，尤其以 ICT-BPO 市場發展最為快速。菲律賓科技部資訊與通信技術辦公室（DOST-ICTO）執行董事 Alejandro Melchor（2012）表示：「有

政府對 ICT 產業的支持，到 2016 年 ICT 產業將貢獻 500 億美元的營業收入，而透過其他領域的間接投資將創造 1,500 億美元的收益」，顯示出菲律賓對於 ICT 產業的推動不遺餘力，茲就菲律賓資通訊產業發展 SWOT 分析，其內容分述如下：

❶發展優勢

優勢一：【先天英語優勢】：在經歷二戰後，美國在菲律賓留下的英語主導地位與對西方文化認同，使菲律賓人有著標準的口音，對美國俗語也較知曉，正確回應美國消費者的問題，快速席捲全球的電話中心業務，部分印度企業也將業務移轉至此，菲律賓憑藉著口音的先天優勢，在語音領域服務外包取得空前的成功。

優勢二：【優質人力成本】：菲律賓擁有低廉的勞動力成本，充裕的人力資源，能為 ICT 產業發展提供源源不絕的後備支援，此外，文化普及率高達 95.6%，據菲律賓政府統計資料顯示，菲律賓全年本科畢業生約 50 萬名，主修領域涉及 IT 網路、服務外包比例高達 66.6%，反映出不僅是低廉勞動力成本，高素質人力資本也是成為吸引外資的主要優勢。

❷發展劣勢

劣勢一：【基礎設施欠缺】：基礎設施的興建會直接影響國家通信技術的成熟度，根據 2012 年 6 月 20 日，思科（Cisco）菲律賓公司表示：「若能提高網絡普及率 10% 至 20%，菲律賓 GDP 成長速度將提高 1%」，並表示菲律賓是亞太地區唯一沒有建立全國寬頻系統的國家，顯示對資訊和通訊科技基礎設備的投入略嫌不足。

劣勢二：【投資環境待改】：電力成本亞洲最高以及貪腐問題皆是於菲律賓投資常面對的問題，前者將提高企業營運成本；後者使市場運作效率降低，因而雙雙削弱了外商投資的意願，若不能盡早改善投資環境，可能會阻礙 ICT 產業發展的時機

3. 發展機會

機會一：【市場前景耀眼】：國際企業將部分重複性高的業務委外的趨勢日漸顯著，企業皆將服務部門外包給較具競爭優勢的供應國，以訴求降低成本並提高服務品質，根據 2012 年 5 月 24 日，IDC 諮詢機構預測：「全球業務流程外包（BPO）市場未來 5 年複合成長率高達 5.3%，到 2016 年將創造 2,026 億美元商機」，菲律賓若能掌握發展契機，將能再創國家經濟奇蹟。

機會二：【朝價值鏈延伸】：當菲律賓的 ICT 產業成功稱霸電話客服中心

市場之後，若能強化競爭優勢，往價值鏈延伸，嘗試處理更高階的服務工作，諸如：醫學轉錄、動畫製作、財務會計以及軟體開發等，將能謀求更高的附加價值，若成功將既有優勢延伸，方能帶動菲律賓 ICT 產業競爭力，成為全球服務外包大國。

4. 發展威脅

威脅一：【印度地位難撼】：根據 2013 年 2 月 1 日，印度全國軟體與服務企業協會副主席尼夫薩卡表示：「至少未來 10 年印度仍將占據全球軟體外包業的重要地位」，顯示出印度仍為全球軟體外包市場的領頭羊。菲律賓若專注經營服務外包，短期內仍難以超越印度。

威脅二：【存在易替代性】：服務外包與資訊產業存在部分替代性，具備英語能力及低廉勞動成本為基礎。根據菲律賓發展研究所研究員 Ceferino Rodolfo（2010）表示：「長期並不看好菲律賓的外包產業，主要是菲律賓教育質量有下降趨勢，預期東歐將成為下一輪服務外包的最大供應國」，由此可知，未來東歐國家若教育基礎提高，將有機會取代菲律賓成為新服務外包中心。

第 19 章

台商佈局白地市場
投資商機與風險

依據 2013《TEEMA10+I 調查報告》四大市場分類指標，寮國、柬埔寨及緬甸皆屬於白地市場（White Space Market），白地市場國家雖國內基礎建設尚非完善，且人均 GDP 皆位於 1,000 美元上下。唯白地市場國內人力資源豐沛，除具有低成本製造優勢外，尚具有潛在的消費潛力，如 Mark Johnson（2010）於《白地策略》一書中所提：「市場外的白地，是一群勢力龐大的潛在顧客，他們因為現有產品或服務太貴、太複雜抑或缺乏取得管道而被拒於市場之外」。是故全新的市場將創造全新的競爭態勢，台商應積極瞭解寮國、柬埔寨及緬甸等白地市場，並領先他國競爭者進入當地市場，除取得先佔者優勢外，更為自身創造競爭優勢。

一、寮國投資商機與風險剖析

寮國位處東南亞中心位置，為東協國家中唯一未臨海之內陸國家，國土總面積 23 萬 6,800 平方公里，境內山地及高原地形佔全國面積的 80%，其中寮國地勢最高，有「印度支那屋脊」之稱，加上湄公河自北而南橫貫寮國全境，為寮國帶來充沛水力。目前，首都位於永珍的寮國與越南為東南亞國家中僅有的兩個社會主義共和國，執政黨為寮國人民革命黨，總人口數為 658 萬 6,266 人，人口密度約為每平方公里 27.8 人。寮國雖為共產體制國家，唯 1986 年採取改革開放策略，經濟體制不斷開放並持續鼓勵外資投資。寮國於 1997 年加入東協，2012 年更獲准加入世界貿易組織（WTO），持續的經濟發展使寮國自 2005 年起 GDP 成長率皆高於 7%，成長幅度之高令擔任中寮經貿文化交流協

會常務理事的立委蔡錦隆（2012）表示：「寮國進步神速，將是『未來 20 年間亞洲成長最快速的國家』，甚至可望超過中國大陸」。

1. 寮國政治因素分析

寮國雖為社會主義政體國家，但自 1991 年起即採改革開放路線。為了促進國家經濟發展，寮國除申請加入 WTO 外，亦先後加入「大湄公河次區域經濟合作區」談判及東南亞國協（ASEAN），積極與東南亞鄰國進行區域性行合作，藉以提升其經貿環境，成為外商投資時重要的考量因素，茲以寮國政治因素分述如下：

❶【社會主義政治干預】：寮國為社會主義國家，其國內之政治自由度及經濟自由度相較於發達國家仍有一段不小的差距。寮國重要社運人物 Sombath Somphone 於 2012 年失蹤一案，更使各界對寮國政治體制現代化產生疑議；此外，風險評估機構 Maplecroft（2013）表示：「寮國如未能在政治上做出重大革新，其國內之經濟自由則難有突破」。綜上所述，寮國的社會主義體制仍為其政經現代化發展投下變數。

❷【湄公河經濟區中心】：「大湄公河次區域經濟合作區」（Great Mekong Sub-region；GMS）由湄公河流域之寮國、越南、泰國、柬埔寨、緬甸與中國大陸雲南省組成，6 國談判始於 1992 年，並於 2008 年簽訂《2008年至 2012 年 GMS 發展萬象行動計劃》，希冀藉由建立跨湄公河流域之南北、東西、南方之鐵公路運輸網與其他基礎建設，達成促進區域內經濟發展之效，而寮國位處於「大湄公河次區域經濟合作區」中央地帶，於其中扮演了舉足輕重的角色。

❸【加入世界貿易組織】：寮國自 1997 年即申請加入世界貿易組織（WTO），及至 2004 年啟動談判後，歷經 8 年的談判，於 2012 年獲准加入，並於 2013 年 2 月 2 日正式加入。根據 WTO 2012 年 10 月 25 日發表聲明指出：「為滿足 WTO 要求，寮國已頒布和修訂逾 90 部法律法規，並承諾所有進口商品平均稅率為 18.8%」，顯示寮國已朝經濟全球化更進一步。

2. 寮國經濟因素分析

農業於寮國傳統社會中佔有舉足輕重的地位，因此，在寮國歷經改革開放及現代化後，雖然經濟上已成為全球發展最快速的國家，但農業人口依舊為寮國最主要的族群。正因如此，在全力衝刺經濟之際對農業人口的輔導及伴隨而來的物價上漲問題，已是寮國政府亟須解決的問題，以下茲以寮國經濟因素分析之：

❶【農業經濟立國】：依據美國中央情報局（CIA）（2012）指出：「寮

國農業產值占 GDP 26%，而其農業人口數占其總人口數達 75.1%」，顯示寮國雖於近年來積極進行經濟體制改革，持續以現代工業取代農業，但對以農立國的寮國而言，多數居民仍從事農業，使農業依舊為寮國重要的產業。

❷【經濟快速發展】：2012 年 10 月 16 日，寮國副總理兼外長 THONGLOUN SISOULITH 表示：「寮國的社會經濟發展取得了相當好的結果，經濟成長率達 8.3%，被列為 10 個世界經濟發展速度最快的國家之一，且貧困家庭只剩下 19%」，可知隨著經濟逐漸的開放與東協經濟圈的壯大，寮國的經濟發展與世共睹。

❸【物價上漲壓力】：亞洲開發銀行（ADB）2012 年 4 月 11 日發布《2012 年亞洲發展展望》（Asian Development Outlook 2012）表示：「因進口食品、燃油價格上漲及鄰國的通貨膨脹高企等因素，寮國物價向上的壓力仍將持續存在，預計 2013 年寮國的通貨膨脹率將為 6%」。顯示寮國於經濟高速增長的同時，仍需面臨通貨膨脹所帶來的物價壓力。

3. 寮國社會因素分析

隨著寮國經濟的快速發展，其社會雖產生貧富差距日漸擴大的社會因素，唯寮國為社會主義國家，加上篤信佛教等因素，使其社會治安仍保持良好。此外，寮國社會尚面臨醫療保健資源不足的問題，亟需政府改善，茲以寮國社會因素敘述如下：

❶【貧富差距擴大】：經濟合作與發展組織（OECD）2012 年 11 月 18 日發表《東南亞 2013 經濟展望：中國大陸和印度的視角》（Southeast Asian Economic Outlook 2013: with Perspectives on China and India）報告指出：「寮國看起來正急起直追東協龍頭六國，但實際上卻在積極開發的過程中加劇了國內的薪資差距」，由此可知，薪資的差距將加深寮國社會貧富的差距，使貧富差距成為寮國社會追求經濟發展的副作用。

❷【社會治安良好】：中寮經貿文化交流協會常務理事蔡錦隆（2012）表示：「寮國雖是社會主義國家，但是人民相當善良，治安非常的好」，寮國為傳統佛教國家，多數人民篤信佛教，因此境內民風純樸，治安優良。對外商而言，安全的投資環境相當重要，因此寮國的治安深受各界投資人褒揚。

❸【醫療保健不足】：依據國際醫療保險機構 Pacific Prime International 2013 年 3 月 3 日表示：「寮國醫療保健不足肇因於 1975 年寮國建立共產政府時，多數醫生撤離寮國，使寮國醫生人數銳減，而無法提供寮國國民足夠的醫療照護」。此外，醫療保健資源不足的現象在偏遠山區更形嚴重。

4. 寮國科技因素分析

寮國相較於東協暨印度諸國而言，屬於開發較晚的國家，因此其國內基礎建設仍未足，此外，其國內高階人才亦難以支撐日漸發展的經濟，是故寮國為於短期內補足高階人才不足的劣勢，與越南合作進行科技研發。以下茲以寮國科技因素分述之：

❶【基礎建設不足】：台灣外貿協會杜拜台灣貿易中心主任曾棟鐘（2012）表示：「寮國基礎建設不足，即使位處寮國首都永珍，仍可發現部分馬路是未鋪柏油的黃土路，而離開永珍後，則幾乎皆為黃土路，嚴重影響行車速度」，由此可知，寮國公路等基礎建設之發展程度仍相對落後，亟需政府改善，以利外商進駐設廠。

❷【高端人才貧乏】：雲南省社科院東南亞所研究員馬樹洪（2012）表示：「寮國工業薄弱且欠缺高科技人才與高科技技術」；此外，寮國飯店與餐館協會主席 Oudet（2012）亦表示：「寮國缺乏可以提供高品質與專業服務的人才」。綜上所述，可知以農立國的寮國不論是在工業抑或是服務業皆缺乏高階人才。

❸【結盟越南研發】：2012 年 5 月，越南科技院主席周文明應寮國科技部之邀，前往寮國，並與寮國科技部長 Boviengkham Vongdala 舉行會談，會後雙方並就生物技術、資訊技術、環境與太空技術等領域簽署科技合作備忘錄。由此可知，寮國雖缺乏高端技術及人才，但其採取與越南共同合作的方式，截長補短為自身科技發展加強研究能量。

5. 寮國環境因素分析

寮國於地理環境上位處東南亞中心地帶，四周圍鄰國所包圍，並無面海之領土，此外，寮國雖有東南亞第一大河湄公河流經，卻僅為其帶來豐沛之水力資源，而未有航運之便，致使寮國僅能借道鄰國之港口，方可將海運貨品進出寮國，茲將寮國環境因素分析如下：

❶【東協唯一內陸國】：寮國國土北接中國大陸雲南、東臨越南、南界柬埔寨、西方毗連泰國及緬甸，並無臨海，為東南亞國家中唯一的內陸國家。加上湄公河寮國段無法航行大型船隻，因此，寮國境內豐富的自然資源以及農產品等貨物，除空運外皆須透過鐵公路先運至鄰國，再經由鄰國港口輸出，是故東南亞的鐵公路運輸網絡便成為寮國與海外貿易的重要命脈。

❷【湄公河水力豐沛】：寮國能源政策與規劃部總幹事 Daovong Phonekeo（2013）表示：「憑藉豐富的河流和山區地形，寮國有可能於湄公河建立超過 100 個水力發電廠，總裝機發電量約可達 30 千兆瓦特（GW）」。湄公河於寮

國之流域多陡坡與急流，雖未能帶來航運之利，但卻為寮國帶來豐沛的水力發電資源。

6. 寮國法律因素分析

寮國於 1990 年代積極改革開放，並藉由頒布《外人投資法》與《鼓勵國外人投資法》等法規，吸引外資投資，以促使寮國經濟快速發展；而隨著經濟的發展，寮國亦逐漸提高其國內之勞動人口基本薪資，以保障其國內勞動人口之權益，以下茲就寮國法律因素敘述之：

❶【頒布鼓勵國外人投資法】：1994 年寮國政府頒布《外人投資法》，有效改善寮國投資條件和租稅結構，開啟寮國運用外人投資之始，及至 2004 年，寮國再頒布《鼓勵國外人投資法》，創造更優惠的條件以吸引外資投資，該法中給予特定產業免關稅之進出口關稅，並承諾外商可自由將於寮國之盈餘匯回本國或第三國。寮國希冀此一良好的投資政策，可為其帶來更多的投資。

❷【加強勞動人口基本薪支】：自 2012 年起，為提高寮國人民生活水準與工作積極性，寮國政府將其勞工最低工資由 34.8 萬基普（約 1,305 台幣）提高到 62.6 萬基普（約 2,340 台幣），此次調升為寮國開放外資以來第五次提高最低工資，顯見伴隨著寮國之經濟發展，其國內基本薪資亦呈現上調之趨勢。

7. 寮國投資商機

亞洲經貿合作理事會主席愛新覺羅毓昊（2012）表示：「寮國政府非常希望台商到寮國投資農業、醫療及交通等產業，同時也將提供優渥的投資優惠」，除寮國政府積極引進外資外，寮國經濟成長率表現亦令人驚艷，自 2005 年來，其每年之 GDP 成長率皆高於 7%，高速的發展加上政府的引資策略，寮國市場之商機值得台商關注，茲以寮國投資商機敘述如下：

商機一：【食品加工產業】

農業一直是寮國國民經濟的重要產業，在國民經濟中的比重約佔 31%，全國約 75% 的成年勞動力從事農業生產，依據寮國政府（2012）統計數據指出：「寮國稻米產量達到 360 萬噸，同比 2011 年增長 5.9%，而其他主要農作物如大米、玉米、咖啡、甘蔗、煙草、紅薯等，產量達到 582 萬噸，產值約 14.9 億美元」。寮國雖具有龐大的農產實力，唯其位居東南亞內陸地區，欠缺港口將加工後之農產品輸出，是故，僅能將農產以原始型態輸往鄰近的泰國、越南等國加工後再予以輸出，有鑑於此，寮國政府積極鼓勵國外食品加工業者至寮國投資以加強其食品加工製造能力，因此，台灣食品加工業者與食品加工機械相關業者，將可藉由進入寮國以爭取此波食品加工商機。

商機二：【醫療設備產業】

外交部領事事務局網站所公布之寮國旅遊特殊資訊表示：「寮國醫療設備十分不足，主要流行疾病有登革熱、痢疾與瘧疾等」，此外，根據世界銀行（WB）統計資料指出，2010 年寮國醫療保健支出佔 GDP 之比重為 4.47%，衛生條件不善加上人均醫療保健支出不高，導致寮國人均壽命偏低，另根據國際特赦組織（Amnesty International；AI）2012 年 5 月 23 日所發布之《2012年全球人權報告》（Amnesty International 2012 Human Rights Report）表示：「寮國人均壽命 67.5 歲，而 5 歲以下兒童死亡率為 5.86%」。為此寮國政府近年來積極提升其醫療品質，進而帶動其國內醫療設備產業商機，依據台灣外貿協會（2012）數據顯示：「寮國醫療用品與設備有 70% 仰賴進口」，顯示寮國之醫療用品與設備的市場商機值得台商耕耘。

商機三：【水力發電產業】

泰國阿瑪塔集團（Amata）首席執行官兼董事總經理 Vikrom Kromadit（2012）表示：「充足的水力資源將使寮國成為『東協的電池』」。東南亞最重要的河川湄公河貫穿寮國全境，雖大部分河段無法航行大型船隻，但卻為寮國帶來充沛的水力資源，依據寮國台灣商會聯合總會 2012 年 12 月 7 日所披露之資訊顯示：「寮國水力發電總裝機容量預估約有 28,000 兆瓦的發電能力。唯目前合併發電裝機容量僅有約 2,500 兆瓦」，顯示寮國水力發電仍有龐大的開發潛力。為使寮國朝向「東協的電池」的目標發展，寮國政府積極吸引外資投資寮國之水力發電工程，依據世界銀行（WB）（2012）資料顯示：「2011 年寮國的外國投資金額，自 2005 年的 3 億美元，增至 15 億美元，其中 80% 的資金集中於投資水力發電和開礦」，因此台灣水力發電相關機械與工程廠商，可把握此水力發電商機。

8. 寮國投資風險

根據世界銀行（WB）於 2012 年 10 月 23 日所發布之《2013 經商環境報告》（Doing Business 2013）所示：「寮國之經商環境於 185 個受評國家中排行第 163 名」，顯示自 1986 年開始採行開放政策的寮國，對投資人而言仍具有一定程度之投資風險。以下茲以寮國投資風險敘述之：

❶政治風險：【行政干預企業】：英國風險評估機構 Maplecroft 於 2013年 1 月 9 日發表《Maplecroft's Political Risk Atlas 2013》報告指出：「寮國政府法治薄弱與政府干預將持續威脅外資經商環境」。寮國為社會主義國家，雖於近年來積極開放外人投資，並於 2012 年獲准加入 WTO，但改革開放並非

一朝一夕之業，在寮國投資之台商仍須注意其人治色彩大於法治色彩之政治干預風險。

❷匯兌風險：【外匯不足風險】：根據世界銀行（WB）2012年統計資料顯示，寮國的外匯存底加上黃金儲備，已自2010年底的7.1億美元增長到2011年底的7.5億美元，雖較其幾年而言已有成長，唯相較於東協暨印度各國而言，表現仍屬不佳，外匯儲備水準低，顯示其支付能力弱，並直接影響寮國經濟的穩定。

❸營運風險：【貧富社會分化】：根據聯合國（UN）公布之聯合國人類發展指數（Human Development Index；HDI）可查，寮國2010年排名全球第139名，而2011年與2012年皆排名138名，顯示出寮國仍屬於低收入的貧窮國家之一。大部分人口仍生活在貧困線以下的寮國，在近年來政府積極引進外資，以及重工業輕農業等政策的推行下，在一定程度上造成寮國階層的分化，對於在寮國投資之台商而言已形成隱藏的營運風險。

二、柬埔寨投資商機與風險剖析

柬埔寨位東南亞中南半島，古稱高棉。1970年起，陸續經歷內戰、越南人民軍進攻、政局多次轉變等事件，除使柬埔寨與世界脫軌，更遺留公共基礎建設遭破壞、人民生活水準落後等禍害，直至1997年現柬埔寨總理Han Sen先生強力主政下始漸趨穩定，並於1999年加入東協組織（ASEAN）、於2003年以「白地市場」之低度開發國家身分加入世界貿易組織（WTO），自此，柬埔寨於國際舞台嶄露頭角。2012年，經濟危機環伺，全球意識到東協與印度國家穩健經濟實力，其中，柬埔寨具有外資流入、各產業需求強大及為東南亞「黃金走廊」大湄公河經濟圈成員等優勢，經濟成長率不減反增，顯示其發展潛力。對此，國際貨幣基金（IMF）駐柬埔寨代表Olaf Unteroberdoerster（2012）表示：「柬埔寨的商業環境、基礎設施和公共服務不斷改善，且出口具彈性、房地產強勁，未來將持續成長外，更將推動柬埔寨經濟持續發展」，希冀未來柬埔寨能持續發展投資條件，透過外資進駐投資，拉動整體發展，開創嶄新格局。

1. 柬埔寨政治因素分析

柬埔寨擁有人力資本、消費力成長等優勢，加上柬埔寨政府招商引資政策，吸引外資進入，使柬埔寨經濟快速成長，然而，由於經濟發展過快，政治成熟度未能及時跟上腳步，貪腐、政治迫害等不利因素亦帶來柬埔寨之隱憂。以下茲就柬埔寨之3點政治因素分述如下：

❶【進行投資法規改善】：由於政局日漸穩定，加上優惠的投資和稅收政策，近年來，赴柬埔寨投資熱潮高漲。根據柬埔寨發展理事會（Council For The Denelopment of Cambodia；CDC）秘書長 Sok Chendasophea（2013）表示：「柬埔寨正準備對投資法律進行修改，該法修改完成後，將助於柬埔寨吸引更多的外資來投資」，此外，柬埔寨政府亦希望私營公司等投資商方提供意見，使該法更完善，以增強柬埔寨資活躍度，顯示柬埔寨政府極為重視投資環境營造，盼望透過修訂投資法律吸引外資投入。

❷【政府貪腐情形嚴重】：根據國際透明組織（TI）於 2012 年 12 月 5 日公布之《2012 年貪汙印象指數》（Corruption Perceptions Index；CPI）報告指出：「柬埔寨分數為 22 分，在 2012 年全球廉潔度排名第 157 名，為倒數第 20 名」，由此顯示柬埔寨經濟全面發展之際，政府貪汙之惡習有增無減，帶來企業於柬埔寨投資之隱形成本，柬埔寨政府需建立強力反貪腐行動，以遏阻貪腐之惡瘤增生，抑止國家成長之隱憂。

❸【隱藏政治迫害危機】：根據人權觀察組織（Human Rights Watch；HRW）（2012）頒布《人權觀察全球年度報告》（Human Rights Watch World Report 2012）指出：「近 20 年來，300 多名柬埔寨人死於政治暗殺」，由此道出，柬埔寨在總理 Han Sen 先生強人領導的背後，可能有政治迫害的情形，未來一旦情勢有變，柬埔寨仍有可能再度陷入暴力或戰爭之局面。

2. 柬埔寨經濟因素分析

根據國際貨幣基金（IMF）（2013）發布《經濟展望》（Economy Outlook）報告內容指出：「預計柬埔寨 2013 年經濟成長率為 7%」，顯示柬埔寨於 2013 年將甩開 2012 年全球經濟不景氣之陰霾，全力推動柬埔寨經濟發展，希冀外資持續投入柬埔寨，帶動柬埔寨經濟起飛。以下茲就柬埔寨之 3 點經濟因素分述如下：

❶【旅遊經濟版圖做大】：根據柬埔寨政府（2012）發布《2012-2020 年旅遊發展戰略規劃》指出：「2012 年上半年柬埔寨接待外來遊客人數較 2011 年上半年成長約 27.1%」，其中，外來遊客對柬埔寨「吳哥窟」、「鍾型塔」等結合歷史民情之景點感興趣，因此，柬埔寨政府將旅遊業定位為「綠金」，突出文化與旅遊的結合，並連結旅遊交通路線，加強旅遊安全管理和旅遊人力資本開發，希冀提供更佳的文化旅遊體驗，並做大旅遊產業版圖，將旅遊轉化為柬埔寨之國際競爭力。

❷【產業產值穩定成長】：2012 年面臨全球經濟不景氣，柬埔寨卻逆勢上

揚，根據柬埔寨副總理 Keat Chhon（2012）表示：「柬埔寨 2012 年經濟全面穩定發展，全年經濟成長率約達 7%」，其中，農業產值成長 3.2%，工業產值成長 13.3%，服務業成長 5%。顯示，柬埔寨各方面皆處於成長態勢，2013 年可望將其轉化為平均國民所得，並更進一步提升消費成長。

❸【通用美金降低風險】：根據台北經濟文化辦事處（2012）發布《柬埔寨投資環境簡介》報告指出：「柬埔寨實施開放的自由市場經濟政策，未採行外匯管制措施，允許居民自由持有外匯，在柬埔寨之商業主管部門註冊的企業均可開立外匯帳戶」，此外，台灣對外貿易發展協會市場研究處專員藍科銘（2012）亦指出：「柬埔寨交易媒介主要為美元」，由上述顯示，柬埔寨政府降低外匯限制，以吸引外資投入，此外，通用美金之優點帶來銀行外幣匯兌風險較低之優勢，將為外資帶來另一利多。

3. 柬埔寨社會因素分析

柬埔寨年輕勞工吸引外資，但伴隨快速發展之際，社會規範、結構未能跟上經濟發展速度，為柬埔寨帶來勞資關係、教育水準等問題，有賴柬埔寨政府化解，以帶動柬埔寨社會、經濟均衡發展。以下茲就柬埔寨之 3 點社會因素分述如下：

❶【勞資關係有待改進】：根據柬埔寨國家工會理事會（Cambodia Council of National Union；CCNU）主席 Ath Thorn（2013）指出：「2012 年柬埔寨國內共發生 121 宗罷工和示威案」，其中，以服飾業工人抗爭最為激烈，抗爭訴求以調薪為主。對此，柬埔寨勞動部長 Vong Sauth（2012）表示：「將調漲柬埔寨勞工基本工資至 75 美元」，然而，調整幅度未達到柬埔寨勞工工會所預期之 100 美元，2013 年仍有可能發生罷工示威事件。柬埔寨政府有必要建立完善的勞資溝通管道，並做好勞工法律制定，以改善柬埔寨罷工情形。

❷【人力資本吸引外企】：近年中國大陸薪資水準大幅上漲，讓全球企業目光聚焦東南亞，其中，柬埔寨之人力資本優勢受到矚目，根據國際勞工組織（International Labour Organization；ILO）技術顧問 Jill Tucker（2012）表示：「柬埔寨受益於薪資水準低廉及年輕勞動力，吸引全球企業前往設廠」，而美國中央情報局（Central Intelligence Agency；CIA）（2012）資料亦指出：「2012 年柬埔寨人口年齡中位數僅 23.3 歲」。上述可知，柬埔寨當前之年輕、廉價的勞工人口，為其帶來國際企業投資之誘因。

❸【教育程度有賴提升】：柬埔寨實行九年制義務教育，教育體制包括小學、初中、高中、大學及其他高等教育機構。然而，根據聯合國（UN）（2012）

發布《全球教育指數》（Education Index）報告指出：「柬埔寨小學入學率相當高，但初中入學率為 40%，高中更僅為 10%，於 179 個國家中排名第132」，顯示柬埔寨國民教育程度有待加強，尤其接受高等教育之人數較少，柬埔寨企業難以獲得高等知識人才，長期不利於國家產業發展。

4. 柬埔寨科技因素分析

柬埔寨經歷多年戰爭，封閉統治致使柬埔寨與世界脫軌，各產業所需之科技技術落後，過去被動接受國際援助，但近年來，柬埔寨政府為脫離科技落後之狀況，逐漸將被動接受援助的模式轉向為主動尋找合作，希冀從中獲得助益，以下茲就柬埔寨之 3 點科技因素分述如下：

❶【發電設施供不應求】：柬埔寨發電設施不足，電力昂貴且缺乏，2013年柬埔寨政府仍需向越南、泰國等國購買電力。根據柬埔寨工業礦產能源部大臣Suy Sem（2012）指出：「柬埔寨部分地區沒有政府電力供應，必須仰賴私營公司自行發電，因此有電費偏高情形」，由此可知，隨著柬埔寨各產業起飛，企業用電供不應求，發電設施不足之問題浮現。是故，企業於柬埔寨設廠投資，缺電、用電成本等問題將成為一大風險。

❷【農業技術有待加強】：柬埔寨以農立國，農村人口約占總人口之80%。然而，根據台灣經濟部國貿局市場研究處（2012）資料顯示：「目前柬埔寨共有 5 萬多家碾米廠，其中僅 1,789 家大中型碾米廠具備國際水準之稻米加工設備及技術」，由此可知，雖然農業為柬埔寨第一大產業，但是該國農業之加工能力除受限於稻米加工設施不足，難以大量出口外，其農業加工技術亦有待提升。

❸【資通訊業普及不足】：根據柬埔寨郵電部副國務秘書Meas Po（2012）指出：「雖然柬埔寨電信業已取得很大的進步，但基礎設施還不完善，電話普及率仍很低，互聯網服務還很落後，IT 方面的人才亦缺乏」，顯示柬埔寨資通訊產業仍有成長空間，政府必須加速制定電子服務系統的相關規畫，增強柬埔寨的科技競爭力，縮短柬埔寨與世界各國間的電子資訊差距，並推廣網路系統，以尋找資訊科技發展出路。

5. 柬埔寨環境因素分析

柬埔寨領土為盆地狀，中部為廣闊且富庶的平原，境內更有東南亞最大的淡水湖洞里薩湖終年灌溉，適合發展農業，根據台灣經濟部（2012）數據顯示：「農作物產值佔柬埔寨農業 52.7% 產值」，顯示柬埔寨得利於天然資源發展農作物。此外，柬埔寨政府於 2005 年發現石油和天然氣，更為柬埔寨增添一筆資

源利多，顯見柬埔寨環境優勢值得探討，以下茲就柬埔寨之兩點環境因素分述如下：

❶【石油蘊藏可望開採】：柬埔寨於 2005 年發現石油及天然氣蘊藏，然而，柬埔寨政府當時考量到此天然資源必須妥善運用，並未進行開採。直至 2012 年，柬埔寨政府歷經多方國際石油公司於油區進行勘探後，暫訂於 2016 年正式生產石油，並於 2012 年與中國機械工業集團合作設立石油提煉廠，開採石油之計畫正式開始進行。根據德國康拉德 - 阿登納基金會（Konrad-Adenauer-Stiftung）註柬埔寨代表 Denis Schrey（2012）表示：「2021 年，柬埔寨將可從石油開採中得到 17 億美元的收入」，顯示石油開發可望協助柬埔寨改善貧窮，並帶來繁榮契機。

❷【水資源帶動農漁產業】：根據亞洲開發銀行（Asian Development Bank；ADB）（2012）發布《洞里薩湖週邊生計持續發展計畫（Tonle Sap Sustainable Livelihoods Project）》報告指出：「柬埔寨洞里薩湖水域為大湄公河區域最重要水資源之一，為逾 100 萬漁民提供經濟來源外，該水域灌溉農田並帶來肥沃的淤泥，是柬埔寨的主要農業區」，柬埔寨之水資源為柬埔寨帶來天然資源優勢，尤其對該國之農業、漁業建立發展基礎，未來若能加強水利設施，提升水資源應用之效率，更能為柬埔寨帶來相較於國際其他仰賴農、漁業國家之相對優勢。

6. 柬埔寨法律因素分析

柬埔寨為確保國家於社會及經濟能均衡成長，進行諸多法律制定，然而，法規必須跟隨時局變化，不斷改善，才能帶來最佳效果。是故，柬埔寨視其政經局勢，於 2012 年、2013 年進行諸多法規優化，其盼能消彌社會動亂及光彩經濟表現。以下茲就柬埔寨之兩點法律因素分述如下：

❶【設新法令打擊貪腐】：柬埔寨政府貪腐問題嚴重，雖於 2010 年頒布《反貪腐法》，但成效不佳，深深打擊柬埔寨政治形象，是故，柬埔寨擬於 2013 年頒布《新反貪腐法》，設立新反貪腐機構調查且公布政府官員財產。此外，根據柬埔寨國務部長 Champrasidh（2013）表示：「為剷除外資官商勾結及暗中賄賂，將設立開發正規收據規定，以降低貪腐情形」，由此顯示出柬埔寨政府致力於破除貪腐之陋習，以挽救柬埔寨之清廉危機。

❷【修投資法吸引外資】：為吸引外資長期進駐柬埔寨，以帶動柬埔寨各產業發展，柬埔寨政府於 1994 年頒布《投資法》。2012 年，《投資法》再度修改，其中，投資鼓勵及優惠部分包含 3 至 8 年免盈利稅、分配投資盈利轉移

國外不徵稅、進口原料免關稅、產品出口免徵出口稅等，此外，投資特別經濟區之企業更可享擴大優惠之待遇。顯示柬埔寨投資環境開放，尤其於國際資金、貨物進出口管制較為自由，盼望藉此吸引外資目光。

7. 柬埔寨投資商機

根據柬埔寨國務部長兼商業部長黃裕德虎（2012）表示：「柬埔寨商機無限，僅欠投資者」。由此可知，伴隨著柬埔寨經濟起飛，各方面產業需要外資投入，以拉動柬埔寨整體發展，其中亦產生「農業技術可望提升」、「房地事業日漸蓬勃」、「金融服務需求上升」等商機，茲分別描述如下：

商機一：【農業耕作產業】

根據柬埔寨農業部資料顯示，2012 年柬埔寨稻米出口 20.5 萬公噸，主要出口至歐洲地區，法國為柬埔寨稻米最大客戶。對此，柬埔寨央行總裁 Nguon Sokha（2012）表示：「柬埔寨具良好條件，柬埔寨政府優先選項之一就是發展農業，並預計 2015 年達到大米出口 100 萬噸」。由此可知，柬埔寨政府重視農業發展，並將農業當作根基發展經濟。然而，根據柬埔寨駐中國大陸昆明總領事館（2012）數據指出：「柬埔寨農業使用機械耕作的土地只占耕種面積的 10% 左右」。是故，柬埔寨雖然自然條件優越、土地肥沃，終年適宜農作物生長，但其生產技術欠佳，耕作方式仍舊處於粗放式、廣種薄收和「靠天吃飯」的階段，農業種植業發展相對緩慢，外來投資者若能引進農業生產科技，可望提升柬埔寨整體農業生產效率，帶動柬埔寨農業品質升級。

商機二：【房仲地產產業】

隨著柬埔寨漸受國際重視，各產業發展起步，於工業用地、旅遊飯店、辦公大樓等建築需求漸增，根據柬埔寨房地產評估協會（2012）指出：「2012 年柬埔寨首都金邊市辦公室租賃需求成長 10% 至 15%；商業性用房和住房價格上升 5%~10%」，由此可知，外資企業進駐柬埔寨，帶動辦公室等地產需求，未來房地產事業於柬埔寨可望獲得良好機會。此外，為吸引外資進駐柬埔寨置產，柬埔寨政府頒布《關於向外國人提供購買公寓房產權法》、《關於城區管理通令》、《關於向房地產業者頒發執業證書和營業執照通令》和《關於房地產開發管理通令》等法律條文，幫助外國人士於柬埔寨合法購買房屋，以利進行投資活動。對此柬埔寨副首相兼經濟和財政大臣 Keat Chhon（2012）表示：「未來將持續完善房地產制度，增進房地產開發活動」。

商機三：【金融服務產業】

根據經濟日報（2012）報導指出：「柬埔寨沒有外匯管制，一般市場交易

可用美元。另外，台商可直接用台灣護照開銀行戶及證券戶，資金可以自由匯進匯出」，是故柬埔寨擁有成為國際資金流通集散地之條件，未來隨著全球企業資金流入柬埔寨，金融機構將扮演柬埔寨整體發展重要角色。根據柬埔寨央行總裁 Nguon Sokha（2012）表示：「著眼於柬埔寨良好的經濟潛力，外國投資人進軍柬埔寨國內銀行業的興趣愈來愈多」，由此可知，隨著柬埔寨之經濟潛力漸受重視，於金融機構之需求上升，柬埔寨可望成為下一個國際銀行提供金融服務之據點。此外，2012 年 4 月 18 日，柬埔寨首相 Hun Sen 先生正式宣布柬埔寨股市開始運行，往後民間對於金融服務的需求可望大幅增加，對於金融服務產業投資柬埔寨是一大利多。

8. 柬埔寨投資風險

柬埔寨雖成全球目光焦點，吸引投資人前往，但柬埔寨當前仍舊處於人均收入低下、基礎建設相對落後、市場消費潛力有待開發的「白地市場」，是故，經濟快速成長的同時，勢必伴隨著包括社會、政府、法律等面向之潛在風險。茲以下就「貪腐情形嚴重」、「貨幣自主缺乏」、「勞資糾紛頻繁」等三大柬埔寨投資風險敘述如下：

❶政治風險：【貪腐情形嚴重】：隨著全球於柬埔寨投資之企業快速增加，柬埔寨政府於投資法規未及完善，貪汙、官商勾結等投機行為日增，導致柬埔寨行政效率減緩，並且造成外資廠商無法估計之隱形成本。根據國際透明組織（TI）於 2012 年 12 月 5 日公布之《2012 年貪汙印象指數》報告指出：「柬埔寨政治貪腐嚴重影響其國家形象」，顯示柬埔寨政府對於反貪腐之政策作為仍有待改進。

❷匯兌風險：【貨幣自主缺乏】：根據台灣經貿網（2012）報導指出：「柬埔寨國內交易媒介主要為美元，估計美元流通量占柬埔寨貨幣流通總量的 80% 以上」，顯示柬埔寨具有銀行外幣匯兌風險較低，吸引外資之優勢，然而在美金流通量大的背後，卻也隱藏著柬埔寨貨幣自主權低之問題，未來柬埔寨物價水準易受制於美元，難以依照柬埔寨之經濟狀況自然變化。此外，柬埔寨政府進行貨幣政策，調節利率及匯率時以配合貿易政策之時，亦可能因為本國貨幣自主權低，導致政策效果不佳，進而對於柬埔寨投資之企業造成不良影響。

❸營運風險：【勞資糾紛頻繁】：隨著柬埔寨開放與經濟蓬勃發展，促使柬埔寨外資湧進、工廠林立。然而，2012 年柬埔寨工人罷工示威行動此起彼落，甚至演變成傷人流血事件。根據柬埔寨國家工會理事會（CCNU）（2013）報導指出：「2012 年柬埔寨國內共發生 121 宗罷工和示威案，較 2011 年的 37

宗大幅增長，原因以要求調薪為主」，由此可知，柬埔寨勞資雙方於待遇上之理念差距是為柬埔寨投資者一大風險，投資企業如何與柬埔寨勞工建立良好溝通管道、管理勞資關係等將成為一大課題。

三、緬甸投資商機與風險剖析

　　緬甸地幅遼闊與中國大陸以及印度等國相連，面積達 67.6 萬平方公里，且蘊含豐富天然資源，擁有錫、鎢、鋅、寶石及玉石等礦產，尤其石油天然氣產值更高居緬甸產業第一。緬甸人口眾多約 6,000 萬人，其中勞動力眾多且薪資較低。然而緬甸雖具有得天獨厚的天然資源與充沛的勞動力，但緬甸長期在軍政府的統治之下，使其政策施行不穩定，以致產業發展滯泥不前。而後緬甸在 2011 年新政府上任後，積極進行經濟改革，致力改善緬甸與全球的經貿關係，更在 2011 年頒布「經濟特區法」，提供保區內外資之保障，世界銀行（WB）總裁 Jim Yong Kim（2012）表示：「緬甸與全球經貿市場隔絕許久，讓緬甸在經濟改革中獲得利益是非常重要」，於是世界銀行於 2012 年 8 月宣布，將撥出 8,500 萬美元用來幫助緬甸經濟民生發展，並投資學校、道路、供水電等修建計劃。此外，根據亞洲開發銀行（2012）表示：「未來緬甸若能夠進行經濟深化改革，戰勝在發展中國家所面臨的挑戰，則將跟上亞洲經濟快速成長的腳步，實現每年 GDP 成長 7% 至 8% 的目標，到 2030 年，緬甸將成為中等收入國家」。由上述可看出，緬甸將成為外資矚目之投資地點，並綻放耀眼的投資商機。

　　2011 年緬甸擺脫軍政府集權統治後，執行民主選舉，緬甸首屆文人總統 Thein Sein 上任後積極採取政治改革並結束鎮壓，大力推行民主化改革，然而，國際社會對緬甸民主改革有目共睹，於是日漸解除對緬甸的經濟制裁，並積極支援緬甸改革發展。茲就論述緬甸政治概況如下。

　　❶【推行民主改革】：緬甸結束軍政府統治後，實施多項重要民主改革措施，例如：政府釋放全國民主聯盟領導人翁山蘇姬（Daw Aung San Suu Kyi）、特赦多名政治犯等。並且建立國家人權委員會，期盼促進法治人權、民主治理，由上可知，緬甸正邁向公民社會發展的步伐。

　　❷【國際解除制裁】：2012 年歐盟、澳洲、美國、日本等國家宣告中止或放寬對緬甸之制裁。此外美國國際開發署（United States Agency for International Development；USAID）（2012）表示：「將投入 1.71 億美元，協助緬甸民主、人權和法治改革」。由此可看出國際逐漸放寬對緬甸的經濟制裁，緬甸勢必將成為新投資熱點。

❸【文人總統執政】：2011年緬甸舉行多黨制選舉，選出首屆文人總統Thein Sein。文人政府於2011年3月30日宣誓就職，並解散緬甸各級軍政府，改為成立民選政府，在政治、經濟等領域開啟民主改革新頁，2012年翁山蘇姬（Daw Aung San Suu Kyi）更在國會議員補選贏得44席中的43席，顯示出緬甸正走向開放民主政權。

2. 緬甸經濟因素分析

國際解除對緬甸經濟制裁並對於緬甸政經改革高度期待，亞洲開發銀行（ADB）2012年發表《轉型中的緬甸：機遇與挑戰》（Myanmar in Transition：Opportunities and Challenges）報告中提出：「未來20年緬甸年均經濟成長率將達8%，且人均GDP於2030年將達3,000美元」，由此可看出國際對於緬甸未來經濟發展看好，茲就論述緬甸經濟概況如下：

❶【勞動人口豐沛】：2012年緬甸勞動人口占總人口比重達69%，全國平均年齡只有26.5歲，且根據緬甸勞工部（2012）表示：「規定工人最低基本月資為56,700緬幣，約70美元」。可看出緬甸勞動力充沛且薪資較低，外商到緬甸設立工廠將可降低生產成本，提高利潤。

❷【融資體系不全】：2003年緬甸因政治、人權等問題，許多國家對緬甸實行長期經濟制裁，緬甸也因此取消以美元做結算的貨幣制度，造成今日緬甸金融體系封閉與不全。例如緬甸銀行不貸款給無抵押品的企業，融資額度最高也只達到抵押資產的50%價值。然而緬甸政府正積極完善銀行體系，期盼促進國家經濟發展。

❸【吸引外人投資】：緬甸政府2012年推出減免貿易關稅、外資開放等措施，例如放寬進出口政策、提供8年免稅且可再延長之優惠投資租稅等，且緬甸國會積極修訂《緬甸公民投資法》及《緬甸外人投資法》法規，放寬緬甸外資投資限制、鼓勵資金注入緬甸，促進緬甸產業升級與增加就業機會，期盼引領緬甸開創經濟新氣象。

3. 緬甸社會因素分析

緬甸長期在軍政府統治之下，除限制貿易進出口導致物資缺乏外，緬甸人民更以佛教為心靈依歸，高度重視佛教禮儀，故緬甸治安良好。然而也因緬甸邁向經濟社會改革，新聞逐漸自由化，坊間開始出現多種報章雜誌，人民也開始產生民生物資的需求，茲就論述緬甸社會概況如下。

❶【傳統佛教社會】：緬甸具有「佛塔之國」美譽，亦有「萬塔之城」的美稱。然而根據美國中央情報局（CIA）《The world factbook》（2012）報告指出：「緬甸佛教人口占89%」，可看出佛教是緬甸人民信仰的依歸，也因為緬甸重

視佛教因果輪迴,使得緬甸具有善良風俗。

❷【內需市場龐大】:外貿協會市場研究處副研究員范光陽(2012)指出:「2011 年緬甸進口總額達 90.2 億美元,為 2010 年的 1.9 倍」,顯示出民主化帶動消費需求,尤其民生用品、紡織品、汽車及自行車等產業,過去因實施軍政府而遭受國際經濟制裁,商品無法進口銷售,使得民生物資缺乏,然而搭上經濟改革開放之際,提供廠商投資契機,內需市場龐大商機無可限量。

❸【開放傳媒自由】:過去緬甸為軍政府掌權,新聞媒體遭受政府嚴加控管,然而改革開放後,緬甸總統 Thein Sein(2012)表示:「解除對緬甸民主之音(Democratic Voice of Burma)、英國廣播公司(BBC)、自由亞洲電台(Radio Free Asia)等管制國際媒體禁令」。由此可知,緬甸能及時吸收到國際資訊,撇開過去集權之陰霾。

4. 緬甸科技因素分析

緬甸經過長達 60 年的軍政府掌權,導致基礎建設缺乏,但隨著在文人政府執政後,積極著手改革資通訊產業、積極培育高新技術以及開放外國電信營運商牌照,不僅吸引外資進駐,更有助於改善緬甸網路與行動資通訊建設,茲就論述緬甸科技概況如下:

❶【基礎建設不足】:緬甸的基礎建設嚴重缺乏,例如:交通運輸、供電設備、房屋建材等。尤其緬甸依賴水力發電,造成供電不穩,對此台泥資深副總黃健強(2013)表示:「緬甸雖尚未開發,但在開放過程中存在龐大商機,像推動基礎建設就需龐大的水泥」。一語道出相關產業即時跨入緬甸市場,定可為企業帶來新契機。

❷【資通訊業萌芽】:顧問公司 Thura Swiss Ltd.(2013)指出:「緬甸僅有約 5% 人口擁有手機,且大部分為低階機種」。一語道出,緬甸資通訊產業具有龐大商機,對此緬甸政府發出外國電信營運商執照,並吸引了 Google 執行董事長 Eric Schmidt 進入緬甸推廣網際網路接入服務,綜觀上述,緬甸網路與行動通訊建設將掀起一股產業波瀾。

❸【科技大廠進駐】:現在全球科技公司爭相進入緬甸,包括 GOOGLE、HP、INTC 和 Microsoft 等科技巨頭。思科 (Cisco) 系統公司(2013)宣布:「將在緬甸建立兩個網路培訓中心,積極開發緬甸這塊鮮少對外連接的國度」,由此可知,全球科技大廠接看準緬甸科技商機,積極開疆闢土,搶佔緬甸資通訊商機。

5. 緬甸環境因素分析

緬甸擁有豐沛的天然資源以及得天獨厚的礦物、寶石等,森林面積更占緬

甸總面積 30%，其中柚木更為世界著名木材，不僅如此，農業可耕種面積大、又具有漫長的海岸線，使緬甸具有豐富的漁業資源，緬甸擁有此大自然的恩賜，為緬甸帶來龐大投資商機，茲論述緬甸環境概況如下：

❶【優越地理位置】：緬甸國土達 67 萬平方公里，面積為全球第 40 大國家。緬甸位處東南亞、中國大陸以及南亞三角交界地帶，相鄰眾多國家，例如孟加拉、中國大陸、印度、寮國、泰國等，緬甸更為印度洋主要航線，具備優異的戰略位置，具經商貿易交流之優勢。

❷【蘊含天然資源】：緬甸擁有豐富的天然礦物、寶石資源，例如黃金、鑽石、銀等高價值礦產，以及豐沛的石油與天然氣，作為緬甸主要經濟支柱。另外水力資源豐富，三大水系縱貫南北，為緬甸主要發電之用途。此外新加坡國家發展部長許文遠（2013）表示：「未來將從緬甸進口農作物和海產，拓展食物進口管道」。可看出，緬甸富饒的天然資源，將成為國際爭相合作之對象。

6. 緬甸法律因素分析

緬甸對外逐漸開放，不少外資對緬甸市場表示興趣，不過緬甸民主改革處於起步階段，但法律的制度的規範與實施需要時間驗證，對此農友種苗公司緬甸負責人郭坤石（2012）建議：「台商要進入，再多觀察一陣子」。由此可知，緬甸政府對於法律的規範與實施需要經過一段時間觀察。

❶【開放外匯限制】：緬甸長期實行外匯管制，禁止外匯自由出入和自由兌換，根據緬甸總統 Thein Sein（2012）表示：「緬甸取消貨幣的固定匯率，改採取浮動市場匯率政策」，由此可看出外匯改革的決心。並允許民營銀行經營外匯業務，外匯券可等同於美元直接向國外轉帳，並可轉入進口用的外匯帳戶，可知緬甸著手開放外匯限制，為緬甸節省大筆轉匯成本。

❷【修改特區法案】：緬甸政府於 2013 年 3 月 7 日公布新的「經濟特區法草案」，包含免稅區可減免貿易稅或增值稅緬甸國內外企業皆可用獨資及合資方式進入免稅區等政策，保證外資於經濟特區內不受政局變化所影響，由此可看出，緬甸政府對於經濟發展不遺餘力，積極修改經濟特區法案，吸引資金挹注緬甸，促使緬甸經濟發展。

7. 緬甸投資商機

緬甸在改革開放後，吸引外資不斷湧入，可謂是台商最新投資熱點。台灣緬甸經貿合作協進會理事長吳芝淳（2012）表示：「緬甸百業待舉，處處皆商機，且台緬雙方在產業發展上具有其互補之特性，雙方若能攜手合作，台緬產業發展將大有可為」。由此可知，展望未來緬甸經濟發展，經貿利基無可限量，茲就論

述緬甸投資商機如下：

商機一：【汽車零件產業】

隨著緬甸經濟改革開放和交通日漸的改善，緬甸人民日益增加對汽車的需求。2011 年 4 月緬甸政府放寬進口 2002 年後所生產的汽車，但目前緬甸消費者所擁有的汽車皆太過老舊，且緬甸的汽車並無限制報廢年限，以至於緬甸消費者愛舊車更勝於新車，再加上緬甸汽車產業的供應鏈上只有少數組裝廠，對於汽車零組件均需要仰賴進口取得，故對汽車零配件需求甚切，然而，Tractor King 公司總經理楊仁剛（2012）年表示：「緬甸汽車限制進口時期，汽車貴到離譜，一台 2003 年出產的 TOYOTA Wish，緬甸售價竟高達 414 萬台幣」。顯示緬甸汽車消費者對於舊車較為青睞，且維修與價格都較為方便與便宜，以至於汽車零組件業在緬甸為利基市場，台商切要抓緊商機。

商機二：【糧食耕作產業】

緬甸商務部貿易司副司長 Tint Thwin（2012）表示：「緬甸的是一個未被開發過的國家，擁有豐厚的自然資源，以及許多可開發而未開發的產業領域，然而這就是緬甸的優勢」。可知緬甸國土面積為全球第 40 大，土地面積高達 67.65 萬平方公里，不但可耕地多、土壤肥沃、地勢平坦、氣溫以及降雨量適中，農業耕種條件可說是得天獨厚，適合栽種多種農作物，使得緬甸更為全球第二大豆類以及雜糧出口國，此外，緬甸政府制訂許多外資優惠政策，鼓勵外資投資緬甸農業市場規模的開發。其中不乏台灣成功投資緬甸農業成功的案例，例如「農友種苗有限公司」即是。顯示緬甸其得天獨厚的天然資源，可謂是坐擁寶山也不為過，台商切要把握緬甸農業，開創出產業新氣象。

商機三：【民生用品產業】

緬甸龐大的內需市場相當龐大，特別在民生用品以及食品產業，像飲料、服飾、化妝品等產業，因緬甸過去為軍政府，而遭受國際之經濟制裁，工業及民生用品均需仰賴進口，以至於基本民生用品在緬甸當地售價較高，但在 2011 年緬甸改革開放後，民生消費用品業開始起步，擁有廣大的投資空間。對此緬甸台商高震宇（2012）表示：「別以為緬甸人民所得較低就沒有消費能力，像是香菸、奶茶、檳榔，貴為緬甸民生三大必需品，再窮都要買」。由此可知，雖然緬甸國民所得較低，但民生用品占消費大宗，前景可期。美國 Mercer 諮詢公司 2012 年發布《全球生活成本排名》（Global cost of living ranking）報告中，仰光生活成本高居第 35 名，甚至超過米蘭、巴黎等歐洲城市，顯示出緬甸是一個低工資、高消費的國家，緬甸人民對於民生用品的需求驚人，以至於物價較高也

不會打消消費者的購買意願。

8. 緬甸投資風險

坦伯頓資產管理公司（TEMPLETON ASSET MANAGEMENT）投資組合經理人 Dennis Lim（2012）表示：「隨著緬甸的逐步開放，投資機會增加，仍要留意風險」。由此可知，投資緬甸須考量土地的取得、勞工成本、融資問題以及建廠成本，雖緬甸已於 2011 年改革開放，唯土地成本上漲、外匯進出仍有嚴格限制等因素，使緬甸的投資充滿不確定因素，以下茲以緬甸投資風險敘述如下：

❶政治風險：【政治穩定不足】：泰國台灣商會聯合總會會長張峰豪（2012）指出：「台商不可貿然前來，要先做足功課，待緬甸有明文法令規定、有條文規範正式實行後，再行判斷」。由上述可知，緬甸雖然走向經濟改革開放，但才剛轉為文人政府，政治不確定性偏高，投資緬甸，還是要先停看聽。

❷匯兌風險：【金融體系不善】：坦伯頓投資組合經理人 Dennis Lin（2012）指出：「儘管緬甸擁有豐沛的自然資源，但缺乏完善的金融運作體系，是投資的最大的風險」。由此可知，在緬甸尚未健全其保護外商的法律規範，以及完善的金融體系，因此台商最好保持保守的態度，待規範明朗化再行投資定奪。

❸營運風險：【基礎建設不全】：金獅集團木業部總經理劉肇福（2012）指出：「從緬甸中北部的伐木場，運送木材至 Bago 省，運送時間需兩個月，如果將時間都計算進去，緬甸應為全球運輸費用最高的國家」。此外，緬甸商務部貿易司副司長 Tint Thwin（2012）亦表示：「緬甸雖然電力及交通建設不足，但緬甸獲得國際貨幣基金組織（IMF）及世界銀行（WB）的支持，幾年內應是可以改善此問題」。綜觀上述，可看出緬甸雖缺乏其基礎建設但預期未來可得到改善。

台商佈局東協印度
七大典範移轉

根據 1962 年由美國社會學家 Thomas Kuhn 提出「典範移轉」的概念，被應用於許多領域中討論，意指隨時間演進與競爭環境之變化，關鍵成功因素也隨之改變，過去的方案選擇套用至現今的競爭條件，可能效果不佳甚至被新的方案所取代。台商佈局東南亞國家最早可追溯至 1990 年代的南向政策，演變至 2013 年的今日，當感嘆物換星移的時刻，漫長光陰已讓企業投資環境徹底改變，企業獲利基礎不再建立於生產、成本、品質、速度等，每階段的典範移轉都使舊規則不再適用，迫使企業思考做出轉型動作，以不至於陷入困境，但成功典範移轉後又替企業帶來更多的機會，使台商找出適合自身的營運模式。因此，台商應掌握典範移轉之脈動，替企業謀求先機，作為永續發展的原動力。故 2013《TEEMA10+I 調查報告》提出台商佈局東協印度七大典範移轉，提供給台商在變化多端的市場佈局時，能夠撥雲覓市、蛻變成蝶。茲將七大典範移轉內容分述如下：

一、從「外銷導向」到「內需導向」轉移

最初台商因為生產成本之考量，許多傳統製造業外移至中國大陸設廠，試圖趁勢搭上中國大陸高速成長的經改列車，近年中國大陸因遭遇景氣衝擊，勞工、土地成本上漲問題，以致於成長力道趨緩，於是台商又陸續將廠房遷至東南亞國家，其看中廣大勞動力人口以及各國之間關稅壁壘已消弭的投資優勢，東協國家一度成為台商佈局標的。但此一時，彼一時，全球經貿環境的低迷不振，間接影響台商經營外銷情況，迫使台商不得不做出戰略轉型的考量，憑藉著原

有的外銷資源，切入內需市場進而謀求企業永續發展的升級與再造。匯豐銀行（HSBC）亞洲經濟研究聯席主管 Frederic Neumann（2012）表示：「全球成長放緩無疑會給東協國家帶來消極影響，但不必特別擔憂，這些經濟體現在極富競爭力，內需市場也很強勁」，由此可見，東協國家內需市場逐漸受到矚目，台商應抓緊此機遇。

台商於外銷導向看中東南亞國家的考量因素，大多因其具有便宜的勞動成本，如此龐大的年輕勞動階級，隨著這些國家政經實力的提升，大部分已轉為最具消費力的中產階級，因人口結構年輕所帶來強勁的內需消費力，幫助東南亞新興國家在全球經濟萎靡之下依舊保持雄厚爆發力。根據《天下雜誌》（2012）所公布的「2012年1000大CEO景氣大調查」，其中除中國大陸之外，印尼、越南、緬甸等東協國家最受CEO青睞，而其選擇目標市場之因，高達62.35%比例點名是為「內需市場」。聚陽實業董事長周理平（2012）表示：「2013年聚陽最大擴廠計畫就是在印尼、其次是越南，不光考量製造設廠，更看重人口紅利的內需消費潛力」，顯示出越來越多台商出現從外銷向內需轉移的典範移轉概念，這樣的轉型作法幫助台商在景氣谷底能看見一絲曙光，創造永續經營的企業榮景。

二、從「新興市場」到「白地市場」轉向

遠在美國的蝴蝶輕拍翅膀，卻導致遠在太平洋另一端發生海嘯。自金融海嘯危機席捲全世界，尤其是引領全球經濟的歐美重要市場受害最甚，讓全球經濟蒙上一層陰影，不過古語云：「失之東隅，收之桑榆」，當重要市場陷入困境時，新興市場就此崛起，成為企業與投資者矚目的新焦點。根據富蘭克林坦伯頓新興國家投資管理團隊行政主席 Mark Mobius（2011）表示：「亞洲新興消費者很可能成為下一代全球消費者，並且承擔歐美中產階級的傳統角色，在全球經濟平衡中發揮關鍵作用」，由此得知，新興市場至今仍是帶領全球復甦的一大助力，尤其是台商所佈局之東協新興市場，未來成長潛力有跡可循。除此之外，2013年1月24日，根據國際貨幣基金（IMF）公布《世界經濟展望報告》，內容指出：「東南亞國協五國（ASEAN5）其GDP將在2014年超越亞洲四小龍」，顯示新興市場儼然成為亞洲的成長引擎。

根據 Mark Johnson 所著《白地策略》一書，提到「白地市場」的概念，意指不屬於企業現行商業模式界定或處理的潛在活動範圍，如同比新興市場更加新興之概念，若企業欲掌握白地市場的前提，即是具備廣大的思想格局與自微小

細節著手，方能奪得市場之先機，迎頭趕上甚至超越競爭對手。台商所佈局之東協國家也有屬於此類的白地市場，諸如寮國、柬埔寨、緬甸等，原先不受世界所重視，卻潛在著不可限量的成長潛力。根據 HTC 執行長周永明於 2013 年 1 月 14 日表示：「除進軍新興市場之外，將在緬甸發表新手機，並與緬甸最大手機銷售網 KMD 電腦集團簽署經銷合約，希望提升 HTC 在緬甸手機市場的份額」，顯示出及早佈局白地市場之決心，唯有走在競爭者前面，才能搶得白地市場先佔優勢。

三、從「單一市場」到「區域市場」轉進

當企業初進入全新且陌生的投資環境時，多採取單一市場的策略，訴求在單一市場內能集中精神、全力以赴，若身處於尚未開發完全的投資地，企業將有機會在競爭強度不高之下，獲取相當豐厚的利潤。因此當台商跨足東南亞市場時，起初偏向選擇單一國家投資，將大部分資源投注於此，將期許能滿足市場需求並獨享市場利益。根據義大利人造皮革製造商 Coronet 首席執行長 Jarno Tagliarini（2013）表示：「當開始打起東南亞算盤時，起初鎖定的目標是越南」，顯示企業會優先選擇其仔細評估最有發展潛力的目標，盼望在當地站穩腳步後，將企業資源運籌帷幄、輻射擴張據點提升企業規模。自 1999 年起柬埔寨加入東協陣營，東協十國形式大抵奠定，東南亞區域市場儼然而成，各國階段性的關稅減免，使各國經貿關係更加密不可分，秉持快速反應宗旨的當地台商無不將眼光轉移至整個區域市場的潛力。

自東協成立以來，區域內經濟整合動作頻傳，為求消弭 99% 區域內的關稅壁壘，多數國家皆享有貿易出超以及良好的經濟狀態，未來 2015 年東協區域內國家關稅將從現行的 5% 降至零關稅，此舉讓東協被視為經濟共同體，國家間貿易行為互通有無，在全球經濟緩慢復甦下，東協成為一支快速艦隊，挾帶著強勁實力航向世界。此外，東協成員國將於 2013 年 5 月與六大貿易夥伴中國大陸、日本、南韓、紐西蘭、澳大利亞及印度開啟談判，盼望談成區域全面經濟夥伴協定（the Regional Comprehensive Economic Partnership；RCEP），屆時亞太地區方能成為巨大經貿整合市場。台商若及早預應此契機，即開始轉往區域市場佈局，不僅能擴大企業規模、分散營運風險以及追求事業綜效，未來幾年東協區域市場將與周邊貿易夥伴攜手創造全球最大經濟集團（Economic Bloc）。

四、從「單打獨鬥」到「策略聯盟」轉合

財團法人環球經濟社社長兼公共政策研究所所長林建山（2012）於《台商張老師月刊》中表示：「台灣在東南亞地區的投資，幾乎完全任由中小企業單打獨鬥，欠缺整合整體打團體戰的鍛鍊，以致中小企業必須付出極高的代價與風險，在東南亞單打獨鬥」。當台商尋求海外設廠時，多數台商選擇向西前往中國大陸設廠，而相對數量較少的台商則選擇前往當時仍不被看好的東協暨印度市場，也因此，南進前往東協及印度市場的台商，大多是單一廠商前往東南亞暨印度市場投資，而不若西進的台商一般是整個產業鏈一起進軍中國大陸市場，因此，單一廠商在沒有同業及上下游共同分擔風險的處境下，為了維持企業的營運，必須比競爭者付出更多的成本。

隨著中國大陸市場經營環境的惡化，過去在中國大陸投資的台商不是持續往西，就是往南進入東協暨印度市場，此時東協暨印度市場上的台商已非小眾，過去台商單打獨鬥的情形已開始轉變為策略聯盟的型態。正所謂團結力量大，大發富德總經理許鬱林（2012）提及：「建議欲進入越南市場的台商可以找適合策略聯盟的台灣廠商一同進入越南市場，或是與已在越南發展多年的台商合作，最好是選擇相同行業但是品項不同的合作廠商」。如此一來不僅彼此可以共同分攤投資新市場的成本以達資源共享之外，更可透過彼此間的專業分工，在降低風險之餘經由優劣互補效益提升雙方競爭力。其中以堃霖公司與東元共同進軍越南的案例，為台商自單打獨鬥的策略到策略聯盟轉合最好的註解。

五、從「消耗性資源」到「可持續資源」轉升

廣西社會科學院台灣研究中心副主任韋朝暉（2011）指出：「台商於東南亞大規模投資製造業、礦業、林業及漁業」，其中礦業及林業皆為消耗性的自然資源。1989 年台灣因環境保護因素開使禁止砍閥林木時，森林資源豐富且林木管制未嚴的東協諸國，便成為台商延續自身砍閥林木事業的桃花源。除林木資源外，東南亞暨印度市場之石化資源礦藏量亦豐富，為台灣重要的石化燃料進口國，中油亦於印尼之 Sanga Sanga、Bulungan、Arafura Sea 及 Sanga Sanga 煤層氣等礦區投資參與生產，無論森林資源抑或石化礦產資源，皆顯示東南亞豐富的自然資源蘊含量為吸引台商前往投資的重要因素之一。

近年來，伴隨著石化原料成本的不斷高升加上日本 2011 年 3 月 11 日所發生的 311 地震，使東協暨印度諸國面臨往前不敢發展核能發電，造成往後用電

成本加劇的窘境,是故,東協暨印度諸國紛紛轉而重視可持續資源的發展,其中印尼總統 Susilo(2011)表示:「印尼將不會建立核能電廠,而替代能源將可從太陽能、地熱及水力發電等幾方面進行考量」。在東協暨印度各國政府的大力支持下,可持續資源的商機日益擴大,吸引眾多台商轉而投資當地之可持續資源產業,其中大同子公司綠能、聯電旗下的聯相光電及國碩科技等太陽能產業台商不約而同搶進東協暨印度各國之太陽能發電市場。此外,東元、中興電等台灣風力發電機組廠商亦已切入菲律賓及越南,「風力發電裝機量」超越「太陽能發電裝機量」的市場,台商於東協暨印度等國可持續能源市場的蓬勃發展,顯示出台商於當地之投資已從消耗性資源轉升至可持續資源。

六、從「大眾消費」到「清真消費」轉變

清真消費品即指以穆斯林消費者為目標族群,且符合穆斯林生活習慣和需求的商品,食品及化妝品等產品須通過清真認證(HALAL),才可取得穆斯林消費者信任。所謂清真認證即廠商須經由公信機構針對其產品內容與生產過程,是否含有豬的成分、動物的血、酒精及非正常死亡動物肉等,嚴謹的認證規則對於台商而言並非易事,正如同群海集團董事長林興瑞(2012)分析指出:「台灣並非回教國家,文化上的差異使台灣企業想要符合規定森嚴的清真認證並不容易」。隨著東協暨印度市長的發展,台商搶佔其內需市場的同時,龐大的清真市場使台商紛至沓來,因此,雖取得清真認證並非易事,但依舊促使台商積極轉型,希冀自原先的大眾消費產品市場轉變投入清真消費產品市場。

根據商業發展研究院 2012 年所整理的資料顯示:「東協暨印度市場中穆斯林占比最多的國家前 3 名為印尼、印度及馬來西亞,其中穆斯林人口分別為 2.03 億人、1.61 億人及 0.17 億人,市場規模依序為 8,536.15 億美元、5,270.95 億美元與 2,318.36 億美元」,由此可知,整體東協暨印度市場清真消費規模高達 1 兆美元以上。其中馬來西亞之國際級清真食品認證及水準,使馬來西亞的清真食品認證普遍為伊斯蘭市場所接受,加上其每年舉辦全球最大的清真產品大展 MIHAS,使馬來西亞為清真世界公認為「國際清真食品中心」。龐大的市場商機加上馬來西亞認證機構的推動,台商紛紛自一般消費市場投入清真市場,目前除統一、康師傅與六角國際等眾家食品廠已取得認證外,永信集團與康樂生技等亦已取得藥品、美容機能飲品等之清真認證,成功自大眾消費市場打入東協暨印度之清真消費市場。

七、從「代工製造」到「自創品牌」轉型

陸委會副主委林祖嘉（2012）指出：「台商應該要自創品牌，並藉由擴大通路將規模做大」，由此可得，自創品牌不僅為台商的出路，更是台商創造台灣經濟奇蹟後最難突破的障礙。台商代工的技術與能力舉世聞名，全球筆電市占率第二的聯想電腦於 2011 年與台灣仁寶集團合資成立代工廠，目的便是希冀藉由合資向仁寶學習代工的技術，由此可知，台商於代工領域之實力。隨著台灣工資上漲加上東協開放以及政府南向政策等因素，台灣代工廠商除西進中國大陸之外，更紛紛前往東南亞暨印度國家設立代工廠，仰賴當地相對低廉之勞動人口，為台商延續過去的代工，唯隨著東南亞暨印度諸國工資日益上漲及消費潛力逐漸受到各界重視，東南亞台商在利潤空間被壓縮之餘，亦憑藉著敏銳的市場嗅覺，由代工製造走上自創品牌之路。

東協暨印度等 11 國中，除新加坡與汶萊為經濟發展已成熟之重要市場外，其餘 9 國皆為尚未開發完成之市場，其中印度及越南更為人口眾多之市場，加上近年來經濟持續發展，消費潛力可觀。相較於已開發市場的競爭激烈，在這些逐漸發展且尚未開發完成之市場上，由代工轉型至品牌的台商不僅可與眾多外商品牌齊頭並進，更可能超前外商品牌搶先競爭消費潛力龐大的東協市場。其中台商 Asama 自行車便是東南亞台商品牌發展的佼佼者，透過率先進入越南自行車品牌市場的優勢，迅速拿下越南自行車市場70% 的市佔率，如同 Asama 自行車董事長方武樂（2009）表示：「嗅出市場機會後，加大越南品牌自行車銷售比重，雖然車價比當地行情高，但良好的品質及口碑迅速地擄獲消費者的心」。伴隨著東協共同市場的成立以及東協加 N 的形成，已於東南亞暨印度市場站穩腳步的台商自創品牌，將可望收穫更多的甜美果實。

隨著時光歲月之流轉，台商雖逐漸在東協暨印度 11 國家站穩腳步，但企業無法持續保持競爭優勢，換言之，在投資環境快速變遷下，昨日種種優勢在今日可能已無用武之地，若無即時反應將造成不可收拾之後果。故台商為避免錯失機遇，必須敏銳地洞燭先機、趁勢而起，在新舊典範轉換之間探索突破之道，成為獨占鰲頭的先驅者。綜合上述台商佈局東協印度七大典範移轉，提供給台商日後在東協與印度投資佈局所參考，若能掌握典範移轉彷彿替台商注入活水思維，打破企業成長轉型僵局，使其能以「領跑者」的姿態甩開競爭對手，永保台商在東協與印度之發展能夠基業長青，開拓出康莊大道。

台商佈局東協印度典範移轉案例

台商於東協佈局迄今已 20 餘年，這段期間內因外在環境影響，形成七大典範移轉，每一項移轉個案的背後，皆蘊含一間企業多年來於東協暨印度市場辛苦轉型的點滴，是故，無論其典範移轉動機抑或其典範移轉作法，皆值得正將踏上東協暨印度市場的台商作為參考，茲將台商佈局東協印度七大典範移轉案例說明如下：

個案一：【南僑集團公司】：從「外銷導向」到「內需導向」轉移

南僑化學工業股份有限公司成立於 1952 年，其依據「原料、技術、通路、文化」等 4 個相關的經營原則，陸續成立關係企業並展開多角化經營。南僑選擇於 1990 年南進泰國，建立其海外第一個據點。此外，因泰國內需市場廣大，促使南僑加重內銷，使得南僑成為泰國米果市場的前兩大品牌。此外，南僑亦於 1996 年與頂新集團合資成立「天津頂好油脂公司」，生產烘焙用油脂。另外，於 2009 年打入美國市場，並在 2010 年為其帶來逾 6,000 萬元新台幣的獲利，佔集團整體獲利比重約 12%。

1. 典範移轉動機

南僑集團選擇泰國設廠的動機可分為投資要素合宜與對內需市場廣大等兩項動機。南僑看中東協廣大的人口，因而選擇加重對泰國的投資。茲就南僑典範移轉動機詳述如下：

❶動機一【投資要素合宜】：南僑因看中泰國對待華人友善，因此在幾經多方考察及思考下，選擇於泰國投資設廠。除此之外，再加上泰國勞工能在明確

的標準作業流程及不跳槽的風氣下，生產效率快速提升，也為吸引南僑於此投資的因素之一。

❷動機二【內需市場廣大】：隨著東南亞經濟成長且眾多的人口，使其消費潛力無可限量。根據南僑集團董事長陳飛龍（2012）表示：「東南亞人口逾8億多人」。由此可知，南僑看好東南亞地區人口數所帶來的食品消費力，可望使南僑保持穩定成長，因此選擇佈局東南亞食品產業。

2. 典範移轉作法

南僑集團佈局泰國的作法，可分為建立烘焙工廠、擴張廠房數量及轉型觀光工廠等3項作法，南僑如何能在兵家必爭之地的東南亞國家，嶄露頭角並為自身創造卓越績效，且為自身帶來可觀的營業利潤。以下茲以南僑典範移轉動機敘述之：

❶作法一【建立烘焙工廠】：南僑有鑑於近年來因陸客到台灣觀光，帶動全台鳳梨酥的新商機，加上觀察到泰國亦為陸客觀光熱門景點，因此南僑選擇於此投資烘焙業，讓鳳梨酥能成為遊客於泰國旅遊時所選擇的伴手禮，期望能為其創造500億元新台幣商機。

❷作法二【擴張廠房數量】：南僑集團於泰國市場表現卓越且績效非凡，因此於2011年提出4年投資計劃，加碼40億元新台幣於泰國增設廠房，此外，南僑並已於泰北地區尋覓適合區域興建廠房，希冀藉由擴增的廠房數量，以應付內需市場需求。

❸作法三【轉型觀光工廠】：南僑透過與下游廠商相互結合，選擇於泰國投資建造上億元的鳳梨酥伴手禮觀光工廠，藉由仿效台灣鳳梨酥市場銷售模式，於泰國發揮綜效，並在泰國的內需市場中創造佳績，能使其業績成長一到兩成。

3. 典範移轉績效

南僑集團於泰國工廠的績效連年看漲，且其擴增產品生產線，以應付廣大的消費市場，並為自身創造佳績。依據南僑於泰國設廠的績效可分為產品地位穩固、營業收入亮點及營收漸入佳境等3項績效。茲針對南僑典範移轉績效闡述如下：

❶績效一【產品地位穩固】：南僑集團於泰國投資的南僑泰國廠，其所生產的米果在泰國市場中名列前兩大品牌，並於2012年營收突破15億泰銖，年增加逾15%。顯示出南僑在泰國米果市場中的銷售地位非凡，也為其帶來可觀的銷售額。

❷績效二【營收漸入佳境】：南僑集團2012年財報統計，其全年合併營

收高達 120 億元新台幣，比起 2011 年統計出的全年合併營收約高出三成，顯示出，泰國內需市場促使南僑集團產品獲利營收年年看漲，並逐年呈現出攀升趨勢。

❸績效三【股票價格上漲】：泰南僑因拓展泰國內需市場及中國大陸、美國市場，使其於市場中表現優異，為南僑創造亮眼佳績，自 2013 年以來，其股市表現穩定，股價皆位於 27 元以上，更於 2013 年 3 月 6 日達 29.5 元新台幣。

個案二：【裕隆集團】：從「新興市場」到「白地市場」轉向

裕隆集團的創辦人嚴慶齡先生於 1953 年投入資本與技術密集的汽車工業，改以從事汽車的生產和銷售為主，設立裕隆汽車公司，期盼引領台灣汽車相關產業的發展，經過數十年的經營及長期培養的自主研發能力，使裕隆比起其他競爭者，更加奠定其相當深厚的基礎，也間接建立了他們的關鍵競爭力，並且，透過完備產銷價值鏈，除以台灣為基礎外，更拓展至中國大陸地區及海外市場，進一步深化佈局。於 2010 年清楚台灣汽車以達飽和，於是開始拓展東南亞地區，首站選定規模較大的越南，並在努力的耕耘下，創下耀眼的成績，並藉由代理商的牽引，開拓寮國市場，於 2012 年 3 月於永珍成立汽車生活館。

1. 典範移轉動機

隨著東南亞的經濟發展，連帶著也增加台商佈局的機會，裕隆集團的首站海外市場佈局於越南，於當地建立良好的口碑，在東南亞佈局上創造出好成績，而近年來隨著寮國崛起，使之將寮國設為下一個目標市場，將藉此打開東南亞的全新市場，為裕隆集團打造另一個新天地。茲就將其典範移轉動機詳述如下：

❶動機一【寮國經濟突飛猛進】：根據國際貨幣基金組織 (IMF) 估計 2012 年寮國的經濟成長率將高達 8.3%，為全球 GDP 最高的國家，並於 2013 年 2 月正式加入世界貿易組織（World Trade Organization；WTO），並隨著加入 WTO 使寮國的進出口貿易的可望大幅成長，為經濟改革開放新里程碑，因此，裕隆集團看中此商機進入寮國發展，以其搶先在市場中贏得一席之地。

❷動機二【看見利基拓展版圖】：裕隆集團從 2010 年開始佈局東南亞市場，先以越南為主要地區，在努力的打造之下，目前為外銷量最大的海外市場，並成為裕隆集團在東南亞開發市場的重要樞紐，藉由在越南所建立下的基礎，以及東南亞經濟崛起相互的呼應下，因此決定投資臨近越南的寮國，使其成為下一個目標市場。

2. 典範移轉作法

越南為東南亞市場中屬國土較大的國家，裕隆藉由在越南建立的良好關係，將以其作為灘頭堡，並藉由代理商的牽引，得以前進至寮國市場，且在首都永珍成立汽車生活館，藉以打響裕隆集團在寮國的知名度，並以整車外銷模式，穩定市場，進而減少風險性的產生。茲就將其典範移轉作法詳述如下：

❶作法一【以越南為開端】：裕隆集團已成功在越南建立品牌以及名號，為其在拓展東南亞市場創下優良基礎及佳績，也因東南亞市場的規模較大，而納智捷（LUXGEN）得以在越南快速成長，因此為裕隆集團增加了許多的印象分數，並藉由越南代理商的牽引，得以前進寮國拓展市場。

❷作法二【取得民眾認同】：為打響裕隆集團在寮國的品牌知名度，在2012年3月進入首都永珍建立「汽車生活館」，從展場、試乘車到體驗劇場，完全依照台灣規格來設計，藉此透過生活館讓寮國民眾可以瞭解與本土汽車的差異性，因而改變觀點，希望能在寮國一戰成名。

❸作法三【穩定市場品質】：為了要成功的進入寮國的汽車市場當中，最重要的就是要先加快腳步進去卡位，以免失去先機，因此，在銷售方面以穩定銷售為首要任務，採用「整車外銷」模式，藉此可以先佔領市場，並且達到穩定發展，等達到一定規模之後，在考慮於當地設廠，以降低風險性。

3. 典範移轉績效

寮國為東協國家中發展最晚的國家，截至2012年進入投資的台商極為少數，再加上隨著經濟日益發展，寮國民眾的汽車需求量也逐漸的提升，因此，在天時地利人和互相配合之下，為裕隆集團的適時進入帶來不少的獲利，並且，更進一步提升進軍國際市場的版圖。茲就將其典範移轉績效詳述如下：

❶績效一【台灣之光，閃耀光芒】：進入寮國投資的台商寥寥可數，再加上在寮國汽車產業當中主要以本田（Honda）、豐田（TOYOTA）等日系汽車為主，市場競爭激烈，但裕隆集團仍秉持一份堅持的精神，成功的在寮國設下第一個經銷點，可說是台灣第一個以汽車自我品牌進軍國際，將承載台灣的驕傲邁向全世界。

❷績效二【民生需求，受人讚賞】：由於寮國的道路崎嶇，所以民眾都偏好汽車，隨著東南亞市場的崛起，寮國的經濟發展快速，對於汽車的需求量也相對的提升，在面對日系汽車的強烈競爭之下，裕隆集團也不容小覷，凡是使用過的民眾，都給予很高的評價，顯示出品牌備受肯定，可說是取得初步的成功。

❸績效三【拓展全球，展看未來】：裕隆集團創立台灣汽車第一個自有品牌，

並且，透過創新為消費者創造附加價值，使得成功佈局全球，除了台灣、中國大陸、越南等地區之外，也獲得俄羅斯及中東地區的高度關注，目前皆已在接洽當中，2013 年納智捷（LUXGEN）將進入外銷爆發期，更有利於總體銷量提升。

個案三：【華豐泰國】：從「單一市場」到「區域市場」轉進

華豐橡膠成立於 1959 年，為台灣知名輪胎製造商，1979 年與日本住友橡膠簽訂技術合作合約，藉由密切的合作幫助華豐橡膠在輪胎業穩健經營，主要產品系列包含自行車內外胎、機車內外胎、農工業用車輪胎、卡車客車內外胎以及各式車種之輻射層輪胎。更早於 1987 年即進軍東南亞新興市場並成立華豐橡膠泰國有限公司，搭上東協這波高速成長列車，華豐泰國逐年迅速成長，更以泰國為據點，向其他東協國家輻射擴張，搶攻東協區域市場內車胎豐沛需求，並於 2010 年回台發行台灣存託憑證（TDR），期許能回饋社會進而在穩定中求發展。

1. 典範移轉動機

華豐泰國深耕泰國車胎市場許久，因近年來東協區域市場儼然成形，消費市場商機無限吸引全球企業矚目，身為泰國輪胎領導廠商，亦看好區域市場未來成長之強勁，將觸角延伸至其餘東協國家。以「區域市場潛力」、「泰國工資上漲」兩大動機作為典範移轉的依據，以下茲就華豐泰國之典範移轉動機敘述如下：

❶動機一【區域市場潛力】：自 2010 年開始，東協享有區域貿易關稅聯盟優惠，其中東協國家擁有近 6 億的消費人口，使其發展至今已為全球最大市場，華豐橡膠雖以泰國為東南亞基地，但同時嗅出區域市場經營發展性，未來 2015 年東協國家彼此關稅將從現行的 5% 降至 0%，更利華豐泰國搶佔區域市場市佔率。

❷動機二【泰國工資上漲】：自 2012 年 4 月 1 日起，泰國宣告調漲工資幅度高達 45%，且採取一次漲足，對於華豐泰國而言確實造成些許衝擊，必須思量如何彌補生產成本上升的難題，因此必須考慮將生產基地向外移動或雇用他國員工等，便能幫助華豐泰國維持競爭力在東協市場站穩腳步。

2. 典範移轉作法

根據上述典範移轉動機，華豐泰國替自身及早應變，既能免於利潤遭侵蝕亦可掌握東協區域市場所創造之零關稅優勢，保持企業競爭優勢謀求永續經營目標。以「轉攻區域市場」、「擴張新生產線」、「佈局經銷通路」三大作法作為依據，故茲就亞洲光學典範移轉作法之內容分述如下：

❶作法一【轉攻區域市場】：華豐泰國總經理陳泰（2012）指出：「雖東協區域市場規模比不上中國大陸或歐美市場，但卻是目前成長最快的區域」，因此，華豐泰國除強化泰國子公司外，更將事業版圖向東協區域市場擴張，將部份產能轉移至越南、柬埔寨及印尼等。

❷作法二【擴張新生產線】：華豐泰國因知曉東協區域市場關稅率將降至0%，於 2013 年開始投入擴大機車胎生產線產能，年產能上增逾 300 萬條，預計將在 2014 年全數投產完畢，屆時高達 900 萬條車胎，將足以應付 2015 年免關稅後所帶來的東協區域市場商機。

❸作法三【佈局經銷通路】：隨著東協區域市場逐漸成形，經濟實力穩定成長下，大眾汽機車需求也持續攀升，華豐泰國抓緊時機，積極佈署東協國家機車胎之經銷通路，除自身代工業務外，更以自創品牌「DURO」、「Q-UICK」及「DUNLOP」搶攻區域市場之機車維修市場及組裝廠，一嘗未來東協區域市場免關稅之果實。

3. 典範移轉績效

綜合上述典範移轉動機與作法，顯示出華豐泰國積極在區域市場擴張版圖的決心，根據華豐泰國總經理陳泰（2012）表示：「隨著打進東協區域市場其他國家，出貨量持續攀高，營運情況一年比一年好」，顯示出對於即將到來的零關稅優惠，華豐泰國已做好基本功進而應付區域市場強勁需求。故茲就華豐泰國典範移轉績效之內容分述如下：

❶績效一【獲利屢創新高】：華豐泰國 2012 年上半年稅後淨利 0.93 億元新台幣，距離 2011 年全年獲利 1.19 億元新台幣相距不遠，其原因除原物料價格下降導致成本開銷降低外，由單一市場轉進區域市場的作法，也大幅度提升生產效率，此外，2012 上半年毛利率高達 18.83%，遠超過 2011 年整年的14.31%。

❷績效二【營收逆勢成長】：華豐泰國在不景氣中營收仍持續成長，2012上半年營業收入為 11.35 億元新台幣，根據華豐泰國總經理陳泰（2012）表示：「預期 2012 年全年營收與獲利皆將優於過去，此外，預計機車胎的新產線，將有利提升華豐泰的內銷再擴大」，因此，預期未來在東協區域市場內，將利用零關稅之便利，大舉進軍東協各國內需市場。

❸績效三【獲得馬牌助陣】：華豐泰國身為泰國機車胎的領導廠商，經營東協區域市場更是屢創佳績，因而受德國馬牌集團（CONTINENTAL）所青睞，於 2012 年 6 月 19 日簽約，取得代理銷售德國馬牌機車輪胎系列之權限，此舉

顯示華豐泰國正式跨入了高階品牌經營，未來華泰在東協國家間佈局將更加無往不利。

個案四：【中鼎集團】：從「單打獨鬥」到「策略聯盟」轉合

中鼎集團創立於 1979 年，總部設立於台北市。業務範圍以承攬國內外重大工程為主，內容除初始之 油、石化、化工等業務外，至 2013 年已進一步開拓至防治環境污染、鋼鐵、電 、儲運、交通、焚化 、生技等非煉油石化工程，並於全球共設立約 40 家關係企業，集團員工總數約 7,000 人，資本額約 73 億新台幣。然而，伴隨市場環境競爭激烈之際，使得中鼎煉油石化業務遭遇困難，因此，為加強企業競爭力，於 2011 年與日本千代田策略聯盟，未來希冀能透過強化天然氣工程、公共工程、電力設施等非煉油石化領域業務，進而產生綜效，並以嶄新的思維於競爭激烈之環境中開創新局。

1. 典範移轉動機

面對煉油石化產業競爭更趨激烈與商業模式轉變等，中鼎集團意識到，除專注於原先專業之煉油石化領域外，更需要透過策略聯盟雙管齊下，多元化服務領域，才能在國際強大企業環伺下突破重圍。茲就「國內市場利潤下滑」、「國際標案競爭激烈」兩中鼎集團典範移轉動機敘述如下：

❶動機一【國內市場利潤下滑】：根據與中鼎集團同樣致力於工程建案之達欣工程總經理廖肇邦（2012）表示：「台灣公共工程市場競爭激烈，毛利率愈來愈低」，是故台灣工程建造之相關企業轉型迫在眉睫，中鼎集團有必要擴大其事業版圖，從多元領域切入海外市場，以開創嶄新格局。

❷動機二【國際標案競爭激烈】：根據中鼎集團（2012）發布《2012 年半年度營運報告》指出：「上半年營收約有 6 成來自煉油、石化相關工程」，由此可知，中鼎集團營收多來自於煉油石化工程，然而，根據中鼎集團發言人陳碧川（2012）表示：「煉油、石化等工程案件國際標案競爭激烈」，是故中鼎集團有強化其非煉油石化業務之必要性，以將其營收來源多元化。

2. 典範移轉作法

銜接典範移轉動機，中鼎集團分別於泰國、印尼等東南亞國家，於非煉油石化領域進行佈局，並借重策略聯盟夥伴之核心能力，善用雙方資源優勢創造綜效，並以此作為企業成長之動能。茲以下就「與千代田策略結盟」、「切入泰國電廠建案」、「擴張印尼業務版圖」三大中鼎集團典範移轉作法敘述如下：

❶作法一【與千代田策略結盟】：有鑑於台灣工程市場利潤下滑，及國際

市場競爭激烈等因素，中鼎集團於其煉油石化業務遭遇困難，故於 2011 年 8 月 18 日宣布，由日本千代田化工建設公司取得中鼎 10% 之股權，與擅長天然氣工程業務之日本千代田公司進行策略結盟，強化其非煉油石化領域之競爭力。

❷作法二【切入泰國電廠建案】：根據中鼎集團董事長余俊彥（2012）表示：「韓國廠商削價競爭」，是故，國際市場競爭激烈，中鼎於泰國之煉油石化業務難以成長，故與千代田轉於非煉油石化事業進行合作，爭取泰國於 2011 年宣布之 20 個民營電廠新建計畫、焚化爐等工程，開拓其他營收來源。

❸作法三【擴張印尼業務版圖】：除泰國市場外，中鼎與千代田更進一步持業務範圍多元化之利，擴張版圖至印尼之小型電廠、煉油、石化廠與捷運等案子，此外，中鼎更於印尼進行未來天然氣工程佈局，根據中鼎集團發言人陳碧川（2012）表示：「藉由千代田在天然氣的經驗，切入天然氣工程，共創接單業績」。可看出中鼎將進一步延伸事業觸角，致使得雙方共同獲利。

3. 典範移轉績效

中鼎集團能持續成長的原因，除其於煉油石化領域之深耕之外，更重要的是能在適當的時機，由「單打獨鬥」轉向「策略聯盟」，豐富其服務範疇，成功於東南亞市場站穩腳步。茲以下就「東南亞接案創新高」、「企業毛利維持高檔」、「多元領域共榮成長」三大中鼎集團典範移轉績效敘述如下：

❶績效一【東南亞接案創新高】：根據中鼎集團財務長林智盟（2012）表示：「中鼎於 2013 年非煉油石化潛在接案機會約 1,200 億元台幣，其中，東南亞潛在案量約 54%，首度超越了台灣的 44%」，由此可知中鼎集團與日本千代田之策略結盟，提升中鼎於非煉油石化業務之競爭力，可望在國際市場爭取更多的市場。

❷績效二【企業毛利維持高檔】：根據中鼎集團（2012）發布《2012 年營運報告》指出：「於東南亞之業務，已從海外市場轉進內需市場，定價環境已改善，因此毛利率預估為 8% 至 9%」，由此可知中鼎集團於泰國、印尼、馬來西亞等國於液化天然氣和煉油項目，亦或是非煉油石化領域之公共營建項目，皆有站穩腳步之趨勢。

❸績效三【多元領域共榮成長】：根據日本千代田（2011）發布新聞稿指出：「與中鼎於基礎建設、交通建設、新能源、環保工程等領域進行合作交流」，由此可知，中鼎集團與千代田之合作，除於國際工程案件進行爭取外，更於彼此的專門技術和人才資源相互交流，促進雙方多角化發展，進一步開拓未來發展可能性。

個案五：【李長榮集團】：從「消耗性資源」到「可持續資源」轉升

李長榮集團成立於 1965 年，於石化工業原料產業領域經營已經超過 40 餘年，主要產品行銷範疇為石化原料的製造及產銷，並跨足化學工業產業，石化原料年產量約 15 萬噸，台灣市場市佔率高達 28%，主要下游客戶為合板及尿素膠工業、紡織樹脂。長榮化學為全球第二大供應熱可塑性橡膠廠商，也是台灣第一家多生產晶矽廠商。然而，由於生質能源議題日益熱絡，李長榮集團看準全球能源供需變遷，以及全球新興國家的發展潛力，將永續經營視為企業經營目標，於是在 2012 年李長榮集團開始積極投入生質能源的產銷範疇，並於印度建立生產工廠。

1. 典範移轉動機

李長榮集團董事長李謀偉（2012）指出：「隨著全球環境變遷，能源的再生性和運用以及永續經營的議題備受重視，長榮化學持續投入資源來降低石化產品對環境的影響」。由上述可看出，李長榮集團對於環保的經營理念以及將其視為使命，就論述李長榮集團從「消耗性資源」到「可持續資源」轉升之動機如下：

❶動機一【石化能源枯竭】：台灣石化產業面臨升級轉型的危機，也由於中國大陸及印度等新興國家經濟快速發展，全球能源需求倍增，台灣石化能源日益枯竭，替代能源價格亦隨之高漲，開創低碳排放的可持續性替代能源逐漸成為各國發展重點，於是，李長榮集團著手開發替代能源，以求得企業轉型之契機。

❷動機二【推行環保概念】：李長榮集團董事長李謀偉（2012）指出：「化學將是綠色的」。一語道出，李長榮集團為地球環境、經濟以及社會的永續發展不遺餘力，並將永續經營視為企業使命，貢獻己力跨足綠色能源，為台灣石化企業開啟轉型的大門，朝環保的經營理念邁進，也將是推動長榮化工營收成長的動力。

2. 典範移轉作法

由於印度天然資源豐厚，能源尚具開發空間，李長榮集團董事長李謀偉（2012）表示：「每年將投入 4 至 5 億元台幣的研發經費，著手進行開發高附加價值的化學品以及太陽能、生質能源等綠能產品」。由此可知，李長榮集團將投入可持續性能源的開發，取代過去的石化工業研發。茲就將其典範轉作法詳述如下：

❶作法一【攜手中鋼合作】：台灣兩大產業龍頭中鋼與李長榮化工攜手合作，於 2012 年簽署合資契約，成立「新能生物科技公司」，雙方各投資 1.5 億元新台幣，各占 50% 股份，投入可持續性能源的開發，拓展產業版圖，此舉有助

於降低企業轉投資風險，同時又可為雙方創造雙贏的局面。

❷作法二【建立生產工廠】：中華民國駐印度代表翁文祺（2012）表示：「印度的古吉拉特省是投資的最好選擇，包括東元集團以及李長榮集團台灣大型企業皆已到該省投資」。由此可知，因印度為石化能源出口大國，且地緣鄰近各大國家，在運輸以及能源開發上具有商業利基，且印度能源開發設備完善，以致於李長榮集團看中印度發展潛力，在印度設立生產工廠。

❸作法三【開發生質能源】：透過企業聯盟，利用中鋼以及印度地區的生產設備，結合美國朗澤科技技術，共同開發乙醇生質能源，並進一步產製高價的丁二烯。對此李長榮集團董事長李謀偉（2012）表示：「乙醇可持續性能源產品將使市場為之驚艷，未來更開發出延伸商品」。顯示此次合作對台灣而言，可說是為台灣開啟產業新利基。

3. 典範移轉績效

李長榮集團採取合資策略，成為台灣石化業界中成功由從「消耗性資源」到「可持續資源」轉升的典範，李長榮集團董事長李謀偉（2012）更是表示：「其能源若能再轉換成丁二烯，附加價值將會更高，每公噸售價將超過乙醇3倍」。一語道出，開發生質能源對李長榮集團而言，不僅為地球貢獻，也為企業帶來龐大的利潤。茲就將其典範移轉績效詳述如下：

❶績效一【開創雙贏局面】：開發可持續性能源時，由中鋼以及李長榮集團共同設立的新能生技規劃利用轉爐的廢氣進行生產乙醇，以排放廢氣規模計算，一年可生產高達10萬公噸的乙醇，若用燃料用乙醇1公噸800美元計算，一年可創造40億元台幣的產值，並可取代過去石化能源的開發，降低環境的汙染。由此可知此次合作將為雙方企業以及地球開創雙贏局面。

❷績效二【獲取龐大利潤】：根據李長榮集團2013年1月月報顯示出，長榮化工在2012年平均月份集團獲利營收為46.31億元台幣，較2011年增長34.40%。由上可知，李長榮集團開發再生能源佈局有成，不但為企業帶來龐大的利潤，也使得集團擁有更多的運轉資金，為日後投資能源開發注入信心。

❸績效三【公司獲獎無數】：李長榮集團董事長李謀偉（2012）表示：「要成為一個成功的企業家，就應該要秉持著勇於接受挑戰的精神，並且凝聚公司內外部資源，持續為集團創造差異化」。由上述可看出，李長榮集團跨足綠色能源並利用合資策略為公司打造競爭優勢，也因其環保經營理念榮獲「22012年安永企業家獎」以及遠見雜誌設立之「2012年遠見雜誌企業社會責任獎」之殊榮與肯定。

個案六：【永信藥品】：從「大眾消費」到「清真消費」轉變

永信藥品創立於 1965 年，前身為永信西藥房，營運範疇包中西藥、化妝品、保健食品及藥品檢驗試劑之產銷及進出口貿易，並已經獲得美國 FDA 認證，產品行銷歐美各國。發展至今已成為台灣製藥產業的領頭羊廠商，且有鑑於台灣健保藥品市場日漸萎靡，開始轉變進攻外銷，利用垂直整合，以合作及合資等方式來搶佔全球藥品版圖。然而永信製藥洞燭先機，看準東南亞新興藥品市場日漸發光發熱，又因馬來西亞藥品市場前景可期，以致永信選擇在馬來西亞設立子公司，利用馬來西亞位置優勢搶占東南亞市場。

1. 典範移轉動機

商業發展研究院研究員張益菁（2012）指出：「預估到 2025 年，全球穆斯林人口將達到 20 億之多，將占全球總人口數三分之一」。由上述可知，永信製藥看準穆斯林清真商機，更因馬來西亞融合華人、回教及歐美等多元文化，透過在馬來西亞當地通過藥品清真認證，便利永信藥品佈局東南亞市場，搶占東南亞藥品領導地位，並盼創造可觀的商機。茲就將其典範移轉動機詳述如下：

❶動機一【搶占清真商機】：永性東南亞控股總裁李芳信表示（2012）：「回教國家藥品市場潛力無限，尤其是馬來西亞、越南與印尼等地，未來藥品將是清真的市場」。由此可知，永信藥品為拓展高達 20 億人口的伊斯蘭清真商機，將深耕東南亞市場，並進一步搶攻中東藥品市場版圖，希冀為永信帶來利潤與轉變商機。

❷動機二【搶東南亞市場】：永信藥品董事長李芳全（2012）表示：「有人口的地方就有藥品的市場，有市場就會有生意」。一語道出東南亞人口多達六億之多，且東南亞的醫藥市場處在起飛階段缺乏投資，若永信藥品能提早搶占東南亞市場，勢必可創出可觀的商業利潤，並可拓展其企業版圖。

2. 典範移轉作法前言

永信國際控股在 1987 年開始，不斷在海外成立分公司，因看準龐大清真商機及為日後深耕佈局東南亞藥品市場，永信集團積極在馬來西亞設立藥品公司以及控股公司，除此之外，更在 2009 年與台灣順天堂企業進行聯盟，設立順天堂東南亞控股公司，共同開發東南亞中藥市場，攜手搶灘前景無可限量的清真商機。茲就將其典範移轉作法詳述如下：

❶作法一【設立生產基地】：當時永信藥品在選擇海外設廠時，曾考慮過泰國、馬來西亞和菲律賓等國家，但相對於這些國家，因為製藥業較為受到政府的管制，

且國家法律規範為製藥業優先考慮因素之一，然而因馬來西亞擁有較為健全的法治環境，政府較為有效率，因此馬來西亞成為永信藥品海外設廠的第一選擇。

❷作法二【複製 TEVA 模式】：永信國際投控董事長李芳全（2012）指出：「如果要成為一個國際型製藥廠商，產品線上應該要有多達 200 種核心產品，所以永信藥品師法 TEVA 的擴張模式，與中國大陸的原料藥商進行合作、再洽談併購，擴大其版圖」。顯示出永信藥品進行全球性的專業整合，以求得最大的綜效，挾最低成本及品質優良之生產優勢，創造企業最大獲利。

❸作法三【通過清真認證】：藥商想搶占清真商機，廠商要先取得 Halal 認證，從藥物原料到完成品，均須取得認證，此外，藥品的製造流程與運輸途中，都須避免與其他非 Halal 以及違反清真教義的商品碰觸，造成交叉汙染，由此可知，清真認證對於藥品進行嚴格把關，但永信投控董事長李芳全（2012）指出：「針對清真市場，永信早已生產多項通過清真認證的藥品」，一語道出，永信藥品從大眾消費市場到清真消費的轉變。

3. 典範移轉績效

永信投控董事長李芳全（2012）表示：「永信藥品在台灣因受到健保局大砍健保藥價之影響，國內獲利占集團總收益比重日漸下降，相較而言，永信藥品海外佈局成功，獲利能力高」，由此可知，永信藥品海外獲利占集團獲利比重日漸增長，永信藥品對於消費市場的轉變，致使永信藥品名利雙收。茲就將其典範移轉績效詳述如下：

❶績效一【市佔率居桂冠】：依據寰宇藥品資料管理股份有限公司（IMS Health）2012 年《全球藥品市場規模》統計分析，永信藥品在市場中佔有率高達 2%，排名為全球第 11，上述可看出，永信藥品因為在海外佈局有成，更高居為馬來西亞的前五大製藥廠商， 且在台灣亦為知名藥廠，以至於在國際藥品產業中佔有一席重要之位。

❷績效二【永信獲獎無數】：2012 年在由馬來西亞弗若斯特沙利文公司 (FROST & SULLIVAN) 所頒布的 2011 年度大馬卓越獎中，永信藥品榮獲「年度最佳保健品公司獎」，以及在 2011 年永信藥品在台灣榮獲「台灣優良企業品質獎」，綜觀上述，可看出永信藥品在台灣以及馬來西亞深耕有成，也因其對於清真市場的轉變，一舉成功搶佔馬來西亞藥品市場版圖，也使永信在國際間聲譽鵲起。

❸績效三【獲取龐大利潤】：永信藥品 2011 年海內外獲利高達 61.85 億元台幣，其中海外廠獲利更占集團總營收四成，2012 年更是有機會突破五成。永信藥品董事長李芳全（2012）對此表示：「期盼永信藥品在 2013 年時，集

團總營收能達到百億元台幣」。一語道出由於轉變佈局清真市場的成功，為永信藥品帶來龐大的利潤。

個案七：【冠賢機電】：從「代工製造」到「自創品牌」轉型

冠賢公司原成立於 1988 年，起初從事高、低壓配電盤生產、馬達與電器材料之銷售等，憑藉著品質與服務備受顧客肯定，1994 年決定增資擴廠，遂而成立冠賢機電股份有限公司，為甲級水電承裝業及專業配電盤廠。因瞭解機電工程技術之必要性，冠賢機電培養專業的設計工程師，致力自行研發高階技術產品，以便走入自創品牌的行列，1999 年起更陸續在越南、柬埔寨等地設立子公司，推出各類自創品牌產品，並融入環保節能觀念，在製造業代工業務中華麗轉身，期許能進軍東協市場奪得先佔卡位優勢。

1. 典範移轉動機

加工製造是屬於台商早期海外佈局的作法，利用相對低廉的勞工成本，使企業能夠保持競爭力，但冠賢機電不止步於此，為符合顧客需求，更推出綠能自創品牌，不僅替顧客節能且更深受客戶的信任與敬佩。故以「追求顧客滿意」、「環保節能精神」兩大動機作為典範移轉的依據，以下茲就冠賢機電之典範移轉動機敘述如下：

❶動機一【追求顧客滿意】：台灣的工具機與產業機械等機電設備是經濟發展的核心之一，冠賢機電客戶多反應市場中專用冷卻產品，散熱功能、消耗功率與電力耗用皆不符理想。冠賢機電董事長林建祥（2012）表示：「機械性能愈精密，愈需要良好的電控箱空調系統」，顯示在天候濕熱的東協市場，更需要備有優良散熱的空調系統，使冠賢機電奮而積極研發自有品牌滿足客戶。

❷動機二【環保節能精神】：地球資源逐漸消耗，不少企業很早就認知到問題嚴重性，紛紛逐步發展綠能產業，冠賢機電意識到此，在綠能領域也不落人後，積極投入符合國家節能環保政策之空調系統，既可提供給客戶符合需求的產品，亦可回流台灣希冀能回饋社會。

2. 典範移轉作法

根據上述典範移轉動機，冠賢機電看見顧客所需及市場趨勢，奮而跨進綠能產業，在努力不懈持續研發下，最終開發出自創品牌產品，一舉吸引東協客戶注目。以「增設研發團隊」、「推出自有品牌」、「提供客製選擇」三大作法作為依據，故茲就冠賢機電典範移轉作法之內容分述如下：

❶作法一【增設研發團隊】：為符合綠能環保精神，冠賢機電於 2008 年

始自主開發冠賢牌變頻器，特地籌組專業團隊並增設變頻器工廠，全力針對高品質變頻器研發，融入環保概念進而提高系統運作時的穩定性，降低設備耗損延長產品生命，成功達到節能省電的目標，大幅降低客戶用電成本。

❷作法二【推出自有品牌】：冠賢機電專注研發歷經 3 年歲月，更於 2011 年 12 月 21 日再度發表自主研發的綠能產品「CS」工業型冷氣，具備高能源效率比（COP）及 100% 冷卻能力，高品質的產品加上優秀的服務深受東協國家客戶喜愛，相較於市面上各家產品，更具節能環保效益，成功打開工業型冷氣市場。

❸作法三【提供客製選擇】：冠賢機電董事長林建祥（2012）表示：「冠賢的冷氣除節能環保特色外，更提供客製化服務，可結合電控箱相關需求，大幅提升顧客便利性，提高產品競爭優勢」，顯示出推出自有品牌再加上客製化服務，除幫助企業提升整體競爭實力，獲利亦可強化研發能力，帶動原有生產業務共同成長。

3. 典範移轉績效

綜合上述典範移轉動機與作法，可見製造代工業務光景不再，台商必須做出轉型動作否則將提早出局，根據董事長林建祥（2012）表示：「企業唯有提高附加價值，創造自有品牌價值之道，而不是繼續以往的代工策略」。茲就冠賢機電典範移轉績效描述如下：

❶績效一【華人創業楷模】：冠賢機電以本土化的「水牛精神」敬業樸實態度，成功做到根留台灣、進軍東協的雄心，在越南與柬埔寨經營水電設備生產製造，更自創節能品牌滿足客戶需求，董事長林建祥於 2012 年 11 月 4 日榮獲 2012 年國家磐石獎暨海外台商磐石獎，顯示企業憑藉多年累積經驗，所研發自創品牌在海外市場打下的戰果備受肯定。

❷績效二【首獲零售執照】：冠賢機電服務越南當地台商多年，成功開拓當地市場，將南越成功經驗複製中越、北越廠，此外更發揮創新能力推出自創綠能產品，不僅得到市場肯定，更於 2011 年取得越南變頻器零售市場買賣執照，是當地台商首位取得「零售買賣資格」的企業，讓自有產品在市場上暢行無阻，銷售績效呈跳躍式成長。

❸績效三【深受政府肯定】：因堅持卓越樸實的品牌經營理念，冠賢機電榮獲越南政府肯定和認同，委託其成立開發公司進而著手規劃越南北寧省的國家級「順成二號工業區」之營運，專為台商量身設計的工業園區，由此可知，冠賢機電製造與品牌雙軌並進策略得到當地政府的大力贊同，賦予其重要開發案，期許能打造完備投資環境，由冠賢帶領眾多台商創造企業榮景。

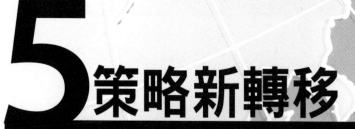

5 策略新轉移

2013 TEEMA10+I
報告結論與建言

第 22 章

2013 TEEMA10 + I
調查報告趨勢發現

根據 2013《TEEMA10+I 調查報告》研究結果，本研究歸納出「3 個首次」及「3 個連續」等六大趨勢，茲將其內容分述如下：

趨勢一：投資環境力、投資風險度、企業推薦度首次呈現齊降趨勢

根據 2009、2011、2013《TEEMA10+I 調查報告》在「投資環境力」、「投資風險度」和「企業推薦度」3 個構面評價變化顯示，2011《TEEMA10+I 調查報告》與 2009《TEEMA10+I 調查報告》相較均呈上升趨勢，然 2013《TEEMA10+I 調查報告》與 2011《TEEMA10+I 調查報告》相較卻呈現下降趨勢，顯示調查樣本企業對東協暨印度國家整體投資評價降低。探究其原因為東協暨印度國家仍存在內部風險，2012 年 12 月 31 日，花豹資本（Leopard Capital）創辦人 Douglas Clayton 表示：「東南亞國家仍存在諸多投資風險，諸如：基礎建設不足、官員腐敗及政局不穩等」，雖然全球企業紛紛湧入東協暨印度佈局，然而內部風險將是進駐東協暨印度市場勢必面臨的挑戰，欲前往投資之台商須謹慎評估與規劃健全的策略佈局。

表 22-1 · TEEMA10 + I 投資環境力、投資風險度、企業推薦度評價變化

構　面	2009 評分	2011 評分	變化	2013 評分	變化
投資環境力	2.718	2.811	↑	2.784	↓
投資風險度	3.205	3.082	↑	3.109	↓
企業推薦度	2.650	2.737	↑	2.661	↓

資料來源：本研究整理

趨勢二：印尼、菲律賓列入評比調查城市首次均呈上升趨勢

2013《TEEMA10+I 調查報告》列入調查的印尼 6 個城市與菲律賓 3 個城市在綜合競爭力排名皆呈上升趨勢，其中，宿霧市上升幅度最大（上升 7 名，由 2011 年的第 47 名上升到 2013 年的第 40 名），上升幅度第二的是雅加達市（上升 6 名，由 2011 年的第 22 名上升到 2013 年的第 16 名），而馬尼拉市（28 → 23）、泗水市（39 → 34）、棉蘭（41 → 36）、蘇比克灣特區（48 → 43）均上升 5 名位居第三。根據萬事達卡（MasterCard）（2013）公布《消費者信心指數》（Worldwide Index of Consumer Confidence）調查報告指出：「2012 年下半年，印尼、菲律賓的消費者信心指數分別上漲至 87.5 與 78.8，領先其他 12 個亞太國家」，顯示調查企業對印尼與菲律賓未來發展深具信心。此外，日本《日經 Business》雜誌亦於 2012 年將越南、菲律賓與印尼列為高經濟成長的「VIP 新三國」，顯示穩健財政體質、低廉勞動成本及龐大內需市場，使得菲律賓與印尼城市評價較 2011 年提升。

表 22-2 · TEEMA10 + I 印尼、菲律賓列入評比城市排名變化

2013 排名	2011 排名	排名 變化	國　家	城　市	綜合競爭力			
					2013	等級	2011	等級
02	02	0	印　尼	巴淡島	93.941	A02	90.638	A02
16	22	6	印　尼	雅加達市	76.114	B07	74.640	B14
24	24	0	印　尼	峇里島	72.793	B15	73.531	B16
34	39	5	印　尼	泗水市	70.136	B25	67.652	C06
36	41	5	印　尼	棉　蘭	68.501	C02	66.812	C08
41	42	1	印　尼	萬　隆	64.957	C07	66.501	C09
23	28	5	菲律賓	馬尼拉市	73.072	B14	71.476	B20
40	47	7	菲律賓	宿霧市	66.124	C06	64.083	C14
43	48	5	菲律賓	蘇比克灣特區	62.253	C09	60.412	C15

資料來源：本研究整理

趨勢三：緬甸仰光首次列入 C 級城市

緬甸仰光市自 2009 年列入調查，排名最後一名（推薦等級為 D04，排名第 45 名），而 2011 年亦在 52 個城市中排名最末位，屬於暫不推薦之列（D04）。然而，2011 年緬甸改革開放後，城市發展得以改善，使得緬甸仰光市在 2013《TEEMA10+I 調查報告》在 54 個城市中排名第 47 名，此外，緬

甸曼德勒市於 2013《TEEMA10+I 調查報告》首次列入評比，排名第 49 名，位列勉予推薦等級第 15 名，可見緬甸自從經濟改革開放後，企業對緬甸的印象已有改觀。根據亞洲開發銀行（ADB）（2012）指出：「緬甸政府進行多項改革，要使經濟穩定成長，預估未來 10 年 GDP 可望維持 7% 至 8% 的經濟成長率，至 2030 年前，人均 GDP 期望能達 2,000 至 3,000 美元，讓緬甸成為中所得國家之列」，由此可知，緬甸城市進步持續進行，未來推薦等級將指日可待。

趨勢四：新加坡市連續 3 年成為城市綜合競爭力排名之首

從 2009、2011、2013《TEEMA10+I 調查報告》城市綜合競爭力可發現，新加坡均排名第一位，列極力推薦城市之首。根據花旗銀行委託經濟學人研究機構（EIU）於 2012 年發布《關鍵熱點—2012 年全球城市競爭力評比》（Hot Spots—Benchmarking Global City Competitiveness）報告內容顯示，新加坡整體競爭力全球排名第三，亞洲排名第一，其中基礎建設評比更以滿分 100 名列第一。另根據亞洲顧問公司 Solidiance 於 2013 年 3 月所公布的《亞太地區最具創新力城市》中，新加坡榮獲冠軍寶座，包含人才、創新、科技、環境、政策與全球化等 6 大構面評比城市的創新生態體系，皆顯示新加坡持續精進各領域實力，旨在確立新加坡於亞太地區未來商業發展的潛力。

趨勢五：東協 5A 城市連續 3 年列入極力推薦等級

根據 2009、2011、2013《TEEMA10+I 調查報告》顯示，3 年均列入【A級】極力推薦城市有 5 個城市，即新加坡市、巴淡島、檳城州、班加羅爾市、吉隆坡市。根據新加坡經濟發展局（2013）數據顯示：「新加坡 2012 年吸引外資投資金額達 131 億美元，比 2011 年增加 17%，高過預期」，可知新加坡外資投資不斷增加，深受企業推薦。巴淡島為印尼發展重點的經濟特區，由於地理位置優異，又與新加坡相近，因此，印尼總統 Susilo 先生與新加坡總理李顯龍先生共同（2012）表示：「將加快巴淡經濟特區建設」，顯示巴淡島在此狀況下，增加企業投資誘因。檳城州政府於 2013 年 1 月 5 日創立檳城國際會展局（PICEB），以利能廣招外資，且著手在未來申辦國際性的會議及展示活動，帶動經濟活動，進而提升當地經濟發展，由此可知，檳城州努力推動措施，以利加速投資經濟成長，這也是一直能深受企業青睞的原因。

此外，根據麥肯錫（McKinsey）（2012）預測：「班加羅爾居民在 2030 年人均 GDP 將達 12,600 美元水準，成為全印度消費力最強的城市」，

班加羅爾市有「印度矽谷」之稱，跨國企業皆群聚於此，除帶動經濟發展外，更提高居民的消費力，且專業人才也被吸引至此，這也是企業推薦的主因。吉隆坡市自從2011年馬來西亞推動「大吉隆坡計畫」，朝著世界宜居城市的目標發展，而在2011年報中，許多關鍵績效指標超出預期，可知馬來西亞在推動大吉隆坡計畫時，儼然產生出許多商機，而成吸引企業的原因。綜合上述，東協5A城市能持續深受企業的推薦，除本身經濟環境突出外，且當地政府所祭出政策輔佐更是受到推薦的主因。

表 22-3 · TEEMA10+I 連續 3 年列入 A 級極力推薦等級城市

國　家	城　　市	2013			2011		2009	
		評價	排名	等級	評價	等級	評價	等級
新加坡	新加坡市	97.953	1	A01	98.120	A01	99.715	A01
印　尼	巴淡島	93.941	2	A02	90.638	A02	92.239	A02
馬來西亞	檳城州	86.985	4	A04	81.537	A08	91.746	A03
印　度	班加羅爾市	84.737	5	A05	89.682	A03	85.718	A04
馬來西亞	吉隆坡市	83.234	6	A06	87.668	A04	82.481	A07

資料來源：本研究整理

趨勢六：經貿糾紛解決滿意度連續兩年提升

根據 2009、2011、2013《TEEMA10+I 調查報告》在「經貿糾紛滿意度」分別為 58.80%、58.85%、62.72%，可看出經貿糾紛滿意度連續兩年上升，上升幅度分別為 0.05%、3.87%，顯示調查樣本企業對東協暨印度國家整體經貿糾紛滿意度漸漸提升。儘管「經貿糾紛發生率」仍有上升之趨勢，但仍可透過台商協會、私人管道、仲裁、司法途徑及當地政府等五大途徑加以解決。澳大利亞國際貿易仲裁中心（Australia Centre for International Commercial Arbitration；ACICA）主席 Doug Jones（2011）表示：「經貿糾紛的解決滿意度與時間，與政府的執行力有極大的關係」，顯示東協暨印度當地政府若能加強解決經貿糾紛之效率，將使台商投資東協暨印度的機率攀升。

表 22-4 · TEEMA10+I 3 年經貿糾紛滿意度變化

調查年度	經貿糾紛發生率	變化	經貿糾紛滿意度	變化
2009	132.06%	-	58.80%	-
2011	152.13%	⬆	58.85%	⬆
2013	148.22%	⬇	62.72%	⬆

資料來源：本研究整理

第23章

2013 TEEMA10＋I
調查報告對台商佈局建議

正當全球掀起投資東協暨印度之熱潮，台商應加速腳步以搶先攻城掠地，以掌握東協暨印度市場商機。2013《TEEMA10+I調查報告》針對列入調查評估的54個城市，在「國家競爭力」、「國家軟實力」、「投資環境力」、「投資風險度」及「企業推薦度」等「三力兩度」評估模式，加上「城市綜合競爭力」評比後，特別針對佈局東協暨印度市場的台灣企業提出五大策略建議，希冀藉此提供台商佈局策略走向與建議。茲將5項建議論述如下：

建議一：建議台商應掌握東協暨印度產業比較優勢規劃佈局新藍圖

根據2013《TEEMA10+I調查報告》「台商佈局東協暨印度動機分析」項目中，其中「生產成本優勢」、「地理區位優勢」及「基層勞力充足」3項評價位居前3名，且摩根東協基金經理人黃寶麗（2013）表示：「中國大陸薪資水準高於東協兩倍，再搭配東協人口結構較年輕、天然資源豐沛，吸引外資轉移生產基地至東協」。顯示出，東協等國各自具有其生產成本優勢、且處於海運樞紐之位置優勢，外資投入意願大。此外，2013《TEEMA10+I調查報告》「佈局東協暨印度經營困境分析」項目中，「產業配套尚未成熟」為第一名，可知東協國家在產業投資環境中尚有進步空間，廠商投資前務必考量其國家是否具備該產業相關條件再行投資。

台商要前往投資東協暨印度市場，應考慮各國之競爭優勢，根據2013《TEEMA10+I調查報告》「未來拓廠投資國家」項目中，越南、印尼及泰國具有優良的投資環境且內需市場大，總體環境被企業所推薦。而從產業角度分

析，從根據 2013《TEEMA10+I 調查報告》得知，「最具生產基地移轉優勢」
為越南、「最具內銷內貿發展潛力」為印尼、「最適傳統製造業發展城市」為馬
來西亞的檳城州、「最適服務業發展城市」為新加坡的新加坡市、「最具高科技
產業優勢」為印度的班加羅爾市，而「農林漁牧業」則由汶萊的斯里百加灣市榮
獲桂冠，綜觀上述，東協國家各自擁有其產業發展之比較優勢，台商考量該國投
資環境進行分工佈局，善加利用該國開發產業優勢條件，勢必能為企業發展出核
心競爭優勢，也為佈局描繪新藍圖。

建議二：建議台商應掌握雙印暨越南內需市場潛力自創品牌新利基

隨著中國大陸投資成本優勢不再，使得東協暨印度國家受到國際矚目，逐
漸取代中國大陸成為台商轉移生產基地之重地。如今東協暨印度 11 國已不僅是
生產基地，龐大人口與中產階級崛起，促使東協暨印度潛藏巨大內需市場潛力。
駐印尼台北經貿代表處經濟組長蔡允中（2012）表示：「東協的台商轉型為內
銷產業是必走的道路」，轉往當地消費市場拓商機，台商勢必不能錯過。加上，
東協暨印度市場，大部分國家仍未出現知名領導品牌，消費者品牌意識尚待培
育，具有較大品牌消費成長空間，因此建議台商前往開創自有品牌搶佔龐大內需
市場，創造卓越經營績效。

根據 2013《TEEMA10+I 調查報告》「最具內銷內貿發展潛力國家」分
析項目中，東協暨印度 11 國之前 3 名依序為，印尼、越南及印度。印尼與印度
分別為全球第四大與第二大人口國，內需潛力十足；越南則是台商最早進駐之國
家及海外投資大國，對其市場台商具有相當水準的瞭解，為此，台商可掌握雙印
暨越南內需潛力並發展自創品牌。然而，台商轉型內銷與自創品牌策略上，菲律
賓台商總會秘書長林登峰（2012）指出：「台商若不熟悉市場，可朝擔任當地
供應商起步，行有餘力再自創品牌」，台商欲拓銷內需市場並自創品牌，須先瞭
解當地消費市場，以成功立足市場地位。

建議三：建議台商應掌握白地市場之國家基礎建設投資發展新契機

東協暨印度國家隨中產階級的快速增加，其內需市場不斷的擴大，而
基礎設施的完善程度，亦將對一國的經濟發展產生莫大影響，根據 2013
《TEEMA10+I 調查報告》佈局動機分析項目，「基礎設施完善」在所有項目
中的敬陪末座，顯示，東協暨印度國家目前的基礎建設仍未臻成熟，亦表示對台
商而言存在增建基礎建設之契機。此外，在「投資環境力」的「科技與基礎」構

面中「資訊與通訊設施完備完善程度」排名倒數第六,以國家別探討又以寮國、柬埔寨與緬甸位居倒數 3 位,顯示出白地市場皆存在基礎建設不足,進而降低台商到此佈局之信心。但事情亦有正反兩面,基礎建設缺乏可看成是投資發展的新契機,台商因加緊腳步搶占白地市場國家基建相關產業,並替企業本身謀求更大獲利。

根據緬甸駐港澳總領事韋倫丹(2012)指出:「文人政府推動經濟改革獲國際認可進而解除制裁,將吸引大量外資,相信外資湧入會帶動基建發展」,顯示緬甸自開放後逐步對外資示好,基建的增設將是一大商機,同時,日本政府亦向寮國提供 55 億日元,加強基礎建設領域的合作。此外,根據中國中鐵(2013)表示:「已與柬埔寨鋼鐵礦業集團簽訂合作協議書,投資估計約602.4億人民幣,助其興建鐵路與海港」,由此可見,柬埔寨於基礎建設興建之商機已逐漸被世界所關注,將促進相關產業合作交流。亞洲開發銀行(ADB)東南亞區域合作主管阿爾軍(2012)表示:「東協較落後地區正快速成長,將需要大規模基建工程,未來 10 年所需基建規模,將達 7,000 億美元」,顯示台商應關注白地市場之基建相關產業,把握這波經濟成長所帶來的驚人影響。

建議四:建議台商應掌握印尼及馬來西亞廣大清真需求開拓新市場

馬來西亞會展局總經理何玉萍(2013)表示:「沒有清真認證的商品,穆斯林是絕不會消費的」,穆斯林基於宗教信仰,對於食品、藥妝品甚至是金融業皆有嚴格的要求,而清真認證即是評斷一項產品是否符合穆斯林要求的第三方認證機構。隨著東協暨印度市場的崛起,其內為數眾多的穆斯林帶動一波穆斯林消費商機,而醒吾技術學院講座教授陳泊世(2008)即表示:「穆斯林市場將成為主導消費品的主要市場之一」,因此,部分台灣廠商如:旺旺、南僑、康師傅、新疆統一及永信藥品等即已逐步申請清真認證,以搶佔清真市場,如同 2013《TEEMA10+I調查報告》中七大典範移轉中的「從『大眾消費』到『清真消費』轉變」所示,清真認證已成為台商轉型的目標之一。

印尼伊斯蘭學者理事會(Indonesia Ulema Council)主席 Ma'ruf Amin(2012)指出:「印尼穆斯林人數佔印尼兩億多人口的85%」,為東協暨印度市場中,穆斯林人口數最多的國家,為取得該市場龐大穆斯林消費者的青睞,清真認證將是不可或缺的要素,正如同印尼陽光超市(Sinar Supermarket)總經理 Edward Tjandrakusuma(2012)所示:「清真認證將可為業者加分」,顯示清真認證於印尼穆斯林消費者心中的重要性。此外,伊斯蘭食品研究中心

（IFRC）總經理 Abdullah Fahim（2013）表示：「馬來西亞已成為全球第一大清真商品認證國，只要拿到馬來西亞的認證，全世界穆斯林皆會承認」，因此，建議台商可將馬來西亞做為取得認證的跳板，積極開拓印尼、馬來西亞兩國廣大的清真消費商機。

建議五：建議台商應掌握東協暨印度區域衝突政治風險上升新態勢

古諺云：「失之東隅，收之桑榆」，意謂在全球重要市場景氣一片低迷、及投資飽和下，全球開始紛紛尋找新投資版圖，然東協市場猶如下個成長市場，受到諸多投資者關注，然而隨著部分國家對外開放及政局動盪不穩，故台商應必須透過衡外情、量己力雙管齊下，重新定位在東協地區經貿新格局下的新角色。根據2013《TEEMA10+I調查報告》投資風險度評估指標排名中，「政治風險」之指標評分為3.164，位居風險指標項目之冠，其中以「當地政府行政命令變動頻繁的風險」為最高，其次為「當地政治派系、宗教及種族衝突的風險」為第二高。因此台商面臨政治風險的環境威脅，仍須透過審慎縝密的分析與瞭解，方能為台商在創另一發展高峰。

《論語》：「日知其所亡，月無忘其所能」，強調掌握己力、力爭市場佔有的重要，但前提必須環顧政治情勢，期望達到避之則吉也。根據霸菱證　東協基金首席經理林素亥（2013）表示：「仍要留意東協成員國的政治風險，像是有些國家將更換領導政權、貪汙情況等問題」，其主要認為政權替換，將可能帶來政治內鬥之爭。另外又根據中國社科院亞太與全球戰略研究院博士楊丹志（2012）表示：「目前東協內部本身仍存在政治問題及內部建設尚未完善」，其主要認為在政治安全不穩定，及部分投資法規尚未健全，進而是外資得面臨的風險議題。有鑑於此，台商應藉著「知己知彼，百戰不殆」，並應掌握東協各國政治風險問題，盼能以嶄新的思維與面貌創造新的產業躍升曲線。

第24章

2013 TEEMA10 + I
調查報告對政府政策建言

2013《TEEMA10+I調查報告》針對列入調查評估的54個城市，進行投資環境與風險評估，希冀為台灣企業提供有利投資與佈局資訊外，亦希冀政府研析利於台灣企業佈局東協暨印度市場之相關計劃與政策。茲就2013《TEEMA10+I調查報告》對政府政策之建言整理如下：

建言一：建請政府加速簽署區域自由貿易協定

根據2013《TEEMA10+I調查報告》希冀政府協助項目分析中，「加快貿易協定簽署」在第一協助項目排名第四，整體評價排名第五，整體而言，企業依舊希冀政府能加快與各經濟體簽署自由貿易協定，在提升雙方進行經貿交流時，能不被關稅壁壘所絆住，進而提升彼此價格競爭力。根據2013年3月24日，全國工業總會秘書長蔡練生表示：「建議政府應加快簽署自由貿易協定的腳步，才能消除貿易障礙，防止他國掠奪台灣產品在國際的市占率」，顯示出企業期盼政府能強化貿易環境之開放，抱持積極態度與主要貿易國簽訂FTA，帶給企業更多的機會，擴大自由經濟體的規模。

另一方面，「區域全面經濟夥伴關係」（RCEP）於2012年11月提出，由東協為主導，連同中國大陸、日本、南韓、印度、澳大利亞與紐西蘭等6國，若正式合作將形成其經濟規模達20兆美元，占全球GDP的三分之一的全球最大貿易組織，將為亞太經濟一體化注入強勁動力。根據2013年3月24日，總統馬英九先生表示：「自由經濟示範區為經濟自由化的先行區，對國家競爭力與經濟發展深遠，相關單位應加速做好準備，創造加入跨太平洋夥伴協議（TPP）

與區域全面經濟夥伴關係（RCEP）條件」，綜上所述，若由政府出面創造良好投資環境，使台灣企業方能更接軌國際，創造全球經貿新格局。

建言二：建請政府協助建立產業交流諮詢平台

東協暨印度 11 國，各國政治局勢、經濟環境、社會文化、科技發展等大相逕庭，且諸多國家投資資訊尚未透明化，資料蒐集困難重重，使台商對東協地區之商機望之卻步。根據 2013《TEEMA 10+I 調查報告》顯示，「提供產業市場資訊」及「建構產業合作平台」分別位居台商佈局東協暨印度希冀政府協助項目的第二、三名，顯示政府在產業交流諮詢平台的建設上仍顯不足，而「產業配套尚未成熟」更位居佈局東協暨印度經營困境之首，說明政府應加強產業配套措施，使台商投資東協暨印度可更得心應手。

藉由 2013《TEEMA 10+I 調查報告》分析數據可知，政府應多加扶持如印度經貿資訊網（EYE INDIA FROM TAIWAN）、領航印度月刊（NAVIGATING INDIA）、印度 - 台北協會（International Trade Administration；ITA）等機構雜誌，藉此提供台商在環境變動快速的世代中，得以快速因應，做出最佳投資策略。2013 年 1 月 23 日，行政院長陳冲表示：「東協是重要且深具潛力的市場，經濟部規劃建立跨部會平台，統合相關部會資源與力量，做更有效運用」，顯示政府已深知台商與東協暨印度合作不足之處，正積極設置交流平台，希冀提供台商東協暨印度之相關資訊。

建言三：建請政府加速創立投資風險監測系統

根據 2013《TEEMA 10+I 調查報告》之投資風險度剖析中，可觀察出所得分數，除前幾名東協暨印度的主要城市投資風險分數較低之外，其餘城市評估投資風險獲得的分數均偏高。東協暨印度之主要城市的投資風險分數偏低之原因，是因擁有穩定的政治環境、較健全的金融體制及良好的經營環境，致使能在東協暨印度各國表現亮眼。根據印尼總統 Susilo 先生及新加坡總理李顯龍先生（2012）共同表示：「兩國友好關係發展順利，且經濟合作日漸緊密，當前雙方主要的經濟合作項目就是共同推進巴淡島經濟特區建設」，由此可知，印尼與新加坡協力合作發展經濟，在政策的輔佐之下，藉以降低投資風險。

此外，在東協暨印度其他的國家當中，台商在投資佈局之際，深感其投資風險度的評估分數明顯偏高，使其在投資佈局受到限制。根據復華東協世紀基金經理人許家煌表示：「在 2012 年東協的股市表現趨於弱勢，主要因歐美日等已

開發國家的量化寬鬆政策措施影響，致使投資人擔憂氾濫的資金引發通貨膨脹，故使其股市表現受到壓抑」，從而得知，東協暨印度各國雖被世界各國認為是下一波經濟動能的閃亮之星，但其經濟表現受全球經濟變化影響下，投資風險仍波動頻傳，因此，建請政府可加速創立投資風險監測系統，以供台商在東協暨印度佈局之際，可藉此瞭解東協暨印度各地區的風險資訊，以利台商投資。

建言四：建請政府協助加速拓展東協印度內需市場

東協暨印度市場中產階級的崛起，帶來龐大消費市場商機，成為吸引許多企業前往進駐原因之一。根據 2013《TEEMA10+I 調查報告》「台商佈局東協暨印度動機」項目分析中，「市場發展潛力」及「接近顧客市場」分別名列第五名及第六名，顯見東協暨印度內需潛力已成為台商佈局動因之一。然而，根據 2013《TEEMA10+I 調查報告》「希冀政府協助」項目分析中，「協助拓展內需市場」位居第一名，由於東協暨印度的語言、文化及生活型態等與台灣有所差異，極需政府協助台商瞭解當地市場環境以掌握商機。

2013 年 3 月 6 日，英格蘭及威爾士特許會計師協會（The Institute of Chartered Accountants in England and Wales；ICAEW）東南亞區域主任 Mark Billington 表示：「隨著東南亞中產階級迅速崛起而增強的購買力，此區域將成為世界最有活力的地區」，加上法國里昂證券（CLSA）（2012）亦指出：「2015 年東南亞地區中產階級將達 1.45 億人」，顯示東協暨印度購買力逐漸強勁，將成為企業爭相角逐之新戰場。是故，面臨各國企業欲搶奪東協暨印度龐大市場商機，台灣企業更應加快腳步瞭解東協及印度市場並取得先佔卡位優勢，然而正確的市場現況、開發市場及與當地企業合作等皆需政府協助，因此建請政府可透過平台公布及不斷更新東協暨印度相關之市場資訊、密集舉辦東協暨印度市場拓銷之講座或輔助企業於東南亞參展等方式，以協助加速台商拓展東協暨印度市場。

建言五：建請政府力促東協印度完善金融體制環境

「資金是企業運作的血液」，能否正常循環流通，決定著企業的生存和發展。在東協暨印度等市場蓬勃發展之際，台商無不加快腳步，拓展業務以圖商機。然而，根據 2013《TEEMA10+I 調查報告》「台商佈局東協暨印度經營困境」項目中，「金融體制尚未健全」排名第九，而「台商佈局東協暨印度希冀政府協助」項目中，「擴大資金融資管道」則位列第 10。由上可知，台商於東協

暨印度等國進行商業活動之際，仍面臨諸多融資障礙，難以取得拓展規模所需之資金援助。是故，若政府能加速推動東協暨印度等國之台商於融資管道之完善，將可望強化台商拓展市場之競爭力。儘管台灣有海外信保機構為東協與印度等國台商提供融資服務，但於東協暨印度等國承辦分行數量仍不足，僅新加坡、馬來西亞、菲律賓、越南、泰國有較多據點，若政府可協調台灣金融機構前往東協與印度地區設立分行，可望建立台商資金需求管道。此外，新興國家多對開放金融市場有限制，若政府能加速推動與東協暨印度等國洽簽金融監理合作協議備忘錄（MOU）或意向書（LOI），將可幫助台灣金融業者順利跨入當地市場，開拓東協暨印度等國台商融資管道，以利台商獲得於當地擴展市場所需之資金援助。

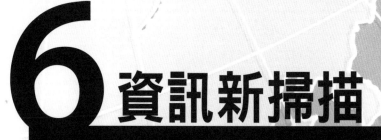

6 資訊新掃描

2013 TEEMA10＋I
54個城市資訊揭露

第 25 章

2013 TEEMA10 + I
綜合城市競爭力彙總表

【1 新加坡市、2 巴淡島、3 胡志明市】

城市名稱	A01		① 新加坡市		綜合城市競爭力		97.953
國家競爭力	項目	加權平均		加權平均			加權平均
	分數	81.158	國家軟實力	97.522	企業推薦度		3.703
	排名	01		01			01
投資環境力	項目	❶政治法律	❷經濟經營	❸社會文化		❹科技基礎	加權平均
	分數	4.014	3.407	3.569		3.625	3.626
	排名	01	02	02		01	02
投資風險度	項目	❶政治風險		❷匯兌風險		❸營運風險	加權平均
	分數	2.578		2.520		2.389	2.491
	排名	03		02		02	02

城市名稱	A02		② 巴淡島		綜合城市競爭力		93.941
國家競爭力	項目	加權平均		加權平均			加權平均
	分數	71.982	國家軟實力	73.716	企業推薦度		3.421
	排名	03		05			02
投資環境力	項目	❶政治法律	❷經濟經營	❸社會文化		❹科技基礎	加權平均
	分數	3.758	3.804	3.837		3.525	3.742
	排名	02	01	01		02	01
投資風險度	項目	❶政治風險		❷匯兌風險		❸營運風險	加權平均
	分數	2.428		2.510		2.380	2.425
	排名	01		01		01	01

城市名稱	A03		③ 胡志明市		綜合城市競爭力		87.064
國家競爭力	項目	加權平均		加權平均			加權平均
	分數	67.725	國家軟實力	75.206	企業推薦度		3.359
	排名	05		04			04
投資環境力	項目	❶政治法律	❷經濟經營	❸社會文化		❹科技基礎	加權平均
	分數	3.409	3.394	3.401		3.402	3.400
	排名	03	04	03		03	03
投資風險度	項目	❶政治風險		❷匯兌風險		❸營運風險	加權平均
	分數	2.626		2.633		2.573	2.606
	排名	04		05		03	03

城市名稱	A04	4 檳城州		綜合城市競爭力			86.985
國家競爭力	項目	加權平均	國家軟實力	加權平均	企業推薦度		加權平均
	分數	68.012		90.611			3.383
	排名	04		02			03
投資環境力	項目	❶政治法律	❷經濟經營	❸社會文化	❹科技基礎		加權平均
	分數	3.309	3.404	3.191	3.264		3.320
	排名	06	03	07	04		04
投資風險度	項目	❶政治風險	❷匯兌風險		❸營運風險		加權平均
	分數	2.738	2.747		2.665		2.711
	排名	06	10		04		05

城市名稱	A05	5 班加羅爾市		綜合城市競爭力			84.737
國家競爭力	項目	加權平均	國家軟實力	加權平均	企業推薦度		加權平均
	分數	79.762		68.945			3.335
	排名	02		07			05
投資環境力	項目	❶政治法律	❷經濟經營	❸社會文化	❹科技基礎		加權平均
	分數	3.295	3.225	3.196	3.086		3.210
	排名	07	06	06	07		06
投資風險度	項目	❶政治風險	❷匯兌風險		❸營運風險		加權平均
	分數	2.800	2.725		2.769		2.773
	排名	09	07		08		07

城市名稱	A06	6 吉隆坡市		綜合城市競爭力			83.234
國家競爭力	項目	加權平均	國家軟實力	加權平均	企業推薦度		加權平均
	分數	68.012		90.611			3.251
	排名	04		02			06
投資環境力	項目	❶政治法律	❷經濟經營	❸社會文化	❹科技基礎		加權平均
	分數	3.012	3.113	3.224	3.138		3.109
	排名	13	10	05	05		09
投資風險度	項目	❶政治風險	❷匯兌風險		❸營運風險		加權平均
	分數	2.703	2.764		2.870		2.782
	排名	05	12		13		08

城市名稱	A07	7 斯里百加灣市		綜合城市競爭力			82.170
國家競爭力	項目	加權平均	國家軟實力	加權平均	企業推薦度		加權平均
	分數	64.329		67.660			3.091
	排名	07		08			08
投資環境力	項目	❶政治法律	❷經濟經營	❸社會文化	❹科技基礎		加權平均
	分數	3.313	3.235	3.285	3.113		3.238
	排名	05	05	04	06		05
投資風險度	項目	❶政治風險	❷匯兌風險		❸營運風險		加權平均
	分數	2.575	2.621		2.688		2.629
	排名	02	04		06		04

【4 檳城州、5 班加羅爾市、6 吉隆坡市、7 斯里百加灣市】

【8 海德拉巴市、9 同奈省、10 雪蘭莪州、11 清萊府】

城市名稱	A08	8 海德拉巴市		綜合城市競爭力		81.426
國家競爭力	項目	加權平均	國家軟實力	加權平均	企業推薦度	加權平均
	分數	79.762		68.945		2.880
	排名	02		07		11
投資環境力	項目	❶政治法律	❷經濟經營	❸社會文化	❹科技基礎	加權平均
	分數	3.338	3.127	3.178	3.000	3.162
	排名	04	09	08	10	07
投資風險度	項目	❶政治風險		❷匯兌風險	❸營運風險	加權平均
	分數	2.905		2.731	2.823	2.837
	排名	14		08	12	11

城市名稱	A09	9 同奈省		綜合城市競爭力		81.261
國家競爭力	項目	加權平均	國家軟實力	加權平均	企業推薦度	加權平均
	分數	67.725		75.206		3.104
	排名	05		04		07
投資環境力	項目	❶政治法律	❷經濟經營	❸社會文化	❹科技基礎	加權平均
	分數	3.118	3.223	3.103	3.064	3.147
	排名	10	07	10	08	08
投資風險度	項目	❶政治風險		❷匯兌風險	❸營運風險	加權平均
	分數	2.766		2.750	2.777	2.767
	排名	08		11	09	06

城市名稱	B01	10 雪蘭莪州		綜合城市競爭力		79.684
國家競爭力	項目	加權平均	國家軟實力	加權平均	企業推薦度	加權平均
	分數	68.012		90.611		3.044
	排名	04		02		09
投資環境力	項目	❶政治法律	❷經濟經營	❸社會文化	❹科技基礎	加權平均
	分數	2.675	2.919	2.936	3.006	2.878
	排名	26	22	19	09	19
投資風險度	項目	❶政治風險		❷匯兌風險	❸營運風險	加權平均
	分數	2.750		2.844	2.794	2.786
	排名	07		14	10	09

城市名稱	B02	11 清萊府		綜合城市競爭力		78.475
國家競爭力	項目	加權平均	國家軟實力	加權平均	企業推薦度	加權平均
	分數	66.907		79.042		2.802
	排名	06		03		16
投資環境力	項目	❶政治法律	❷經濟經營	❸社會文化	❹科技基礎	加權平均
	分數	3.119	3.140	3.141	2.871	3.081
	排名	09	08	09	15	10
投資風險度	項目	❶政治風險		❷匯兌風險	❸營運風險	加權平均
	分數	3.119		2.540	2.745	2.854
	排名	24		03	07	12

城市名稱	B03	12 羅永府		綜合城市競爭力		78.330
國家競爭力	項目	加權平均		加權平均		加權平均
	分數	66.907	國家軟實力	79.042	企業推薦度	2.877
	排名	06		03		12
投資環境力	項目	❶政治法律	❷經濟經營	❸社會文化	❹科技基礎	加權平均
	分數	3.128	2.908	3.038	2.885	2.978
	排名	08	24	14	14	12
投資風險度	項目	❶政治風險		❷匯兌風險	❸營運風險	加權平均
	分數	2.913		2.779	2.686	2.795
	排名	15		13	05	10

城市名稱	B04	13 永福省		綜合城市競爭力		77.541
國家競爭力	項目	加權平均		加權平均		加權平均
	分數	67.725	國家軟實力	75.206	企業推薦度	2.974
	排名	05		04		10
投資環境力	項目	❶政治法律	❷經濟經營	❸社會文化	❹科技基礎	加權平均
	分數	2.935	2.927	3.099	2.979	2.966
	排名	15	20	12	11	13
投資風險度	項目	❶政治風險		❷匯兌風險	❸營運風險	加權平均
	分數	2.894		2.893	2.821	2.865
	排名	13		17	11	13

城市名稱	B05	14 曼谷市		綜合城市競爭力		77.209
國家競爭力	項目	加權平均		加權平均		加權平均
	分數	66.907	國家軟實力	79.042	企業推薦度	2.845
	排名	06		03		13
投資環境力	項目	❶政治法律	❷經濟經營	❸社會文化	❹科技基礎	加權平均
	分數	3.055	2.966	3.102	2.824	2.980
	排名	12	16	11	20	11
投資風險度	項目	❶政治風險		❷匯兌風險	❸營運風險	加權平均
	分數	2.836		2.873	2.935	2.883
	排名	10		16	16	15

城市名稱	B06	15 平陽省		綜合城市競爭力		76.496
國家競爭力	項目	加權平均		加權平均		加權平均
	分數	67.725	國家軟實力	75.206	企業推薦度	2.780
	排名	05		04		18
投資環境力	項目	❶政治法律	❷經濟經營	❸社會文化	❹科技基礎	加權平均
	分數	2.927	2.965	3.059	2.910	2.959
	排名	16	17	13	12	14
投資風險度	項目	❶政治風險		❷匯兌風險	❸營運風險	加權平均
	分數	2.849		2.855	2.908	2.874
	排名	11		15	14	14

【12 羅永府、13 永福省、14 曼谷市、15 平陽省】

城市名稱	B07	16 雅加達市		綜合城市競爭力		76.114
國家競爭力	項目	加權平均		加權平均	企業推薦度	加權平均
	分數	71.982	國家軟實力	73.716		2.837
	排名	03		05		14
投資環境力	項目	❶政治法律	❷經濟經營	❸社會文化	❹科技基礎	加權平均
	分數	2.950	3.059	2.818	2.550	2.894
	排名	14	11	23	36	18
投資風險度	項目	❶政治風險		❷匯兌風險	❸營運風險	加權平均
	分數	2.893		2.926	2.968	2.930
	排名	12		18	17	16

城市名稱	B08	17 馬六甲州		綜合城市競爭力		75.172
國家競爭力	項目	加權平均		加權平均	企業推薦度	加權平均
	分數	68.012	國家軟實力	90.611		2.678
	排名	04		02		23
投資環境力	項目	❶政治法律	❷經濟經營	❸社會文化	❹科技基礎	加權平均
	分數	2.851	2.997	3.009	2.777	2.918
	排名	20	14	16	23	17
投資風險度	項目	❶政治風險		❷匯兌風險	❸營運風險	加權平均
	分數	3.079		3.186	3.019	3.077
	排名	19		37	22	23

城市名稱	B09	18 清邁府		綜合城市競爭力		74.567
國家競爭力	項目	加權平均		加權平均	企業推薦度	加權平均
	分數	66.907	國家軟實力	79.042		2.789
	排名	06		03		17
投資環境力	項目	❶政治法律	❷經濟經營	❸社會文化	❹科技基礎	加權平均
	分數	2.859	3.002	2.926	2.869	2.928
	排名	19	13	20	16	16
投資風險度	項目	❶政治風險		❷匯兌風險	❸營運風險	加權平均
	分數	3.059		2.957	3.065	3.041
	排名	17		22	25	19

城市名稱	B10	19 春武里府		綜合城市競爭力		74.086
國家競爭力	項目	加權平均		加權平均	企業推薦度	加權平均
	分數	66.907	國家軟實力	79.042		2.762
	排名	06		03		20
投資環境力	項目	❶政治法律	❷經濟經營	❸社會文化	❹科技基礎	加權平均
	分數	2.873	2.818	2.983	2.893	2.872
	排名	17	29	18	13	20
投資風險度	項目	❶政治風險		❷匯兌風險	❸營運風險	加權平均
	分數	3.053		2.742	3.119	3.017
	排名	16		09	28	18

城市名稱	B11	20 清奈市		綜合城市競爭力		73.494
國家競爭力	項目	加權平均	國家軟實力	加權平均	企業推薦度	加權平均
	分數	79.762		68.945		2.619
	排名	02		07		27
投資環境力	項目	❶政治法律	❷經濟經營	❸社會文化	❹科技基礎	加權平均
	分數	2.789	2.801	2.871	2.718	2.792
	排名	23	30	21	26	28
投資風險度	項目	❶政治風險		❷匯兌風險	❸營運風險	加權平均
	分數	3.084		3.181	2.997	3.069
	排名	20		36	19	21

城市名稱	B12	21 大城府		綜合城市競爭力		73.476
國家競爭力	項目	加權平均	國家軟實力	加權平均	企業推薦度	加權平均
	分數	66.907		79.042		2.713
	排名	06		03		22
投資環境力	項目	❶政治法律	❷經濟經營	❸社會文化	❹科技基礎	加權平均
	分數	3.100	2.885	3.035	2.833	2.951
	排名	11	26	15	18	15
投資風險度	項目	❶政治風險		❷匯兌風險	❸營運風險	加權平均
	分數	3.197		2.934	3.157	3.129
	排名	30		19	31	28

城市名稱	B13	22 河內市		綜合城市競爭力		73.114
國家競爭力	項目	加權平均	國家軟實力	加權平均	企業推薦度	加權平均
	分數	67.725		75.206		2.816
	排名	05		04		15
投資環境力	項目	❶政治法律	❷經濟經營	❸社會文化	❹科技基礎	加權平均
	分數	2.870	2.791	2.793	2.805	2.814
	排名	18	32	25	22	24
投資風險度	項目	❶政治風險		❷匯兌風險	❸營運風險	加權平均
	分數	3.061		3.078	3.005	3.042
	排名	18		29	20	20

城市名稱	B14	23 馬尼拉市		綜合城市競爭力		73.072
國家競爭力	項目	加權平均	國家軟實力	加權平均	企業推薦度	加權平均
	分數	62.599		72.248		2.764
	排名	08		06		19
投資環境力	項目	❶政治法律	❷經濟經營	❸社會文化	❹科技基礎	加權平均
	分數	2.637	2.968	2.986	2.846	2.864
	排名	33	15	17	17	21
投資風險度	項目	❶政治風險		❷匯兌風險	❸營運風險	加權平均
	分數	3.120		2.685	2.909	2.949
	排名	25		06	15	17

【24 峇里島、25 柔佛州、26 孟買市、27 北寧省】

城市名稱	B15	24 峇里島			綜合城市競爭力		72.793
國家競爭力	項目	加權平均		國家軟實力	加權平均	企業推薦度	加權平均
	分數	71.982			73.716		2.574
	排名	03			05		31
投資環境力	項目	❶政治法律	❷經濟經營	❸社會文化	❹科技基礎		加權平均
	分數	2.794	2.927	2.754	2.809		2.844
	排名	21	21	28	21		22
投資風險度	項目	❶政治風險		❷匯兌風險		❸營運風險	加權平均
	分數	3.215		2.936		2.990	3.069
	排名	32		20		18	22

城市名稱	B16	25 柔佛州			綜合城市競爭力		72.533
國家競爭力	項目	加權平均		國家軟實力	加權平均	企業推薦度	加權平均
	分數	68.012			90.611		2.650
	排名	04			02		25
投資環境力	項目	❶政治法律	❷經濟經營	❸社會文化	❹科技基礎		加權平均
	分數	2.668	3.011	2.766	2.547		2.796
	排名	28	12	26	38		26
投資風險度	項目	❶政治風險		❷匯兌風險		❸營運風險	加權平均
	分數	3.185		3.125		3.195	3.177
	排名	29		32		34	31

城市名稱	B17	26 孟買市			綜合城市競爭力		72.234
國家競爭力	項目	加權平均		國家軟實力	加權平均	企業推薦度	加權平均
	分數	79.762			68.945		2.534
	排名	02			07		34
投資環境力	項目	❶政治法律	❷經濟經營	❸社會文化	❹科技基礎		加權平均
	分數	2.648	2.906	2.794	2.679		2.779
	排名	31	25	24	29		29
投資風險度	項目	❶政治風險		❷匯兌風險		❸營運風險	加權平均
	分數	3.252		3.128		3.017	3.133
	排名	36		33		21	29

城市名稱	B18	27 北寧省			綜合城市競爭力		72.184
國家競爭力	項目	加權平均		國家軟實力	加權平均	企業推薦度	加權平均
	分數	67.725			75.206		2.650
	排名	05			04		24
投資環境力	項目	❶政治法律	❷經濟經營	❸社會文化	❹科技基礎		加權平均
	分數	2.792	2.948	2.760	2.736		2.838
	排名	22	19	27	24		23
投資風險度	項目	❶政治風險		❷匯兌風險		❸營運風險	加權平均
	分數	3.136		3.003		3.069	3.083
	排名	26		24		26	24

城市名稱	B19	28 加爾各答市		綜合城市競爭力		71.989
國家競爭力	項目	加權平均	國家軟實力	加權平均	企業推薦度	加權平均
	分數	79.762		68.945		2.599
	排名	02		07		29
投資環境力	項目	❶政治法律	❷經濟經營	❸社會文化	❹科技基礎	加權平均
	分數	2.674	2.798	2.643	2.649	2.714
	排名	27	31	39	31	30
投資風險度	項目	❶政治風險	❷匯兌風險	❸營運風險		加權平均
	分數	3.100	3.214	3.083		3.116
	排名	21	38	27		27

城市名稱	B20	29 河西省		綜合城市競爭力		70.720
國家競爭力	項目	加權平均	國家軟實力	加權平均	企業推薦度	加權平均
	分數	67.725		75.206		2.580
	排名	05		04		30
投資環境力	項目	❶政治法律	❷經濟經營	❸社會文化	❹科技基礎	加權平均
	分數	2.661	2.857	2.826	2.830	2.798
	排名	29	28	22	19	25
投資風險度	項目	❶政治風險	❷匯兌風險	❸營運風險		加權平均
	分數	3.109	3.027	3.237		3.144
	排名	22	25	39		30

城市名稱	B21	30 砂勞越州		綜合城市競爭力		70.700
國家競爭力	項目	加權平均	國家軟實力	加權平均	企業推薦度	加權平均
	分數	68.012		90.611		2.485
	排名	04		02		37
投資環境力	項目	❶政治法律	❷經濟經營	❸社會文化	❹科技基礎	加權平均
	分數	2.632	2.763	2.726	2.694	2.711
	排名	35	33	30	28	31
投資風險度	項目	❶政治風險	❷匯兌風險	❸營運風險		加權平均
	分數	3.174	3.169	3.218		3.191
	排名	28	35	37		35

城市名稱	B22	31 海陽省		綜合城市競爭力		70.574
國家競爭力	項目	加權平均	國家軟實力	加權平均	企業推薦度	加權平均
	分數	67.725		75.206		2.645
	排名	05		04		26
投資環境力	項目	❶政治法律	❷經濟經營	❸社會文化	❹科技基礎	加權平均
	分數	2.778	2.875	2.695	2.731	2.795
	排名	24	27	32	25	27
投資風險度	項目	❶政治風險	❷匯兌風險	❸營運風險		加權平均
	分數	3.206	3.078	3.203		3.179
	排名	31	29	36		32

【28 加爾各答市、29 河西省、30 砂勞越州、31 海陽省】

城市名稱	B23		32 北江省		綜合城市競爭力		70.521
國家競爭力	項目	加權平均		加權平均		企業推薦度	加權平均
	分數	67.725	國家軟實力	75.206			2.716
	排名	05		04			21
投資環境力	項目	❶政治法律	❷經濟經營	❸社會文化	❹科技基礎		加權平均
	分數	2.613	2.731	2.684	2.634		2.675
	排名	36	35	33	32		34
投資風險度	項目	❶政治風險		❷匯兌風險		❸營運風險	加權平均
	分數	3.166		3.043		3.049	3.095
	排名	27		28		23	25

城市名稱	B24		33 吉達州		綜合城市競爭力		70.411
國家競爭力	項目	加權平均		加權平均		企業推薦度	加權平均
	分數	68.012	國家軟實力	90.611			2.532
	排名	04		02			35
投資環境力	項目	❶政治法律	❷經濟經營	❸社會文化	❹科技基礎		加權平均
	分數	2.642	2.754	2.663	2.482		2.658
	排名	32	34	36	44		35
投資風險度	項目	❶政治風險		❷匯兌風險		❸營運風險	加權平均
	分數	3.233		3.106		3.169	3.182
	排名	34		31		32	33

城市名稱	B25		34 泗水市		綜合城市競爭力		70.136
國家競爭力	項目	加權平均		加權平均		企業推薦度	加權平均
	分數	71.982	國家軟實力	73.716			2.505
	排名	03		05			36
投資環境力	項目	❶政治法律	❷經濟經營	❸社會文化	❹科技基礎		加權平均
	分數	2.588	2.723	2.715	2.669		2.677
	排名	38	36	31	30		32
投資風險度	項目	❶政治風險		❷匯兌風險		❸營運風險	加權平均
	分數	3.109		3.031		3.154	3.111
	排名	23		26		30	26

城市名稱	C01		35 森美蘭州		綜合城市競爭力		68.919
國家競爭力	項目	加權平均		加權平均		企業推薦度	加權平均
	分數	68.012	國家軟實力	90.611			2.323
	排名	04		02			44
投資環境力	項目	❶政治法律	❷經濟經營	❸社會文化	❹科技基礎		加權平均
	分數	2.636	2.721	2.477	2.548		2.629
	排名	34	37	46	37		38
投資風險度	項目	❶政治風險		❷匯兌風險		❸營運風險	加權平均
	分數	3.227		2.970		3.295	3.203
	排名	33		23		40	37

城市名稱	C02	36 棉蘭			綜合城市競爭力		68.501
國家競爭力	項目	加權平均			加權平均		加權平均
	分數	71.982		國家軟實力	73.716	企業推薦度	2.603
	排名	03			05		28
投資環境力	項目	❶政治法律	❷經濟經營	❸社會文化	❹科技基礎		加權平均
	分數	2.450	2.638	2.671	2.570		2.582
	排名	41	43	35	34		43
投資風險度	項目	❶政治風險		❷匯兌風險		❸營運風險	加權平均
	分數	3.250		3.163		3.169	3.200
	排名	35		34		33	36

城市名稱	C03	37 霹靂州			綜合城市競爭力		68.369
國家競爭力	項目	加權平均			加權平均		加權平均
	分數	68.012		國家軟實力	90.611	企業推薦度	2.463
	排名	04			02		39
投資環境力	項目	❶政治法律	❷經濟經營	❸社會文化	❹科技基礎		加權平均
	分數	2.425	2.704	2.645	2.541		2.593
	排名	43	39	38	39		41
投資風險度	項目	❶政治風險		❷匯兌風險		❸營運風險	加權平均
	分數	3.291		3.379		3.195	3.270
	排名	37		43		35	39

城市名稱	C04	38 芹苴市			綜合城市競爭力		67.654
國家競爭力	項目	加權平均			加權平均		加權平均
	分數	67.725		國家軟實力	75.206	企業推薦度	2.412
	排名	05			04		40
投資環境力	項目	❶政治法律	❷經濟經營	❸社會文化	❹科技基礎		加權平均
	分數	2.753	2.656	2.750	2.563		2.676
	排名	25	42	29	35		33
投資風險度	項目	❶政治風險		❷匯兌風險		❸營運風險	加權平均
	分數	3.427		3.033		3.125	3.227
	排名	40		27		29	38

城市名稱	C05	39 北柳府			綜合城市競爭力		66.854
國家競爭力	項目	加權平均			加權平均		加權平均
	分數	66.907		國家軟實力	79.042	企業推薦度	2.549
	排名	06			03		33
投資環境力	項目	❶政治法律	❷經濟經營	❸社會文化	❹科技基礎		加權平均
	分數	2.651	2.696	2.497	2.510		2.618
	排名	30	40	44	43		39
投資風險度	項目	❶政治風險		❷匯兌風險		❸營運風險	加權平均
	分數	3.459		3.240		3.218	3.319
	排名	44		39		38	40

【36 棉蘭、37 霹靂州、38 芹苴市、39 北柳府】

城市名稱	C06	40 宿霧市		綜合城市競爭力		66.124
國家競爭力	項目	加權平均	國家軟實力	加權平均	企業推薦度	加權平均
	分數	62.599		72.248		2.555
	排名	08		06		32
投資環境力	項目	❶政治法律	❷經濟經營	❸社會文化	❹科技基礎	加權平均
	分數	2.606	2.527	2.676	2.519	2.568
	排名	37	46	34	42	44
投資風險度	項目	❶政治風險		❷匯兌風險	❸營運風險	加權平均
	分數	3.444		2.941	3.049	3.186
	排名	43		21	23	34

城市名稱	C07	41 萬隆		綜合城市競爭力		64.957
國家競爭力	項目	加權平均	國家軟實力	加權平均	企業推薦度	加權平均
	分數	71.982		73.716		2.372
	排名	03		05		42
投資環境力	項目	❶政治法律	❷經濟經營	❸社會文化	❹科技基礎	加權平均
	分數	2.475	2.633	2.539	2.538	2.560
	排名	39	44	42	40	45
投資風險度	項目	❶政治風險		❷匯兌風險	❸營運風險	加權平均
	分數	3.384		3.379	3.422	3.398
	排名	38		43	46	41

城市名稱	C08	42 巴地頭頓省		綜合城市競爭力		64.429
國家競爭力	項目	加權平均	國家軟實力	加權平均	企業推薦度	加權平均
	分數	67.725		75.206		2.346
	排名	05		04		43
投資環境力	項目	❶政治法律	❷經濟經營	❸社會文化	❹科技基礎	加權平均
	分數	2.467	2.715	2.583	2.717	2.633
	排名	40	38	40	27	37
投資風險度	項目	❶政治風險		❷匯兌風險	❸營運風險	加權平均
	分數	3.506		3.306	3.447	3.442
	排名	47		41	47	46

城市名稱	C09	43 蘇比克灣特區		綜合城市競爭力		62.253
國家競爭力	項目	加權平均	國家軟實力	加權平均	企業推薦度	加權平均
	分數	62.599		72.248		2.223
	排名	08		06		47
投資環境力	項目	❶政治法律	❷經濟經營	❸社會文化	❹科技基礎	加權平均
	分數	2.439	2.687	2.534	2.615	2.588
	排名	42	41	43	33	42
投資風險度	項目	❶政治風險		❷匯兌風險	❸營運風險	加權平均
	分數	3.527		3.258	3.379	3.414
	排名	48		40	42	42

城市名稱	C10	44 太原省		綜合城市競爭力		61.970
國家競爭力	項目	加權平均		加權平均		加權平均
	分數	67.725	國家軟實力	75.206	企業推薦度	2.200
	排名	05		04		48
投資環境力	項目	❶政治法律	❷經濟經營	❸社會文化	❹科技基礎	加權平均
	分數	2.394	2.527	2.651	2.524	2.512
	排名	45	45	37	41	46
投資風險度	項目	❶政治風險		❷匯兌風險	❸營運風險	加權平均
	分數	3.424		3.434	3.564	3.482
	排名	39		47	52	47

城市名稱	C11	45 沙巴州		綜合城市競爭力		61.903
國家競爭力	項目	加權平均		加權平均		加權平均
	分數	68.012	國家軟實力	90.611	企業推薦度	2.176
	排名	04		02		49
投資環境力	項目	❶政治法律	❷經濟經營	❸社會文化	❹科技基礎	加權平均
	分數	2.276	2.477	2.398	2.364	2.392
	排名	49	47	48	47	47
投資風險度	項目	❶政治風險		❷匯兌風險	❸營運風險	加權平均
	分數	3.576		3.508	3.490	3.528
	排名	49		50	51	50

城市名稱	C12	46 新德里市		綜合城市競爭力		61.796
國家競爭力	項目	加權平均		加權平均		加權平均
	分數	79.762	國家軟實力	68.945	企業推薦度	2.278
	排名	02		07		45
投資環境力	項目	❶政治法律	❷經濟經營		❹科技基礎	加權平均
	分數	2.278	2.420	2.334	2.207	2.329
	排名	48	49	51	53	50
投資風險度	項目	❶政治風險		❷匯兌風險	❸營運風險	加權平均
	分數	3.428		3.541	3.569	3.507
	排名	41		51	53	49

城市名稱	C13	47 仰光市		綜合城市競爭力		61.159
國家競爭力	項目	加權平均		加權平均		加權平均
	分數	58.741	國家軟實力	55.729	企業推薦度	2.473
	排名	10		11		38
投資環境力	項目	❶政治法律	❷經濟經營		❹科技基礎	加權平均
	分數	2.403	2.954	2.549	2.418	2.648
	排名	36	35	33	32	34
投資風險度	項目	❶政治風險		❷匯兌風險	❸營運風險	加權平均
	分數	3.482		3.371	3.386	3.422
	排名	46		42	44	44

【44太原省、45沙巴州、46新德里市、47仰光市】

【48 海防市、49 曼德勒市、50 蜆港市、51 吳哥市】

城市名稱	C14	48 海防市		綜合城市競爭力		60.822
國家競爭力	項目	加權平均		加權平均		加權平均
	分數	67.725	國家軟實力	75.206	企業推薦度	2.255
	排名	05		04		46
投資環境力	項目	❶政治法律	❷經濟經營		❹科技基礎	加權平均
	分數	2.236	2.390	2.409	2.270	2.330
	排名	50	50	47	50	49
投資風險度	項目	❶政治風險	❷匯兌風險	❸營運風險		加權平均
	分數	3.473	3.496	3.346		3.427
	排名	45	49	41		45

城市名稱	C15	49 曼德勒市		綜合城市競爭力		60.452
國家競爭力	項目	加權平均		加權平均		加權平均
	分數	58.741	國家軟實力	55.729	企業推薦度	2.385
	排名	10		11		41
投資環境力	項目	❶政治法律	❷經濟經營		❹科技基礎	加權平均
	分數	2.320	2.918	2.492	2.457	2.612
	排名	47	23	45	45	40
投資風險度	項目	❶政治風險	❷匯兌風險	❸營運風險		加權平均
	分數	3.433	3.404	3.400		3.414
	排名	42	45	45		43

城市名稱	D01	50 蜆港市		綜合城市競爭力		59.731
國家競爭力	項目	加權平均		加權平均		加權平均
	分數	67.725	國家軟實力	75.206	企業推薦度	75.206
	排名	05		04		04
投資環境力	項目	❶政治法律	❷經濟經營		❹科技基礎	加權平均
	分數	2.174	2.449	2.395	2.290	2.341
	排名	51	48	49	48	48
投資風險度	項目	❶政治風險	❷匯兌風險	❸營運風險		加權平均
	分數	3.623	3.411	3.384		3.485
	排名	50	46	43		48

城市名稱	D02	51 吳哥市		綜合城市競爭力		54.276
國家競爭力	項目	加權平均		加權平均		加權平均
	分數	57.575	國家軟實力	62.998	企業推薦度	2.058
	排名	11		09		53
投資環境力	項目	❶政治法律	❷經濟經營		❹科技基礎	加權平均
	分數	2.367	2.191	2.317	2.203	2.256
	排名	46	54	52	54	51
投資風險度	項目	❶政治風險	❷匯兌風險	❸營運風險		加權平均
	分數	3.630	3.463	3.475		3.535
	排名	51	48	49		51

城市名稱	D03	52 金邊市		綜合城市競爭力		53.469
國家競爭力	項目	加權平均		加權平均		加權平均
	分數	57.575	國家軟實力	62.998	企業推薦度	2.161
	排名	11		09		50
投資環境力	項目	❶政治法律	❷經濟經營		❹科技基礎	加權平均
	分數	2.106	2.220	2.383	2.218	2.216
	排名	52	52	50	52	52
投資風險度	項目	❶政治風險	❷匯兌風險		❸營運風險	加權平均
	分數	3.724	3.617		3.480	3.605
	排名	52	52		50	52

城市名稱	D04	53 琅勃拉邦市		綜合城市競爭力		52.755
國家競爭力	項目	加權平均		加權平均		加權平均
	分數	61.286	國家軟實力	60.777	企業推薦度	2.087
	排名	09		10		52
投資環境力	項目	❶政治法律	❷經濟經營		❹科技基礎	加權平均
	分數	1.777	2.382	2.167	2.243	2.171
	排名	54	51	54	51	54
投資風險度	項目	❶政治風險	❷匯兌風險		❸營運風險	加權平均
	分數	3.820	3.646		3.458	3.641
	排名	53	53		48	53

城市名稱	D05	54 永珍市		綜合城市競爭力		51.490
國家競爭力	項目	加權平均		加權平均		加權平均
	分數	61.286	國家軟實力	60.777	企業推薦度	2.019
	排名	09		10		54
投資環境力	項目	❶政治法律	❷經濟經營		❹科技基礎	加權平均
	分數	1.991	2.200	2.305	2.281	2.180
	排名	53	53	53	49	53
投資風險度	項目	❶政治風險	❷匯兌風險		❸營運風險	加權平均
	分數	3.825	3.766		3.625	3.733
	排名	54	54		54	54

【52 金邊市、53 琅勃拉邦市、54 永珍市】

第 26 章

2013 TEEMA10＋I
調查報告參考文獻

■一、中文研究報告

1. 中華經濟研究院（2008），**中國大陸崛起與東亞科技產業版圖變遷**。

2. 中華經濟研究院（2013），**貿易趨勢預測季刊**，第 65 期，經濟部國貿局。

3. 台北市進出口商業同業公會（2012），**2012 全球重要暨新興市場貿易環境及風險調查報告**。

4. 台灣區電機電子工業同業公會（2010），**2010 中國大陸地區投資環境與風險調查：新興產業覓商機**，商業周刊出版社。

5. 台灣區電機電子工業同業公會（2011），東協印度覓新機：**2011 年東南亞暨印度地區投資環境與風險調查**，商業周刊出版社。

6. 外貿協會（2012），**閃耀東協：菲律賓與印尼**。

7. 李向陽（2012），**亞太地區發展報告：崛起中的印度與變動中的東亞**，社會科學文獻出版社。

8. 徐遵慈（2012），**緬甸政經改革與台緬經貿關係展望**，中華經濟研究院台灣東協中心。

9. 徐遵慈（2013），**我國與東協經貿關係之現狀盤點與再出發**，中華經濟研究院台灣東協中心。

10. 財團法人商業發展研究院（2011），全球新藍海挑戰新興市場系列二：**生活大躍進 - 透視越南、雙印民生消費新趨勢**。

11. 經濟部投資業務處（2012），**印尼投資環境簡介**。

12. 經濟部投資業務處（2012），**印度投資環境簡介**。

13. 經濟部投資業務處（2012），**柬埔寨投資環境簡介**。

14. 經濟部投資業務處（2012），**泰國投資環境簡介**。

15. 經濟部投資業務處（2012），**馬來西亞投資環境簡介**。

16. 經濟部投資業務處（2012），**菲律賓投資環境簡介**。

17. 經濟部投資業務處（2012），**越南投資環境簡介**。

18. 經濟部投資業務處（2012），**新加坡投資環境簡介**。

19. 經濟部投資業務處（2012），**緬甸投資環境簡介**。

■二、中文書籍

1. 天下雜誌（2008），**前進新亞洲：東協十國的商機與挑戰**，天下雜誌出版。

2. 宋鎮照（2008），**越南御風而上？：變動中的國家機關、市場經濟與全球化的發展關係**，海峽學術出版。

3. 孫兆東、張志前、涂俊（2008），**越南危機**，中國經濟出版社。

4. 許忠信（2010）**ECFA 東西向貿易對台灣之衝擊**，新學林。

5. 童振源（2009），**東亞經濟整合與台灣的戰略**，政大出版社。

6. 萬瑞君（2010），**大勢所趨：ECFA 是台灣唯一的活路**，聚財資訊。

7. 蕭富元（2008），**貧窮創新：印度改變世界**，天下雜誌出版。

8. 蘇元良（2008），**蒼狼的腳步：迎向全球掠奪時代的觀察與省思**，財信出版。

■三、中文期刊、雜誌

1. 天下雜誌（2010），**印尼、越南：亞洲經濟新亮點**，第 458 期，10 月號。

2. 天下雜誌（2012），**歐巴馬的過去 · 郭台銘的未來：全球瘋印尼**，第 510 期，11 月號。

3. 王怡棻（2013），**亞洲新小虎菲律賓：擺脫貪腐形象，經濟成長率居東協之冠**，遠見雜誌，第 319 期，1 月號。

4. 台灣東南亞國家協會研究中心（2012），蛻變中的緬甸—台灣東協中心 2012 年 9 月緬甸訪問考察團紀要，**東協瞭望 006**，中華經濟研究院。

5. 吳韻儀（2012），五大攻略，搶吃維他命十國，天下雜誌，第 504 期，8 月號。

6. 段詩潔（2012），**從「遠東之錨」看東協再起**，先探投資週刊，第 1667 號。

7. 曹雲華（2009），**區域合作是應對金融危機的良策**，廣西日報，3月13日。

8. 彭杏珠（2012），**未來 20 年，東協將成亞洲經濟成長火車頭**，遠見雜誌，第 315 期，9 月號。

9. 貿易雜誌（2008），**發現新金磚越南**，第 179 期，5 月號。

10. 貿易雜誌（2009），**東協加三迫在眉梢，影響台灣產業競爭力**，第 213 期，3 月號。

11. 貿易雜誌（2010），**台商南進佈局東協**，第 233 期，11 月號。

12. 貿易雜誌（2013），**強化拓銷三力，台商贏向新興市場**，第 260 期，2 月號。

13. 辜樹仁（2012），**六億人口消費力，全球瘋東協**，天下雜誌，第 504 期，8 月號。

14. 黃俊苔（2009），**東協發威，要變亞洲版歐盟**，經濟日報，2 月 21 日。

15. 遠見雜誌（2010），**面對中國加一**，第 284 期，2 月號。

16. 遠見雜誌（2010），**新加坡第一的祕密**，第 294 期，12 月號。

17. 遠見雜誌（2011），**台灣可望與東南亞國家展開 FTA 對話**，第 295 期，1 月號。

18. 遠見雜誌（2012），**2012 東協投資特刊**。

19. 魏聖峰（2012），**東協大爆發：東南亞概念股熬出頭**，先探投資週刊，第 1665 號。

■四、翻譯書籍

1. Agtmael v. A.（2008），***The Emerging Markets Century***，陳儀譯，**新興市場的新世紀：新品種的世界級公司如何贏得世界**，大塊文化。

2. Backman M.（2008），***Asia Future Shock: Business Crisis and Opportunity in the Coming Years***，吳國卿譯，**亞洲未來衝擊：未來 30 年亞洲新商機**，財信出版社。

3. Baru S.（2006），***Strategic Consequences of India's Economic Performance***，黃少卿譯，**印度崛起的戰略影響**，中信出版社。

4. Chan Chin Bock（2004），***Heart Work***，戴至中譯，**心耘**，美商麥格羅 ‧ 希爾出版。

5. Chaze A.（2007），***India: An Investors Guide to the Next***

Economic Superpower，蕭美惠、林國賓譯，**印度：下一個經濟強權**，財訊文化出版。

6. Engardio P.（2007），*Chindia: How China and India are Revolutionizing Global Business*，李芳齡譯，*Chindia*：**中國與印度顛覆全球經濟的關鍵**，美商麥格羅 · 希爾出版。

7. Hamm S.（2006），*Bangalore Tiger: How India Tech Upstart Wipro Is Rewriting the Rules of Global Competition*，趙雪譯，**印度虎：印度高科技企業 Wipro 如何重寫國際競爭法則**，電子工業出版社。

8. Johnson M.（2010），*Seizing the White Space*，林麗冠譯，**白地策略：打造無法模仿的市場新規則**，天下文化。

9. Kamadar M.（2007），*Planet India: How the Fastest Growing Democracy is Transforming America and the World*，何霖譯，**印度衝擊：有了印度，誰還需要美國與中國**，高寶出版。

10. Kharas H.（2008），*An East Renaissance*，黃志強譯，**東亞復興**，中信出版社。

11. Kotler P.（2007），*Think ASEAN*，溫瑞芯譯，**科特勒帶你發現新亞洲：九大策略，行銷到東協**，聯經出版。

12. Luce E.（2009），*In spite of the Gods: the strange rise of modern India*，吳湘湄譯，**印度的奇特崛起**，晨星出版。

13. Mahbubani K.（2008），*The New Asian Hemisphere: The Irresistible Shift of Global Power to the East*，羅耀宗譯，**亞半球大國崛起：亞洲強權再起的衝突與挑戰**，天下雜誌出版。

14. Meredith, R.（2007），*The Elephant and Dragon*，藍美貞譯，**龍與象 - 中國印度崛起的全球衝擊**，遠流出版。

15. Müller O.（2007），*Wirtschaftsmacht Indien*，張維娟譯，**錢進印度：全球基金經理人新目標市場**，知識流出版。

16. O'Neill J.（2012），*The Growth Map:Economic Opportunity in the BRICs and Beyond*，齊若蘭、洪慧芳譯，**高成長八國：金磚四國與其他經濟體的新機會**，天下文化。

17. Porter M. .（1985），*Competitive Advantage*，李明軒、邱如美譯，**競爭策略**，天下遠見。

18. Smith D.（2007），*The Dragon and the Elephant: China, India and the New World Order*，羅耀宗譯，**中國龍與印度象：改變世界經濟的十大威脅**，知識流出版。

19. Yiannis G. M.、Elliott H. G.、David F. D.（2012），*The Rise of The State: Profitable Investing and Geopolitics in the 21st Century*，高子梅譯，**世界向東方移動：國家參與金融投資的時代來臨，下一波經濟趨勢大解密：政治角力 X 能源供需**，臉譜出版社。

20. 王月魂（2007），*Succeeding Like Success: The Affluent Consumers of Asia*，蘇宇譯，**前進富裕之路：亞洲新富消費力報告**，財訊出版。

21. 野村綜合研究所（2008），黃瓊仙譯，**掌握亞洲大錢潮：前進湄公河經濟圈戰略**，日月文化出版社。

■五、英文出版刊物、研究報告

1. A.T. Kearney（2008），*Global Retail Development Index*。

2. A.T. Kearney（2012），*The 2012 A.T. Kearney Global Retail Development Index*。

3. Asia Development Bank（2012），*Asia Economic Monitor*。

4. Asian Development Bank（2012），*Asian Development Outlook 2012 Update*。

5. Asian Development Bank（2012），*Myanmar in Transition : Opportunities and Challenges*。

6. Business Environment Risk Intelligence（2012），*the second business environment report for 2012*。

7. Centre for Economicsand Business Research（2012），*World Economic League Table 2012*。

8. Citi Bank（2012），*Global Economic Outlook and Strategy*。

9. Coface（2008），*2008 Country Risk Conference*。

10. Coface（2010），*The Handbook of Country Risk 2010*。

11. Deloitte Touche Tohmatsu Limited's（2012），*2013 Global Manufacturing Competitiveness Index*。

12. Deutsche Bank（2013），*2013 Global outlook*。

13. EC Harris（2012），*Global Infrastructure Investment Index*。

14. Economist Intelligence Unit（2012），***Global dynamism Index***。

15. Economist Intelligence Unit（2013），***Global outlook***。

16. Ernst & Young（2012），***Rapid Growth Market Soft Power Index***。

17. Fitch Ratings（2012），***World economic growth outlook 2013-2014***。

18. International Monetary Fund（2012），***World Economic Outlook Database***。

19. International Monetary Fund（2013），***2013 Economic Outlook update***。

20. Jones Lang LaSalle（2012），***Onshore, Nearshore, Offshore: Still Unsure?***

21. KnightFrank & Citi Private Bank（2012），***The Wealth Report 2012***。

22. Malaysian Institute of Economic Research（2013），***2013 Economic Outlook***。

23. McKinsey Global Institute（2008），***Bird of Gold: The rise of India's consumer market***。

24. McKinsey Global Institute（2012），***The archipelago economy unleashing indonesia's potentialm***。

25. Merrill Lynch（2012），***2013 Year Ahead Outlook***。

26. Morgan Stanley（2012），***The Global Macro Analyst: 2013 Outlook***。

27. PricewaterhouseCoopers（2012），***The Southeast Asian tigers roar again: this time for real***。

28. PricewaterhouseCoopers（2013），***16th Annual Global CEO Survey***。

29. PricewaterhouseCoopers（2013），***World in 2050***。

30. The Economist Corporate Network（2013），***2013 Asia Business Outlook Survey***。

31. The Heritage Foundation（2012），***2012 Index of Economic***

Freedom。

32. The Organisation for Economic Co-operation and Development（2012），*Southeast Asian Economic Outlook 2013*。

33. The organization for Economic Cooperation and Development（2012），*2013 Economic Outlook*。

34. The United Nations（2012），*2013 World Economic Situation and Prospects*。

35. The World Bank（2012），*Doing Business 2013*。

36. Transparency International（2012），*2012 Corruption Perceptions Index*。

37. United Nations Conference on Trade and Development（2012），*World Investment Report 2012*。

38. World Bank（2012），*Connecting to Compete 2012: Trade Logistics in the Global Economy*。

39. World Bank（2013），*2013 Semi-annual East Asia and Pacific Economic*。

40. World Bank（2013），*Global Economic Prospects*。

41. World Economic Forum（2012），*The Global Competitiveness Report 2012-2013*。

42. World Economic Forum（2012），*The Global Enabling Trade Report 2012*。

東協暨印度投資成本要素一覽表

新加坡投資成本要素一覽表

項 目	類別		金額
電 費	❶ 住宅電費		平均電價：每度 0.25179 新加坡幣
	❷ 工業用電		平均用電：每度 0.18684 新加坡幣
水 費	❶ 生活用水	每日 1 至 20m³	1.17 新加坡幣
		每日 20 至 40m³	1.17 新加坡幣
		每日 40m³ 以上	1.40 新加坡幣
	❷ 船隻用水	不分用量	1.92 新加坡幣
通 信 費	❶ 國際通話費率	基本費率	每分鐘：0.36 至 0.53 新加坡幣
		減價費率	每分鐘：0.32 至 0.51 新加坡幣
最低工資	❶ 每月基本工資		平均工資：4,733 新加坡幣

資料來源：新加坡發展局、新加坡人力部、經濟部投資業務處、Water Conservation Tax；WCT
註：新加坡幣換算新台幣匯率以2013年4月12日為主（1新加坡幣＝24.194新台幣）。

汶萊投資成本要素一覽表

項 目	類別	金額
電 費	❶ 1 kWh 至 500 kWh	每單位（千瓦 / 小時）0.01 汶幣
	❷ 501kWh 至 1,500 kWh	每單位（千瓦 / 小時）0.08 汶幣
	❸ 1,501 kWh 至 4,000 kWh	每單位（千瓦 / 小時）0.12 汶幣
	❹ 4,001 kWh 以上	每單位（千瓦 / 小時）0.15 汶幣
水 費	每立方公尺最低 0.11 分；最高為 0.44 分	
最低工資	400 汶幣	
油 價	❶ 無鉛汽油	每公升 0.53 汶幣

資料來源：本研究整理
註：汶幣換算新台幣匯率以2013年4月12日為主（1汶幣＝24.200新台幣）。

印尼投資成本要素一覽表

項　　目	類別	金額
電　　費	❶ 商業電費	450W 以內每度 420 印尼盾
		451W 至 900W 每度 465 印尼盾
		901W 至 1300W 每度 473 印尼盾
		1301W 至 2200W 每度 518 印尼盾
		2201W 以上每度 545 印尼盾
	❷ 工業電費	450W 以內每度 395 印尼盾
		451W 至 900W 每度 405 印尼盾
		901W 以上每度 460 印尼盾
水　　費	❶ 第一級	每度　1,050 印尼盾
	❷ 第二級	每度　1,575 印尼盾
	❸ 第三級	每度　5,500 印尼盾
	❹ 第四級	每度　7,450 印尼盾
	❺ 第五級	每度　9,800 印尼盾
	❻ 第六級	每度 12,550 印尼盾
	❼ 第七級	每度 14,650 印尼盾
通 信 費	❶ 室內電話	每 3 分鐘 250 印尼盾
	❷ 國內長途電話	0 至 20 公里每分鐘　122 印尼盾
		20 至 30 公里每分鐘　163 印尼盾
		30 至 200 公里每分鐘　645 印尼盾
		200 至 500 公里每分鐘　915 印尼盾
		500 公里以上每分鐘 1,135 印尼盾
最低工資	❶ 雅加達	月薪 220 萬印尼盾
	❷ 東爪哇（泗水市）	月薪 70.5 萬印尼盾
	❸ 廖群島（巴淡島）	月薪 97.5 萬印尼盾
	❹ 峇里島	月薪 89.0 萬印尼盾
	❺ 西爪哇（萬隆）	月薪 73.2 萬印尼盾
	❻ 北蘇門達臘（棉蘭）	月薪 103.5 萬印尼盾
油　　價	❶ 汽油價格	每公升 4,500 印尼盾
土地租金	❶ 雅加達工業用地	每平方米 320 萬印尼盾

資料來源：經濟部投資業務處《印尼投資環境簡介》、本研究整理

註：【1】最低工資乃是以列入TEEMA10+I的城市為主。

　　【2】印尼盾換算新台幣匯率以2013年4月12日為主（1印尼盾＝0.00308新台幣）。

印度投資成本要素一覽表

項　　目	類別	金額
電　　費	❶ 家庭電費	200 度以下每度 2.45 盧比
		201 至 400 度間每度 3.95 盧比
		401 度以上間每度 4.65 盧比
	❷ 商業電費	10KW 內每度 5.40 盧比
		10KW 以上每度 4.92 盧比
	❸ 工業電費	10KW 內每度 5.05 盧比
		10KW 以上每度 4.40 盧比
	❹ 農業電費	每度 1.55 盧比
水　　費	❶ 家庭用水	1 萬公升以下費率為每公升 2 盧比外加 50 盧比服務費
		1 至 2 萬公升費率為每公升 3 盧比外加 100 盧比服務費
		2 至 3 萬公升費率為每公升 15 盧比外加 150 盧比服務費
		3 萬公升以上費率為每公升 25 盧比外加 200 盧比服務費
	❷ 工商用水	1 萬公升以下費率為每公升 10 盧比外加 400 盧比服務費
		1 至 2.5 萬公升費率為每公升 20 盧比外加 600 盧比服務費
		2.5 至 5 萬公升費率為每公升 50 盧比外加 700 盧比服務費
		5 至 10 萬公升費率為每公升 80 盧比外加 800 盧比服務費
		10 萬公升以上費率為每公升 100 盧比外加 900 盧比服務費
通 信 費	❶ 手機	每分鐘 1 盧比
最低工資	❶ 班加羅爾市	4.6 萬盧比
	❷ 孟買市	4.6 萬盧比
	❸ 加爾各答市	2,8 萬盧比
油　　價	❶ 汽油	每公升約 58 盧比
	❷ 柴油	每公升約 37 盧比
土地租金	❶ 工業地區	每平方公尺約 90 至 150 盧比

資料來源：印度投資環境簡介、世界銀行（WB）、本研究整理

註：【1】最低工資乃是以列入TEEMA10+I的城市為主。

　　【2】盧比換算新台幣匯率以2013年4月12日為主（1盧比＝0.549新台幣）。

越南投資成本要素一覽表

項 目	類別	金額			
電 費	❶ 工業電費	單位	一般時間	離峰時間	尖峰時間
		6kv 以下	每度 1,195 越盾	每度 743 越盾	每度 2,164 越盾
		6kv 至 22kv	每度 1,147 越盾	每度 717 越盾	每度 2,098 越盾
		22kv 至 110kv	每度 1,121 越盾	每度 703 越盾	每度 2,033 越盾
		110kv 以上	每度 1,095 越盾	每度 678 越盾	每度 1,955 越盾
	❷ 農業電費	6kv 以下	每度 1,074 越盾	每度 547 越盾	每度 1,538 越盾
		6kv 以上	每度 1,003 越盾	每度 521 越盾	每度 1,485 越盾
	❸ 服務業電費	6kv 以下	每度 1,955 越盾	每度 1,199 越盾	每度 3,352 越盾
		6kv 至 22kv	每度 1,929 越盾	每度 1,147 越盾	每度 3,220 越盾
		22kv 以上	每度 1,798 越盾	每度 1,016 越盾	每度 3,102 越盾
水 費	❶ 生活用水	胡志明市	4 立方公尺以內	4,800 越盾	
			4 至 6 立方公尺	9,200 越盾	
			6 立方公尺以上	11,000 越盾	
	❷ 製造業		每立方公尺 8,200 越盾		
	❸ 行政單位		每公升 9,300 越盾		
	❹ 服務業		每公升 15,200 越盾		
通 信 費	❶ 國際電話費率		每分鐘 550 越盾		
最低工資	❶ 第一區（直轄市）		每月 235 萬越盾		
	❷ 第二區（省級城市）		每月 210 萬越盾		
	❸ 第三區（農村）		每月 180 萬越盾		
	❹ 第四區（山地偏遠地區）		每月 165 萬越盾		
油 價	❶ 汽油價格		A92 每公升 23,800 越盾		
	❷ 柴油價格		每公升 21,900 越盾		
	❸ 煤油價格		每公升 21,400 越盾		

資料來源：經濟部投資業務處（2012）

註：【1】越南政府（2012）公布調漲基本薪資法令，其最低工資由2013年1月1日起生效。

　　【2】越盾換算新台幣匯率以2013年4月12日為主（1越盾＝0.00144新台幣）。

馬來西亞投資成本要素一覽表

項　目	類別		金額
電　費	❶ D 類工業 6.6kv 以下		200W 以內每度 0.0969 美元（kwh）
			200W 以上每度 0.0978 美元（kwh）
	❷ E1 類工業 6.6kv 至 66kv		所有用戶每度 0.0747 美元（kwh）
	❸ E2 類工業 6.6kv 至 66kv		08:00 至 22:00 每度 0.0789 美元（kwh）
			22:00 至 08:00 每度 0.0486 美元（kwh）
	❹ E3 類工業 132kv		08:00 至 22:00 每度 0.0747 美元（kwh）
			22:00 至 08:00 每度 0.0449 美元（kwh）
水　費	❶ 柔佛州	工商業	20 立方公尺以內 0.62 美元
			20 立方公尺以上 0.83 美元
	❷ 馬六甲州	工商業	每立方公尺 0.41 美元
	❸ 森美蘭州	工商業	35 立方公尺以內 0.42 美元
			35 立方公尺以上 0.45 美元
	❹ 雪蘭莪州	工商業	35 立方公尺以內 0.58 美元
			35 立方公尺以上 0.64 美元
	❺ 霹靂州	工商業	10 立方公尺以內 0.34 美元
			11 至 20 立方公尺 0.39 美元
			20 立方公尺以上 0.45 美元
	❻ 檳城州	工商業	20 立方公尺以內 0.15 美元
			21 至 40 立方公尺 0.20 美元
			41 至 200 立方公尺 0.25 美元
	❼ 吉打州	工商業	10,000 立方公尺 0.34 美元
			10,001 至 50,000 立方公尺 0.39 美元
			50,000 立方公尺以上 0.51 美元
	❽ 沙巴州	商　業	每立方公尺 0.25 美元
	❾ 砂勞越州	工業	25 立方公尺以內 0.25 美元
			25 立方公尺以上 0.34 美元
通 信 費	❶ 室內電話	50km 以內	07:00 至 18:59 每 50 秒 0.028 美元
			19:00 至 06:59 每 60 秒 0.028 美元
		50km 至 150km	07:00 至 18:59 每 20 秒 0.028 美元
			19:00 至 06:59 每 40 秒 0.028 美元
		超過 150km	07:00 至 18:59 每 07 秒 0.028 美元
			19:00 至 06:59 每 14 秒 0.028 美元
	❷ 國際長途	每分鐘 0.68 美元	
最低工資	❶ 半島地區	900 馬幣	
	❷ 沙巴與砂勞越	800 馬幣	
油　價	❶ 97 無鉛汽油	每公升 0.9684 美元	
	❷ 95 無鉛汽油	每公升 0.6133 美元	
	❸ 柴油	每公升 0.581 美元	

資料來源：經濟部投資業務處（2012），馬來西亞投資環境簡介

註：【1】最低工資乃是以列入TEEMA10+I的城市為主。

　　【2】馬幣換算新台幣匯率以2013年4月12日為主（1馬幣＝9.866新台幣）。

　　【3】美元換算新台幣匯率以2013年4月12日為主（1美元＝29.940新台幣）。

泰國投資成本要素一覽表

項　目	類別	金額			
電　費	❶ 小型用戶	22kV 至 30kV	尖峰時段每度 3.6246 泰銖		
		少於 22kV	尖峰時段每度 4.3093 泰銖		
		第一個 150kW	每度 1.8047 泰銖		
		接續 250kW	每度 2.7781 泰銖		
		超過 400kW	每度 2.9780 泰銖		
	❷ 中大型用戶	69kV 以上	每度 1.6660 泰銖		
		22kV 至 33kV	每度 1.7034 泰銖		
		少於 22kV	每度 1.7314 泰銖		
水　費	❶ 商業、工業	0 至 10 立方公尺 9.50 泰銖		61 至 80 立方公尺 14.19 泰銖	
		11 至 20 立方公尺 10.70 泰銖		81 至 100 立方公尺 14.51 泰銖	
		21 至 30 立方公尺 10.95 泰銖		101 至 120 立方公尺 14.84 泰銖	
		31 至 40 立方公尺 13.21 泰銖		121 至 160 立方公尺 15.16 泰銖	
		41 至 50 立方公尺 13.54 泰銖		161 至 200 立方公尺 15.49 泰銖	
		51 至 60 立方公尺 13.86 泰銖		201 立方公尺以上 15.81 泰銖	

通信費	❶ 國內電話費	裝機費用：3,700 泰銖			
		每月租金（型1）：100；每月租金（型2）：200			
		當地每通電話費率：3 泰銖／每通			

通信費	❷ 國際長途電話	地區	CAT 001		CAT 009	
			標準	經濟	固話	手機
		阿 根 廷	40 泰銖	36 泰銖	26 泰銖	26 泰銖
		中國大陸	9 泰銖	9 泰銖	4 泰銖	4 泰銖
		法　國	20 泰銖	20 泰銖	5 泰銖	9 泰銖
		德　國	20 泰銖	20 泰銖	6 泰銖	7 泰銖
		印　度	20 泰銖	20 泰銖	15 泰銖	15 泰銖
		印　尼	18 泰銖	18 泰銖	5 泰銖	8 泰銖
		日　本	18 泰銖	18 泰銖	6 泰銖	7 泰銖
		韓　國	18 泰銖	18 泰銖	4 泰銖	7 泰銖
		馬來西亞	9 泰銖	9 泰銖	4 泰銖	4 泰銖
		台　灣	18 泰銖	18 泰銖	4 泰銖	6 泰銖
		菲 律 賓	20 泰銖	20 泰銖	15 泰銖	15 泰銖
		新 加 坡	9 泰銖	9 泰銖	4 泰銖	4 泰銖

最低工資	❶ 泰國全省	300 泰銖
油　價	❶ 乙醇汽油 95	37.38 泰銖／每升

資料來源：經濟部投資業務處（2012），泰國投資環境簡介

註：泰銖換算新台幣匯率以2013年4月12日為主（1泰銖＝1.031新台幣）。

菲律賓投資成本要素一覽表

項　目	類別	金額
電　費	❶ 公共經濟特區	4.6488 披索至 5.7827 披索
	❷ 私人經濟特區	4.6137 披索
水　費	❶ 宿霧省	25 至 48 披索
	❷ 內湖省	6 至 18 披索（1,000 立方公尺以下）
		8.5 至 20 披索（1,000 立方公尺以上）
通 信 費	❶ 室內電話	每分鐘 6.5 至 7.5 披索
	❷ 國內長途電話	每分鐘 0.4 美元
最低工資	❶ 大馬尼拉地區	每日最低工資為 456 比索
油　價		每公升 54.00 披索

資料來源：經濟部投資業務處（2012），菲律賓投資環境簡介

註：披索換算新台幣匯率以2013年4月12日為主（1披索＝0.727新台幣）。

寮國投資成本要素一覽表

項　目	類別	金額
電　費	❶ 營業／工業電費	商業用電，每千瓦 1,073 基普
		娛樂用電，每千瓦 1,423 基普
		工業用電，每千瓦 826 基普
		重工用電，每千瓦 789 基普
		農業用電，每千瓦 383 基普
水　費	❶ 營業／工業用水	10m3 以下，每 m3　770 基普
		11 至 50m3，每 m3　1,080 基普
		50m3 以上，每 m3　1,385 基普
通 信 費	❶ 市話	每分鐘 250 基普
	❷ 行動電話	每分鐘 300 基普
最低工資	❶ 勞工最低月薪	680,000 基普
油　價	❶ 無鉛汽油	每公升 10,950 基普
	❷ 柴油	每公升 9,760 基普
土地租金	❶ 工業土地（m²）	主要地區，每年 38,000 基普
		其他地區，每年 3,846 基普
	❷ 工廠（1,800m²）	主要地區，每月 2,308 萬基普
		其他地區，每月 1,538 萬基普
	❸ 辦公室（50m²）	主要地區，每月 231 萬基普
		其他地區，每月 23 萬基普

資料來源：寮國台商總會

註：基普換算新台幣匯率以2013年4月12日為主（1基普＝0.0038新台幣）。

緬甸投資成本要素一覽表

項　目	類別		金額
電　費	❶ 家庭電費		1W 至 200W 每度 35 緬元
			201W 每度 50 緬元
	❷ 商業電費		1W 至 10000W 間每度 75 緬元
			10001W 至 15000W 間每度 100 緬元
			15000W 以上每度 150 緬元
水　費	❶ 國民用水		55 緬元／立方米
	❷ 外國人用水		1 美元／立方米
通信費	❶ 室內電話		15 緬元／分鐘
	❷ 國內長途電話		25 緬元／分鐘
最低工資	-		56700 緬元
油　價	-		約 4.2 美元／加侖

註：緬元換算新台幣匯率以2013年4月12日為主（1緬元＝0.0339新台幣）。

柬埔寨投資成本要素一覽表

項　目	類別		金額
電　費	❶ 政府供電區域	一般用電	每月用電 200 度以下，每度 720 瑞爾
			每月用電 200 至 500 度，每度 820 瑞爾
			每月用電 500 度以上，每度 820 瑞爾
		商業電費	每度 840 瑞爾
		生產電費	每度 440 瑞爾
	❷ 私人機構供電區域		每度 3,000 至 4,000 瑞爾
水　費	❶ 第一級：用水量 5 立方米以下		每立方米 1,600 瑞爾
	❷ 第二級：用水量 5 至 10 立方米		每立方米 1,700 瑞爾
	❸ 第三級：用水量 10 立方米以上		每立方米 1,800 瑞爾
通信費	❶ 市內電話		每分鐘 320 瑞爾
	❷ 國際電話	北美及歐洲國家	每分鐘 3,160 至 3,920 瑞爾
		亞洲國家	每分鐘 2,880 至 3,600 瑞爾
		其他國家	每分鐘 3,880 至 4,560 瑞爾
	❸ ADSL 上網		每月約 26 萬瑞爾
最低工資	61 美元		
油　價	❶ 超級汽油		每公升約 5,800 瑞爾
	❷ 普通汽油		每公升約 5,600 瑞爾
	❸ 柴油		每公升約 5,300 瑞爾（約台幣 39.75 元）

資料來源：台灣經濟部投資業務處、柬埔寨能源部、柬埔寨商業部

註：瑞爾換算新台幣匯率以2013年4月12日為主（1瑞爾＝0.0075新台幣）

國家圖書館出版品預行編目資料

東協印度臺商機：東協暨印度投資環境與市場
調查. 2013年／臺灣區電機電子工業同業公會作.
-- 1版. -- 臺北市：商周編輯顧問，2013.04
面：　公分

ISBN　978-986-7877-34-5（平裝）

1. 投資環境　2. 經濟地理　3. 東南亞　4. 印度

552.3　　　　　　　　　　　　102007667

2013年東協暨印度投資環境與市場調查

總　經　理◎王學呈
作　　　者◎台灣區電機電子工業同業公會
理　事　長◎焦佑鈞
副理事長◎鄭富雄・歐正明
秘　書　長◎陳文義
副秘書長◎陳慧君
地　　　址◎台北市內湖區民權東路六段109號6樓
電　　　話◎(02)8792-6666
傳　　　真◎(02)8792-6141
文字編輯◎廖志容・楊秀娟・周東輝・陳柏如・劉世維・林姿妤・周柏恆
　　　　　郭淑貞・彭湘勻・詹于瑤
美術編輯◎劉錦堂・吳怡嫻
出　　　版◎商周編輯顧問股份有限公司
地　　　址◎台北市中山民生東路二段141號4樓
電　　　話◎(02)2505-6789
傳　　　真◎(02)2507-6773
劃　　　撥◎台灣區電機電子同業公會（帳號：50000105）
　　　　　商周編輯顧問股份有限公司（帳號：18963067）

ISBN　978-986-7877-34-5
出版日期：2013年4月出版1刷
定　　價：600元